In seinen Großbauten, Lichtdomen und Stadtprojekten von bisher unbekannten Abmessungen wollte sich der nationalsozialistische Staat Denkmäler seiner vermeintlichen Tausendjährigkeit setzen: Ewigkeitsarchitektur. Wer weiß, daß Hitler sich zeitlebens als Architekt verstand, kann erst das ganze ideologische Gewicht der hektischen Bautätigkeit von 1933 bis 1945 begreifen. Aber während in den verschiedenen wissenschaftlichen Disziplinen wie Zeitgeschichte, Politologie, Soziologie, Publizistik und Germanistik – verstärkt seit den 60er Jahren – eine Aufarbeitung des Dritten Reiches eingesetzt hat, sind in der Architekturgeschichte die Quellensammlungen von Anna Teut und die Geschichte der Kunstpolitik von Hildegard Brenner die einzigen großen Publikationen geblieben, die die Architektur von 1933–1945 behandelten.

Das Buch ›Baukunst und Stadtplanung im Dritten Reich‹ versteht sich aus diesem Grund als Bestandsaufnahme. Es gibt anhand der verschiedenen Bauaufgaben einen Überblick über die Bautätigkeit und die ideologischen Grundlagen und behandelt die Entwicklungsstufen unter Einbeziehung der Stadtplanung und der geplanten Einzelprojekte, der Umgestaltungs- und Wiederaufbauprogramme. Ein Hauptakzent liegt neben der Untersuchung der Monumentalbauten des Staates und der Partei auf der Behandlung des Wohnungsbaus und seinen Leitbildern. Durch die Analyse der Architektur wird die Bedeutung der Baukunst und der Stadtplanung als wichtigstes Mittel sozialer Kontrolle aufgezeigt; eine Untersuchung von Wirkung und Rezeption schließt sich an. Um der Gefahr einer isolierten Baugeschichte zu entgehen, werden Ergebnisse der Nachbarwissenschaften herangezogen.

Joachim Petsch, geboren 1939, Dr. phil., Architekturhistoriker, nach der Promotion wiss. Ass. am Kunsthistorischen Institut der Universität Bonn, ist seit 1974 Akademischer Rat am Kunsthistorischen Institut der Ruhruniversität Bochum.

Joachim Petsch

Baukunst und Stadtplanung im Dritten Reich

Herleitung / Bestandsaufnahme
Entwicklung / Nachfolge

Carl Hanser Verlag

ISBN 3-446-12279-6

Ausstattung: Klaus Detjen
Umschlagbildnachweis: Albert Speer, Heidelberg
Satz und Druck: Kösel, Kempten
Printed in Germany

Inhaltsverzeichnis

Vorwort

Die heftigen Reaktionen auf die Frankfurter Ausstellung »Kunst im 3. Reich« im Herbst 1974, die erstmals einen umfassenden Überblick über die drei Kunstgattungen Architektur, Plastik und Malerei gab, das Problem der künstlerischen Kontinuität der Zeit vor 1933 und nach 1945 aber nur am Rande streifte, haben eindrucksvoll bewiesen, wie tabuisiert die Kunst des Faschismus nach wie vor ist. Im Gegensatz zu anderen wissenschaftlichen Disziplinen wie Zeitgeschichte, Politologie, Soziologie, Sozialpsychologie und Volkswirtschaft, bei denen, anknüpfend an verschiedene Faschismustheorien der 20er Jahre, die Erforschung und Aufarbeitung des Faschismus zunehmend in den Blickpunkt gerückt sind, beschäftigen sich die Kunst- und Architekturgeschichte nach wie vor nur ausnahmsweise mit dem Faschismus, weil dies zugleich die Aufarbeitung der Geschichte des eigenen Faches und damit eine kritische Auseinandersetzung mit ihren Methoden einschließen würde. Hierzu will das vorliegende Buch einen Beitrag leisten.

Eine zweite Absicht des Buches liegt darin, die Kontinuität von Architekturvorstellungen und Städtebauleitbildern vor 1933 und nach 1945 aufzuzeigen, da ohne Kenntnis der historischen Entwicklung die gegenwärtige Diskussion über die Misere der Architektur und des Städtebaus (»Unwirtlichkeit unserer Städte«) unvollständig ist und erst ihre Analyse Möglichkeiten und Bedingungen für die Veränderung der gegenwärtigen Städtebaupraxis schaffen kann. Es wirft allerdings ein bezeichnendes Licht auf die heutige politische Situation unserer bundesdeutschen Gesellschaft, wenn Politiker und Wissenschaftler, die die gegenüber dem Faschismus geringfügige Veränderung der ökonomischen und gesellschaftlichen Grundstrukturen hervorheben und das Weiterwirken oder Wiederaufgreifen reaktionärer Leitbilder und Schlagworte (»Sozialismus oder Freiheit«) nachweisen, in die Nähe des Berufsverbotes rücken. Andererseits werden gleichzeitig – nämlich im Jahr 1976 – Kunstwerke mit kritischem Inhalt von Bundestagsabgeordneten mit der Bezeichnung »entartet« tituliert. Aus diesem Grunde kann und will die Publikation nicht »objektiv« und »wertneutral« im herkömmlichen Sinne sein.

Bedanken möchte ich mich bei Wolfgang Schäche in Berlin, der kurz vor der Fertigstellung seiner Dissertation über die Berliner Bauten und die Stadtplanung im Nationalsozialismus steht und mir viele wichtige Auskünfte gab, und bei meiner Frau, ohne deren intensive Hilfe diese Publikation nicht hätte entstehen können. Ihr ist das Buch gewidmet.

Zur Literatur und zur Methode

Nach Sichtung der Literatur zur Architektur des Dritten Reiches ist man verwundert, daß eine Epoche, in der »während der Jahre 1934 bis 1940 ... in Deutschland in einem Umfang gebaut« worden ist, »dem man den erstrebten Rang ›historischer Einmaligkeit‹ nicht vorenthalten kann«[1], ein so auffälliges Desinteresse innerhalb der Baugeschichte findet. Auch wenn Hildegard Brenners Beurteilung der Bautätigkeit im Dritten Reich einer Differenzierung bedarf, da durch die Feststellung der »historischen Einmaligkeit« der Eindruck entsteht, als habe der Bauboom alle Bauaufgaben gleichmäßig erfaßt (was nicht stimmt, da z. B. das Gesamtvolumen des Wohnungsbaus unter dem der Weimarer Republik liegt), so stand die Architektur zweifellos im Mittelpunkt der nationalsozialistischen Kunst- und Kulturpolitik. Die offenkundige Vernachlässigung der nationalsozialistischen Kunst und Architektur ist um so erstaunlicher, als durch eine sorgfältige Publikation zur Kunstpolitik des Nationalsozialismus[2] und durch zwei Quellensammlungen zur Architektur und zu den Bildenden Künsten[3] in den 60er Jahren die Grundlagen geschaffen wurden, die eine intensivere Erfassung und Erforschung der architektonischen Zeugnisse des Dritten Reiches ermöglicht hätten.

Sieht man jedoch von vereinzelten kleineren Beiträgen ab, bei denen die offizielle monumentale Baukunst unter vorwiegend formalästhetischen Gesichtspunkten im Mittelpunkt der Betrachtung steht, so lagen bis zur Frankfurter Ausstellung »Kunst im 3. Reich« im Jahre 1974 ungefähr ein halbes Dutzend deutschsprachiger Veröffentlichungen vor.[4] Generell klammert die Baugeschichte die Baukunst des Dritten Reiches einfach aus. Zwei exemplarische Beispiele seien angeführt: In der Architekturgeschichte von Jürgen Joedicke[5] ist die Nichtbehandlung der Dritte-Reich-Architektur erstaunlich, weil Joedicke die Architekturentwicklung im wesentlichen von der Technik (neue Bauaufgaben, neue konstruktive Erfindungen) ableitet und Deutschland im Dritten Reich auf dem Gebiet der Bautechnik zweifellos führend war. In die Sammlung von Programmen und Manifesten zur Architektur des 20. Jahrhunderts hat Ulrich Conrads »nur jene Texte aufgenommen, die einerseits Initial oder Stufe einer bestimmten Entwicklung des Bauens bedeuteten, andererseits von bestimmendem Einfluß waren auf das Baugeschehen im mitteleuropäischen Raum«[6]. Dokumente zur Architektur des Dritten Reiches fehlen, obwohl sie nach den Zielsetzungen des Buches hineingehört hätten.

Bezeichnenderweise entstanden die neben den deutschsprachigen »Klassikern« von Hildegard Brenner, Anna Teut und Joseph Wulf wichtigsten und umfangreichsten Publikationen im angelsächsischen Sprachraum. Methodisch betreten sie allerdings kein Neuland, da die Skizzierung der ökonomischen und sozialen Entwicklung sowie ihre Verbindung mit der Baukunst nur am Rande gestreift werden oder ganz fehlen.[7] Dies ist um so erstaunlicher, als in der angelsächsischen Wissenschaft die Tradition einer gleichgewichtigen Analyse ökonomischer, gesellschaftlicher und architektonischer Erscheinung stark ausgeprägt ist.

Womit begründet man die Ausklammerung eines scheinbar so geschlossenen Zeitabschnittes, der sich doch für eine intensive Erforschung geradezu anbieten müßte? Nikolaus Pevsner vertritt die Ansicht, es »lohne« sich eine eingehende Betrachtung der nationalsozialistischen Baukunst nicht, jedes Wort über sie sei zuviel.[8] Diese exemplarischen Bemerkungen sind konsequentes Resultat der vorherrschenden Methoden der Architekturgeschichte: der Form- und Stilanalyse und der Personalisierung der Bauproduktion.[9] Die stilgeschichtliche bzw. formale Methode arbeitet jeweils primär die formalen Neuerungen heraus (Originalität eines Kunstwerkes), weshalb die nationalsozialistische Baukunst zwangsläufig als formal rückständig, uninteressant und somit wissenschaftlich als nicht erfassungswürdig gelten muß.

Aus dem gleichen Grunde werden traditionelle Architekturbewegungen ausgeklammert, obwohl die Formalanalyse zur Erfassung der Baukunst durchaus anwendbar ist, wie die Filmbegleithefte von Karl Arndt beweisen.[10] Der personalisierenden Architekturgeschichte (Baukunst als Erfindung »großer Männer«, Baukunst als Ideengeschichte »großer Geister«) fällt die Abqualifizierung der nationalsozialistischen Architektur noch leichter: Man erklärt ihre Erscheinungsweise mit dem schlechten Geschmack Hitlers, wobei die Bewertung einzelner Bauten allerdings unterschiedlich ausfällt. (Ein Buch mit dem Titel »Hitler als Bauherr« steht jedoch noch aus!) Diese Auffassung entspricht der Geschichtsbetrachtung, die den Faschismus durch eine Kriminalisierung und durch Herausarbeitung bestimmter Eigenschaften Hitlers erklärt.

Kennzeichnend für die beiden zur Erfassung der nationalsozialistischen Architektur angewandten Methoden, zu denen noch die ideengeschichtliche hinzukommt, ist das Voraussetzen eines eigenständigen Entwicklungsprozesses der Architektur jenseits der gesellschaftspolitischen Entwicklung und damit die Vorstellung von der Autonomie der Kunst. Die Beschränkung auf Teilaspekte des Kunstwerkes führt zu seiner Verselbständigung, d. h. letztlich zu seiner Isolierung, womit, weil die gesellschaftlich-historischen Gehalte der Architektur ausgeklammert werden, der Forschungsgegenstand ahistorisch und abstrakt-formal begriffen wird. Diesem methodischen Vorgehen liegt die Überzeugung des Historismus zugrunde, daß alle historischen Erscheinungen individuellen Charakter haben, unwiederholbar sind und es somit historische Gesetzmäßigkeiten nicht gibt. (Alle historischen Ereignisse tragen ihren Wert in sich selbst.) Diese »Individualisierung« und Enttheoretisierung – das Ignorieren der historisch-gesellschaftlichen Substanz des Kunstwerkes – führt zur Bedeutungsentleerung der Architekturwissenschaft, was einer Entpolitisierung gleichkommt. Alle wissenschaftlichen Fragen, die nicht vom Gegenstand der Untersuchung selbst ausgehen und die Architektur aus ihren eigenen Bedingungen und aus ihrem eigenen Wesen erklären (Aufzeigen des Künstlerischen an der Kunst) werden als »ideologisch« und »sachfremd« abgetan. Die Ausklammerung der historischen Bedingungen der Produktion von Bauten und der gesellschaftlich-historischen Gehalte des Ästhetischen seit den Zwanziger Jahren führte dazu, daß sich vor allem für die Kunstgeschichte eine Gleichschaltung erübrigte, da keine großen Differenzen auf ideologischem = methodischem Gebiet mit der »neuen Weltanschauung« bestanden und ihre Vertreter ohne große Anpassungsschwierigkeit nach 1933 weiterarbeiten konnten. Die personalisierende Geschichtsbetrachtung prägte auch das nationalsozialistische Geschichtsbild, das ökonomische und gesellschaftliche Konflikte und Widersprüche auf den Konflikt zwischen »großen Männern« zurückführte und kriegerische Auseinandersetzungen entsprechend der Rassenideologie als Krieg zwischen rassisch unterschiedlichen Völkern verstand. Ein Beispiel für die personalisierende Geschichtsbetrachtung des Dritten Reiches sei angeführt: Auf den meisten Baustellen stand zu lesen: »Daß wir hier bauen, verdanken wir dem Führer«.[11]

Die individualisierende Methode bildet auch nach 1945 unverändert die Grundlage der Architekturgeschichtsforschung. Selbst bei der Herleitung der Architektur von der Technik wird das »formal und technisch« Neue der Bauprodukte herausgearbeitet, man negiert ihren historischen Kontext und personalisiert sie stattdessen. Da eine kritische Aufarbeitung der Methoden und eine Auseinandersetzung mit ihnen nach dem Krieg ausblieb, verdrängte man die Architektur des Dritten Reiches zwangsläufig. Ihre Behandlung setzt eine Methodenreflexion voraus. Daß diese aber in der herrschenden kunsthistorischen Wissenschaft nicht erwünscht ist, beweisen die Besprechungen der wenigen bisher erschienenen Publikationen, die methodisch einen neuen Weg einschlagen, indem sie die Kunstentwicklung in Abhängigkeit vom geschichtlichen Gesamtverlauf verstehen und ihre Strukturierung durch ihn verständlich machen wollen.[12] Die Einwände gegen diese neuen methodischen Ansätze zeigen aber deutlich, daß die sogenannte »wertfreie« Forschung nicht unpolitisch ist. Gerade die individualisierende Methode hat erheblich dazu beigetragen, daß ökonomische und gesellschaftliche Prozesse von der Bevölkerung (inclusive der Studentenschaft) nicht analysiert und bewertet werden konnten. So entstand ein politisches Klima, das immer stärker von »antidemokratischem Denken« geprägt wurde. »Freiheit der Kunst« heißt frei sein von der gesellschaftlichen Realität.

Aus den bisher angestellten Überlegungen ergeben sich folgende Konsequenzen: Da eine Übersicht über die Architektur des Dritten Reiches noch aussteht, sollen an einzelnen Bauaufgaben und zusammenhängenden Baukomplexen die Architekturentwicklung sowie die Städtebauplanungen skizziert werden, wobei jeweils die inhaltliche und formale Kontinuität vor 1933 und nach 1945 nachgewiesen werden soll. Hierzu werden Ergebnisse der Nachbarwissenschaften herangezogen. Angewandt werden sollen generalisierende Methoden, bei denen der Vermittlungszusammenhang zwischen architektonisch-räumlichen, ökonomischen und gesellschaftlichen Strukturen im Mittelpunkt steht. Eine Periodisierung der Entwicklung der Architektur erfolgt hierdurch nicht so sehr nach baugeschichtlichen Epochen als nach der Entwicklung der historischen Bedingungen der Produktion von Bauten. Aufgrund der Bedeutung, über die die Fassaden im genannten Zeitraum verfügen, steht die Analyse der äußeren Erscheinung der Bauten im Mittelpunkt der Betrachtung.

Um die Vorstellung zu revidieren, im Nationalsozialismus seien nur Monumentalbauten errichtet worden, soll die Architektur umfassend behandelt werden. Dabei kann zugleich der Beweis erbracht werden, daß der deutsche Faschismus über keine einheitliche Ideologie verfügt hat, sondern die neue architektonische Weltanschauung Strömungen der 20er Jahre aufgegriffen und weitergeführt hat. Um die Ungleichzeitigkeit zwischen der ökonomischen Basis und der architektonischen Erscheinung zu erklären, ist es notwendig, ausführlich auf die nationalsozialistische Massenbasis, das städtische und ländliche Kleinbürgertum, einzugehen. Um die Wirkung der Architektur auf breite Schichten zu erklären, ist es jedoch auch wichtig, neben den soziologischen und ideologischen Ursachen auf die Eigenart der architektonischen Praxis (welche Formen wurden verwendet? – Architektur nicht nur als Kommentar ideologischer, politischer und ökonomischer Sachverhalte) einzugehen und die Spezifika der nationalsozialistischen Öffentlichkeit (Massenveranstaltungen) zu untersuchen.

Da die Architektur des Dritten Reiches immer noch einen fast weißen

Flecken auf der Architekturgeschichtslandkarte darstellt, soll und kann die vorliegende Publikation nur ein erster Schritt sein, diesem Mangel abzuhelfen. Jede einzelne Bauaufgabe bedarf der detaillierten Aufarbeitung. Es ist zu hoffen, daß dieses Buch dazu anregt, bald weitere vertiefende Arbeiten folgen zu lassen.

Architektur und Städtebau in Deutschland vor dem Ersten Weltkrieg und in der Weimarer Republik

Da bei dem Überblick über die Architekturszene im Dritten Reich bei einzelnen Bauaufgaben eine ideologische und formale Ableitung vorgenommen wird, soll die Baukunst des Wilhelminischen Deutschland um 1910 nur in einem historischen Querschnitt behandelt werden.

Städtebau im 19. Jahrhundert

Die erste Hälfte des 19. Jahrhunderts sahen die Machthaber und Architekturtheoretiker des Dritten Reiches als Blütezeit an, hatten doch in ihren Augen in ihr die organische Staats- und Gesellschaftsordnung, d. h. die Überordnung von Gemeinschafts- über Individualinteressen, und die Dominanz der ausgeprägten Schönheitsideale, vor allem der Künstler norddeutscher Provenienz, einen Klassizismus typisch deutscher Baugesinnung hervorgebracht.[13] Auf die Abhängigkeit dieser Baukunst von den feudalen Strukturen und dem sich emanzipierenden Bürgertum wird nicht eingegangen. Um 1830, mit dem Ende des Klassizismus und dem Beginn des Historismus in der Baukunst, setzte – nach der nationalsozialistischen Geschichtsbetrachtung – infolge des Vordringens liberaler bzw. demokratischer Weltanschauungen (bindungsloser Individualismus / Leugnen der Gemeinschaft), der Rassenmischung (Juden) und der hemmungslosen Profitwirtschaft ein allmählicher künstlerischer Verfall ein, der im Eklektizismus der 70er und 80er Jahre des 19. Jahrhunderts seinen Höhepunkt erreichte. Eine ausdruckslose Kunst bzw. die »bauliche Anarchie« (Eklektizismus = individualistischer Stil) signalisierte die Krankheit des Staates und des Volkes, die zur Entwurzelung großer Teile der Bevölkerung in den Städten und auf dem Lande führte und im Massenzinshaus (Mietskasernen) ihren architektonischen Ausdruck fand. Stellte der Jugendstil nur einen hilflosen Protest dar, weil seine Ornamentik die Entartung in der Kunst auch nicht überwinden konnte, so zeugen die Bauten um 1910 von einer Gesundung des Staates und der Gesellschaft. Bei ihnen – gemeint sind die monumentalen Bauten u. a. von Peter Behrens – spielte die Verkörperung der Gemeinschaft und die Veranschaulichung spezifischer Merkmale deutscher Kunst (heroische Lebenseinstellung) wieder eine stärkere Rolle; darüber hinaus verstand man sie als eindrucksvolle Künder des gewaltigen Fortschritts, den die Technik und das Ingenieurwesen in der zweiten Hälfte des 19. Jahrhunderts gemacht hatten.

Die Entwicklung der Architektur des 19. Jahrhunderts aus der Sicht des Reiches verdeutlicht eindrucksvoll die organischen bzw. biologischen Wissenschaftskonzepte des Nationalsozialismus, durch die zwar einzelne

Symptome beschrieben, grundlegende Ursachen der Bauentwicklung und des Stadtumbaus im 19. Jahrhundert jedoch nicht erklärt werden können. Herrschte bis 1830/40 im Feudalismus – dessen Staats- und Gesellschaftsordnung, das ständische System, als positiv, ja vorbildlich angesehen wurde – ein differenziertes architektonisches Nebeneinander um die feudalen Hauptbauaufgaben (Schloß), in dem die Produktions- und Wohnstätten noch eng verflochten waren, so wird mit dem Aufkommen der kapitalistischen Wirtschaftsordnung und der damit einsetzenden Industrialisierung der Boden zum bevorzugten Spekulationsobjekt, nachdem er aus der grundherrlichen Bindung gelöst worden war. Bis zu Dreiviertel des historischen Baubestandes in den Städten wurde abgerissen.[14]

Eine Folge der Kapitalkonzentration und Bodenspekulation ist die Einteilung der Städte nach Funktionen, d. h. die räumliche Nutzung wird von der Rentabilität bestimmt und eine räumliche Trennung von Arbeiten, Wohnen, Einkaufen und Erholen entsteht. Hiermit bringen die Stadtstrukturen die veränderten Produktionsverhältnisse zum Ausdruck, die durch die einsetzende Stadtentwicklungspolitik (Flächennutzungs- und Bebauungspläne) kanalisiert werden. Bestimmten anfangs noch großflächige Fabrikanlagen das städtische Zentrum, so werden diese im Zuge der Verdrängung der Arbeiter aus den Kerngebieten an die Randzonen auch hierhin verlegt.

Trotz des Baus von Mietskasernen durch die neu entstandene Schicht der Hausbesitzer und von Werkssiedlungen durch die Fabrikbesitzer vor allem im Ruhrgebiet war die Wohnungsnot ungeheuer groß. Sie führte zu einer Überbelegung der Wohnungen, so daß sich Krankheiten leicht ausbreiten konnten. In Verbindung mit der langen Arbeitszeit und der Schwere der Arbeit führte sie zu einer geringen Lebenserwartung der Arbeiter. Der hygienische Zustand der Arbeiterquartiere und der einsetzende Klassenkampf (Organisation der Arbeiter in Parteien und Gewerkschaften) führten zur großstadtfeindlichen Einstellung der führenden Gesellschaftsschichten und damit zur Flucht aufs Land, die jedoch für die meisten von ihnen nur ein Traum blieb: Bei diesen Schichten dominierte als Wohntyp das bürgerliche und großbürgerliche Mietshaus in den Städten. Bis in die 20er Jahre des 20. Jahrhunderts, als staatliche Eingriffe in die private Wohnungswirtschaft erfolgten und verstärkt Wohnungen im »sozialen Wohnungsbau« errichtet wurden, trat, da man die Wohnungsnot nur privatwirtschaftlich beheben wollte, keine entscheidende Besserung der Wohnverhältnisse ein.

In der zweiten Hälfte des 19. Jahrhunderts entwickelte sich die Innenstadt zunehmend zum Zentrum der Waren- und Geldzirkulation (es entstehen verstärkt u. a. Warenhäuser, Bankgebäude, Verwaltungsbauten großer Firmen und des Dienstleistungsgewerbes) und zum Sitz der Verwaltungseinrichtungen des Obrigkeitsstaates (öffentliche Gebäude). Die ökonomischen und kulturellen Führungsschichten wohnen an der städtischen Peripherie in Villen, Landhäusern und in dem um die Jahrhundertwende als Typ aus Vorformen in der Biedermeierzeit neu entwickelten Einfamilienhaus.

Die einsetzende kapitalistische Industrialisierung verursacht eine zunehmende Verlagerung des Gleichgewichtes von Stadt und Land zugunsten der ersteren, da infolge der Rohstoff- und Energiequellen sowie der Arbeitskraftreserven der Standort Stadt konkurrenzlos ist. Mit der gewaltigen Ausdehnung der Städte in der zweiten Hälfte des 19. Jahrhunderts wächst die Nahverkehrsproblematik, die schließlich primär durch den Bau von Stadtbahnen behoben wird.

Wirtschaft und Gesellschaft bis 1914

Die Erscheinungsweise der Architektur um 1910 ist ohne die Skizzierung der ökonomischen und gesellschaftlichen Situation nicht verständlich. Die Beschaffenheit der sozialökonomischen Strukturen erklärt auch, warum sowohl die Zeit um 1800 als besonders auch die um 1910 so positiv von den Nationalsozialisten gesehen worden ist. Auch wenn im gesellschaftlichen Aufbau, in den Gesellschaftsvorstellungen und in den ideologischen Leitbildern der herrschenden Schichten zwischen dem Wilhelminischen Deutschland einerseits und dem Dritten Reich andererseits teilweise große Ähnlichkeit vorhanden ist – wie z. B. die organische = ständische Gesellschaftskonzeption –, so ist natürlich zwischen dem autoritär strukturierten Obrigkeitsstaat vor 1914 und dem faschistischen Dritten Reich streng zu unterscheiden.

Obgleich in Deutschland um die Mitte des 19. Jahrhunderts endgültig die Ablösung feudalistischer durch kapitalistische Produktionsverhältnisse erfolgte und die Umwandlung der feudalen Ständegesellschaft in eine kapitalistische Klassengesellschaft, so gelang es sowohl in der Phase des liberalen Kapitalismus (freie Konkurrenz) als auch in der durch Konzentrationsprozesse des Kapitals bedingten Phase des Monokapitalismus (ab den 70er Jahren Bildung von Kartellen und Syndikaten) den vorindustriellen Eliten (traditionelle Herrenschicht adliger Agrarier, Offiziers- und Beamtenadel – hinzu kam noch das Großbürgertum, das aber nur in Industrie und Wirtschaft Vorrang erhielt) ihre tradierten Herrschaftspositionen zu halten. Die Hochindustrialisierung vollzog sich im Gehäuse eines konservativen Obrigkeitsstaates, in dem die ständisch-feudale Welt mit den Trägern des industriellen Fortschritts eine Allianz und zugleich ein Kartell zwischen den staatserhaltenden und produktiven Ständen des Wilhelminischen Deutschland bildete.[15] Die herrschende Klasse leistete erfolgreich Widerstand gegen das Entstehen sowohl einer liberalen als auch einer demokratisch strukturierten Gesellschaft und sperrte sich damit gegen die gesellschaftlichen und politischen Folgen der Industrialisierung. Mit dem Aufkommen der Arbeiterbewegung vergrößerte sich die Diskrepanz zwischen der sozialökonomischen und der politischen Entwicklung ständig. Während die Modernisierung der Industrie und die Wandlung der Produktionsmethoden – in den 90er Jahren schwächte sich die wirtschaftliche Dynamik der Schwerindustrie und des Bergbaus ab, statt dessen avancierten die Elektroindustrie, die Großchemie und der Motorenbau zu neuen Leitsektoren[16] – Deutschland zu dem Rang einer führenden Wirtschaftsmacht verhalfen, hoffte man durch sozialpolitische Maßnahmen, die Arbeiter an den Staat zu binden und eine konservative Gesinnung zu erzeugen, obwohl die Steuerpolitik die Großlandwirtschaft und die Großindustrie eindeutig bevorzugte.

Aufgrund der sozialökonomischen und politischen Verhältnisse, die durch eine antagonistische Klassengesellschaft gekennzeichnet waren (Führungsschichten des Obrigkeitsstaates und feudalisiertes Bürgertum auf der einen Seite, Kräfte der Parlamentarisierung und Demokratisierung auf der anderen) erfolgte um 1900 der Übergang zum Imperialismus. Der Staat sollte durch Steigerung der Rüstungsnachfrage den entscheidenden Markt für die kapitalistische Industrieproduktion und durch militärische Expansionen die Rohstoffbasis sichern und erweitern. Der Imperialismus wurde daher besonders von der Schwerindustrie getragen, die an einer zunehmenden Rüstung interessiert war. Er wurde vorbereitet und begleitet von der konservativen Sammlungspolitik seit 1897/98, die im Bündnis der schaffenden Stände ihren organisatorischen Ausdruck fand. Der Imperialismus entsprang bestimmten sozialökonomischen und politischen Prozessen und stellt primär ein Instrument der Herrschaftssicherung und -stabilisierung dar, um die Produktionsmittel in den Händen der herrschenden Schichten zu belassen. Er bedeutet die endgültige Absage an die liberale und die Hinwendung zur autoritären Politik. Eng mit dem Imperialismus verbunden ist die Vorstellung vom »starken Staat«. Der Staat erhält die Aufgabe, die Klassengegensätze mit »eiserner Faust« niederzuhalten, indem er die Arbeiterschaft gewaltsam als vierten Stand in die ständische Gesellschaftsordnung eingliedert im bürgerlich-antisozialistischen und nationalistisch-machtstaatlichen Sinne. Die Unterordnung des einzelnen unter die vom starken Staat repräsentierte Ganzheit bedeutet die Unterordnung der Mehrheit unter die zahlenmäßig immer mehr zurückgehenden Führungsschichten. Zugrunde liegt diesem Prinzip die Konzeption eines plebiszitär abgesicherten Kaisertums.

Eng verknüpft mit den sozialökonomischen Vorgängen, die zum Imperialismus führten, bildeten sich verstärkt seit den 90er Jahren des 19. Jahrhunderts ideologische Motive und Leitbilder heraus, die das politische und kulturelle Denken der staatstragenden und meinungsbildenden Schichten bestimmten.[17] Der Sozialdarwinismus stellte seit den 70er/80er Jahren die Bedeutung der arischen Rasse heraus und übertrug biologische Theoreme auf das gesellschaftspolitische Leben: Das Leben stelle einen Kampf um das Dasein dar, in dem sich der physisch und psychisch Stärkere durchsetze – die führenden Eliten bilden sich folglich durch natürliche Auslese. Die irrationalistische Lebensphilosophie mit ihren dem Pflanzenreich entlehnten Begriffen und Bildern enthistorisiert durch Ontologisierung historischer Abläufe. Der von ihr verwendete Volksbegriff (Masse / Nation statt Klasse) ignoriert Klassenunterschiede. Der Pangermanismus (die völkische Idee des Alldeutschtums), dem auch die Mittelschichten anhingen und den der »Alldeutsche Verband« und die Flotten- und Wehrvereine propagierten, nahm den Rassismus nationalsozialistischer Machart vorweg (schöpferische Kraft der germanischen Rasse / herrische Gewalttätigkeit / Genesung der Welt am rassistischen Pangermanismus). Er vertrat die Vorstellung eines völkischen Elitestaates und einer ausgeprägten Herrenideologie. Von pangermanistischen Vorstellungen durchdrungen war auch der Deutsche Ostmarkverein (1894), der mit der Verschiebung der Grenzen nach Osten die »Raumprobleme« Deutschlands lösen wollte und eine ländliche (germanische) Besiedlung im Osten vorsah.

Unfähig zur Analyse der ökonomischen und sozialen Vorgänge, nahmen Bürgertum und Kleinbürgertum Zuflucht zum Antisemitismus. Er kann im wesentlichen verstanden werden als eine schichtenspezifische Reaktion auf den kapitalistischen Industrialisierungsprozeß seit den 70er Jahren, durch den sich diese bürgerlichen und kleinbürgerlichen Bevölkerungsschichten in ihrer politischen und wirtschaftlichen Stellung bedroht sahen. In den Juden vermeinten sie den Sündenbock für die negativen Folgen der Industrialisierung gefunden zu haben. Die nationalsozialistische Unterscheidung zwischen raffendem und schaffendem Kapital hat schon im Wilhelminischen Deutschland existiert. Die Propagierung und Unterstützung des Antisemitismus ermöglichte es den führenden Schichten, von inneren ökonomischen und gesellschaftlichen Widersprüchen abzulenken und die politischen Probleme auf einen äußeren Feind zu projezieren.[18] Das Kleinbürgertum hoffte, über einen »starken Staat« die alte ständische Ordnung, die ihm seine wirtschaftliche Selbständigkeit als kleiner Warenproduzent garantierte, wiederherstellen zu können. Ähnlich glaubten die Klein- und Mittelbauern, unter denen die völkische Blut- und Bodenideologie stark verbreitet war (Bund der Landwirte), durch staatliche Hilfen eine Besserung ihrer wirtschaftlichen Lage zu erwirken.

Die frühfaschistischen Motive und antidemokratischen Zielsetzungen fielen bei verschiedenen Institutionen, Massenverbänden und Parteien auf fruchtbaren Boden (u. a. Flottenverein, Vaterlandspartei).

Trotz Umwälzung der Wirtschaftsordnung fand in Deutschland nur eine geringfügige Veränderung der Gesellschaftsordnung statt: die alten machttragenden Schichten wurden nicht abgelöst. Mit dem Übergang zum Monopolkapitalismus bildete sich der Imperialismus aus. Da insbesondere die Arbeiterbewegung die bestehende Wirtschafts- und Gesellschaftsordnung in Frage stellte, bildeten sich zur Legitimierung und Verteidigung der angezweifelten Herrschaft der führenden Klassen und Schichten Ideologien aus, die in verschiedenen Institutionen, Interessenverbänden und Parteien Verbreitung fanden. Vor allem von der Steigerung der Macht des Staates erhoffte man sich die Erhaltung des gesellschaftlichen status quo. Aus diesem Grund kennzeichnet ein Übergewicht staatlich-autoritärer Machtausübung die politische Praxis des monarchischen Staates. Man propagiert folglich antidemokratische Werte wie Disziplin, Zucht, Pflicht und Gehorsam.

Die kurze Skizzierung ideologischer Hauptmotive des Wilhelminischen Deutschland zeigt, daß ideologische Tradition und Herkunft des deutschen Faschismus in der monopolkapitalistisch strukturierten Wirtschafts- und Gesellschaftsordnung zu suchen sind, eine Erscheinung, die nicht auf Deutschland beschränkt ist (ideologische Leitmotive als Verteidigungsinstrumente einer bedrohten Klasse[19]).

Konsequenzen für die Architektur

Aus der Struktur des autoritären kaiserlichen Obrigkeitsstaates ergeben sich für die Architektur drei Hauptkonsequenzen:

1. Darstellung der imperialen Ansprüche und des imperialen Selbstverständnisses des Staates und der Großindustrie durch eine äußerliche architektonische Macht- und Glanzentfaltung. Verherrlichung des Kaisers

als Symbol des imperialistischen Machtstaates. Dabei Anpassung der Formensprache an die neuen Bautechnologien und Baumaterialien.

2. Widerspiegelung der sozialen Hierarchie im Wohnungsbau. Entwicklung neuer Wohnungstypen und Wohnleitbilder, um die unteren Schichten »seßhaft« zu machen.

3. Trotz Rückständigkeit der Bauwirtschaft paßt man den formalen Apparat – besonders im Produktionsbereich – den ökonomischen Erfordernissen an. Die neuen Konstruktionsweisen und Materialien ermöglichen auch ästhetische Experimente im Produktionsbereich.

Architektur um 1910

Die Industrialisierung führte zur Entwicklung neuer Herstellungsmethoden, Materialien und Bauaufgaben. Gußeiserne Stützen als inneres Traggerüst waren für industrielle Bauten und Lagerhäuser üblich. Höhepunkt bei der Anwendung von Eisenkonstruktionen stellt der Kristallpalast von Joseph Paxton in London dar (1851), bei dem genormte Einzelelemente eine für damalige Verhältnisse ungeheuer kurze Herstellungszeit von dreieinhalb Monaten ermöglichten. Neue Verfahren der Stahlherstellung hatten die häufigere Ausbildung von Skelettkonstruktionen zur Folge; die mechanische Fabrikation von Glas führte Ende des Jahrhunderts dazu, daß man dieses Material verstärkt in Verbindung mit Skelettkonstruktionen verwandte (Waren- und Gewächshäuser). Prinzip und Formensprache der Stahlbetonkonstruktion (Plattenbalken) wurden ab 1892 von dem Franzosen Francois Hennebique entwickelt; Vorformen hatte es schon um die Mitte des 19. Jahrhunderts gegeben.

Auch wenn neue Konstruktionsweisen und Materialien zur Verfügung standen, so blieb ihre Verwendungsmöglichkeit doch infolge der ungleichgewichtigen Entwicklung der verschiedenen Wirtschaftszweige begrenzt. Das Bauwesen blieb gegenüber anderen Bereichen der Wirtschaft – der Elektroindustrie und dem Maschinenbau, bei denen eine Mechanisierung des Produktionsprozesses die Massenfabrikation von Produkten ermöglichte – zurück. Die Gründe sind einmal in der ungenügenden Kapitalausstattung der Baufirmen zu suchen, die Voraussetzung für die weiterführende Entwicklung von Bautechnologien und der Bauindustrialisierung ist, zum anderen stand in den Städten ein Heer von ungelernten billigen Arbeitskräften zur Verfügung.[20] Infolgedessen dominierte die handwerkliche Produktionsweise. In der Bauwirtschaft vor 1914 spielten Rationalisierung und Mechanisierung der Produktion kaum eine Rolle. Neue

Techniken und Materialien wurden dagegen dort angewandt, wo gegen Ende des 19. Jahrhunderts durch staatliche Finanzierung der Bauwirtschaft langfristig Kapital zur Verfügung stand: bei Verkehrsbauten.

Unter dem Eindruck der neu entwickelten Bautechniken und Materialien erfolgte um 1890 eine Besinnung auf die Grundlagen des Bauens und auf die Bautradition. Man forderte einen zweckdienlichen Nutzstil [21] und bemühte sich, die Diskrepanz zwischen der industriellen Produktion von Baumaterialien und der architektonischen Formgebung abzubauen. Absicht der verschiedenen architektonischen Erneuerungsbestrebungen (u. a. Werkbund) war es in erster Linie, die imperiale Politik durch einen neuen Stil abzusichern und mit Hilfe einer neuen ästhetischen Formung der Industrieprodukte diese konkurrenzfähig zu machen. Die »deutsche Form« sollte in der Welt bestimmend sein.

Während also einerseits die veränderte Struktur des Produktionsapparates die Entwicklung neuer Herstellungsmethoden und Materialien ermöglichte, die um 1910 vereinzelt zu neuen Raum- und Formvorstellungen geführt hatte, so bewirkte andererseits die Beibehaltung der alten Wirtschafts- und gesellschaftlichen Herrschaftsstrukturen, daß die Verwaltungsbauten des Staates und der Wirtschaft der Demonstration wirtschaftlicher und politischer Macht, Kraft und Stärke dienten und gleichzeitig die privatwirtschaftliche Organisation der Wohnungswirtschaft die Wohnungsnot immer größer werden ließ. Die zur ideologischen Darstellung und Beeinflussung benutzten Formen sind jedoch bei den Bauten der Produktion um 1910 nur bei Fabriken in exponierter Lage anzutreffen.

Einige exemplarische Beispiele der Architektur kurz vor dem Weltkrieg seien angeführt. Bei ihrer Betrachtung steht der formale Aspekt im Vordergrund.

Beim Mannesmann-Verwaltungsgebäude in Düsseldorf von Peter Behrens (1912) handelt es sich um ein Stahlbetongebäude. Jedoch tritt das neue Struktur- und Gestaltungsprinzip der Skelettbauweise, das auf der Trennung von tragenden und nichttragenden Elementen beruht, wie es der Entwurf Ludwig Mies van der Rohes für ein Verwaltungsgebäude von 1922 am Außenbau deutlich zum Ausdruck bringt, hier nicht in Erscheinung. Aus Repräsentationsgründen deutet man den Skelettbau in ein Massenbauwerk um, was durch Vorblendung eines monumentalen architektonischen Gewandes erreicht wird. Eine strenge Dreiteilung (Sockel-, Wand- und Dachzone), Axialität und symmetrische Verhältnisse legen das Bauwerk fest und rufen den Eindruck der Geschlossenheit hervor. Dieser wird durch die Verkleidung der Oberfläche mit Werksteinplatten, das Abrücken der Fenster von den Kanten, wodurch massive Kantenstrukturen entstehen, und durch das gewaltig lastende Mansarddach gesteigert. Die tiefen Fenstereinschnitte suggerieren Mauertiefe. Um die Geschlossenheit der Oberfläche zu wahren, benutzte man für die Fensterkreuze ebenfalls Stein. Große Fensteröffnungen hätten den beabsichtigten massiven Charakter des Bauwerkes zerstört. Aus diesem Grund erfahren auch die Vertikaltendenzen, die durch die axiale Aufreihung der Fenster und ihre Hochrechteckform entstehen, durch die feste Umrahmung, besonders durch das die Achsen verspannende Dach, eine völlige Entwertung. *(Abb. 1 und 2)*

Die Formensprache des Gebäudes ist schlicht. Durch Formenreduktion ist das vielschichtige Architekturbild des Historismus auf eine eindeutige Aussage festgelegt: Der Eindruck der Unverrückbarkeit soll hervorgehoben werden. Natürlich sind klassizistische Anklänge – wie die Ordnungselemente, die Pilaster und die wenigen Schmuckformen (Konsolenfries) – sowie der Aufbau und die Regelhaftigkeit allgemein auszumachen, jedoch erfolgt zugunsten der imperialen architektonischen Aussage eine bevorzugte Anwendung bestimmter geometrischer und architektonischer Mittel. Das Material wird zum wichtigsten Bedeutungsträger. Strenge Reihung und versteinerte Flächenformen dominieren. Die eigengesetzliche Ordnung hebt das Gebäude von der Umgebung ab: es ist auf Distanz angelegt. Seine architektonische Größe veranschaulicht die wirtschaftliche Macht des Konzerns.

Eine vergleichbare Formensprache zeichnet die Verwaltungsgebäude der Regierung und der Kommunen aus. Beim Schöneberger Rathaus in Berlin (1911/14, Architekten: Jürgensen und Bachmann) ist die die Fassade gliedernde Kolossalordnung aus Pilastern wichtigstes architektonisches Mittel, um den politischen Herrschaftsanspruch zu dokumentieren. Der Turm betont die Mittelachse und Eingangsfront und ist weithin sichtbares Zeichen. Rathäuser und andere Verwaltungsgebäude in Vororten und Kleinstädten bevorzugen den Villentyp. Stilistisch verwandt mit den Verwaltungsbauten von Behrens und Jürgensen/Bachmann ist das 1911/14 errichtete Dienstgebäude für die oberste Marinebehörde am Reichspietschufer, ebenfalls in Berlin (Architekten: Reinhardt und Süßenguth). Es zeigt die Merkmale der imperialen Baukunst vor dem 1. Weltkrieg: Um schlichte Baukörper zu erhalten, verzichtet man weitgehend auf Schmuckformen. Den geraden Linien (starre Geometrie) in der Form von flachen Lisenen oder Pilastern kommt besondere Bedeutung zu, da man sie als Zeichen völkischer Kraft und Stärke verstand. *(Abb. 3)*

Den Machtanspruch des Wilhelminischen Deutschland verkörpert vielleicht am klarsten die Petersburger Botschaft von Peter Behrens (1911/12), bei der eine Kolossalordnung aus Halbsäulen und Wandpfeilern die gesamte Fassade gliedert; Agraffen sind die einzigen Schmuckformen. *(Abb. 4)*

Eindrucksvolle Beispiele für die Abhängigkeit der Architekturstrukturen von gesellschaftspolitischen Vorstellungen sind die verschiedenen Wettbewerbsentwürfe für ein Bismarckdenkmal am Rhein. Bei dem Entwurf von Ludwig Mies von der Rohe rahmen zwei parallel angeordnete Pfeilerreihen einen Aufmarsch- und Versammlungsplatz und lenken den Blick auf eine offene Nische, in der sich, flankiert von zwei massiven Pylonen, das Standbild Bismarcks erheben sollte. Geometrische und stereometrische Mittel und Formen erheben den Bau zum Ruhmestempel völkischer Kraft: Die ungegliederten Flächen und die Wucht des Materials steigern die Geschlossenheit der Anlage, die parallele Reihung zahlloser Pfeiler erweckt den Eindruck unerschütterlich dastehender Krieger und ist Ausdruck der »heroischen Lebenseinstellung« des Wilhelminischen Deutschland. *(Abb. 5 und 6)*

In dem Entwurf von Wilhelm Kreis konzentriert sich das Denkmal noch stärker auf die überlebensgroße Plastik Bismarcks. In ihr findet die Personalisierung der Geschichte und die Vorstellung des Obrigkeitsstaates von Führer und Gefolgten ihren symbolischen Ausdruck. Gliederung und Typus der Entwürfe entstammen der Sakralarchitektur: Kirchenschiff, Altarraum, Kuppelkirche.

Auch andere Denkmäler des Wilhelminischen Deutschland, insbesondere Ehrenmäler auf Soldatenfriedhöfen, zeigen die Absicht, die soldatischen Tugenden Disziplin, Autorität, Tapferkeit, Stärke, Gehorsam und Bodenständigkeit architektonisch umzusetzen und auszudrücken. Die ideologische Darstellung und Beeinflussung geschieht, wie es bei den Entwürfen für das Bismarck-Denkmal zu sehen war, primär durch kolossale Pfeilerreihungen, die als Symbol einer stramm dastehenden soldatischen Formation anzusehen sind; sie verkörpern die sichtbare Einheit und gelten als gesellschaftliches Vorbild. Die Versinnbildlichung von militärischer, politischer und wirtschaftlicher Kraft und Stärke führt zu Architekturformen, die auf jeden überflüssigen Schmuck verzichten.

Für die architektonische Anordnung und Gruppierung bevorzugt man wirkungserprobte und -bekannte Formelemente aus dem Bereich der Sakralarchitektur.

Neben den Bauten des Staates und der Wirtschaft spiegelt besonders die Rangordnung innerhalb der Wohnhaustypen die hierarchische Gesellschaftsordnung wider. Man greift weitgehend auf traditionelle Haustypen zurück. Das Großbürgertum und die anderen führenden Schichten wohnen in der Regel in einer Villa vor der Stadt, wobei sich das Großbürgertum in seiner Lebensweise dem Adel angepaßt hat. Man übernimmt Ordnungselemente und Formenapparat der Monumentalarchitektur: Freitreppen und Risalite als feudale Zitate unterstreichen den sozialen Status und Rang des Bewohners. Der Großbürger repräsentiert als »Industriefürst« vor dem Volk. Das Bürgertum bevorzugt das Einfamilienhaus, das sich als Typ in dieser Form im Jugendstil kurz vor der Jahrhundertwende entwickelt hat. Bei ihm findet eine sparsame Formensprache Verwendung. Besonders das Dach hebt den Heimcharakter und das gesellschaftliche Bezugsfeld der Bewohner hervor. Für das Einfamilienhaus als Ort des Privaten und Reich des Individuums stellt die Familie die gesellschaftliche Organisationsform und Bezugsgruppe dar. Seit dem Biedermeier bevorzugte das Bürgertum generell das Einfamilienhaus als Wohntyp. *(Abb. 7)*

Eine Zwischenposition nimmt das Landhaus ein, das – von England (cottage) übernommen – sowohl vom Bürgertum als auch von Teilen des Großbürgertums bewohnt wird.

Auch die städtischen Mietshäuser, die aus dem barocken Mietshaus hervorgegangen sind, spiegeln die soziale Hierarchie wieder: Man trennte zwischen Nobel- und Bürgerhäusern. Die Unterschiede bestehen in der Wahl und Abstufung des Fassadenschmuckes (Prunkfassaden), der abweichenden Zahl von Fensterachsen und Raumgrößen. Für die Erstellung von Arbeitermietshäusern gab es keine Richtlinien oder Vorschriften.[22]

Für die Arbeiterschaft in den Städten wurde das Massenzinshaus geschaffen. Darüberhinaus wurde besonders im Ruhrgebiet die Tradition der ständisch gebundenen Wohnungsordnung – Sorge des Herrn für seine Gesellen, »Idee des ganzen Hauses« – im Werkswohnungsbau fortgesetzt. Er entstand, als man im Zuge der Industrialisierung qualifizierte Facharbeiter benötigte und zugleich in der Fesselung des Arbeiters an ein eigenes Haus das wirksamste Mittel sah, ihn zu »Zucht, Zuverlässigkeit, Treue, Ordnung, Gehorsam und Zufriedenheit« zu erziehen. Die aufgeführten »Tugenden« sollten – analog dem obrigkeitsstaatlichen Denken – die vorherrschenden Eigenschaften der Arbeiter sein. Da darüber hinaus mit der Kündigung des Arbeitsverhältnisses das Wohnrecht erlosch, war der Arbeiter gezwungen, treu seinem Fabrikherrn zu dienen – bei der herrschenden Wohnungsnot im 19. Jahrhundert ein ideales Druckmittel, weil die Alternative Obdachlosigkeit hieß.

Unter dem Einfluß des Werkswohnungsbaus und der Gartenstadtbewegung entwickelte Joseph Olbrich 1907 für die Kleinwohnungsausstellung in Darmstadt einen Einfamilienhaustyp, der der völkischen Auffassung vom »deutschen Gesicht« der Architektur – wichtigste formale und ideologische Gestaltungs- und Ausdrucksmittel waren das Satteldach, das im Dritten Reich kanonische Geltung bekommen sollte, und die verputzte Wand – und der Blut- und Bodenideologie (Verwurzelung der Arbeiter, Boden als gleiche Wurzel für alle) entsprach. Mit der Installierung des Einfamilienhauses als architektonisches und städtebauliches Leitbild erfolgte eine Rangordnung: die individuelle Entfaltung gilt als vorrangig, politische und soziale Rechte dagegen sind von sekundärer Bedeutung. Es entsprach den Absichten der machttragenden Schichten, die Staatsbürger durch Abdrängung in Privatbereiche über ihre fehlende Einflußnahme auf die öffentliche Sphäre hinwegzutäuschen. *(Abb. 8)*

Um 1910 entstanden aber auch einige Wohnhäuser, die zwar am Typus des Einfamilienhauses festhielten, jedoch eine neue Formensprache entwickelten. Im Haus Steiner und Haus Dr. Scheu – beide von Adolf Loos, Wien 1910 und 1912 – kamen veränderte räumliche und formale Vorstellungen zum Durchbruch. Die weiß getünchten Außenflächen veranschaulichen, daß bei diesen Stahlbetonbauten die Außenwand nicht länger tragende Funktion hat. Die strenge Trennung von Innen- und Außenraum ist aufgegeben, unterstrichen durch den abgetreppten Umriß. Das Ineinandergreifen von Raum und Masse zerstört das kompakte Volumen und die massive Statik – beides bis dahin ästhetische Norm. Traditionelle Wohnvorstellungen (»Heim«) ließen sich mit dem neuen Formenapparat – wozu noch das Flachdach gezählt werden muß – nicht mehr verkörpern; deshalb lehnte man die Bauten ab. Es fanden dieselben Argumente Verwendung, die später in den 20er Jahren bei der Auseinandersetzung um die Stuttgarter Weißenhofsiedlung im Mittelpunkt standen. *(Abb. 9)*

Eine Gegenüberstellung von zwei Fabrikgebäuden soll die unterschiedlichen Architekturvorstellungen vor dem Ersten Weltkrieg abschließend noch einmal verdeutlichen. Der Turbinenhalle von Peter Behrens (Berlin 1908/09) liegt eine Dreigelenkbogenkonstruktion zugrunde, bei der sich die Stahlstützen nach oben verjüngen; diese werden durch Gelenkpunkte miteinander verbunden. Die traditionelle Trennung zwischen Dach- und Wandzone durch ein Gesims und das Motiv des »Getragenwerdens« sind auf diese Weise aufgegeben. Behrens behält jedoch aus ästhetischen Gründen das statische Verhältnis von Stütze und Last bei. Die mächtigen Pfeiler, die den polygonalen Giebel tragen, verursachen eine monumentale architektonische Interpretation der Konstruktion. Der Giebel ruht mit anscheinend ungeheurem Gewicht auf den Pfeilern und rechtfertigt damit optisch ihre Größe. Das Tempelmotiv bewirkt eine sakrale Überhöhung der Arbeit und veranschaulicht das imperiale Selbstverständnis der Großindustrie. *(Abb. 10)*

Mit den Faguswerken von Walter Gropius (Alfeld an der Leine 1911 bis 1914) entstand dagegen ein Architekturgebilde, bei dem das klassische Prinzip von Stütze und Last aufgegeben ist. Die schmalen, in die Glasflächen eingestellten Mauerpfeiler verweisen auf das tragende Stahlskelett, das die »Auflösung« der Mauer in Glaswände ermöglicht hat. Schwebende Leichtigkeit und Transparenz charakterisieren das Bauwerk; dieser Eindruck erfährt durch die Entmaterialisierung der Ecken noch eine Steigerung. Durch das Entfallen der seitlichen Rahmung und durch den Rhythmus der Lisenen entsteht der Eindruck von Bewegung: Das Gebäude scheint sich ausdehnen zu wollen. Einfallendes Licht saugt die Formelemente auf und zerstört den alten Kastenraum. Ungeachtet der großen formalen Unterschiede war aber beiden Fabriken eine Steigerung der Produktion durch Disziplinierung der Arbeiterschaft gemeinsam. *(Abb. 11)*

Der Querschnitt durch die Architekturszene des Wilhelminischen Deutschland um 1910 hat gezeigt, daß die Architektur die Widersprüche in der Gesellschaft widerspiegelt. Ein Nebeneinander von monumentaler, elender und idyllischer Architektur kennzeichnet das Baugeschehen; nur vereinzelt entstandenen Bauten, die formal dem Stand der Produktivkräfte entsprachen. Diese wenigen »modernen« Bauten sind durch die gleichen gesellschaftlichen Kräfte entstanden und beweisen somit, daß moderne Architektur »an sich« nicht gesellschaftsverändernd ist.

Staat und Wirtschaft bevorzugen im öffentlichen städtischen Raum den monumentalen Stil, der in der Literatur als Neoklassizismus bezeichnet wird, aber treffender imperialer Stil heißen sollte. Die Arbeiterschaft wird in Mietskasernenvierteln zusammengedrängt und die mittleren und gehobenen Schichten treten den Rückzug ins Private an. Die Unterscheidung zwischen höheren und niederen Bauaufgaben spiegelt die soziale Hierarchie. Die imperialen architektonischen Bedeutungsträger repräsentieren die scheinbar über den Klassen stehende Staatsgewalt, die aber in Wirklichkeit im Dienst privilegierter Klassen und Schichten steht. Sie sind Abbilder der ständischen Gesellschaftsvorstellungen, die aber in der herrschenden Klassengesellschaft primär mit machtstaatlichen Mitteln und sekundär mit bestimmten ideologischen Leitbildern aufrechterhalten werden konnten. Die imperiale Architektur hatte die Funktion, durch Beschwörung die Macht der Klassengegensätze zu verschleiern. Die äußerliche Macht- und Glanzentfaltung überspielte die soziale Problematik des Wilhelminischen Obrigkeitsstaates. Hinter den glanzvollen Fassaden verbargen sich jedoch immer krasser werdende Diskrepanzen in der Einkommens- und Vermögensverteilung. Hitler ist später das beste Beispiel dafür, daß weite Kreise der Bevölkerung, besonders das Kleinbürgertum, durch die staatliche Prachtentfaltung zu beeindrucken waren (Siegesallee in Berlin) und die Förderung der Akklamationsbereitschaft durch die farbenprächtigen Aufzüge bei Paraden (Lenkung von oben) nicht ohne Wirkung blieb. Hinzu kamen »öffentliche Feiern« in den großen Hallen der neuerbauten Stadthäuser, zu denen allerdings nur wenige Zutritt hatten. Den »Untertanen« dagegen blieb als Trost das bewundernde Verfolgen der Auf- und Abfahrt der hohen Gäste vor dem Gebäude.

Die »moderne Architektur« in der Weimarer Republik

Die Klassifizierung von Architekturströmungen und -bewegungen sowie Bauwerken als »modern« oder »konservativ« führt ohne genauere Definition zu inhaltsleeren Begriffen. Es sollen unter der Bezeichnung »modern« einmal die Architekten und Architektenvereinigungen subsumiert werden, die sich selbst und ihre architektonischen Formen als »neues Bauen« verstanden, weil sie bewußt auf historisch ableitbare Formen verzichteten (formale Bestimmung der Baukunst), zum anderen auch die, die eine Neubestimmung des architektonischen als eines zugleich auch sozialen Raumes vornahmen und mit räumlichen und architektonischen Mitteln auf eine Veränderung der Gesellschaft hinarbeiteten (sozialpolitische Bestimmung der Architektur) sowie die Beziehung zwischen der Baukunst und der materiell-technischen Produktionssphäre reflektierten. Generell muß man die Meinung korrigieren, die die traditionelle Baugeschichte vermittelt, indem sie den Eindruck entstehen läßt, als habe es sich beim »neuen Bauen« um eine umfassende Bewegung gehandelt. Über eine größere Bedeutung verfügte die moderne Architektur lediglich im »sozialen Wohnungsbau«, während andere Bauaufgaben nicht mit den Mitteln und Methoden des neuen Bauens gelöst wurden. Nur bei öffentlichen Wettbewerben dominierte die moderne Architektur; hier fanden sich selten historische Lösungen. Infolge fehlender Aufträge aber spielte besonders in der ersten Hälfte der 20er Jahre die Architekturutopie eine große Rolle.

Eine Analyse der Baukunst der 20er Jahre nach stilistischen Kriterien erlaubt die Unterscheidung in fünf formale Richtungen:

1. Bauten mit kubisch-flächenhaften Formen

Weiß verputzte oder getünchte Wandflächen und durchlaufende Fensterbänder herrschen als Ausdruckselemente vor. Die klare Aufteilung nach Funktionsbereichen bestimmt die Gliederung der Baukörper (»Internationaler Stil«).

2. Bauten mit »curtain wall«
   Die in Stahlrahmen eingehängten Glaswände haben keine tragende Funktion mehr und können deshalb in bisher nicht gekannten Flächendimensionen in ihrer Materialqualität »zelebriert« werden; die Glaswände geben Einsicht in den Arbeitsgang.
3. Plastische Durchformung des Baukörpers und Veranschaulichung von Dynamik mit Hilfe abstrakter Ausdrucksformeln (Expressionismus). *(Abb. 12)*
4. Konstruktivistisches Bauen
   Konstruktionsformen und ihre übersteigerte Darstellung dominieren.
5. Bauten der organischen Architektur
   Geometrische Grundformen werden verwandt, um »innere«, d. h. organische Wachstumsvorgänge zu versinnbildlichen.

Grundlage und Ausgangspunkt der neuen Gestaltung und Architekturästhetik sind die neuen Konstruktionsmethoden und Materialien, die die Architekten ästhetisch zu bewältigen suchten. Hierbei sind die verschiedenen formalen Richtungen nicht nur als Widerspiegelung der technischen Voraussetzungen zu verstehen, sondern die Künstler wollten auch bewußt neue Formen für die veränderten Aufgabenstellungen entwickeln. Die Verwendung einzelner architektonischer Leitmotive, wie die durchlaufenden Glas- und Wandbänder als ästhetische Konsequenz der konstruktiven Trennung von Tragwerk und raumabgrenzenden Elementen, die Dominanz des Flachdaches, der Verzicht auf Fassaden im herkömmlichen Sinne und der Gebrauch von geometrischen und stereometrischen Elementarformen ist allen Architekten des »neuen Bauens« gemeinsam. Wichtiger aber als das formale Element ist die ihren Bauten zugrundeliegende neue Raumauffassung.

Die neue dynamische Raumkonzeption will die reale Bewegung (= Funktion) mit architektonischen Mitteln gestalten, sie erreicht dies optisch durch gleichzeitige Wahrnehmung verschiedener räumlicher Ebenen, die gegenseitige Durchdringung von Architekturelementen – ohne daß diese sich optisch zerstören – und die Sprengung des traditionellen architektonischen Volumens. Transparenz und schwebende Leichtigkeit heißen die neuen ästhetischen Ideale. Die Architekten des modernen Bauens sprechen sich gegen individuelle Formen aus, bekämpfen die isolierte Privatheit des Einzelhauses, plädieren für Siedlungen, die der solidarischen Gemeinschaft dienen und glauben an die Kollektivität als stilbildenden

Faktor. Formale Beziehungen und Entsprechungen, rhythmische Verknüpfungen sowie Durchdringungen und Bewegungen zueinander stellen zusammen mit den abstrakten Elementen der Architektur die Bedeutung der Beziehungen von Mensch zu Mensch dar.[23] Die traditionellen architektonischen Ordnungen Axialität und Symmetrie werden als Einengungen und als ästhetische = soziale Disziplinierung verurteilt.

Bei näherer und vor allem kritischer Beleuchtung verschiedener Architektenvereinigungen, die meist nur lose Zusammenschlüsse waren (u. a. »Novembergruppe«, »Arbeitsrat für Kunst«, »Gläserne Kette«, Architektenvereinigung »Der Ring«, »Stuttgarter Schule«) muß man feststellen, daß technokratische, ästhetische und organische Vorstellungen vorherrschten, von deren Anwendung und architektonischer Umsetzung sich die Architekten eine Verbesserung oder gar grundlegende Veränderung der gesellschaftlichen Verhältnisse erhofften. So war die Mehrzahl der Architekten am Bauhaus der Meinung, daß über die von der Industrialisierung ausgehende Zweckrationalität die alte gesellschaftliche Hierarchie der Klassengesellschaft abgebaut werde und sie automatisch zu einer Vergesellschaftung der Industrie führen würde. Sie glaubten auch, daß eine Steuerung der Wirtschaft nach gesellschaftlichen Bedürfnissen zwangsläufig erfolgen werde. Besonders stark stand das Bauhaus unter dem Einfluß der Konstruktivisten, die in der Technik das Mittel der gesellschaftlichen Befreiung von den ökonomischen und sozialen Herrschaftsverhältnissen sahen.

Solche Überlegungen sollen die Verdienste des Bauhauses nicht schmälern, denn die Bauhausarchitekten haben die Bedeutung der Industrialisierung des Bauwesens erkannt und in ihr zu Recht die einzige Möglichkeit gesehen, die Wohnungsnot zu beheben. Aus diesem Grunde setzten sie sich früh für die Industrialisierung (Massenwohnungsbau) ein, bemühten sich um eine Typisierung, Normierung und Standardisierung von Bauelementen und propagierten die Rationalisierung der Baumethoden und die Vorfertigung von Betonelementen sowie Montagebauweisen. In den letzten Jahren des Bauhauses wurde aber zunehmend erkannt, daß die Industrialisierung des Bauwesens nicht nur ein technisches, sondern im wesentlichen ein sozialökonomisches Problem darstellte: Eine konsequente Industrialisierung hätte veränderte Produktionsverhältnisse und damit eine Steuerung der Bauwirtschaft nach geänderten politischen Zielsetzungen zur Voraussetzung gehabt, genauso wie eine Bodenrechtsreform unumgänglich gewesen wäre.

Im Verhältnis der künstlerischen zu den technischen Produktivkräften besteht der wesentliche Unterschied zu den konservativen Architekten und Architektenvereinigungen: Diese verwendeten – wenn überhaupt – die industriellen Produkte nur, wenn sie sie nachträglich veredelten; sie bevorzugten überwiegend handwerkliche Produktionsweisen.

Nach dem 1. Weltkrieg beklagten vor allem die expressionistischen Architekten (u. a. Hans Poelzig, Bruno Taut) die seit der zweiten Hälfte des 19. Jahrhunderts erfolgte Trennung der Kunst von weiten Teilen der Bevölkerung und postulierten aus diesem Grunde die erneute Einheit von »Kunst und Volk«. Diese Einstellung führte in den ersten Jahren nach dem Weltkrieg in den expressionistischen Kreisen zu einem Politisierungsprozeß, der durch den Wunsch nach Annäherung an die Arbeiterschaft (Proletariat) und einen starken Antikapitalismus und Antimilitarismus geprägt war. Die Künstler mußten jedoch in einem unpolitischen Sozialismus verhaftet bleiben, da keine Analyse der Produktions-, Administrations- und Zirkulationsprozesse erfolgte und die Frage der politischen Durchsetzung und Organisation nicht gestellt wurde; der Staat wurde als »notwendiges Übel« angesehen. Problematisch ist die Überschätzung des Handwerks. Über das Handwerk und mit Hilfe handwerklicher Formen hoffte man, die Verbindung zum Volke herzustellen, weshalb man die Erneuerung des Handwerks als Instrument zur Verbesserung der sozialökonomischen Verhältnisse verstand. Dieses kleinbürgerliche Denken hatte zur Folge, daß die Reformbestrebungen in der individuellen Empörung stecken blieben. Aus diesem Grunde strebten die expressionistischen Architekten zunehmend nicht die politische Umwälzung und die Schaffung einer neuen Wirtschafts- und Gesellschaftsordnung als Ziel an, sondern die Begründung einer neuen Kultur über die »Revolution des Geistes«. Ihr Ziel zu erreichen, sollte über die Form und durch den Gebrauch bestimmter Materialien (Bedeutung von Glas und Ziegel) gelingen. Die irrationale Grundhaltung der expressionistischen Künstler äußert sich in der häufig gestellten Forderung, das »Wesen der Menschen und Dinge« aufzuspüren, womit in diesem Kontext nicht der Mensch als gesellschaftliches Wesen gemeint ist. Es wurden Gedanken der romantischen Architektur (»architecture parlante« – sprechende Architektur) aufgegriffen, weil man glaubte, mit räumlichen und architektonischen Mitteln allein eine Verbesserung der Umwelt zu erzielen. In Norddeutschland entsprach der Backsteinbau mit Ziegeldächern den handwerklichen Vorstellungen – er erfüllte auch, wie in Süddeutschland der heimische Putzbau, die Forderung nach Verkörperung des »deutschen Gemüts«.[24]

Im engen Zusammenhang mit der zunehmenden Wiederherstellung der alten Wirtschafts- und Gesellschaftsstrukturen rückte in der Weimarer

Republik das »Problem der Form« zunehmend in den Mittelpunkt des Interesses und führte dazu, daß traditionelle Bauaufgaben lediglich eine neue Deutung und Formulierung erfuhren. Die subjektive, willkürliche Interpretation und damit die Verselbständigung der Form (Form wurde zum Inhalt) erreichte Ende der 20er Jahre ihren Höhepunkt (Beispiel: Ludwig Mies van der Rohe, Barcelona Pavillon, 1929). Im neuen Formalismus dreht sich wieder alles um die Oberfläche; Grundrisse und Ausstattung der Wohnung interessieren – wie die Erfassung menschlicher Ansprüche – nur am Rande. Durch Verabsolutierung des Zeilenbaus (Klötzchengeschiebe) entstehen neue räumliche und architektonische Zwänge, was jedoch für die qualitätvollsten Beispiele des Siedlungsbaus, z. B. für die Siedlung Britz von Bruno Taut in Berlin (ab 1925) nicht zutrifft.

Das versäumte Entwickeln neuer Bauaufgaben kann nicht den Architekten angelastet werden. Das Selbstverständnis der Architekten aber, die politisch revolutionär zu sein glaubten, war falsch, denn die Verwendung neuer Formen bedeutete in Wirklichkeit keine Veränderung der gesamtgesellschaftlichen Konstellation. Der ästhetische Protest allein enthebt den Architekten nicht seiner unmittelbar politischen Verantwortung.

Wie die Expressionisten vermieden es auch die Architekten der organischen Richtung, von der kapitalistischen Grundordnung – z. B. dem Bodenrecht – zu sprechen. Auch sie vertrauten auf die moralische Wirkung der Architektur und hofften, die gesellschaftlichen Ungerechtigkeiten durch eine breite Streuung des Eigentums am wirkungsvollsten bekämpfen zu können. Aus diesem Grunde strebten sie Kleinsiedlungen an, die den Arbeitern die Erleichterung ihrer wirtschaftlichen und sozialen Lage versprachen. Weil sie in der Industriestadt keine Zukunft sahen, propagierten sie die Rückkehr auf das Land und die Hinwendung zur gesunden ländlichen Lebensweise. Aufgrund ihrer Unfähigkeit zur ökonomischen und politischen Analyse verwendeten sie, um die »organische Erkrankung« der Stadt zu verdeutlichen, Bilder aus dem Bereich der Medizin (Stadt als Organismus). Ihr Antikapitalismus richtete sich allein gegen Symptome – von einer »Auflockerung« der Großstadt versprachen sie sich die Lösung aller städtischen Probleme. In gleicher Weise glaubten sie, das Phänomen der gesellschaftlichen Vermassung durch eine individuelle architektonisch-organische Gestaltung bekämpfen zu können, und betonten die hervorragende Bedeutung des Künstlers als Einzelpersönlichkeit. Diese ideologischen Vorstellungen sind denen der konservativen Architekten stark angenähert.

Einige Architekten und Architektenvereinigungen distanzierten sich jedoch von den aufgeführten ideologischen Denkstrukturen (einzelne Bauhausarchitekten wie Hannes Meyer / Rote Gruppe 1924 / Assoziation revolutionärer Künstler Deutschlands). Es lassen sich zwei Hauptrichtungen unterscheiden: 1. Eine Gruppe, die unmittelbar mit dem Proletariat und mit seiner Hilfe eine Veränderung der gesellschaftlichen und künstlerischen Verhältnisse anstrebt, und 2. eine Gruppe, die sich als künstlerische Avantgarde versteht und Träger und Verkünder der proletarischen Revolution sein will. Beide Gruppen erkannten die Erneuerung der architektonischen Form als nicht ausreichend und verstanden, daß die Rolle des Architekten darauf reduziert ist, akzeptable Entwürfe zu liefern, wobei Form- und Zweckbestimmung der Bauten weitgehend vom Bodenpreis diktiert werden. Sie waren deshalb der Meinung, eine umfassende gesellschaftliche Veränderung sei Voraussetzung für ein wahrhaft modernes und soziales Bauen. Ohne die formalen Neuerungen aufzugeben, waren sie von der geringen gesellschaftlichen Wirkung der Architektur überzeugt und glaubten, daß sie der Ergänzung durch eine revolutionäre Praxis bedürfe, um langfristig das Privateigentum (Erwerbsvermögen) bzw. die private Verfügungsgewalt über die Produktionsmittel und die damit verbundene wirtschaftliche und soziale Ungleichheit zu überwinden, da die wirtschaftliche Macht auch die politische Machtverteilung in der Stadt bestimmt. Wie die anderen Architekten vertraten die »linken« Architekten die Ansicht, daß Architektur nicht nur ein formal-ästhetisches Phänomen sei, sondern daß man, wenn sie eine sozial wirksame Rolle übernehmen wolle, in erster Linie den Bedarf der Massen befriedigen müsse. Die gerechte Verfügbarkeit über die Technik (Industrialisierung als Kernfrage) für alle Gruppen setzte aber ihrer Meinung nach sozialistische Produktions- und Gesellschaftsverhältnisse voraus. Es wurden auch neue Formen des Wohnens diskutiert (Kollektivwohnhäuer), die vor allem die Befreiung der Frau von ihren hauswirtschaftlichen Pflichten zum Ziel haben sollten. Von einer veränderten Rolle der Geschlechter und einer stärkeren Mechanisierung und Industrialisierung der Landwirtschaft versprach man sich auch den Abbau des Stadt-Land-Gegensatzes.

Abschließend ist es wichtig, auf die verschiedenen sozialen Schichten und Klassen einzugehen, die die moderne Architektur in der Weimarer Republik getragen haben. Es gehörten hierzu Kreise des Großbürgertums, die auf diese Weise Imagepflege betrieben, Intellektuelle und auch ein großer Teil der Arbeiterschaft. Hierfür sei ein Beispiel angeführt: In Magdeburg identifizierte sich die Arbeiterschaft durchaus mit den farbig gefaßten Siedlungen von Bruno Taut, durch die sie sich bewußt formal, wie auch in Berlin, von den bürgerlichen Wohntypen und Formen absetzte. So entwickelte sich speziell das Laubenganghaus zum Bautyp für Unterschichten, wobei die Laubengänge die Funktion der Straße als Ort gesellschaftlicher Kommunikation übernahmen. Besonders die Siedlungen machen aber auch die unterschiedliche Rezeption der modernen Architektur deutlich. Sie wurden als Symbol des neuen Bauens verstanden und verkörperten gleichzeitig aber auch den neuen Staat, der ihre Entstehung durch die Einführung des »sozialen Wohnungsbaus« über die Erhebung der Hauszinssteuer ermöglicht hatte. Es fanden sich Zeugnisse moderner Baukunst bevorzugt in von der SPD regierten Städten, Kommunen und Ländern (u. a. Celle, Magdeburg, Berlin – Preußen). Insgesamt ergibt sich, daß die moderne Architektur nur wenige Schichten erfaßte.

Der Übergang zum industrialisierten Bauen im Massenwohnungsbau stellte einerseits eine Bedrohung für die Handwerker dar, während andererseits das übrige Kleinbürgertum der Ansicht war, der Staat tue zuviel für die Arbeiterschaft. Es sah die moderne Architektur im engen Zusammenhang mit sozialistischen und kapitalistischen Tendenzen, da moderne Bauformen auch bei Warenhäusern zu finden waren. Es fühlte sich vom Staat benachteiligt und lehnte mit der modernen Architektur die gesamte parlamentarische Republik als vermeintliche Ursache seiner schlechten wirtschaftlichen Lage ab. Vom »kollektiven Bauen« und dem Gemeinschaftsgefühl bzw. dem Klassenbewußtsein in den Arbeitersiedlungen fühlten sich dagegen Kleinbürgertum und Bürgertum gleichermaßen bedroht: Beide setzten sich, um ihre wirtschaftliche und politische Stellung in der Gesellschaft zu erhalten und der Vermassung zu entgehen, für architektonische Rangunterschiede und für individuelle Formen und Typen ein. Sie bekämpften heftig eine identische Entwurfsmethode für alle Bauaufgaben und eine Gleichschaltung der Formen. Besonders das Eigenheim mit der traditionellen Rollenverteilung stand im Mittelpunkt ihrer architektonischen Bestrebungen.

Die gesellschaftlichen Klassengegensätze kamen durch die verschiedenen Wohnweisen und Architekturformen auch in der Architektur zum Tragen. Der Nationalsozialismus erkannte sehr schnell, daß die kleinbürgerlichen Schichten ein politisches Massenpotential abgaben, und bekämpfte deshalb in seiner Mehrheit die moderne Architektur sehr früh, weil er einsah, daß der ästhetische Kampf zur Massenmobilisierung ein ideales Instrument politischer Beeinflussung und Lenkung darstellt. Wäre die moderne Architektur weiter verbreitet gewesen, so hätte der Nationalsozialismus vermutlich auf sie zurückgegriffen.

Die »konservative Architektur« in der Weimarer Republik

Der Begriff »konservative Architektur« erfaßt einmal die verschiedenen Architekturströmungen und -bewegungen, die eine formale Fortführung bestehender und bewährter Architekturformen und Gestaltungsweisen anstrebten, zum anderen die, deren Ziel nicht eine »Veränderung der Welt« bzw. der Gesellschaft, sondern deren »Veredelung« durch eine »seelische« und geistige Erneuerung war, und die, die die Beziehung und Verknüpfung der Baukunst mit der materiell-technischen Produktionssphäre nur am Rande reflektierten. Die konservativen Architekten und ihre Architektur hatten aufgrund der Beibehaltung der tradierten sozialökonomischen Grundlagen in der Weimarer Republik und der beibehaltenen Machtpositionen der alten Führungsschichten in Militär, Verwaltung, Justiz, Erziehung, Presse und Wirtschaft, wodurch auch die ideologische Kontinuität des Kaiserreiches gewahrt blieb, immer das Übergewicht.

Formal lassen sich auch hier zwei Hauptrichtungen unterscheiden: Bei der einen ist die Architektur um 1800 Ausgangspunkt der architektonischen Gestaltung, wobei besonders das verputzte und sparsam gegliederte Wohnhaus mit einer klaren Raumaufteilung und Raumverbindung als vorbildlich galt (u. a. Heinrich Tessenow, Paul Schmitthenner, Paul Schultze-Naumburg). In der Anknüpfung an die handwerklichen Leistungen dieser Zeit sah man die Gewähr für die Erfüllung der Forderung nach einer »anständigen Baugesinnung«. Dieser Gruppe gehörten auch die Architekten an, die die »höheren« Bauaufgaben des Klassizismus zum Vorbild nahmen, die ja auch für die Architektur des Staates und der Wirtschaft um 1910 als Vorbild gedient hatten; sie führten diese historische Tradition in einer weiter versachlichten Formensprache fort. Axiale Anlagen (Ehrenhöfe), symmetrische Raumabfolgen und die Gliederung des Baukörpers durch schlanke Lisenen, Risalite und Sockel aus Muschelkalkplatten waren wichtigste Ordnungs- und Gestaltungsmittel der Monumentalarchitektur der 20er Jahre (u. a. Paul Bonatz, Wilhelm Kreis). »Unechtes Pathos« lehnten die konservativen Architekten ab.[25] Natürlich bedeutet die Fortführung des imperialen Stils in den 20er Jahren nicht, daß der Neoklassizismus »an sich« schon eine präfaschistische oder faschistische Bauform darstellt: Zur faschistischen Bauform wurde er erst durch bestimmte politische Rahmenbedingungen und Sinnzusammenhänge. *(Abb. 13)*

Die zweite konservative Architektengruppe, durch Architekten wie Theodor Fischer und Fritz Schumacher repräsentiert, bemühte sich vorrangig um eine Weiterentwicklung regionaler Bautraditionen, wozu besonders die heimischen Materialien dienten. Aus diesem Grunde herrschte in Süddeutschland (Münchener Schule) der Putzbau mit vertrautem Gaupendach und in Norddeutschland der Ziegelbau vor. Gliedernde Fenster mit Fensterläden und malerisch angeordnete Schornsteine sowie einfache symmetrische Verhältnisse überwiegen. Aufgrund der verwendeten Materialien und architektonischen Intentionen soll diese Richtung »Heimatschutzstil« genannt werden. Er findet sich – außer im privaten Wohnungsbau – bei Verwaltungsbauten des Staates und der Wirtschaft sowie bei Industriegebäuden.

Gemeinsam ist beiden konservativen Gruppen die Vorstellung von Bedeutungsunterschieden bei Bauaufgaben, die auch formal zum Ausdruck kommen müssen (Hierarchie der Bauaufgaben). So gebühre zum Beispiel höheren Bauaufgaben, wozu die kulturellen Aufgaben wie u. a. das Museum gehören, ein höherer Rang als einem reinen Nutzbau, weshalb bei einem Museumsgebäude z. B. massive Mauern aus Naturstein und nicht moderne Materialien wie Stahl und Glas zu verwenden seien.[26] Es gelte, es der profanen Welt zu entrücken. Da sich die konservativen Architekten gegen »nüchterne Zweckerfüllung« aussprachen, war für sie die Technik nur Grundlage des architektonischen Schaffensprozesses: Um aber »Gesinnung« und »metaphysischen Ausdruck« vermitteln zu können, müsse sich der Architekt bei der eigentlichen Gestaltung bestimmter Ordnungen, Formen und Materialien bedienen.[27] Beide Gruppen sprachen sich zwar gegen überflüssigen Schmuck aus, lehnten aber eine Rationalisierung und Typisierung der Architektur ab – insbesondere der Serienbau wurde heftig bekämpft.

Das Aufgreifen historischer Architektur und damit das Anschließen an historische Formen und Traditionen und ihre Weiterentwicklung sind generell nicht negativ zu sehen und sagen über den Wert der Baukunst selbst nichts aus. Problematisch und kritisch müssen dagegen die zugrunde liegenden ideologischen Vorstellungen der Architekten gesehen werden. Der »seelischen Kraft« und dem »Geist« werden von den konservativen Architekten die alleinige Führungsrolle zugewiesen. Indem der Künstler in jeder Erscheinung der Wirklichkeit den durch den Geist geschaffenen und von diesem beseelten Organismus sieht und er der Meinung ist, daß die Seele der Berührung mit der Sinnenwelt nicht bedürfe, wendet sich der Künstler von der rationalen Erklärbarkeit der Wirklichkeit ab: Nur ein intuitives Erfassen der Wirklichkeit sei möglich, »Architektur als Kunst« gründe im Irrationalen.[28] Der Rationalismus stellt nach Meinung der konservativen Architekten eine Verarmung des Menschen dar.

Hiermit tritt der Künstler die Flucht aus der Wirklichkeit (Flucht nach innen) in eine ahistorische Wirklichkeit an und verkündet die alleinige Herrschaft des Geistes, der Seele, des Gefühls und der Intuition. Sie stellen rational nicht faßbare Kategorien dar. Indem der Künstler glaubt, das Schöpferische allein in dem von allen sozialen Einflüssen befreiten Individuum zu finden, eliminiert er die konkrete Wirklichkeit oder verschleiert sie zumindest. Die neue »geistige Kunst« stellt sich bewußt in den Gegensatz zum Alltag.

Da der Architekt unfähig zur Analyse der industriegesellschaftlichen Lebensform ist, erkennt er die Architektur nicht als ein Produkt allgemeiner Bedingungen an, als politisch-sozialen, technischen und ästhetischen Prozeß, sondern bezieht das Baugeschehen letztlich allein auf den Künstler und versteht es als pure gestalterische Aufgabe. Aufgrund der Vorstellungen vom allein schöpferischen Geist glaubt sich der konservative Architekt jenseits der Bedingungen der warenproduzierenden Gesellschaft und strebt eine individuelle Produktionsweise im künstlerischen Bereich an, obwohl der Produktionsprozeß und die Bodenordnung bestimmenden Einfluß auf den Rohbau und die Verwendung des Bauwerkes ausüben. Die Oberfläche und damit die Fassade steht im Mittelpunkt seiner individuellen architektonisch-künstlerischen Bemühungen.

Durch individuelle Gestaltung und ein individuelles Gesicht des Bauwerkes hofften die konservativen Architekten auch der gesellschaftlichen Vermassung begegnen und einen neuen Stil schaffen zu können. In der Wiederherstellung der »inneren Beziehung« zum heimatlichen Boden sahen sie die Lösung der gesellschaftlichen Widersprüche und zugleich die Basis für ein neues Gemeinschaftsleben. Deshalb erhielten auch einige Architekturelemente, wie das Dach, eine so große Bedeutung; sie schienen die »Bodenständigkeit« und die »Verwurzelung« zu garantieren. Dies sei bei der modernen Architektur mit ihren schwebenden und transparenten Baukörpern nicht der Fall. Da die Großstadt als Ursache der gesellschaftlichen Mißstände galt, sah man entweder in der Kleinstadt oder im Leben auf dem Lande, in in die Landschaft eingebetteten Kleinsiedlungen oder in der organischen Gestaltung der Stadt die Möglichkeit, die Seßhaftigkeit der Massen zu bewirken. Hinter den bodenständigen Metaphern und medizinisch-biologischen Konzeptionen – »organisches Wachstum der Gesellschaft«, »gegliederte Volkskörper« – verbergen sich jedoch ständische Gesellschaftsvorstellungen, die in einer kapitalistisch strukturierten Klassengesellschaft nur mit machtstaatlichen Mitteln und einer massiven ideologischen Beeinflussung und Lenkung durchzusetzen sind. Die Architekten gaben die ständischen Vorstellungen als »der Wesensart des Volkes entsprechend« aus, genauso wie eine »gesunde Autorität« ihrer Ansicht nach notwendig war, die sich in der deutlichen Hervorhebung der Künstlerpersönlichkeit niederschlug. Die Rückkehr zum Handwerk und zur Organisierung der Künstler in Zünften war die Konsequenz der ständischen Vorstellungen.

Die autonomen Kunstformen, die einer eigengesetzlichen Ordnung unterliegen, sah der konservative Architekt als Wiederkehr des »Ewig-Gleichen«, »Zeitlos-Gültigen« an. Aus diesem Grund steht der massive Einzelbau – das isolierte »Meisterwerk« – im Mittelpunkt seiner künstlerischen Bemühungen. Die Eigengesetzlichkeit der Kunst als Basis und die Entrückung der Architektur in »mythische« Dimensionen sowie die Vorstellung von der großen Künstlerpersönlichkeit korrespondieren mit den politischen Vorstellungen der herrschenden Gesellschafts- und Eigentumsordnung, die als naturgegeben und unabänderlich aufgefaßt wurden. Die individuell gestalteten Fassaden, die auf vorindustrielle Formen zurückgriffen, sind architektonischer Ausdruck der politischen Überzeugung, daß individuelle Erlösung ohne Änderung der ökonomischen und gesellschaftlichen Strukturen möglich sei. Insofern ist der unpolitische Individualismus bzw. Traditionalismus als geistige Haltung politisch. Er fand im »antidemokratischen Denken« der Weimarer Republik seinen Ausdruck[29], weil er nicht rationale Vorstellungen auf das politische und gesellschaftliche Leben übertrug.

Es zeigt sich, wie fließend die Grenzen zwischen der modernen und der konservativen Architektur sind und daß die formale Bestimmung allein überhaupt nicht zur Abgrenzung ausreicht. Konservative Architekten – als solche müssen auch einige Architekten des Expressionismus, z. B. Fritz Höger, bezeichnet werden – betonten aber die Trennung zwischen Architektur und Politik noch deutlicher und hoben das Unpolitische ihrer Architektur hervor. Sie waren stolz darauf, sich nie um Politik gekümmert zu haben.[30] Wem aber diese »unpolitische« Haltung genützt hat, bzw. wie politisch die angeblich unpolitische Haltung konservativer Architekten gewesen ist, zeigt die mit Erfolg durchgeführte »Entpolitisierung« des Bauhauses, der fast alle bedeutenden modernen Architekten zum Opfer fielen.

Aus dem antidemokratischen Denken bezog besonders der Nationalsozialismus seine politische Kraft. Wie die Nationalsozialisten sprachen sich die Ideologen des antidemokratischen Denkens gegen Nivellierung und Gleichmacherei und für eine autoritäre, mit dem Volk verbundene Staatsführung und für hierarchische Gesellschaftsstrukturen aus.

Rückhalt fand die konservative Architektur besonders im Mittelstand und Kleinbürgertum, weshalb die Hausformen (Dach) und -typen als schichtenspezifische Merkmale anzusehen sind. Die moderne Architektur wurde jedoch nicht nur aus formalen Gründen bekämpft: Sie wurde generell mit sozialistischen Inhalten verknüpft, wobei sozialistische Tendenzen – wie im vorangegangenen Kapitel ausgeführt – nur bei wenigen Architekten und Architektenvereinigungen der Moderne anzutreffen waren. Man bekämpfte gleichzeitig mit der modernen Architektur die von ihr untrennbaren sozialen und politischen Kräfte und qualifizierte sie als »kulturbolschewistisch« ab, weil man erkannte oder instinktiv erahnte, daß zumindest Teile der modernen Architektur das alte Symbol- und Wertsystem der kapitalistischen Gesellschaft zerstörten. Ab 1926/1927 zog man Vergleiche zwischen dem architektonischen und dem politischen Kampf. So wie die konservativen Architekten die modernen bekämpften, ging der Führer ihrer Meinung nach politisch gegen die gleichen »Schädlinge« vor.

Ende der 20er Jahre bezog die konservative Architektur bewußt eine Gegenposition gegenüber der modernen (Blockmanifest von 1928 – Unterzeichner u. a. Bonatz, Schmitthenner, Schultze-Naumburg). Während der Krise innerhalb des konservativen Denkens Ende der 20er Jahre vollzogen viele die Wendung ins faschistische Lager. Es muß aber auch hervorgehoben werden, daß einige konservative Architekten von Anfang an den Nationalsozialismus ablehnten und sich z. B. mutig gegen eine Schließung des Bauhauses aussprachen.[31]

An drei exemplarischen Beispielen aus der Architekturszene der Weimarer Republik sollen die ideologische Formierung des Baugeschehens, die Rezeption des neuen Bauens in einer konservativ strukturierten Stadt und die Vereinnahmung moderner Formen (Architekturmode) durch konservative Architekten verdeutlicht werden.

Exkurs 1: Die Auseinandersetzung um die Weißenhofsiedlung in Stuttgart 1927

Nach den heftigen Auseinandersetzungen um das Weimarer Bauhaus, in denen sich als Wortführer »völkischen Bauens« Konrad Nonn und Paul Schultze-Naumburg hervorgetan hatten, und die zur Übersiedlung der Schule nach Dessau führten[32], entbrannte der Streit um das richtige Bauen, der in Wirklichkeit eher ein Disput um die zu verwendenden Formen war, anläßlich der Errichtung der Weißenhofsiedlung aufs neue.

Im Frühjahr 1926 hatte der Gemeinderat der Stadt Stuttgart innerhalb des städtischen Wohnungsbauprogrammes eine Versuchssiedlung auf dem Gelände am Weißenhof beschlossen. Mit der Aufstellung eines Bebauungsplanes wurde zuerst Paul Bonatz beauftragt, jedoch übertrug man nach seinen Differenzen mit Mies van der Rohe diesem die Leitung, während der Deutsche Werkbund mit der Durchführung betraut wurde. Sinn der Versuchssiedlung sollte die Erprobung neuer Baumaterialien und technischer Einrichtungen sowie Herstellungsmethoden sein, die durch Rationalisierung zur verbilligten Herstellung von Wohnanlagen führen sollten.[33] Vor allem die Bauten von Walter Gropius, Ludwig Mies van der Rohe und Johan J. P. Oud sind unter dem Gesichtspunkt der Serienfabrikation erstellt (Trockenmontagebau). Das Mehrfamilienhaus von Mies van der Rohe enthält vier Reihenhäuser mit je sechs Wohnungen unterschiedlicher Größe. Es ist ein Stahlskelettbau, der eine freie Grundrißlösung erlaubt, da die Wände verstellbar und nur die Naßzellen (Küche, Bad) festgelegt sind. Differierende Auffassungen von moderner Architektur kommen zum Tragen: Während Gropius, Mies van der Rohe und Oud bei ihren Bauten von der Serienfabrikation ausgehen, stellen die übrigen Einfamilienhäuser exklusive Bauten dar, die anstelle praktikabler Typen herkömmliche Grundrisse benutzen und sich am großbürgerlichen Wohnen orientieren: so enthält das »Arbeiterwohnhaus« von Bruno Taut sechs Zimmer – u. a. ein Mädchenzimmer! Die Miete war auf 242,– RM bei einem Facharbeiterlohn von knapp 200,– RM veranschlagt. Aus diesem Zahlenvergleich ergibt sich – was ja auch eingetreten ist –, daß die Schicht, für die die Versuchssiedlung eigentlich geplant war, aufgrund der Miethöhe gar nicht einziehen konnte und die Wohnungen deshalb primär an Akademiker vermietet wurden. *(Abb. 14)*

Die Siedlung ist also weniger als Experiment zu verstehen, bei dem neue Haus- und Wohnformen entwickelt werden sollten, es war vielmehr eine formale Neuinterpretation traditioneller Typen intendiert (u. a. Einfamilienhaus). Genauso besitzt die Siedlung durch die locker gruppierten Parzellen und durch die Erschließung durch Fußwege den Charakter einer Villenkolonie. Da keine neuen Haustypen und Wohnformen entwickelt worden waren, richtete sich der Kampf primär gegen die formalen Kennzeichen der modernen Architektur: gegen die horizontalen Fenster- und Wandbänder als ästhetischen Ausdruck der konstruktiven Trennung von tragenden und raumabgrenzenden Elementen, die als »orientalische Imitationen« abqualifiziert wurden[34], gegen das »Haus auf Stelzen« und die »großen Kartonagen«, die keinen Bezug zur Erdbasis haben. Rudolf Pfister beklagte, daß in einem ausgesprochenen Villenviertel Platz »zur Exemplifizierung des Typischen« verschwendet worden sei, womit er meinte, daß in einem bürgerlichen Wohnviertel isolierte Häuser mit individuellen Fassaden und nicht »kollektivistische« zu errichten seien.[35] Es wird bemängelt, daß die Häuser nicht mit dem »Klima und dem Boden verwachsen« seien, einen »Mangel an Erdverbundenheit« zeigten und das Material nicht der heimischen Tradition entstamme.[36] Das Wohnhaus werde zur »Wohnmaschine« abgewertet[37], es entspreche somit »rassefremdem Bauen«. Man beschimpfte die Siedlung folglich als »Vorstadt Jerusalems« und im Dritten Reich als »Araberdorf«.[38] Neben der gesamten Außenarchitektur lehnte man auch die halbhoch gefaßten Betonwände in den Innenräumen ab, die der Zimmerunterteilung dienten.

Als Reaktion auf die Weißenhofsiedlung entstand 1933 unter der Leitung von Paul Schmitthenner die Siedlung Kochenhof, ebenfalls in Stuttgart, bei der die Kritiker der Weißenhofsiedlung, die nicht vom »Geist der Revolution von 1919« erfüllt waren[39], voll zum Zuge kamen.

Von der Verwendung der Typen her gesehen, sind die Unterschiede zur Weißenhofsiedlung nicht so groß. Nur hat sich das Einfamilienhaus jetzt als einziges Leitbild durchgesetzt. Holz, rustikaler Putz und vor allem das Satteldach als Symbol der »richtigen Baugesinnung« herrschen als wichtigste architektonische Ausdruckselemente vor und stellen nach Ansicht der Architekten die Verbindung zur »heimischen Tradition« her. Wesentlicher formaler Unterschied zur Weißenhofsiedlung ist die Verwendung handwerklicher Formen, die die Erfordernisse der Massenfabrikation negieren. Die schematisch aufgereihten Einfamilienhäuser, deren Formen sich in ihrer Schlichtheit und Zurückhaltung allerdings kaum zur Statusdemonstration ihrer Bewohner eignen, gelten nun als Ausdruck »nationalsozialistischer Weltanschauung«. Aus diesem Grunde waren die Architekten der Siedlung der Meinung, daß die »Führung auf dem Gebiete des Bauens . . . in die Hände jener Architekten« gehöre, »die aufrecht den Kampf gegen das Internationale und Undeutsche geführt haben und ihre Gesinnung durch Taten bewiesen« haben.[40] Diese Aussage markiert deutlich die Wendung konservativer zu nationalsozialistischer Weltanschauung, so daß es vor 1933 häufig schwerfällt, beide ideologischen Denkweisen gegeneinander abzugrenzen.

Exkurs 2: Moderne Architektur in einer konservativen Stadt

Bei der Betrachtung der Architekturentwicklung in einer konservativ strukturierten Stadt – als Beispiel dient Bonn – läßt sich die anfangs aufgestellte These, die Jahre 1918 und 1933 stellten keinen grundlegenden architektonischen Einschnitt dar und das Baugeschehen der Weimarer Republik sei überwiegend traditionell strukturiert geblieben, konkretisieren.

Die Bonner Stadtgeschichte unterscheidet sich wesentlich von der der Großstädte. Industrie und – damit verbunden – die Arbeiterschaft sowie die sich gegen Ende des 19. Jahrhunderts mit der sich durchsetzenden Großindustrie neu gebildete Schicht der Angestellten fehlen in Bonn so gut wie völlig. Statt dessen prägen die Schichten des Bildungsbürgertums (Universität seit 1818) und des Großbürgertums (überwiegend vom Kapitalertrag lebende Rentiers) den Stadtcharakter. Um die Erholungs- und Bildungsfunktion der Stadt nicht zu gefährden, wurde die Ansiedlung von Industriebetrieben verhindert. Charakteristisch für die neuen Stadtteile Bonns, die im Zuge der Stadterweiterung über den mittelalterlichen Stadtkern hinaus in der zweiten Hälfte des 19. Jahrhunderts entstanden, ist die von Holland und England beeinflußte Blockbebauung mit Reiheneinfamilienhäusern auf kleinparzellierten Grundstücken, die vor allem in der sogenannten »Südstadt« zu finden sind. Freistehende Doppelhäuser und Villen sowie herrschaftliche Mehrfamilienhäuser, die sich in anderen Städten an der Peripherie befinden, sind in Bonn selten. Die formale Gestaltung der Häuser drückt das architektonische Selbstverständnis der bürgerlichen und großbürgerlichen Bewohner aus: Während die »private« Gartenfront schmucklos ist, bevorzugt man zur Bildungs- und Eigentumsrepräsentation (Aufzeigen der gesellschaftlichen Stellung) individualisierende Schauseiten mit historisierenden Fassaden. Bediente man sich in den 70er und 80er Jahren überwiegend der sparsamen Gliederungs- und Gestaltungselemente des Klassizismus, so nimmt in den 90er Jahren, als mit dem Monopolkapitalismus der Wohlstand und damit das Repräsentations- und Legitimationsbedürfnis der führenden Schichten steigen, auch der Schmuckreichtum zu. Vorgärten und Baumbepflanzung in den Straßen unterstreichen den großbürgerlichen Charakter der Bonner Südstadt und sind Ausdruck der Feudalisierung des Großbürgertums, da Grünbepflanzung (Allee – Schloßgarten), Formen und Raumfolgen des Adels übernommen werden.

Die kleinbürgerliche Nordstadt Bonns dagegen, in der überwiegend

Handwerker und Kleingewerbetreibende wohnen, paßte sich im Formenrepertoire der Südstadt zwar an, jedoch ist die Verwendung sparsamer; Mehrfamilienhäuser herrschen vor. Fehlende Vorgärten und Baumreihen sowie schmale Bürgersteige betonen den Klassenunterschied der Bewohner zu denen der Südstadt.

Die regionale architektonische Formentwicklung folgt jeweils – mit einer kleinen Verspätung – der nationalen Baukunst. Der vereinfachende Reformstil der Jahrhundertwende, der auf historisierende Detailformen verzichtet, ist in wenigen Beispielen genauso vertreten, wie der imperiale Stil abgeschwächt bei einigen Bank- und Geschäftshäusern in der City anzutreffen ist. Der 1. Weltkrieg und die nachfolgende Inflation trafen materiell die großbürgerlichen Schichten in Bonn empfindlich und ließen ihr teilweise erhebliches Vermögen zusammenschrumpfen. Infolgedessen ging in Bonn das Bauvolumen während der Weimarer Republik erheblich zurück, auch wenn die Zahl der Baugenehmigungen zeitweise den Vorkriegszustand überstieg – das jedoch nur infolge der von der Statistik mit erfaßten An- und Umbauten.

Da in Bonn eine Umstrukturierung der Bevölkerung ausblieb und die konservativen Gesellschaftsschichten als Auftraggeber nach wie vor das Baugeschehen bestimmten – es wurde weitgehend für den Eigenbedarf gebaut, während vor dem 1. Weltkrieg bevorzugt Grundbesitzer und Baumeister mit Neubauten spekuliert hatten –, konnte auch keine grundlegende Wandlung der Bauauffassung erfolgen. Grundsätzliche formale oder inhaltliche Neuerungen, wie neue Wohnformen, die andere Haustypen erfordert hätten, lehnte man ab. Aus diesem Grunde herrschten die kleinmaßstäbliche Bebauung und die unverwechselbare individuelle Fassade auch bei Einfamilienreihenhäusern weiter vor, sie wurden durch die Gartenstadt- und Heimideologie des Jugendstils noch verstärkt. Jedoch wurde das Bild der plastischen Oberflächengliederung abgewandelt zugunsten einer flächigen Gestaltung. Klare geometrische und stereometrische Formen dominieren. Die verputzte Wandfläche und das Steil- oder Walmdach überwiegen als Ausdruckselemente, von wenigen Architekturelementen wie einem Sockel, Gesimsen, Eckbetonungen (Quaderwerk) und mit Werksteinrahmen eingefaßten Fenstern sparsam gegliedert. Besonders der Giebel setzt den persönlichen Repräsentationsanspruch in eine symbolische formale Gestalt um. Er soll den gesellschaftlichen Status des Auftraggebers sichtbar machen. Gleiche Absichten verfolgen die Portale; sie sind aber selten in der Südstadt zu finden. Da Arbeiter und Angestellte in Bonn weitgehend fehlen, sind gemeinnützige Wohnungsbaugenossenschaften hier kaum tätig geworden. *(Abb. 15)*

Die Skizzierung des Baugeschehens in Bonn ergibt, daß das moderne Bauen vorrangig dort praktiziert wurde, wo in Industrieregionen und Ballungszentren Städte und Kommunen mit Hilfe gemeinnütziger Baugesellschaften und -genossenschaften dem enormen Wohnungsbedarf der Unterschichten nachzukommen suchten. Hier konnte dann infolge des größeren Kapitaleinsatzes eine teilweise Rationalisierung und Industrialisierung des Massenwohnungsbaus durch Mechanisierung der Herstellung, durch Typisierung und Normierung der Bauelemente sowie durch ihre Vorfertigung erreicht werden. Bei der Architektur der neuen Siedlungen konnten dann auch politische Postulate, wie der Abbau der isolierten Privatheit und die architektonische Reihung als Verkörperung solidarischer Gemeinschaft, zum Tragen kommen. Diese Erscheinung läßt sich aber nur in wenigen Industriestädten nachweisen, was erklärt, warum das neue Bauen von den herrschenden Schichten mit sozialistischen Vorstellungen in Zusammenhang gebracht und deshalb nach Möglichkeit behindert wurde.

Die Rezeption der modernen Architektur soll am Neubau der Pädagogischen Hochschule in Bonn, dem heutigen Bundestagsgebäude (nach dem 3. November 1949 einige An- und Umbauten), vorgeführt werden. Die Pädagogische Hochschule ist das einzige Bonner Bauwerk der 20er Jahre, das sich am modernen Bauen orientierte. Preußen gründete in den 20er Jahren drei neue Pädagogische Hochschulen (Reform der Lehrerausbildung durch Kultusminister Becker), und zwar in Kiel (Nordmark), in Elbing (Ostmark) und in Bonn (Westmark). Die Bonner Pädagogische Hochschule, die die einzige Ausbildungsstätte für katholische Volksschullehrer in Preußen darstellte, wurde 1926 eröffnet und anfangs provisorisch in einer ehemaligen Schule untergebracht. Wegen der beengten Raumverhältnisse wurde am 16. September 1930 auf einem Grundstück, das von der Stadt an den preußischen Staat verkauft worden war, der Grundstein für einen Neubau gelegt; in einem engeren Wettbewerb hatte Architekt Hans Schwippert den Zuschlag erhalten. *(Abb. 16)*

Das Hauptgebäude enthielt Seminare und Hörsäle, der südliche, zum Rhein vorspringende Trakt die Turnhalle, der Nordflügel die Aula und die Verwaltungsräume. Nach Meinung des Bonner »General-Anzeigers« vom 17. September 1930 ist das Gebäude ein Beispiel der »modernen Baugesinnung«.[41] Gemeint sind die Bauintentionen und Stilmerkmale des »Internationalen Stils« (kubisch-flächenhafte Bauformen / Stahlbeton). Der weiße Anstrich reduziert den Eindruck der Schwere der Wand und negiert ihren Eigenwert, was durch die rhythmische Vielschichtigkeit der Fensterformen, das flache Dach und die entmaterialisierten Kantenstrukturen unterstützt wird. Vorkragende Betonplatten schaffen Kontakt zum Umraum und verschleifen die Grenzen zwischen Innen und Außen. Die formale Sprache der Architektur und die verschiedenen Raumverzweigungen wirken jedem Eindruck von Monumentalität des Bauwerks entgegen, da sie ein geschlossenes Fassadenbild verhindern und die Architektur erst im Umschreiten erfahren werden kann. Diese zeitliche Dimension, die zu aperspektivischen Raum- und Formanordnungen führt, fehlt der historisierenden und imperialen Baukunst weitgehend.

Aus den wenigen Andeutungen bei der Grundsteinlegung und den Presseäußerungen läßt sich entnehmen, daß das Bauwerk auf Ablehnung stieß. Die Begründungen ähneln denen der Kontroverse um die Stuttgarter Weißenhofsiedlung und sollen deshalb nicht wiederholt werden. Unverhüllt wurden sie nach der Machtübernahme bei der Einweihung der Pädagogischen Hochschule am 2. Oktober 1933 ausgesprochen, zu der SA-Abordnungen aufmarschierten und die Aula mit Hakenkreuzfahnen ausgeschlagen wurde. Während der Direktor die äußere Form nur für »umstritten« hielt, lehnte der Oberbürgermeister den Außenbau insgesamt ab, da er vom »deutschen Wesen« abweiche und von »dem Geist geprägt« sei, der »Deutschland die letzten vierzehn Jahre geprägt« habe.[42] Der Begründung für die Ablehnung läßt sich entnehmen, wie wenig Begriffe über die formale Erscheinung der Architektur aussagen. Unter dem »neuen Geist« in der »nationalsozialistischen« Baukunst wurden »Schlichtheit, Echtheit, Klarheit« verstanden – wie der Oberbürgermeister betonte[43] –; sie wurden an bestimmten formalen Richtungen, wie noch zu zeigen sein wird, festgemacht. Gerade weil die Bonner Pädagogische Hochschule formal abgelehnt wurde, hoben die Sprecher den »neuen schulischen Geist« um so deutlicher hervor: Der Lehrer galt fortan als Vorkämpfer der »Männlichkeit und Wehrhaftigkeit«. Aus diesem Grunde rückte die gesamte Schule nach der Einweihung zu einem vierzehntägigen Wehrlager in die Eifel aus.

Die formale Alternative stellte in den Augen der die Stadt bestimmenden Schichten das etwas früher entstandene Stadthaus dar. 1922 wurde German Bestelmeyer mit der Ausarbeitung eines Projektes am ehemaligen Mülheimer Platz beauftragt, das als Verwaltungsgebäude für die Besatzungsmacht vorgesehen war und Kasernen ersetzen sollte. Wegen finanzieller Schwierigkeiten wurden die Bauarbeiten 1923 eingestellt. 1925 wurden sie wieder aufgenommen, nachdem die Stadt dem Reich das Gebäude abgekauft hatte, und im Dezember des gleichen Jahres wurde es als Stadthaus eingeweiht bzw. bezogen. Der Bau Bestelmeyers, den Hitler als Architekten sehr schätzte und der der »Münchener

Schule« angehörte, wahrt durch seine Anklänge an die »Kurfürsten-Bauten« das »Gepräge der Stadt«, indem die Formen barocke Stilelemente wie den gebänderten Sockel, die verputzte Wandzone mit eingefaßten Fenstern und vor allem das Mansarddach und die Ecktürme übernehmen.[44] Natürlich ist die Anpassung an das städtebauliche Gefüge und an die städtebaulichen Gegebenheiten einer Stadt nicht negativ zu sehen, doch ist die konservative Architektur nicht von den ihr zugrunde liegenden völkischen Heimatschutzvorstellungen zu trennen. *(Abb. 17)*

Die Ablehnung der Pädagogischen Hochschule galt jedoch nicht nur der modernen Architektur. Mit der Zurückweisung der architektonischen Form bekämpfte man zugleich auch den Bauherrn, nämlich den »Preußischen« republikanischen Staat, der darüber hinaus noch die Lehrerausbildung reformiert hatte. Im rheinischen katholischen Bonn beinhaltete dies nicht nur die Ablehnung des »roten«, sondern besonders auch des »evangelischen« Preußen.

Exkurs 3: Vereinnahmung moderner Formen durch konservative Architekten

Zwei Verwaltungsgebäude in Berlin von Emil Fahrenkamp, die fast gleichzeitig entstanden sind (Deutscher Versicherungskonzern 1930 und 1935 / Shell-Haus 1930/31, beide erhalten), zeigen, wie problematisch die Bestimmung der Architektur allein durch die Form ist, zum anderen, um die Vereinnahmung und Verwendung moderner Formen auch durch konservative Architekten zu dokumentieren. *(Abb. 18)*

Das in der Architekturgeschichte viel gepriesene Shell-Haus erhebt sich auf einem spitzwinkligen Grundstück neben dem Landwehrkanal. Den Stadtumbau an diesem günstigen Standort ermöglichte die Finanzkraft des Unternehmens: Gründerzeitliche Villen wurden aufgekauft und durch Abbruch die historische Bausubstanz vernichtet. Aus städtebaulichen Gründen wurde der Eckbau über zehn Geschosse hochgezogen, während die Höhe der Seitentrakte des Gebäudes zur Regentenstraße hin treppenartig bis zu fünf Geschossen reduziert ist. Von den sechs staffelartig zurückgestuften Seitentrakten haben jeweils zwei die gleiche Geschoßzahl (2 × 7, 2 × 6, 2 × 5 Geschosse). Dem Bau liegt eine Stahlskelettkonstruktion über einer Stahlbetonwanne zugrunde, die gegen Erschütterungen durch den Straßenverkehr angelegt wurde. Die Ausfachungen erfolgten durch Gasbetonsteine, die mit römischen Travertinplatten verkleidet wurden.

Die Formensprache der modernen Architektur wird konsequent angewandt. Die um die abgerundeten Kanten herumlaufenden Fensterbänder, die membranhafte Oberfläche und die Rhythmisierung des Baukörpers durch Zurückstufungen und Abtreppungen vermeiden jeden Eindruck von Schwere. Es fehlen die Gliederungs- und Formelemente, die aus repräsentativen Gründen die Verwaltungsgebäude der Wirtschaft in den 20er Jahren statisch festlegten, genauso wie die einzelnen Geschoßgrundrisse variabel gehalten und nicht axial angelegt sind. Der Skelettbau läßt nicht nur den freien Aufriß, sondern auch den freien Grundriß zu.

Die Merkmale konservativer Architektur finden sich – wenn auch in abgeschwächter Form – beim gleichzeitig entstandenen Bau des Deutschen Versicherungskonzerns. Die Symmetrieachse, die den Haupteingang hervorhebt, gibt dem Bauwerk statischen Halt und Geschlossenheit. Er ist aus Repräsentationsgründen mit einem Marmorrahmen versehen. Die konkav geschwungene Hauptschauseite, die massiven Kantenstrukturen und die axial-symmetrischen Verhältnisse deuten den Stahlskelettbau in ein Massenbauwerk um. Aus diesem Grunde erhebt sich das Bauwerk auch wieder über einer massiven Sockelzone. Die ursprünglichen Ausfachungen mit Klinkersteinen verstärkten den Eindruck der Erdschwere und Verblockung. Fenster- und Wandbänder fehlen. Die Kleinteiligkeit der Fenster betont die massive Wand. *(Abb. 19)*
Ende der 20er Jahre diente die moderne Architektur der Großindustrie häufig dazu, sich ein progressives Image zu geben. Auch heute erfüllt sie erneut, bzw. immer noch, ihre Funktion als Statussymbol, wobei besonders in den Großstädten die Höhe der Gebäude architektonisches Zeichen ist, weil sie die Macht und den Einfluß der Firma veranschaulicht. Die Hochbauten dienen der Eindruckskonkurrenz, weil die Firmen nicht nur die Gesellschaft beeindrucken wollen, sondern darüber hinaus eine Firma die andere durch »noch mehr Höhe« übertreffen will. Nicht zu trennen hiervon ist natürlich die Ausmünzung des Bodens, die Form und Zweck der Gebäude entscheidend mitbestimmt.

Für Architekten wie Fahrenkamp ist das Shell-Haus nur eine formale Episode – der soziale und politische Inhalt, der mit der modernen Architektur während der Weimarer Republik verbunden war, hat ihn als konservativen Architekten nicht interessiert. Im Dritten Reich und in den 50er Jahren erfüllte er gewissenhaft die Bauwünsche der neuen Machthaber und der herrschenden Klasse.

Zusammenfassung: Architekturentwicklung in der Weimarer Republik

Da die ökonomischen und sozialen Strukturen in der Weimarer Republik unverändert blieben und lediglich eine Demokratisierung der politischen Herrschaftsordnung anstelle einer fundamentalen Reformierung und Demokratisierung der staatlichen, bürokratischen, gesellschaftlichen und wirtschaftlichen Institutionen stattfand, folgten die Bauproduktion und die formale Entwicklung den Gesetzen der Warenproduktion und ihren ideologischen Leitbildern.

Die Architekturszene ist gekennzeichnet durch ein Nebeneinander von traditionellen, d. h. konservativen Elementen und einer partiellen Modernisierung, das durch die Beibehaltung der gesellschaftlichen Widersprüche bedingt ist. Da die ökonomischen und gesellschaftlichen Prozesse aber in verschiedenen Stufen und teilweise auch widersprüchlich verlaufen, wäre es falsch, einen geradlinigen Ablauf der Weimarer Republik bis 1933 anzunehmen.

Infolge des 1. Weltkrieges, in dem die Bautätigkeit, insbesondere der Wohnungsbau, fast völlig zum Erliegen kam und ein Mieterschutzgesetz eingeführt werden mußte, hatte sich die schon vorher herrschende Wohnungsnot nochmals vergrößert. Da man anfänglich den Wohnungsbau wie im Kaiserreich als privates Problem ansah und die Kapitalbeschaffung schwierig war, wurde das alte Leitbild des »Eigenheims auf eigener Scholle« erneut propagiert. Erst mit der Einführung der Hauszinssteuer nach Beendigung der Inflation, durch die der Staat den gemeinnützigen Wohnungsbaugesellschaften in den Städten und Gemeinden zusätzlich öffentliche Gelder für den sozialen Wohnungsbau zur Verfügung stellen konnte, setzte sich ab 1925 der Stockwerks-Wohnungsbau erst in Blockbebauung, dann in Zeilenbauweise mit Erschließung durch Wohnstraßen durch. Auch einige Großfirmen – wie Siemens in Berlin – betrieben den Werkswohnungsbau nun in der Form des Massenwohnungsbaus. Die Zeit von 1925 bis 1929/30 wurde aufgrund der Auslandsanleihen zu einer Phase der Stabilisierung der Weimarer Republik, die durch ein relatives Klassengleichgewicht gekennzeichnet ist. 1928 erreichten die Löhne wieder den Stand von 1913/14.[45] Unter dem Deckmantel der parlamentarischen Republik bauten aber die antidemokratisch-autoritären Kräfte ihre Machtpositionen entscheidend weiter aus.

Auch wenn in der Weimarer Republik besonders der Wohnungsbau architektonisch den Stand der Produktivkräfte widerspiegelte, so erreichte er kaum die Phase der Massenproduktion. Der Hauptgrund liegt an der besonderen Strukturierung der Bauwirtschaft: Sie blieb weitgehend mittelständisch und handwerklich organisiert und war an einer Rationalisierung wenig interessiert, da die Baukonjunktur von 1925 bis 1929 staatlich garantiert war und genügend Arbeitskräfte zur Verfügung standen. Die Bauwirtschaft unterschied sich damit von anderen Industriezweigen (Elektro- und chemische Industrie), die einen modernen Produktionsapparat mit einer weitgehenden Mechanisierung aufbauten. Bei ihnen setzten sich wirtschaftliche Zentralisation und Konzentration weiter fort. War auch der politische Einfluß der Schwerindustrie nach wie vor erheblich, so ging ihre wirtschaftliche Bedeutung zugunsten der beiden genannten Wirtschaftsbereiche zurück.

Die Beibehaltung der alten Gesellschaftsordnung mit ihren konservativen Führungseliten hatte die formale Kontinuität bei allen Bauaufgaben zur Folge. Im privaten Wohnungsbau blieben die Villa, das Landhaus und das Einfamilienhaus als Leitbilder und Ausdruck der sozialen Hierarchie bestehen. Erste Landsitze mit Ret- bzw. Schilfdächern, die vom Nationalsozialismus als eigene Erfindung ausgegeben wurden, datieren bereits in die zweite Hälfte der 20er Jahre (Max Taut: Haus am Hiddensee 1926/27). Das bürgerliche Mietshaus glich man durch Übernahme von Sattel- oder Walmdach formal den Einfamilienhäusern an, wodurch die individuelle Fassade gewahrt blieb. Während im privaten Wohnungsbau verschiedene Varianten des Heimatschutzstils dominieren – er war aber auch vereinzelt bei Verwaltungsbauten anzutreffen –, wurde bei gewerblichen und auch bei staatlichen Gebäuden, insbesondere bei Industriebauten und bei den Bürohäusern der Großindustrie der imperiale Stil des Wilhelminischen Deutschland in abgeschwächter Form weitergeführt. Zeugnisse moderner Architektur sind bei staatlichen Bauten (u. a. Schulen) häufiger in SPD-regierten Ländern wie Baden, Hessen und Preußen zu finden, weil sich hier sowohl Politiker als auch Beamte der staatlichen Baubürokratie für das moderne Bauen einsetzten, während besonders die süddeutschen Länder eine Fortführung der historischen Bautradition anstrebten (Beispiele: Nürnberger Nationalmuseum 1916/19 und Erweiterungsbauten der Technischen Hochschule München 1923/26 – beide von German Bestelmeyer).

Die politischen und ästhetischen Auseinandersetzungen um das moderne Bauen führten Ende der 20er Jahre zu einer Formierung konservativer Architekten (Blockmanifest von 1928 – Unterzeichner u a. Bestelmeyer, Bonatz, Schmitthenner und Schultze-Naumburg[46]). Trotzdem überwogen bei Wettbewerben eindeutig moderne Entwürfe. So waren bei einem Wettbewerb für den Neubau eines Gerichtsforums in Berlin-

Mitte von 447 eingesandten Arbeiten nur fünf in historischen Stilformen gehalten.[47] Ab 1930 wurden aber Ausstellungen moderner deutscher Architektur nur noch im Ausland gezeigt.

Völlig unverändert blieb die konservative Bauauffassung im memorialen Bereich (u. a. Krematorien, Kriegerdenkmäler, Ehrenmäler). Rühmliche Ausnahmen bilden allein die Denkmäler von Gropius für die Märzgefallenen und von Mies van der Rohe für Rosa Luxemburg. Bekanntestes Beispiel für die konservative Richtung ist das 1927 eingeweihte Tannenbergdenkmal, dessen burgartige poligonale Anlage mit Wehrtürmen an die Tradition mittelalterlicher Wehrbauten anknüpft und die »heroische Lebenseinstellung« und »Härte der Krieger« veranschaulicht. Es entsprach den Architekturvorstellungen der Nationalsozialisten, die es nach dem Tode Hindenburgs 1934 für ihre Belange geringfügig umbauten (Architekten: Gebrüder Krüger). Es erfolgte eine Neugliederung des Innenhofes: er wurde auf die Gruft ausgerichtet, deren Eingang mit einem Granitblock als Sinnbild der Stärke und Unverrückbarkeit bedeckt wurde. Für die im Nationalsozialismus so wichtigen Totenfeiern wurden außerdem in der Gruft mehrere Hallen angelegt.

Bei memorialen Bauaufgaben galt es, mit architektonischen und räumlichen Mitteln »seelische Emotionen« und die »Stimmung der Feierlichkeit« zu wecken und die Menschen dem alltäglichen Bereich zu entrücken. Dies wurde primär durch schematische Pfeilerreihungen, Architekturzitate aus der sakralen Baukunst – z. B. Giebel – und durch bodenständige Materialien – häufig unbearbeiteter Granit – erreicht. Diese memoriale Architektur aber wurde zum bevorzugten Anknüpfungspunkt der offiziellen monumentalen Baukunst des Nationalsozialismus.

Während der Wirtschaftskrise 1930/31 wurden im Architekturbereich Entscheidungen getroffen, an die das Dritte Reich drei Jahre später anknüpfte: Nach Meinung von Finanzminister Hjalmar Schacht waren zuviele Mittel für den Wohnungsbau ausgegeben worden; außerdem stünden viele kleine Wohnungen leer, da sie zu teuer seien.[48] Mit der Einsparung der Gelder (Deflationspolitik durch Notverordnungen der Präsidialkabinette) während der Wirtschaftskrise stoppte man den sozialen Wohnungsbau schlagartig (1931 Verhängung einer zweieinhalbjährigen Sperre für öffentliche Hochbauten in Preußen) und man erhob das privat finanzierte Kleinsiedlungshaus erneut zum Leitbild.

1931 wurde auch die 1926 gegründete Reichsforschungsstelle für Wirtschaftlichkeit im Bau- und Wohnungswesen, die für das moderne Bauen durch bautechnische Versuche eine wissenschaftliche Basis schaffen sollte und Mittel u. a. für die Weißenhofsiedlung bereit gestellt hatte, aufgelöst.

Die durch die Übersiedlung von der Stadt in ländliche Gebiete und »durch die Verwurzelung auf der eigenen Scholle« oder durch Ansiedlung der Arbeitslosen in Behelfsheimen, die zu Stadtrandsiedlungen zusammengefaßt wurden, ermöglichte landwirtschaftliche Nutzung kleiner Flächen, sollte den Lebensunterhalt sicherstellen. Die Propagierung des Kleinsiedlungshauses kam auch den Wohnvorstellungen des Mittelstandes (Bürgertum), der sich an Zahl durch das Anwachsen der Angestelltenschicht weiter vergrößert hatte, entgegen und denen des Kleinbürgertums, weil das Kleinsiedlungshaus mit dem von ihm favorisierten Einfamilienhaus nahezu identisch war.

Die wirtschaftlichen Schwierigkeiten führten in fast allen Ländern zu einer Verstärkung autoritärer Staatsformen, genauso wie das Aufkommen und die Zunahme faschistischer Parteien ein gesamteuropäisches Problem darstellte.[49] Da jedoch weder der Druck der organisierten Arbeiterbewegung für eine Umwandlung kapitalistischer Produktionsbedingungen stark genug war, noch eine Volksfront – wie in Frankreich 1934 –, von sozialistischen, kommunistischen und demokratischen Parteien getragen, den Faschismus verhinderte, noch die demokratische Austragung und Behebung von gesellschaftlichen Widersprüchen und Konflikten historische Erfahrung und Tradition war, noch durch staatliche Subventionen und Mittel (u. a. Beschäftigung von Arbeitslosen durch Notstandsarbeiten) die wirtschaftlichen, sozialen und politischen Konflikte kanalisiert wurden, kam es in den 30er Jahren in Deutschland zur Machtübernahme durch die Faschisten.

In allen westlichen Ländern jedoch führten die wirtschaftlichen und gesellschaftlichen Konflikte zu einer Dominanz konservativen Bauens und zu einer Bevorzugung neoklassizistischer Formen (Beispiele: Marinebauamt in Paris von A. Perret, 1931/32 / Baseler Kunstmuseum von Paul Bonatz 1931/36 / Museum für moderne Kunst von Dondel, Aubert, Viart, Dastuge-Paris 1937). In der Sowjetunion führte die zunehmende Industrialisierung des Landes Ende der 20er Jahre zu einer allmählichen Zurücknahme ästhetischer Positionen, die die aktive und eigenständige Rolle des subjektiven Faktors im ästhetischen Erkenntnisprozeß betont hatten. Die Durchsetzung einer mechanistischen Widerspiegelungstheorie beendete im wesentlichen die Anwendung des konstruktivistischen Bauens.[50] Schon Lenin hatte eine besondere Vorliebe für die klassische Baukunst bekundet; 1922 wurden Zwillingskolonnaden aus dorischen Säulen vor dem Regierungssitz in Moskau errichtet. Generell hatten die traditionellen Architekturströmungen in den 20er Jahren in der Sowjetunion ein starkes Gewicht – eine Tatsache, die in den westlichen Architekturgeschichten, die fast nur auf die Konstruktivisten eingehen, kaum erwähnt wird. Die Verwendung neoklassizistischer Formen hatte jedoch dort eine andere Funktion als im Westen: Die Nachahmung und Aneignung des »klassischen Erbes« diente einmal dazu, während der sozialistischen Aufbauphase das Nationalbewußtsein der Bevölkerung zu stärken, andererseits wollte man die Arbeiterschaft an einer Architektur teilhaben lassen, die bisher den feudalen Schichten vorbehalten gewesen war (Wettbewerb um den Sowjetpalast 1931/33 – Metrostationen, Mietshäuser). Es ist aber die Frage zu stellen, ob neue Rezeptions- und Verhaltensweisen nicht besser über die Zeugnisse der modernen russischen Architektur ausgebildet worden wären und mit der Aneignung der klassischen Kunst nicht doch wieder traditionelle Kunstvorstellungen bei dem Betrachter und Benutzer von Architektur ausgebildet oder vertieft worden sind. *(Abb. 20)*

Das Übergewicht konservativen Baugeschehens um 1930 hat jedoch nicht ausschließlich ökonomische und gesellschaftliche Gründe. Um 1930 läßt sich eine Architekturkrise nachweisen. Einmal hatten die Architekten materialtechnische Schwierigkeiten bei der Bauausführung: die Farbe blätterte ab und der Putz hielt nicht lange, bei den Flachdächern bestanden Dichtungsprobleme. Zum anderen hatte die fehlende soziale Neubestimmung des architektonischen Raumes infolge der Beibehaltung der alten Wirtschafts- und Gesellschaftsstrukturen zu einer Formalisierung und Verselbständigung der architektonischen Mittel geführt, die subjektive und psychologische Bedürfnisse vernachlässigten. Neue ästhetisch-formale Ansätze, die eine plastische Modellierung und Gliederung der Baukörper anstrebten und auch wieder traditionelle Materialien (Ziegel / Holz) in die Gestaltung miteinbezogen (Le Corbusier – skandinavische Architekten) zeichneten sich zwar ab, konnten sich aber wegen der politischen Entwicklung erst Jahrzehnte später durchsetzen.

Architektur und Städtebau im Dritten Reich

Wirtschafts-, Gesellschafts- und Kulturpolitik im Dritten Reich

Wirtschaft und Gesellschaft im Dritten Reich

Zur Klärung der Frage, warum annähernd die Hälfte der Bevölkerung einer Ideologie erlegen ist, die sich nach der »Machtergreifung« weitgehend gegen ihre eigenen Interessen richtete, soll – bevor ein Überblick über einzelne Bauaufgaben gegeben wird – auf die soziale Basis und Funktion der faschistischen Herrschaft eingegangen werden, wobei sich historische Verkürzungen zwar nicht vermeiden lassen, jedoch die Reduktion des historischen Geschehens auf einprägsame Formeln vermieden werden soll.[51] Die nach Meinung des Verfassers wichtigsten Ursachen sollen summarisch skizziert werden.

Die Behauptung, die Arbeitslosigkeit habe zum Faschismus geführt, trifft nicht zu, da Ende 1932 eine Wirtschaftsbelebung eintrat, die nach 1933 durch öffentliche Arbeitsbeschaffungsprogramme lediglich verstärkt wurde; außerdem gelangen der NSDAP keine entscheidenden Einbrüche in die Arbeiterschaft. Der nach Ansicht des Autors wesentliche Punkt, der zur Machtübernahme führte, ist darin zu sehen, daß die während der Wirtschaftskrise erneut heftig ausgebrochenen Klassenauseinandersetzungen zu einer derartigen Zuspitzung der gesellschaftlichen Widersprüche geführt hatten, daß zu ihrer Bewältigung im Sinne der Großindustrie (Schwerindustrie), Großlandwirtschaft und der machttragenden Schichten die Herrschaftsinstrumente der parlamentarischen Republik nicht ausreichten. Die These aber, der Faschismus sei durch eine »Machtergreifung«, d. h. durch eigene Kraft an die Macht gekommen, ist historisch falsch, da sowohl die Übernahme der Kanzlerschaft durch Hitler als auch das Ermächtigungsgesetz der Verfassung entsprachen, auch wenn die KPD schon vor der Abstimmung ausgeschaltet worden war. Die Großindustrie und Großlandwirtschaft sind also als die entscheidenden Steigbügelhalter anzusehen, die vom »starken Staat« des Nationalsozialismus Staatsaufträge und Schutz vor Einfuhren erwarteten und eine wirtschaftliche Sanierung durch Festschreibung oder Senkung der Löhne erhofften. Die wirtschaftlich und politisch bestimmenden Schichten hätten den Faschismus aber nicht in dem Umfange unterstützt, hätte er nicht auf eine breite Massenbasis zurückgreifen können.

Anhand der Wahlergebnisse bis 1933 lassen sich eindeutig die Wählerschichten ausmachen, die die Massenbasis des Faschismus begründeten. Sie rekrutierte sich aus den Wählern der bürgerlichen Parteien der Mitte und der Rechten, die mit der einsetzenden Wirtschaftskrise zunehmend zur NSDAP überwechselten, während die Parteien der Linken (SPD und KPD) ihre Stimmenzahl in etwa behaupten oder sogar noch etwas erhöhen konnten, genauso wie der Wählerstamm des Zentrums konstant blieb. Es bildeten also primär die kleinbürgerlichen städtischen und ländlichen Schichten sowie der Mittelstand, dem auch die neue Schicht der Angestellten zuzurechnen ist, die Massenbasis des Faschismus. Ihre ideologischen Denkstrukturen und politischen Verhaltensweisen hatten durch die ökonomische Entwicklung in der Weimarer Republik eine Radikalisierung erfahren.[52] Die fortschreitende Umwälzung der gesellschaftlichen Bedingungen der materiellen Produktion, die in den verschiedenen Zweigen des Handels, der Wirtschaft und des Dienstleistungsgewerbes zur Ausbildung von Monopolgruppen geführt hatte, bedrängte durch die Großproduktion (Rationalisierung – Verbilligung der Produkte) das Kleingewerbe als Überbleibsel einer vergangenen Produktionsweise (Handwerk) in seiner Existenz. Ebenso waren die Besitzer von kleinen Geschäften durch das Vordringen von Warenhäusern in ihrer wirtschaftlichen Situation gefährdet, was auch für Händler, Agenten und Inhaber von kleinen Reparaturbetrieben zutraf. Der gewerbliche Mittelstand setzte sich für die Beibehaltung der unter Reichskanzler Heinrich Brüning eingeführten Warenhaussteuer und für die Beschränkung der Gewerbefreiheit ein, sprach sich aber entschieden gegen die damit verbundene Preissenkungspolitik aus. Durch die ökonomische Entwicklung wurde er proletarisiert, ohne jedoch das Klassenbewußtsein der Arbeiter anzunehmen. Der Widerspruch zwischen der ökonomischen und ideologischen Entwicklung – obgleich das Kleinbürgertum nicht über Kapital verfügte, trat es weiter für das Privateigentum ein – ist wichtig für die Erklärung des Phänomens Faschismus. Unfähig zur ökonomischen Analyse und zur Erkennung der Ursachen seiner schlechten wirtschaftlichen Situation, suchte es die Gründe für seine Misere im politischen Bereich. Es glaubte, daß die Gewerkschaften, deren Funktionäre und die erkämpften höheren Löhne Ursache seiner Verelendung seien (Lohnsteigerungen als Ursache der steigenden Preise). Des weiteren schob es die Schuld auf die Kriegsfolgelasten (Reparationen) und das Großkapital, insbesondere die Warenhäuser, als dessen Exponenten man seit den 70er Jahren des 19. Jahrhunderts das internationale Judentum ansah. Die Folge war eine differenzierte Unterscheidung des Nationalsozialismus zwischen dem volksfremden internationalen und dem volksgebundenen nationalen Kapital (raffendes und schaffendes Kapital).

Der Mittelstand dagegen hatte durch die Inflation sein angespartes Vermögen verloren – er war pauperisiert –, die kleinbäuerlichen Betriebe verschuldeten durch Importdruck und mangelnde Mechanisierung zunehmend; darüber hinaus sanken die Erlöse während der Wirtschaftskrise um 40%.

Die kleinbürgerlichen und bürgerlichen Schichten (Mittelstand) lasteten die ökonomischen und gesellschaftlichen Probleme (die »Mißwirtschaft«) den linken Parteien und dem parlamentarischen System an (»demokratischer Wirrwarr«, »Parteiengezänk«), weil es die formale Gleichheit der Arbeiterschaft gebracht hatte. Durch die Weltwirtschaftskrise verloren diese Schichten endgültig die Hoffnung auf die Lösung ihrer ökonomischen und gesellschaftlichen Probleme durch das parlamentarische System der Weimarer Republik.

Die Wiederherstellung ihrer alten wirtschaftlichen und gesellschaftlichen Bedeutung versprachen sie sich von einem Gesellschaftssystem, in dem ein »starker Staat« die Klassenkämpfe ausschalten und so die gesellschaftlichen Widersprüche beseitigen würde. Ihre antikapitalistischen Zielsetzungen, die sich aber lediglich gegen das Großkapital richteten, ließen sie daran glauben, daß der »starke Staat« auch für die Abschaffung des Großkapitals und für die Verstärkung der handwerklichen Kleinproduktion (Vorstellung von einer Gesellschaft kleiner Warenproduzenten) sorgen werde. Das alte Ständesystem entsprach ihrer Gesellschafts- und Staatsauffassung. Ohne auf die Fehler der linken Parteien näher eingehen zu wollen, läßt sich doch feststellen, daß die SPD und KPD diese Bevölkerungsschichten kaum erreichten und auch – im scheinbaren Gegensatz zur NSDAP – kein festes Programm für den Wiederaufbau vorlegen konnten.

Das angeblich klare Programm der »nationalen Erneuerung« der NSDAP zeichnete sich in Wirklichkeit dadurch aus, daß es zwar möglichst vage blieb, aber durch einprägsame Bilder – wie das der »organischen Volksgemeinschaft«, der Herausstellung des »starken Staates« und der »Wiederherstellung des Reiches« – den ideologischen Vorstellungen und Wünschen der bürgerlichen und kleinbürgerlichen Schichten entgegenkam, denn diese Bilder entsprachen ihrer Sehnsucht nach gesellschaftlicher Harmonie, Stabilität und Sicherheit, nach Ruhe und Ordnung. Besonders die Vorstellung von der nationalsozialistischen organischen Volksgemeinschaft, in der Klassenauseinandersetzungen der Vergangenheit angehören sollten, übte zweifellos großen Einfluß auf die bürgerlichen und kleinbürgerlichen Schichten aus. Durch das Gefühl, der Nationalsozialismus verleihe ihnen Bedeutung und Größe, erreichten die Machthaber des Dritten Reiches, daß sie ihre ökonomische Deklassierung ideologisch kompensierten. Der aus kleinbürgerlichen Verhältnissen stammende Führer selbst diente hierfür als ideale Identifikationsfigur. Infolge der Unfähigkeit zur ökonomischen und gesellschaftlichen Analyse glaubte die Masse an die Allmacht des großen Führers: Der Führer sollte ihre Wünsche und Hoffnungen realisieren.

Der Nationalsozialismus bediente sich darüber hinaus der Begriffe, Symbole und Organisationsformen der Arbeiterbewegung (Gemeinschaft, Farben, Massenveranstaltungen), so daß für sie der Eindruck einer »neuen Bewegung« entstand, die durch einen »autoritären Sozialismus preußischer Prägung« Deutschland besseren Zeiten entgegenführen könne.

Faßt man die Entwicklung in der Weimarer Republik zusammen, so läßt sich feststellen, daß in ökonomischer und gesellschaftlicher Hinsicht eine Verschiebung des Gewichtes der Klassen untereinander zugunsten der Arbeiterschaft und der konservativen Oberschichten stattfand, während das Kleinbürgertum und der Mittelstand weiter geschwächt wurden. Die gesellschaftlichen Widersprüche spitzten sich im Verlauf der Weltwirtschaftskrise zu. Ausschlaggebend für die Etablierung eines faschistischen Herrschaftssystems ist es jedoch nicht gewesen, daß die Herrschaftsinstrumente der parlamentarischen Demokratie nicht ausreichten – obwohl die autoritäre Regierungsform ab 1930 (Präsidialkabinette / Notverordnungen) natürlich eine demokratische Lösung der Krise entscheidend erschwerten –, genauso wenig wie die Arbeitslosigkeit oder der Extremismus der Mitte die Hauptursachen für die Machtübernahme durch die faschistische Partei darstellten. Die Großindustrie, insbesondere die Schwerindustrie, und die Großlandwirtschaft trugen die Hauptverantwortung für die nationalsozialistischen Erfolge[53], indem sie ab 1932 die NSDAP durch ihre Finanzhilfe unterstützten. Die Staatsnachfrage sollte nach Auffassung der verschiedenen Wirtschaftsgruppen günstige Verwertungsbedingungen schaffen. Als die autoritäre Regierungsform nicht ausreichte, entschieden sie sich für den Faschismus, da dieser versicherte, die Privatinitiative bzw. Selbstlenkung der Wirtschaft entspreche den nationalsozialistischen Wirtschaftsvorstellungen. Sicher spielten auch die Großagrarier, die die Aufsiedlung der Güter im Osten befürchteten, bei der Übertragung der Kanzlerschaft an Hitler eine wichtige Rolle.

In verschiedenen Denkschriften und Erklärungen vor 1933 hatte der »Reichsverband der deutschen Industrie« Krisenprogramme für die Großindustrie formuliert, in denen er eine grundlegende Änderung der verfehlten Sozial- und Wirtschaftspolitik der Weimarer Republik forderte.[54] Er verlangte eine Steuersenkung für die Großindustrie und den Abbau der Sozialleistungen. Die Gewähr, diese Forderungen durchzusetzen, war seiner Meinung nach nur durch einen starken Staat gegeben. Der Ruf nach dem starken Staat beinhaltete also einmal die erhebliche Ausweitung der seit dem Wilhelminischen Deutschland gewachsenen Position des Staates, zum anderen die Niederhaltung der demokratischen und sozialistischen Kräfte (Parteien / Gewerkschaften). Da die private Nachfrage infolge der Wirtschaftskrise gering war, forderte der Reichsverband, der vor allem die Interessen der Schwerindustrie vertrat, öffentliche Aufträge bzw. eine systematische Staatsnachfrage, worunter primär die Produktion von Rüstungsgütern verstanden wurde. Besonders laut rief die mittelständische Bauwirtschaft nach dem »starken Staat«. Sie kämpfte für eine Aufhebung der im Oktober 1931 beschlossenen Bausperre für öffentliche Hochbauten in Preußen und bildete eine »Baufront«, in der sich die Bauwirtschaft und verschiedene andere Berufsvereinigungen zusammenschlossen; sie war von anfang an stark nationalsozialistisch unterwandert.[55] Erreichte die Arbeitslosenzahl 1932 auf dem Höhepunkt der Weltwirtschaftskrise 44,4 %, so war die Lage der Bauarbeiter noch schlechter, von ihnen waren zwei Drittel arbeitslos, von den organisierten sogar 90,8 %.[56]

Um einen kontinuierlichen Produktionsprozeß zu garantieren, setzten sich alle Wirtschaftsgruppen für einen »starken Staat« und für die Beibehaltung der kapitalistischen Wirtschafts- und Gesellschaftsordnung ein.

Nach der Machtübernahme enthüllte sich die Vagheit des faschistischen Wirtschaftskonzeptes und damit das Bild der organischen Volksgemeinschaft in seiner wahren Bedeutung: Es hatte dazu gedient, eine möglichst breite Massenmobilisierung zu erreichen und bedeutete in Wirklichkeit die Ausschaltung aller demokratischen Kräfte und die Erhaltung der alten Herrschaftsverhältnisse. Dabei erfuhr die kapitalistische Wirtschafts- und Gesellschaftsordnung eine Neuordnung und Organisierung nach ständischen Prinzipien, und der Staat bzw. die Partei trat als Garant des kapitalistischen Privateigentums an den Produktionsmitteln und günstiger Verwertungsbedingungen des Kapitals auf. Besondere Abschreibungsbedingungen bevorzugten eindeutig die Großindustrie. Zur Überwindung der Wirtschaftskrise dienten staatliche Arbeitsbeschaffungsprogramme, womit im Dritten Reich die Staatsintervention ihren Höhepunkt erreichte. Bei diesen Arbeitsbeschaffungsprogrammen griff man auf Vorarbeiten der Weimarer Republik zurück, während die Wirtschaftsstruktur der der Zeit des 1. Weltkrieges ähnelte.

Mit machtstaatlichen Mitteln wurde die »neue« Wirtschafts- und Gesellschaftsordnung etabliert. Gruppen oder Personen, die einem völkischen Sozialismus anhingen und eine Verstaatlichung der Industrie, die Gewinnbeteiligung der Arbeiter, die Abschaffung der Warenhäuser oder eine Bodenreform forderten, wurden aus ihren Ämtern entlassen, umgebracht (»Röhm-Putsch« – 1934) oder, was selten vorkam, auf unbedeutende Posten abgeschoben.[57] Mit dem Verbot aller Parteien, parlamentarischen Einrichtungen und Gewerkschaften sowie der Gleichschaltung aller Organisationen wurde die nationalsozialistische Volksgemeinschaft hergestellt.

Die zentral gelenkten und autoritär geführten Korporationen (ständische Wirtschaftsverfassung) waren die wirtschaftlichen Instrumente, durch die der Staat, d. h. die Partei und die Großindustrie, die Wirtschaftsprozesse kontrollieren und disziplinieren konnte. Natürlich gab es innerhalb der verschiedenen Wirtschaftsgruppen Gegensätze, so daß das Bild einer gemeinsamen Wirtschaftsfront differenzierter zu sehen ist. Die im Rahmen der Kriegsvorbereitungen eingeleitete Autarkiepolitik wurde vor allem von der Schwerindustrie getragen, die vor 1933 besonders stark unter der Nichtauslastung der Kapazitäten gelitten hatte, während die ausbleibende Inlandsnachfrage von der Elektro- und Chemieindustrie aufgrund der engeren Verflechtung mit dem Weltmarkt teilweise ausgeglichen werden konnte. Diese Industriezweige meldeten die stärksten Vorbehalte gegenüber der nationalsozialistischen Wirtschaftspolitik an. Um aber die ökonomischen Positionen nicht zu gefährden, beteiligten auch sie sich sich an der Aufrüstungs- und Autarkiepolitik, zumal die Herstellung von synthetischem Benzin und von Rüstungsgütern (Elektroindustrie als Zulieferer der Flugzeug- und Motorenindustrie) hohe Gewinne versprach. Eindeutig falsch ist die Vorstellung einer absolutistisch-dirigistischen Staatswirtschaft (Primat der Politik – Industrie als Opfer der nationalsozialistischen Politik), da, wie das Beispiel der Schwerindustrie beweist, die politischen den wirtschaftlichen Interessen zumindest des einflußreichsten Teiles der Industrie entsprachen. Als weiterer Beweis hierfür ist auch die Einschränkung des Rechts auf freie Investition des Kapitals zu sehen, die vor allem der Schwerindustrie zugute kam, weil auf diese Weise verhindert wurde, daß durch neu entstehende Industriezweige Arbeiter von den Rüstungsfabriken abgeworben werden konnten. Daß die politischen mit den wirtschaftlichen Interessen zusammentrafen, zeigt sich vielleicht am eindrucksvollsten darin, daß es lediglich zu einer Ablösung der politischen und kulturellen, nicht aber der ökonomischen Führungsschichten kam.

Am 6. April 1933 erfolgte die Umbildung des »Reichsverbandes der deutschen Industrie« zu einer »Körperschaft« der deutschen Industrie. Es war ein reiner Unternehmerverband, in dem weder Arbeiter noch nationalsozialistische Funktionäre Mitglieder waren. Die verschiedenen Zweige wurden in Reichswirtschaftskammern zusammengefaßt, die in Reichs- und Hauptgruppen sowie in Wirtschaftskammern unterteilt waren. Ihre jeweiligen Leiter wurden nach dem Führerprinzip vom Wirtschaftsminister ernannt.

Oberstes Organ war der »Generalrat der deutschen Wirtschaft« (15. Juli 1933), der für die Arbeitsbeschaffungsprogramme zuständig war. Die Verschmelzung der Macht des Staatsapparates mit der Großindustrie kommt darin zum Ausdruck, daß leitende Angestellte Beamte in den staatlichen Organisationsformen wurden.

Das »Gesetz über den organischen Aufbau der deutschen Wirtschaft« vom November 1934 stärkte das zentralistische System, das für die Kriegsvorbereitungen wichtig war. Nach verschiedenen Verordnungen entstanden durch das »Gesetz über den Neuaufbau des deutschen Handwerks» vom Januar 1935 Pflichtinnungen. Da die Meisterprüfung Voraussetzung für die Leitung eines Betriebes wurde und die Prüfungsanforderungen sehr hoch waren, erfolgte eine verstärkte Freisetzung von Handwerkern, die gezwungen waren, als Lohnabhängige in die Industrie zu gehen.

Noch folgenreicher war die am 15. Juni 1933 durchgeführte Zwangskartellierung der Wirtschaft, die die Großindustrie bevorzugte und eine Diktatur der Monopole darstellte. 1600 Kartellverträge und 120 Zwangskartelle (1936 waren über 60 % der Industrieprodukte von Kartellen erfaßt) schränkten die Konkurrenz ein und garantierten feste Preise und Absatzmärkte. Die Begrenzung der Gewinnspannen (1936 Einrichtung eines »Reichskommissariats zur Überwachung der Preise«) bedeutete eine Begünstigung der Großindustrie, da diese aufgrund größerer Produktionsmengen und konsequenterer Rationalisierung sehr viel rentabler produzieren konnte. Folglich setzte sich die Wirtschafts- und Kapitalkonzentration im Dritten Reich verstärkt fort. Die angebliche Bedarfsdeckung der nationalsozialistischen Wirtschaft bedeutete in Wahrheit eine weitgehende Einschränkung des Marktes durch staatliche Auftragsvergabe, die das Profitprinzip der zwar gewandelten, aber nach wie vor kapitalistischen Produktionsverhältnisse verschleierte.

Die Aufstellung von Vierjahresplänen, in denen die Vergabe der öffentlichen Aufträge in Übereinstimmung mit der Wirtschaft erfolgte, bedeutete nicht die Einführung der allgemeinen Planung der Wirtschaft. Es wurde daher immer wieder betont, daß nicht die »Planwirtschaft«, sondern die »Wirtschaftsplanung« eingeführt worden sei. Selbst in den Wirtschaftsgeneralstäben und Ausschüssen, die im Kriege zur Rationalisierung und Typenbereinigung eingerichtet wurden, verzichteten die nationalsozialistischen Machthaber darauf, die kapitalistischen Produktionsverhältnisse und privatwirtschaftliche Organisation anzutasten. Staatliche Beteiligung oder Gründungen von staatlichen Industriebetrieben erfolgten nur bei unrentabler Produktion (Beispiel: Abbau der Eisenerze / Gründung der Hermann-Göring-Werke, der heutigen Stahlwerke Peine-Salzgitter), während umgekehrt staatliche Beteiligungen bei florierenden Produktionszweigen abnahmen (Beispiel: Vereinigte Stahlwerke).

Die Entwicklung der Wirtschaft innerhalb der beiden Vierjahrespläne stand im Gegensatz zu den Interessen derjenigen, die den Nationalsozialismus trugen. Die Großindustrie wurde eindeutig dem Handwerk und der mittelständischen Wirtschaft gegenüber bevorzugt. Sollte ursprünglich der Maschineneinsatz begrenzt sein und dadurch das Handwerk gefördert werden, so waren, da die nationalsozialistische Politik von Anfang an im Zeichen der Aufrüstung für den Krieg stand,[58] moderne Großbetriebe nötig. Als 1936 eine Wirtschaftskrise drohte, ging man zur Kriegswirtschaft über. Die Produktionsbasis verdoppelte sich im Dritten Reich, genauso wie die Wirtschaftsleistung stieg. Als Folge der skizzierten wirtschaftlichen Entwicklung verschlechterte sich aber die ökonomische Lage der nationalsozialistischen Massenbasis:

1. Durch Verabschiedung des Erbhofgesetzes wanderten 500 000 Menschen vom Land ab.

2. Durch Benachteiligung des Handwerks und Verschärfung der Berufsqualifikationen wurden allein zwischen 1936 und 1938 104 000 Handwerker zu Arbeitern. Bis 1937 mußten 35 000 Betriebe schließen.[59]

3. Von den Kleingewerbetreibenden verfügten 75 % der Ladeninhaber lediglich über einen Ertrag von 80 RM. Sie verdienten damit weniger als Facharbeiter.

4. Die Leistungen in der Sozialversicherung (u. a. Zahlungen in der Unfallversicherung) wurden abgebaut.

5. Die Frauenarbeit erhöhte sich auf 32,2 %.

Im Gegensatz zur Verschlechterung der wirtschaftlichen Lage der Arbeiterschaft, des Kleinbürgertums und des Mittelstandes stiegen die Überschüsse des Privatkapitals erheblich. Die Löhne dagegen lagen unter denen von 1928 (Facharbeiterlöhne – 1928: 95,9 Rpf, 1936: 78,3 Rpf, 1940: 79,2 Rpf), während die Preise nach 1933 stiegen. Finanziert wurde die Rüstung (= öffentliche Aufträge) durch eine gewaltige Ausweitung des Kreditvolumens (Staatsanleihen, Sonderwechsel), auf die im einzelnen nicht eingegangen werden soll. Da keine Tilgung der Schulden erfolgte, kam es 1938 zu einer Neuverschuldung. Einen Ausweg aus der finanziellen Verschuldung konnte nur ein Krieg bieten, nach dessen siegreichem Ende durch Ausbeutung der unterjochten Völker die Herrenrasse wieder schuldenfrei geworden wäre.

Durch die Skizzierung der Wirtschafts- und Gesellschaftsordnung des Dritten Reiches wird aber die geglaubte und erlebte Wirklichkeit des Nationalsozialismus nur unvollständig erfaßt. Auch wenn Einzelpersonen und Teile der Arbeiterklasse mutigen Widerstand geleistet haben und viele von ihnen in den Konzentrationslagern umgekommen sind, so ist die Vorstellung falsch, der nationalsozialistische Terror habe den Alltag bestimmt.[60] Die Frage muß gestellt werden, wie es möglich war, daß ein großer Teil der Bevölkerung bis zum bitteren Ende die objektive Verschlechterung seiner wirtschaftlichen Lage hinnahm und den Nationalsozialismus weiterhin unterstützte. Die Gründe hierfür sind vielschichtig und sollen in wenigen Thesen zusammengefaßt werden:

1. Auch vor 1933 hatten die linken Parteien große Hoffnungen auf den Staat gesetzt, jedoch sollten die staatlichen Arbeitsbeschaffungsprogramme in Verbindung mit den Gewerkschaften durchgeführt werden. Die nationalsozialistische Partei verstand es, den Staat als Lenker der Wirtschaft in der neuen Volksgemeinschaft erscheinen zu lassen.

2. Dem Bedürfnis, nach der Wirtschaftskrise wieder einen gesicherten Arbeitsplatz zu bekommen, entsprach der Nationalsozialismus. Er verstand es geschickt, das Gefühl zu vermitteln, es werde »für jeden viel getan«.

3. Der autoritäre Führergedanke und die anderen Leitmotive des Faschismus entsprachen der Mentalität und den Denk- und Verhaltensweisen seiner Massenbasis.

4. Mit Hilfe der Ideologie der Volksgemeinschaft gelang es dem Nationalsozialismus, die ungleiche Stellung im Produktionsprozeß zu verschleiern, genauso wie die irrationalen Werte Blut, Boden, Rasse die ökonomische Deklassierung seiner Massenbasis ideologisch kompensierten.[61]

5. Die »Bauten der Gemeinschaft« erschienen als Ausdruck und Verkörperung der neuen sozialistischen Gesinnung.

6. Durch Erfassen der Gesamtgesellschaft im sozialen und architektonischen Raum wurde der Bevölkerung das Gefühl der aktiven Teilhabe am politischen Geschehen vermittelt.

Kunst- und Architekturpolitik im Dritten Reich

Kunstpolitik vor 1933

Die Gründung einer »Nationalsozialistischen Gesellschaft für deutsche Kultur« im August 1927 durch Alfred Rosenberg, die 1928 in den »Kampfbund für deutsche Kultur« übergeleitet wurde, stellt den Beginn organisierter nationalsozialistischer Kulturarbeit dar.[62] Nach der Satzung der Gesellschaft war es Zweck der Organisation, »alle Abwehrkräfte gegen die heute herrschenden Mächte der Zersetzung« zu sammeln und das deutsche Volk über »die Zusammenhänge zwischen Rasse, Kunst, Wissenschaft, sittlichen und soldatischen Werten aufzuklären.[63] Der Kampfbund verstand sich als Organ des völkisch-nationalen Kulturwillens und erhielt von der Reichsleitung der NSDAP die Aufgabe zugewiesen, »den nationalsozialistischen Gedanken in Kreise zu tragen, die durch Massenversammlungen im allgemeinen nicht gefaßt werden können«.[64] Schon im März 1929 bestanden 25 Ortsgruppen, die insbesondere durch Vortragsreihen an die Öffentlichkeit traten und den »örtlichen Kulturkampf« organisierten, indem sie Kampagnen gegen Museumsleiter und Regisseure führten. 1930 erfolgte in Weimar die Gründung des »Führer-Rat«s der vereinigten Deutschen Kunst- und Kulturverbände, die Untergruppen der NSDAP waren und sich für die »Reinheit der deutschen Kunst« einsetzten. 1931 erhielt der Kampfbund die Unterstützung der übrigen völkischen Kulturverbände.

Nachdem es der NSDAP nicht gelungen war, in der Arbeiterschaft entscheidenden Einfluß zu gewinnen, sprach man ab 1927 neue Gruppen gezielt an, die dann die soziale Basis für den Faschismus abgaben: mittelständische, kleinbürgerliche und bäuerliche Schichten, die Wirtschaftskreise des Ruhrgebietes und die Wehrverbände. Dementsprechend bildete auch die Kunstanschauung des Nationalsozialismus keine einheitliche Kunsttheorie aus, sondern verfügte über ein Konglomerat z. T. widersprüchlicher Aussagen und Konzepte, die primär die Fortführung von Kunstvorstellungen des Wilhelminischen Deutschland mit einer übergewichtigen kleinbürgerlichen Komponente darstellten. Es lassen sich drei unterschiedlich orientierte kunsttheoretische Richtungen unterscheiden, die in der Weimarer Republik das kleinbürgerliche und bürgerliche Denken bestimmt hatten und bis 1933 Eingang in den Kampfbund fanden. Die völkischen Kreise hatten ihre antisemitische Tradition nach 1918 durch antikapitalistische Akzente ergänzt und setzten sich für eine deutsche Heimatkunst ein.[65] In Paul Schultze-Naumburg fanden sie ihren wichtigsten Architekturtheoretiker.[66]

Die zweite Gruppe bestand aus betont nationalistisch gesinnten Kreisen, die Deutschland von allen ausländischen Einflüssen frei halten wollten. Sie lehnten den Expressionismus wegen seiner individualistischen Kunstauffassung ab, weil sie aufgrund ihrer autoritären Staatsauffassung glaubten, er stelle eine Gefahr der politischen Schwächung des Staates dar. Der »alldeutsch-pangermanische Zirkel« (Alldeutscher Verband) dagegen glaubte an den Führungsauftrag des nordischen Volkes; auch er pflegte eine starke antisemitische Tradition. Die vom »alldeutsch-pangermanischen Zirkel« vertretene Vorstellung vom Volksstaat war auf die Schichten des städtischen und ländlichen Mittelstandes zugeschnitten. Seine Anhänger sahen im Osten den für das deutsche Volk notwendigen Raum.

Einig waren sich diese drei ideologischen Hauptgruppen, deren Gedankengut bis 1933 in den Kampfbund einging, der organisatorisches und ideologisches »Sammelbecken« dieser Gruppierungen war und die offiziellen Kunstvorstellungen des Nationalsozialismus vertrat, in ihrer gemeinsamen Ablehnung des Marxismus, des parlamentarischen Systems und der modernen Kunst; lediglich über die Einschätzung und Bewertung des Expressionismus bestanden Unstimmigkeiten.

Die verschiedenen Kulturzirkel erkannten, daß sich die Kunst immer mehr von der Gesellschaft entfernt hatte, und waren der Meinung, daß die Kulturkrise eine Krise der Gesellschaft signalisiere. Die Erklärung der Krise suchte und fand man in der Rassentheorie und nicht in den ihr in Wahrheit zugrunde liegenden sozialökonomischen Ursachen. Der Kulturverfall – Hauptschlagwort des »Kulturkampfes« – war nach völkischer Vorstellung in dem Aufstand der »Untermenschen« begründet, worunter man die soziale und formale Gleichberechtigung aller Staatsbürger im demokratischen System verstand, und in der Rassenmischung (Slawen und Juden als kulturzersetzende Rassen). Da die Kunst ein Indiz für rassische Vollkommenheit sei, könne nur durch eine bewußte rassische Auslese eine neue Kultur geschaffen werden. Als kulturbegründender und kulturtragender Rasse komme den Ariern eine überragende Bedeutung zu. Der Eintritt der arischen Rasse in die betreffenden Volkskörper habe in Griechenland, Italien und Zentraleuropa die »Kulturblüte« hervorgebracht. Den »starken Staat« sah man als Instrument an, um eine »Kulturgesundung« durchführen zu können.[67]

Die moderne Kunst und Architektur – die Rassentheorie diente zur Erklärung der historischen Abläufe in der Baukunst – übten nach der Meinung der Nationalsozialisten einen zersetzenden Einfluß aus und wurde als »jüdisch-bolschewistische« Kunst abqualifiziert. Die künstlerische Avantgarde sei nichts anderes als Träger der proletarischen Weltrevolution. Hiermit übertrug man die aus den ökonomischen und gesellschaftlichen Prozessen resultierende Angst des Kleinbürgertums vor dem Sozialismus geschickt auf die Kunst. Die moderne Architektur sei außerdem auf Billigkeit abgestellt, was sich schon in der Verwendung von Glas, Beton und Stahl zeige. Weitere Argumente sind schon durch die Debatte um die Weißenhofsiedlung bekannt und sollen nicht wiederholt werden. Die Auseinandersetzungen um das Bauhaus, die Weißenhofsiedlung und der Bildersturm vor 1933 in Thüringen geben aber deutliche Hinweise auf die spätere nationalsozialistische Kunstpraxis (u. a. Übermalung von Bildern / Bücherverbrennungen). Obwohl sich Hitler sehr für Architektur interessierte und sich als Künstler verstand, griff er selbst kaum in den Kulturkampf ein.

Waren sich auch die verschiedenen ideologischen Kreise darin einig, daß die Baukunst eine Weltanschauung zu vertreten habe, so zeichneten sich aufgrund der nicht einheitlichen inhaltlichen Definitionen doch unterschiedliche formale Konsequenzen ab. Sie wurden wirksam bei den unter »konservativer Architektur« aufgeführten Architekturströmungen: Verbindung der Baukunst mit der Landschaft (regionale Baukunst), Wahrung der Tradition durch Anknüpfen an die Baukunst um 1800 und ihre Fortführung, Hervorhebung der Monumentalität bei besonderen Bauaufgaben (abgeschwächter imperialer Stil). Die Bauten der kleinbürgerlichen Schichten (regionale Heimatkunst) gab Paul Schultze-Naumburg als Ausdruck guter Rasse aus; ebenso erfuhren bestimmte Materialien (Kalk- und Ziegelstein) und einzelne Architekturformen (Satteldach) im Rahmen der Rassentheorie eine Umdeutung: Sie entsprächen den Charaktereigenschaften der nordischen Rasse. Die Hauptmerkmale der nordischen Rasse – nordisch, germanisch, deutsch, arisch sind dabei Synonyme – seien die Schlichtheit, Geradheit und Offenheit.[68]

Von Beginn an ließen sich die ideologischen Vorstellungen mit ökonomischen Interessen koppeln. So schrieb Schultze-Naumburg im Auftrage des Dachdeckerverbandes ein Gutachten gegen das »orientalische Flachdach«. Die Propagierung heimischer Baumaterialien entsprach den Wünschen des Bausteingewerbes.

Ende 1931 gestaltete man den »Kampfbund für deutsche Kultur« zur Massenorganisation um und gliederte ihn in einzelne Berufsgruppen auf. Architekten und Ingenieure wurden im »Kampfbund deutscher Architekten und Ingenieure« zusammengefaßt. Aufgabe und Ziel seiner Arbeit sah der Kampfbund in der »Ausschaltung aller Klassengegensätze« und in dem Einsatz »für den blut- und bodenbedingten organischen Staat«, der »an Stelle eines materialistisch-liberalistischen Staatsgebildes« zu schaffen sei.[69] Vor 1933 war das Bemühen nationalsozialistischer Kulturpolitiker groß, zwecks Propaganda und zur Aufbesserung des Renommees bekannte Künstler für ihre Arbeit zu gewinnen. Wie widersprüchlich die Architekturvorstellungen des Nationalsozialismus sind, zeigt die Analyse der Artikel des »Völkischen Beobachters«. Natürlich steht die Blut- und Boden-Ideologie im Vordergrund, um über Reagrarisierungsprogramme die kleinbürgerlichen Schichten zu gewinnen. Ebenso ertönte laut die Forderung nach einer heimattreuen, völkischen und nationalen Baukunst, jedoch verzichtete man bis 1930 darauf, den industrialisierten Wohnungsbau und Architekten wie Gropius und Mies van der Rohe pauschal abzuqualifizieren. Um 1930 läßt sich dann allerdings ein Umschwenken in der Architekturpolitik feststellen. Nach dem Einsetzen der Wirtschaftskrise und der gezielten Schaffung einer breiten Massenbasis sucht man positive Hinweise auf die »moderne Architektur« im »Völkischen Beobachter« vergeblich.

Kunstpolitik nach 1933

Waren die ideologischen und formalen Voraussetzungen der nationalsozialistischen Kunst und Architektur auch vor 1933 geschaffen worden, so überlagerten nach der Machtübernahme zunächst die organisatorischen Probleme die widersprüchlichen Vorstellungen über den Inhalt und die Form der »neuen« und »völkischen Kunst«. Die politische und personelle Formierung und Gleichschaltung, die durch Überführung der Berufsverbände in die Reichskulturkammer erreicht wurde (Gesetz vom 22. 9. 33 / Gründung 15. 11. 33 – 42000 Mitglieder, davon 13750 Architekten) – Kontrolle und Lenkung der Kunst durch den Staat bzw. durch die Partei –, erfolgte jedoch schon vor Herbst 1933 durch den »freiwilligen Austausch« von Persönlichkeiten in Verbänden und Institutionen. Mehr oder weniger bedrängt durch nationalsozialistische Mitglieder, zogen sich viele Architekten von ihren verschiedenen Tätigkeiten in dem Bereich der Ausbildung (u. a. Akademien – Bruno Taut, Hans Scharoun), der Baubürokratie oder aus berufsständischen Organisationen zurück (BDA-Vorstand). Das Führerprinzip löste die auf demokratischer Wahlfreiheit beruhenden Satzungen ab.[70] Neuer Präsident des »Bundes deutscher Architekten« wurde Eugen Hönig, ein begeisterter Nationalsozialist, dessen erste Amtshandlung in der Gleichschaltung der Landes- und Ortsgruppen bestand; sie war bis zum 24. April 1933 abgeschlossen. In einer Erklärung zum nationalen Aufbauprogramm forderte der BDA die Zurückdrängung von Staat und Reich und statt dessen der »Privatinitiative als der geistigen Grundlage jeder freien Wirtschaft freie Hand zu lassen«.[71] Weiter verlangte er die Auflösung aller »amtlichen und halbamtlichen Wohnungs- und sonstigen Gesellschaften amtlicher Art« und die »Planung und Durchführung aller Bauaufgaben einschließlich derjenigen der öffentlichen Hand ... ausschließlich den freischaffenden Architekten anzuvertrauen«.[72]

Gemeinsam mit dem »Kampfbund deutscher Architekten und Ingenieure«, in dem der völkische Flügel dominierte, wurde am 25./26. Juni 1933 in Weimar eine Führertagung veranstaltet, auf der man Pläne zur Einrichtung einer autonomen Architekten- und Ingenieurkammer diskutierte. Im Juni 1933 erfolgte eine »de facto Eingliederung« des Deutschen Werkbundes (DWB) in den Kampfbund (KfdK).[73] Sowohl der BDA als auch die von Fritz Höger geleitete »Wirtschaftliche Vereinigung deutscher Architekten« (WVDA), der von Emil Högg geführte »Deutsche Architekten- und Ingenieurverein« (AIV) und die »Preußische Akademie der Künste« bekannten sich nach der Machtübernahme zu den »völkischen« Grundsätzen, d. h. daß das Führerprinzip, die berufsständischen Fragen und die Arierklausel vor der gesetzlichen Gleichschaltung eingeführt wurden. Die Berufsverbände »regelten« somit die »Judenfrage« schon zwei Jahre früher als die Partei! Die Ausschaltung aller »unliebsamen und schädlichen Elemente« war erklärtes Ziel.[74] Als Folge des vorweggenommenen Berufs-Verbotes verließen viele Künstler Deutschland.

Die Eingliederung der Architekten in die »Reichskulturkammer« (RKK), wo sie der »Reichskammer der bildenden Künste« (RKdbK), Fachgruppe Baukunst angehörten, kam besonders den Vorstellungen der »Münchener Schule«, der Architektengruppe um German Bestelmeyer, Leonhardt Gall und Paul Ludwig Troost, entgegen. Die einzelnen Präsidenten der Kammern ernannte Joseph Goebbels selbst, ebenso die Mitglieder der Präsidialräte.

Während die organisatorische Gleichschaltung reibungslos vonstatten ging, traten schwerwiegende Differenzen über die Form der neuen Architektur auf. Der nationalsozialistische Studentenbund (Zentrum: Berlin) wandte sich gegen den Akademismus in der Baukunst – worunter er neoklassizistische Bauten wie die von Troost verstand – und gegen jede Form von Restaurierung und Reglementierung der Kunst. Der Studentenbund forderte eine »neue deutsche Kunst«, die aus der lebendigen nordischen Tradition, zu der er den Expressionismus der 20er Jahre und Architekten wie Mies van der Rohe und Heinrich Tessenow zählte, hervorgehen sollte. Die Zeitschrift des Verbandes »Kunst der Nation« setzte sich darüber hinaus für einen künstlerischen Pluralismus ein. Hierin zeigt sich die Problematik der Forderung nach künstlerischer und geistiger Freiheit: Während die nationalsozialistische terroristische Unterdrückung schon ihre Opfer forderte, verlangten Künstler die künstlerische Freiheit.

Den Hauptwortführer der Gruppe, Otto Andreas Schreiber, bezeichnete Alfred Rosenberg als »kulturellen Otto Strasser«. Wie in der wirtschaftspolitischen Diskussion wurden jedoch auch in der Kunst die »linken« Flügel der Partei ausgeschaltet, da im Interesse einer zu beschleunigenden und ideologisch abzusichernden Aufrüstung = Arbeitsbeschaffung die nationalsozialistische Revolution für beendet erklärt werden mußte.

Während Goebbels zu Beginn der kunstpolitischen Auseinandersetzungen mit dem Studentenbund sympathisierte und sich auch für die Futuristenausstellung im März 1934 in Berlin eingesetzt hatte – sie wurde sofort nach ihrer Eröffnung wieder geschlossen –, bekämpften Rosenberg, sein Kampfbund (KDAI) und die »Münchener Gruppe« ihn von Anfang an. Hitler sagte auf dem Parteitag 1933, daß es »besser ist, Gutes nachzuahmen, als neues Schlechtes zu produzieren«[75] und entschied sich mit dem Stil der Bebauung des Königsplatzes in München formal bei den Staats- bzw. Parteibauten für Rosenberg und die Münchener Schule. Im September 1934 wurde Hitler noch deutlicher: Er lehnte sowohl die »traditionsfeindlichen Kunstverderber« ab, worunter er die Kubisten, Futuristen und Dadaisten verstand, die er weder »rassisch« noch »völkisch« für erträglich hielt, wandte sich aber auch gegen die »nur rückwärts gewandten völkischen Veteranen«.[76] Seine These, »deutsch sein« bedeute »klar sein«, fand später ihren Niederschlag in den Bauten Speers, die stilistisch und formal etwas Neues anstrebten.

Im September 1934 fanden die kunstpolitischen Auseinandersetzungen ein Ende, da nun die nationalsozialistische Wirtschaftspolitik die feste ideologische Gestaltung und Lenkung der Kunst durch die Partei erforderlich machte. Die Auflösung des Studentenbundes bedeutete ein scheinbares Durchsetzen Rosenbergs und seines Kampfbundes gegenüber Goebbels', der nach der Machtübernahme mit der Überführung der Architektenvereinigungen in den »Ständestaat« beauftragt worden war. Da die kunstpolitische Befehlsgewalt und die administrativen Maßnahmen jedoch eine schlagkräftige staatliche Organisation voraussetzten, wurde die Reichskulturkammer geschaffen. 1934 erfolgte die Auflösung des KDAI. Die Zeitschrift des Studentenbundes »Kunst der Nation« wurde 1935 verboten.

Als Entschädigung erhielt Rosenberg von Hitler den Auftrag zur Überwachung der gesamten geistigen und weltanschaulichen Schulung und Erziehung der NSDAP und aller gleichgeschalteten Verbände sowie der Organisation »Kraft durch Freude«. Sein wichtigstes kunstpolitisches Instrument wurde die »Nationalsozialistische Kulturgemeinde«, die aus dem »Reichsverband Deutsche Bühne« und dem »Kampfbund für Deutsche Kultur« hervorgegangen war. Rosenberg war Herausgeber der Zeitschrift »Die völkische Kunst«, die dann die Namen »Die Kunst im Dritten Reich« (1937) und später »Die Kunst im Deutschen Reich« trug.

Die Formierung der Künstler und die politische Lenkung der Kunst ist mit der Überführung der »NS-Kulturgemeinde« in die Reichskulturkammer, dem Verbot der Kunstkritik vom 26. 11. 1936, durch das nur noch ein der nationalsozialistischen Ideologie entsprechender Kunstbericht zugelassen war, abgeschlossen.

Stellung der Architekten – Zum Begriff der »neuen Baukunst«

Mit der Errichtung der Reichskulturkammer im Herbst 1933, der Organisierung der Architekten in der Reichskammer der bildenden Künste, der Gleichschaltung der Berufsverbände und dem Architektengesetz von 1934 wurde dem Kammerarchitekten durch Altersunterstützungen eine soziale Verbesserung und durch weitreichende Rechte – Einräumung des Planungsmonopols – eine berufliche Sicherstellung gewährt.[77] Diese scheinbaren Fortschritte, die den ständischen Wünschen der Architekten entsprachen, trugen sicherlich entscheidend dazu bei, daß die Architektenverbände den Arierparagraphen und das Führerprinzip schon sehr früh in ihren Berufsorganisationen einführten. Die Eintragung in die »Stammrollen« der Fachkammern wurde insofern für die Architekten zur Existenzfrage, als sie bei Entwürfen die Mitgliedsnummer angeben mußten. Eine Nichtaufnahme in die Kammern kam einem Berufsverbot gleich: Es verloren auf diese Weise zahlreiche mißliebige Architekten ihren Beruf und wurden proletarisiert. Noch negativer wirkte sich jedoch für die Architekten die Baupraxis ab 1935 aus. »Bewährte« Nationalsozialisten hatten nun alle wichtigen Stellen inne. Ohne auf großen Widerstand der Kammerpräsidenten zu stoßen, setzten sich die ökonomischen und politischen Erfordernisse der nationalsozialistischen Rüstungswirtschaft durch. Durch Absprachen der Bauwirtschaft untereinander, die von den staatlichen Stellen geduldet wurden, unterlief man die Vorrechte der Architekten. Darüber hinaus übernahmen zunehmend die staatlichen Bauverwaltungen und Baubehörden die Planungen. So unterhielten alle Wehrmachtsteile und die Deutsche Arbeitsfront eigene Bau- und Entwurfsbüros. Die »Organisation Todt« boykottierte systematisch die Reichskammer der Technik.

Durch »Führerbefehl« konnten jederzeit Sonderbefehle den Anordnungen der Kammern übergeordnet werden, was verstärkt ab 1935/36 geschah. Für die Erfordernisse der nationalsozialistischen Wirtschaft und Politik hatte sich der freischaffende Architekt, dessen Persönlichkeit und Führerrolle offiziell gepriesen wurden, als Hindernis erwiesen.

Dieser Widerspruch zwischen ideologischem Anspruch und Wirklichkeit wurde mit Kriegsbeginn nur gemildert, als für die Wiederaufbauplanungen verstärkt konservative Architekten der älteren Generation herangezogen wurden. Die Ernennung von Wilhelm Kreis zum Präsidenten der Reichskammer der bildenden Künste und zum »Generalbaurat zur Gestaltung deutscher Kriegsgräber« dokumentiert die künstlerische Aufwertung der Architektenzunft.

Um den Widerspruch zwischen Theorie und Praxis nationalsozialistischer Baupolitik verstehen zu können, muß die überragende Bedeutung der öffentlichen Hand als Auftraggeber herausgestellt werden: Hatte 1929 der Anteil der öffentlichen Hand am Bauvolumen ungefähr ein Drittel betragen, so stieg ihr Anteil von 67,5 % (1934) auf 80 % (1938) und erreichte im Krieg nahezu 100 %. Da mit dem Erlaß vom 22. Juni 1934 bei öffentlichen Hochbauten ein angemessener Prozentsatz für »Kunst am Bau« zur Verfügung gestellt werden mußte, kam dem Staat bzw. der Partei eine überragende Rolle bei der Beschäftigung von Architekten und Künstlern zu.

Abschließend soll noch einmal auf das Problem der »neuen Baukunst« eingegangen werden. Mehrmals wurde betont, daß der Nationalsozialismus weder über ein geschlossenes Architekturprogramm verfügte noch konkrete formale Auslegungen besaß, sondern seine »Architekturtheorie« ein Konglomerat aus verschiedenen konservativen Architekturströmungen der 20er Jahre darstellte, die auch nach der Machtübernahme eine wichtige Rolle im nationalsozialistischen Baugeschehen spielten; auch die Konzeption einer »heroisch-völkischen Kunst« und Architektur ist nur eine – wenn auch einflußreiche – dieser zahlreichen Kunsttheorien.

Bei den vielfältigen Ausführungen zur Baukunst wiederholen sich bestimmte Forderungen und Vorstellungen. Als neue nationalsozialistische Baukunst forderten die Architekturtheoretiker eine »verständliche Massenkunst«, die sich durch das »Verschwinden unnützer Schnörkel«, durch »Klarheit«, »Sachlichkeit«, »Geradheit«, »Schlichtheit«, »Geordnetheit«, »Exaktheit« und durch »architektonische Geometrie« und »wohl überlegte Zweckmäßigkeit« auszeichnen sollte. Diese Eigenschaften sind Charakteristika der »neuen Weltanschauung«. Die neue Baukunst sei nicht individualistisch, sondern spiegele die Geschlossenheit, die Kraft und

Größe der neuen Volksgemeinschaft wider. Während man also einerseits die geistige Persönlichkeit und künstlerische Führerrolle betonte, wandten sich andererseits die nationalsozialistischen Kunsttheoretiker gegen kollektivistische Ideen in der Baukunst. Den Widerspruch löste man, indem ihrer Meinung nach die neue Baukunst die »heroische Lebenseinstellung der Volksgemeinschaft« – Zusammensetzung der Herrenrasse aus heldischen Einzelmenschen – versinnbildlichte.

Eine wesentliche Rolle im Rahmen der nationalsozialistischen »Architekturtheorie« kommen den mit der Vorstellung gesicherter Existenz verbundenen Begriffen wie Volk, Organismus, Heimat, Familie, Boden und Blut zu, die besonders die emotionalen Bereiche des Kleinbürgers ansprachen und seit dem Wilhelminischen Deutschland die konservativen Architekturvorstellungen prägten. Diese ideologischen Begriffe verfügten über eine gewaltige Mobilisierungskraft. Sie sind natürlich nicht negativ »an sich«, sondern wurden erst in Verbindung mit der nationalsozialistischen, der »neuen« Weltanschauung zu ideologischen Begriffen. Ausgangspunkt für den Nationalsozialismus waren »Grund und Boden als gleiche Wurzeln für alle« und eine Volksgemeinschaft, die auf einer artmäßigen Gleichheit beruhe und über bestimmte Rasseneigenschaften verfüge. Hiermit lösten der Massen- und Rassenbegriff den Klassenbegriff ab. Eine Wertung der Architektur erfolgte mit Hilfe der Adjektive »völkisch, rassisch, deutsch, nordisch, stammhaft, heroisch, ständisch, bäuerlich«. Diese Eigenschaften der Architektur entsprachen – so die Überzeugung der Nationalsozialisten – den Wesensmerkmalen des Volkes.

Aus den Forderungen nach einer »neuen « und »deutschen« Baukunst ergibt sich, daß wohl die Inhalte vorgegeben waren, nicht aber die Form. Grundsätzlich kann sich der Faschismus jeder Form bedienen. Die moderne Architektur jedoch war für den deutschen Faschismus nicht verwendbar, weil – anders als in Italien – der Rassismus (rassische Bedingtheit der Kunst) ein zentrales Leitmotiv der nationalsozialistischen Ideologie war und die moderne Architektur als »entartet«, jüdisch und bolschewistisch deklassiert worden war. Hierzu wurde dann später auch der »jüdische« Expressionismus gerechnet. Aus diesem Grunde wurde die italienische Futuristenausstellung in Berlin sofort geschlossen. Andererseits war die nationalsozialistische Staats- und Parteimacht für die Verknüpfung von Macht, Kraft, Größe und Dauer des tausendjährigen Reiches sowie für die Einordnung und Lenkung der Massen durch eine inszenierte architektonische Öffentlichkeit auf einen »klaren deutschen Architekturstil« angewiesen, der nichts von der Dekadenz vergangener Epochen spüren ließ. Anfangs griffen die Machthaber auf konservative architektonische Muster zurück. Die Diskussion um die »neue deutsche Baukunst« bestimmte die Thematik der Zeitschriften bis 1934.

Um sich aber als siegreiche, kraftvolle und jugendliche Bewegung repräsentieren zu können, schuf der Nationalsozialismus für die offizielle Baukunst einen monumentalen faschistischen Baustil. Er ist zwar ohne die Wilhelminische Architektur um 1910 und auch ohne die Bauten der französischen Revolutionsarchitekten nicht denkbar, stellt jedoch weniger ihre systematische Aneignung und Weiterführung dar, als er diese Architektur nur benutzte, um Assoziationen im Sinne der nationalsozialistischen Ideologie zu wecken. In architektonischen Einzelmotiven orientierte sich der nationalsozialistische Monumentalstil an Bauwerken der konservativen Architektur, sollten doch z. B. das Gesetz der Schwere und damit das alte Stütze-Last-Motiv stets beachtet werden und Dachplatten und Dächer immer ein Tragmotiv besitzen. Der »monumentale Stil« wurde als die neue Baukunst ausgegeben, die nach dem Stilchaos der Weimarer Republik das Volk auch wieder formal eine.

Das bedeutet nicht, daß alle Staats- und Parteibauten in dem Monumentalstil des Dritten Reiches errichtet wurden, sondern – je nach Bedeutung – durften sie auch andere Stilelemente aufweisen. Neben der »offiziellen Baukunst« im Monumentalstil fanden auch die konservativen Richtungen der 20er Jahre ihre Weiterführung. Zur Einordnung der Massen in das faschistische Herrschaftssystem bediente man sich besonders im Wohnungsbau der alten Leitbilder. Sie entsprachen den Architekturvorstellungen der kleinbürgerlichen und bürgerlichen Schichten, die es für richtig hielten, daß der »starke Staat« zu seiner Selbstdarstellung eine andere Form wählte, als sie ihnen selbst zukam.

Die Bauten von Paul Ludwig Troost in München zeichneten den monumentalen Stil des Nationalsozialismus vor. Die Parteizentrale der NSDAP in München (Braunes Haus – Hitler bezog hier 1929 eine 9-Zimmer-Wohnung) wurde 1929 von Troost unter Assistenz Hitlers umgestaltet, wobei der klassizistische Charakter – »hoheitsvolle Ruhe« – beibehalten wurde. Hiermit sollen nicht Troost und Hitler als Schöpfer des nationalsozialistischen Baustils hervorgehoben werden,[78] sondern es soll lediglich erwähnt werden, daß der Klassizismus und der imperiale Stil den Architekturvorstellungen Hitlers entsprachen. Die überlieferten Architekturentwürfe Hitlers ähneln denen von German Bestelmeyer, Wilhelm Kreis und Paul Bonatz aus der gleichen Zeit. Wie sie lehnte er den Ziegelbau für Monumentalbauten ab.[79] Es lassen sich für alle im Dritten Reich gebauten und geplanten Bauwerke – z. B. für das gewaltige Brückenprojekt in Hamburg – Vorbilder in den 20er Jahren finden.

Wie setzten sich die Architektur- und Städtebauvorstellungen nun durch? Neben den seit 1933 aufgebauten formalen Kontrollen erfolgte ab 1935/36 (Kriegswirtschaft) die architektonische Überwachung und Reglementierung verstärkt durch reichsrechtliche Regelungen. Neben dem erwähnten Verbot der Kunstkritik wurde am 10. 11. 1936 eine Verordnung über Baugestaltung erlassen, für deren Einhaltung und Durchsetzung die Baupolizei zuständig war. § 1 des Erlasses über die »anständige Baugesinnung« ordnete an, »bauliche Anlagen und Änderungen« seien so auszuführen, daß sie »Ausdruck anständiger Baugesinnung und werkgerechter Durchführung sind und sich der Umgebung einwandfrei einfügen«.[80] Zur Durchführung dieser Ziele sollten Ortssatzungen und Baupolizeiverordnungen aufgestellt werden, was aber bis Kriegsbeginn kaum geschah. Ihre Schaffung war aber auch nicht unbedingt erforderlich, weil die Architekturvorstellungen (Lage und Stellung der Baukörper im architektonischen oder landschaftlichen Gesamtzusammenhang / Ausführung von Dach und Wand) und die Städtebauleitbilder den konservativen Architekturvorstellungen der 20er Jahre entsprachen und die Gesetze lediglich eine Legalisierung der architektonischen Praxis bedeutet hätten. Die erlassenen Verordnungen gingen über die seit dem 19. Jahrhundert bestehenden Möglichkeiten nicht hinaus. So konnten im Rahmen des Fluchtliniengesetzes Bauverbote ausgesprochen werden und gab es zugunsten des öffentlichen Wohles seit 1874 Enteignungsmöglichkeiten, genauso wie seit 1907 Ortssatzungen üblich waren.

Durch die Verordnung vom 20. 11. 1938 wurde die architektonische Kriegsvorbereitung erleichtert. Für Bauten des Reiches und der Länder waren baupolizeiliche Genehmigungen nicht mehr erforderlich, wenn die Planung und Ausführung unter der Leitung der höheren baulichen Wehrverwaltungsdienste stand.[81]

Die vielgepriesene Absage an die liberalistische Baufreiheit und die betonte Rücksichtnahme auf die Bedürfnisse der Volksgemeinschaft – gesellschaftliche Planung – sollte lediglich die Beibehaltung der kapitalistischen Bodenordnung verschleiern. Die von dem Nationalsozialisten Gottfried Feder schon in den 20er Jahren geforderte neue Bodenordnung wurde, da keine grundlegende Änderung der Wirtschafts- und Gesellschaftsordnung erfolgte, nie verabschiedet.

Staats- und Parteibauten

Staatsbauten als Mittel der Arbeitsbeschaffung

»Weil wir an die Ewigkeit dieses Reiches glauben, sollen auch diese Werke ewige sein, das heißt, . . . nicht gedacht sein für das Jahr 1940, auch nicht für das Jahr 2000, sondern sie sollen hineinragen gleich den Domen unserer Vergangenheit in die Jahrtausende der Zukunft«.[82] »Daß wir hier bauen, verdanken wir dem Führer.«[83] Ohne die Bauleidenschaft Hitlers zu unterschätzen, die im zweiten Zitat angesprochen wird, das der Bevölkerung auf den Tafeln an den öffentlichen Baustellen suggerierte, daß der wirtschaftliche Aufschwung der individuellen Entscheidung und auch unbeschränkten wirtschaftspolitischen Machtfülle des Führers zu verdanken sei, und bevor im Rahmen einer Übersicht auf die herrschaftstechnische Funktion und formale Erscheinung der Staats- und Parteibauten näher eingegangen werden soll, ist zum besseren Verständnis die Analyse der ihnen zugrundeliegenden materiellen Bedingungen der Bauproduktion notwendig.

Eine aktive und soziale Konjunkturpolitik mit Arbeitsbeschaffung durch die öffentliche Hand über staatliche Kreditzusagen und Zuschüsse, womit der Staat durch interventionistische Maßnahmen seinen Einfluß, seine Bedeutung und seine Macht zunehmend für die Wirtschaft, zugleich aber auch ihr gegenüber vergrößerte, hatte es schon in der Weimarer Republik gegeben. So waren z. B. in Köln nach dem Ersten Weltkrieg Arbeitsunternehmen zur Beschäftigung von Arbeitslosen durchgeführt worden.[84] Während der Wirtschaftskrise diskutierte man zwar die Einführung von Notstandsarbeiten, auf die dann weitgehend der Nationalsozialismus zurückgriff; ihre Durchführung scheiterte aber – da sie in Verbindung mit den Gewerkschaften erfolgen sollte –, primär am Einspruch der Interessenvertreter der Großlandwirtschaft und der Schwerindustrie. Die Wirtschaftskrise traf insofern die Bauwirtschaft besonders hart, als zur Sanierung der Staatsfinanzen in Preußen zusätzlich ein zweieinhalbjähriger Baustopp für öffentliche Hochbauten verhängt worden war. In dem Moment jedoch, als durch das Ermächtigungsgesetz vom 23. 3. 1933 die NSDAP Staatspartei geworden war, konnte die Wirtschaftskrise durch die im Interesse des Großkapitals gelenkte Wirtschaft mit Hilfe öffentlicher Arbeitsprogramme überwunden werden – um so leichter, als eine Erhöhung der Löhne zwecks Schaffung zusätzlicher Absatzmärkte insbesondere von der Schwerindustrie abgelehnt worden war. Je weniger privat verbraucht wurde, desto mehr konnte in die Rüstung investiert werden. Dem Baugewerbe als dem mit 14 % Anteil an der gesamten gewerblichen Wirtschaft zweitgrößten Wirtschaftszweig, das nach dem Maschinenbau mit 4,5 Millionen Beschäftigten auch über die höchste Zahl von Arbeitern verfügte (2,5 Millionen), kam im Rahmen des nationalsozialistischen Wirtschaftsaufschwunges neben der Schwerindustrie eine Schlüsselrolle zu.[85] Da man die staatlichen Gelder aber zunehmend in »Bauten der Gemeinschaft« investierte, kam der Bauwirtschaft innerhalb der nationalsozialistischen Wirtschaft eine der Rüstungsindustrie analoge Funktion zu.

Bei den Ausgaben für Bauvorhaben stellte der Autobahnbau den größten Posten dar[86], es folgten die Kosten für den Bau und die Instandsetzung von öffentlichen und privaten Gebäuden sowie für die Errichtung von Brücken. Die deutliche Umschichtung der Investitionen auf Rüstungs- und Kriegsproduktion fand 1934/35 statt, als die Rüstungsausgaben die sonstigen Posten für öffentliche Aufträge überflügelten; vor allem die Gelder für den öffentlichen Wohnungsbau wurden erheblich gekürzt. Da gleichzeitig der Anteil der öffentlichen Hand bei Bauvorhaben auf 80/% stieg (1938), bedeutete das, daß die Förderung der sogenannten Staats- bzw. Parteibauten und der militärischen Bauvorhaben zu Lasten der Wohnbauten für die Bevölkerung ging.

Bei den Wohnungsbautabellen[87] ist zu berücksichtigen, daß sie Kasernen miterfassen. Die Tabellen verdeutlichen, wer in Wirklichkeit vom Bauboom profitierte. Man pries aus diesem Grunde auch den Arbeiter, der nicht an seinen Lohn denke, sondern »von dem Glauben beseelt« sei, an »einem Dom mitzuarbeiten«,[88] wobei »Dom« die neue Weltanschauung versinnbildlichte.

Die Bauwirtschaft war seit dem 19. Jahrhundert gegenüber anderen Produktionszweigen zurückgeblieben. Der Anreiz für die Einführung neuer Techniken war, da eine große Zahl ungelernter Arbeitskräfte zur Verfügung stand, gering.[89] Es dominierte der Klein- und Mittelbetrieb, der infolge geringer Kapitalkraft nicht in der Lage war, die Mechanisierung und Industrialisierung des Bauwesens durchzuführen. Bis zur Gegenwart ist die Bauindustrie der Wirtschaftszweig, in dem die großindustrielle Produktionsweise am wenigsten verbreitet ist. Infolge der fortschreitenden Industrialisierung und der Einführung der Massenproduktion in anderen Industriezweigen sah besonders die mittelständische Bauwirtschaft in den 20er Jahren langfristig ihre Existenz gefährdet, weshalb sie sich, wie vorher ausgeführt, zur »Baufront« zusammenschloß und für die Machtergreifung durch die NSDAP aussprach. Zwar schränkte die Verordnung vom 1.6.1933 den Gebrauch von Maschinen ein, wodurch der Eindruck entstand, man habe sich für die arbeitsintensive und gegen die kapitalintensive Wirtschaft entschieden (Parole: »heimische Materialien wie Werkstein schaffen Arbeit«), jedoch setzten sich mit der verstärkten Auftragsverlagerung zugunsten der öffentlichen Hand – wodurch langfristig der Bauwirtschaft große Kapitalmengen zur Verfügung gestellt wurden – die Gesetze der Kapitalverwertung durch: Die Konzentrationsbewegung der Bauwirtschaft beschleunigte sich besonders 1936 mit der Aufstellung des zweiten Vierjahresplanes. Während der »Arbeitsschlacht« sank die Zahl der kleineren und mittleren Baubetriebe, obwohl sie bei der Auftragsvergabe bevorzugt werden sollten. Die Zahl der Baubetriebe verringerte sich insgesamt von 84 000 (1933) auf 66 000 Betriebe (1939), Die genaue Aufschlüsselung sieht folgendermaßen aus: 1933 gab es 250 000 Betriebe – einschließlich Baunebenbetrieben – mit insgesamt zwei Millionen Beschäftigten. 1939 verminderte sich die Zahl auf 230 000 Betriebe, wovon 150 000 dem Bereich des Baunebengewerbes zuzurechnen sind; in der Zahl von 230 000 sind die österreichischen Betriebe mitenthalten. Die Zahl von 2,3 Millionen Beschäftigten und die verminderte Anzahl der Betriebe beweist die erfolgte Konzentration.

Die Einführung von technischen Neuerungen betraf in den wenigsten Fällen den Wohnungsbau, dagegen setzten sich bei den Großbauten des Staates und im Bereich des Gewerbebaues die Verwendung industriell

Baujahr	Wohnungsbau		öffentl. u. Tiefbau		gewerbl. Bau		Zus.
(Angaben in Mill. RM u. v. H.)							
1929	3 500	40	2700	30	2 700	30	8 900
1932	700	32	900	41	600	27	2 200
1933	800	26	1 700	55	600	19	3 100
1934	1 400	27	3 000	58	800	15	5 200
1935	1 500	28	3 000	57	800	15	5 300

Jahr	öfftl. Bau	gewbl. Bau	Whgsbau.	Insges.
1928	2,7	3,0	2,8	8,5
1929	2,7	2,7	2,9	8,3
1932	0,9	0,6	0,8	2,3
1933	1,7	0,6	0,9	3,2
1934	3,5	0,8	1,4	5,7
1935	4,9	1,0	1,6	7,5
1936	5,6	1,4	2,0	9,0
1937	6,2	1,8	2,0	10,0

hergestellter Produkte wie genormte Stahlträger und die Anwendung rationalisierter Fertigungsmethoden immer mehr durch – ein Tatbestand, den die Natursteinfassaden verschleiern. Die Zeitungen zeigten gerne Bilder, auf denen viele Arbeiter Zement in kleinen Tragewannen auf die Baustellen transportierten. Hierdurch sollte der Eindruck der Handarbeit und der großangelegten Arbeitsbeschaffung erweckt werden. Die modernen Fertigungsmethoden und Materialien, die auch bei Verkehrsanlagen und militärischen Bauten Anwendung fanden, wurden dagegen in den Fachzeitschriften vorgestellt.[90]

Zum Begriff der Staats- und Parteibauten

Mit der Überwindung des Mehrparteienstaates wird durch das Gesetz vom 1. 12. 1933 zur »Sicherung der Einheit von Partei und Staat« die »NSDAP zur Trägerin des deutschen Staatsgedankens«, ein Vorgang, der im propagierten Bild von der »Staat gewordenen Partei« und der »Partei als gewordenem Staat« zum Ausdruck kommt. Durch die enge Verflechtung bzw. »unlösliche Verbindung« von Staat und Partei sind beide zu Synonymen geworden. Dem Staat kommt die entscheidende Funktion in allen Lebensbereichen zu und er stellt die höchste Form der Organisation des Volkes dar. Zwei Beispiele aus dem außerarchitektonischen und außerstädtebaulichen Bereich seien angeführt, die aber ihrerseits wieder auf die Architektur und den Städtebau zurückwirkten. Im Reichssicherheitshauptamt, das von der SS eingerichtete wurde, verschmolzen staatliche und parteiliche Interessen.[91] Nach der neuen Gemeindeordnung, deren Grundlage natürlich das Führerprinzip war, war der Bürgermeister nicht länger Repräsentant der Gemeinde, sondern ihr Führer. Folglich wurde das Verwaltungsgebäude der Partei und nicht mehr das Rathaus zur wichtigsten Bauaufgabe innerhalb einer Stadt.

Trotz der vorgenommenen Gleichschaltung von Staat und Partei ließ sich ein häufiges Neben- und auch Gegeneinander von staatlichen Institutionen und neuer Parteibürokratie auf Reichs-, Landes- und kommunaler Ebene nicht vermeiden, so daß das Bild vom monolithen Führerstaat und einheitlichen Staatsgebilde nur teilweise zutraf. Dies bedeutete für die Architekturszene, daß in einigen Kommunen eine relativ selbständige Planungsarbeit möglich war. Entsprechend der Neuregelung der baupolizeilichen Verfahrensweise bei der Errichtung von Staats- und Parteibauten – nach der die Bauherrschaft entscheidend war – erhielten diese ihre Zweckbestimmung ausschließlich durch die Partei, wobei die Vorprüfung der Baupläne, für die ein höherer Baubeamter die Verantwortung übernehmen mußte, durch den Reichsschatzmeister stattfinden mußte. Ebenso konnte die Bauverwaltung bei anderen öffentlichen Bauten eigenverantwortlich vorgehen (Ausschaltung der Architekten). Weder die Partei- = Staatsbauten, noch die sogenannten öffentlichen Bauvorhaben waren auf eine generelle Genehmigung angewiesen, sie unterlagen auch keiner Bauüberwachung; sie mußten lediglich beim Regierungspräsidenten »angezeigt« werden. Dieser konnte bei städtebaulichen Fragen Bauaufschub erwirken. Konnte keine Einigung erzielt werden, so entschied der Reichsarbeitsminister. Die baupolizeiliche Verordnung vom 19. 1. 1939 diente der Beschleunigung des Genehmigungsverfahrens für Wehrmachtsbauten.

Die Schaffung dieser materiellen und formalen Voraussetzungen ermöglichte es dem Nationalsozialismus, seine Bauvorhaben im Sinne seiner politisch-ästhetischen Absichten zu verwirklichen. Als der »öffentlichsten« aller Künste fiel der Architektur eine besondere Rolle zu. »Wenn Völker große Zeiten innerlich erleben, so gestalten sie diese Zeiten auch äußerlich. Ihr Wort ist dann überzeugender als das gesprochene. Es ist das Wort aus Stein.«[92] Die nationalsozialistischen Bauten entstanden zur Stärkung der Autorität des Staates und damit der Partei und zur Verkündigung nationalsozialistischer Weltanschauung, denn je »größer die Anforderungen des heutigen Staates an seine Bürger sind, um so gewaltiger muß der Staat auch seinen Bürgern erscheinen«.[93] Die Staats- und Parteibauten dienten also einmal der Arbeitsbeschaffung, waren zugleich aber auch Instrument staatlich-ästhetischer Lenkung und Selbstdarstellung. Inwieweit die Baukunst »Sinnbild« nationalsozialistischen Staatslebens sein konnte,[94] und wie die Forderungen nach symbolischem Bauen und nach Verkörperung von »Macht und Größe des Volkes« in der Architektur zum Ausdruck kommen, soll in dem Kapitel »Architekturanalyse und Interpretation« nachgewiesen werden.

Ein frühes Beispiel soll kurz die Baupraxis des Dritten Reiches bei Bauten mit »besonderer Bedeutung« illustrieren: Im Frühjahr 1933 wurde ein Wettbewerb unter 30 Architekten (u. a. Emil Fahrenkamp, Walter Gropius, Paul Mebes, Wilhelm Kreis, Ludwig Mies van der Rohe) für den Neubau der Reichsbank in Berlin ausgeschrieben, für den Heinrich Wolff, der Leiter der Bauabteilung der Bank, schon 1932 Pläne ausgearbeitet hatte. Zu den sechs Entwürfen, die in die engere Wahl kamen, gehörte der von Mies van der Rohe, der einen modernen Stahlskelettbau mit vorgehängten Glaswänden vorsah. Die Entwürfe wurden Hitler vorgelegt, der sich für den alten Entwurf von Wolff entschied, obgleich dieser nicht in die engere Wahl vorgedrungen war. Sein Ent-

wurf zeigte einen typischen Repräsentationsbau im monumentalen Stil: dem Stahlbetonskelett wird eine gewaltige Werksteinwand vorgeblendet, die allein durch Gesimse gegliedert ist.
Der Reichsbankbau verdeutlicht zwei Prinzipien nationalsozialistischer Baupraxis. Erstens waren Führerentscheidungen jederzeit möglich und wurden auch praktiziert, und zweitens wurde der Neubau in sehr kurzer Zeit hochgezogen, d. h. daß der sofortige Abbruch und schnelle Wiederaufbau einmal natürlich vollendete Tatsachen schaffen und die historische Architektur auslöschen sollte, zum anderen wollte man durch die schnelle Bauausführung die Dynamik des Systems zum Ausdruck bringen.

Städtebauliche Gesamtplanung am Beispiel von drei exemplarischen Städten

Da die Bauplanungen des Dritten Reiches in den drei Städten München, Nürnberg und Berlin – in der Hauptstadt der Bewegung und der Kunst, in der Stadt der Reichsparteitage und in der Reichshauptstadt – relativ geschlossene Städtbauvorhaben darstellen und ihre Aufteilung in Einzelprojekte und deren getrennte Abhandlung in den Übersichten über die einzelnen Bauaufgaben die architektonischen und städtebaulichen Zusammenhänge verunklären würden, soll zu Beginn eine Bestandaufnahme des Baugeschehens in diesen drei Städten vorgenommen werden, wobei aber einzelne Bauten und Projekte bei den Bauaufgaben noch ausführlicher behandelt werden.

München

München war als Gründungsort der Partei und Schauplatz des gescheiterten Putschversuches vom 8./9. November 1923 vor der Feldherrnhalle eine der »erklärten Kultstätten des Dritten Reiches«.[95] Es blieb nach der Machtübernahme Sitz der Reichsleitung der NSDAP. Aufgrund seiner Bedeutung als Sitz der Partei und Ort des »heroischen Putschversuches« entfaltete die Partei eine rege Bautätigkeit in München.

Am »Tag der deutschen Kunst« am 13./15. 10. 1933 legte Hitler den Grundstein für das »Haus der deutschen Kunst«, dessen Entwurf von Paul Ludwig Troost stammt. Der gleiche Architekt hatte das 1929[96] von der Partei mit Hilfe von Spenden (u. a. Thyssen) erworbene Palais Barlow (Braunes Haus) umgebaut, mit dem sich Hitlers alter Traum vom »hochherrschaftlichen Haus« erfüllte. Noch vor der Machtübernahme

(Frühjahr 1932) hatte Troost Entwürfe für einen »Führerbau« am Königsplatz angefertigt, womit die Planungen für ein Parteiforum schon vor 1933 einsetzten. Der Königsplatz hatte vor 1933 der Partei häufig als Demonstrationsplatz gedient. *(Abb. 70)*

Die Um- und Neugestaltung des Königsplatzes stellte das wichtigste Bauvorhaben in München nach der Machtübernahme dar. Die rechtwinklige Straßenführung um den Königsplatz geht auf Karl von Fischer zurück (Generalplan von 1812)[97], der als Hauptachse des Stadtviertels die Briennerstraße schuf und die Abfolge der drei Plätze: das Rondell des Karolinenplatzes, den rechtwinkligen Königsplatz und einen zweiten Rundplatz (heutiger Stiglmaierplatz). Die Bebauung des Königsplatzes in der Form eines antiken Forums folgte Vorstellungen Ludwigs I. Die Propyläen als Eingangsbau entstanden zuletzt (Leo von Klenze / 1846–60), an ihren Seiten wurden die Glyptothek (nach einem Entwurf von Klenzes / 1816–28) und die Neue Staatsgalerie als Pendant (Georg Friedrich Ziebland / 1838–48) axial einander zugeordnet. Der Königsplatz wurde ab 1933 zum steinernen »Symbol der nationalsozialistischen Weltanschauung, ihrer Größe, ihres Kampfes und ihres Sieges« umgestaltet.[98] *(Abb. 21)*

1934 erfolgte den Propyläen gegenüber die Fertigstellung der beiden zehn Meter hohen Ehrentempel, als offene Pfeilerhallen auf dreigestuften Muschelkalksockeln über quadratischem Grundriß konzipiert, deren zwanzig sieben Meter hohe kannelierte Pfeiler jeweils einen glatten Deckenkranz tragen. Der Zugang erfolgt über an der Ostseite gelegene Freitreppen mit Wangen. Die »klassischen Formen« der nationalsozialistischen Grabstätte und des nationalsozialistischen Mahn- und Erinnerungsmales wurden im Sinne der neuen Baukunst reduziert: der Giebel und die Schmuckformen fehlen. Die Verwendung reduzierter klassischer Formen unterstreicht jedoch das Feierliche der Anlage: Sockel und Pfeiler steigern ihren Denkmalcharakter. *(Abb. 22)*

Am Jahrestag des Putsches von 1923, am 9. November 1935, erfolgte die Einweihung der Tempel, nachdem die 16 »Blutzeugen« – die Partei- und Staatsmärtyrer von 1923 – hierher überführt und in eisernen Sarkophagen ihre Ruhestätte gefunden hatten; jeweils acht wurden in Vertiefungen unter freiem Himmel – in die Dächer über den Sarkophagen war eine quadratische Öffnung eingelassen – aufgestellt. Seit der Einweihung stand eine Doppelwache der SS am Eingang.

Am 9. November wurde auch die Umgestaltung des Platzes zum Aufmarschplatz abgeschlossen (1935). Hatten ihn vorher einzelne von Gittern gesäumte Grünflächen gegliedert, so bedeckten nunmehr Granitplatten aus dem Schwarzwald, Odenwald und Fichtelgebirge den gesamten Platz. Eine umlaufende, mit Werksteinplatten verkleidete Brüstungsmauer faßte ihn ein, auf deren Eckpfosten vor den Tempeln die Aufstellung von Kriegerfiguren geplant war. Vertikale Gliederungselemente finden sich in den gewaltigen 33 m hohen eisernen Fahnenmasten vor den Tempeln und in den eisernen Kandellabern an den Seiten, alle streng symmetrisch und axial auf dem Platz aufgereiht.

Nach dem Tode Troosts 1934 führte Leonhardt Gall die Bauarbeiten weiter. Unter seiner Leitung wurden im Februar und September 1937 die beiden Verwaltungsgebäude fertiggestellt (gegenüber den Propyläen links der Führerbau, rechts das Verwaltungsgebäude), die sich als mächtige Blöcke neben den Ehrentempeln erheben und wie sie auf die Mittelachse des Platzes orientiert sind (Entfernung der Gebäude voneinander 104 m). Je zwei Lichthöfe mit umlaufenden Fluren erschließen die Bauten. Während der Verwaltungsbau primär Büroräume enthielt, befanden sich im Führerbau zahlreiche Repräsentationsräume. In seinem Innern dominiert farbiger Marmor. Imposante Freitreppen, die die Lichthöfe umrahmen, führen, den Eingängen gegenüber angelegt, vom Erdgeschoß ins »piano nobile« hinauf. Fenster- und Türreihungen sowie Kassettendecken gliedern die Räume und richten sie aus *(Abb. 23, 24)*.

Das Äußere der Gebäude weist alle Merkmale des offiziellen »monumentalen und richtungsweisenden« Stils »des neuen Reiches« auf[99]: deutliche Betonung der horizontalen Erstreckung (85 m bei 18 m Höhe) und Reduktion aller Gliederungselemente auf wenige Formen. Lediglich flache Gesimse und profilierte Fensterrahmungen gliedern die Wand, die ganz mit Werksteinplatten verkleidet ist; aus Werkstein sind auch die Gliederungselemente gebildet. Axiale und symmetrische Bezüge unterstreichen die Geschlossenheit der Bauwerke. Es wird ein System von Haupt- und Nebenachsen ausgebildet. Der Führerbalkon hebt die Hauptachsen hervor, während die Nebenachsen durch balkonartige Pfeilervorbauten und nur hier anzutreffende gerade plastische Fensterverdachungen und den Hoheitsadler auf einer Standplatte über zwei Werksteinkonsolen betont werden. In beiden unteren Geschossen sind Rundbogenfenster axial aufgereiht, im Obergeschoß dagegen wechselt die Fensterform zu Hochrechteckformaten über. Sie bereiten den horizontalen Dachabschluß vor, der durch ein reich profiliertes Dachgesims stark akzentuiert ist. Bis auf die Balkonpfeiler fehlen vertikale Bezüge und Gliederungselemente völlig, denn selbst die vertikalen Fensterachsen werden durch das mächtige Gesims horizontal verspannt, so daß der Eindruck der monumentalen Lagerung keine Abschwächung erfährt. Die Unverrückbarkeit der

Bauwerke wird noch durch die tiefen Wandeinschnitte, die Mauertiefe vortäuschen, gesteigert. Die angeführten Gliederungs- und Ordnungselemente und die Form – wobei primär das Material und weniger die historischen Formen das Architekturbild bestimmen – erzielen den beabsichtigten Eindruck »gehaltener Würde« und »vornehmer Einfachheit«.[100] Der offizielle monumentale nationalsozialistische Stil ist Ausdruck »edelster germanischer Tektonik«.[101]

Wie die Adler über den Eingängen der Verwaltungsgebäude und auf den mächtigen Fahnenstangen, die an bewährte und traditionelle Darstellungen der Herrschersymbolik anknüpfen und die imperiale Macht verkörpern sollten – zur Bekräftigung dieser Aussage wurden die Adler noch stärker stilisiert –, so sollten die geplanten Kämpferplastiken[102] auf den Brüstungsenden vor den Ehrentempeln Sinnbild der heroischen Lebenseinstellung (Auffassung vom Leben als Kampf) sein. Den nationalsozialistischen Raum- und Architekturvorstellungen entprechend, gestaltete man die klassizistische Platzanlage entscheidend um: Um einen Aufmarsch- und Kultplatz zu schaffen, erfolgte eine »Versteinerung« und zugleich eine wesentlich stärkere Festlegung des Platzes, die man durch die strenge Reihung und axiale Ausrichtung der Laternen (Kandelaber), durch die Rahmung, die Ordnung und die Form der Architektur erzielte. Die Umgestaltung des Platzes verdeutlicht ein wichtiges Element der offiziellen monumentalen nationalsozialistischen Baukunst. Reichte die Vegetation des Klassizismus an das Bauwerk heran und dienten der Baum und das Grün als raumgestaltende Elemente, so werden sie jetzt ausgeschaltet, um die steinern-starre Wirkung und die Festlegung in den Augen des Betrachters nicht zu beeinträchtigen. Im Gegensatz zur klassizistischen Platzgestaltung, in der die Bauwerke individuell und vereinzelt angeordnet sind, hebt jetzt die steinerne Platzfläche, die die Funktion eines Sockels übernimmt, die Gesamtanlage aus dem städtebaulichen Zusammenhang heraus und verleiht ihr den Charakter eines Denkmals. Die Plätze dienen nicht länger als kommunikative Verweilräume, sondern werden zu autoritären und disziplinierenden Einordnungs- und Unterordnungsräumen. Da sie sowohl Appell- als auch Kultstätte sind, verbannt man den Verkehr. Das Aufgreifen antiker Tempelformen und die Kandelaber verursachen den sepulkralen Charakter der Anlage. Diesen Eindruck verstärkt die Aufstellung von Feuerschalen in den Ehrentempeln. Die Verlegung der wichtigsten Weihefeiern in die Abend- oder Nachtstunden erleichterte die Emotionalisierung der Teilnehmer und wurde deshalb häufig praktiziert. Ziel war es, durch die Totenmahnung zu Opferbereitschaft und Heldenmut aufzufordern. Die architektonische Versinnbildlichung dieser Ziele und die räumliche Einübung in die dafür notwendigen Denk- und Verhaltensweisen sind »Wesensausdruck« der neuen Ordnung.[103]

»Der Geist der neuen Zeit ist hier Stein geworden; ein Glaubensgrundsatz der Weltanschauung, die das neue Deutschland schuf, hat hier seine bauliche Verkörperung gefunden. Denn keine düstere Trauer umfängt diese Ehrentempel und diesen königlichen Platz, sondern die Würde und Klarheit, die einem soldatischen, disziplinierten Lebensgefühl entspricht. In der ausgewogenen Harmonie des ganzen Platzes kommt dieses Lebensgefühl zum Ausdruck, in dem Zusammenklingen aller Baukörper, der Gliederung der Großbauten, der strengen Säulenordnung und des hellen Steins . . . In ihnen ist der Geist stärker als die Form, weil ihr Baumeister den inneren Auftrag zu ihrer Gestaltung aus einer Idee erhielt, die das Materielle überragt.«[104]

Südlich des Verwaltungsgebäudes der Partei entstand ein Bauwerk, das als technische Zentrale angefügt wurde. Zahlreiche Bauten in der Umgebung dienten Einrichtungen der Parteiverwaltung. Ein weiterer Großbau ist die Reichszeugmeisterei von Paul Hofer und Karl J. Fischer. In der Bauhierarchie stand er als einfacher Verwaltungsbau unter den Staats- und Parteibauten und verfügte dementsprechend über eine stark abgeschwächte monumentale Formensprache, bei der insbesondere das Dach (Walmdach mit Dachgaupen) Assoziationen an den regionalen Heimatschutzstil weckt. Die Fenster sind glatt und ohne Rahmung in die Putzwand eingeschnitten und weit von den Kanten abgerückt, um für den statischen Halt des Gebäudes optisch einen seitlichen Rahmen zu erhalten. Glatte eingestellte Pfeiler markieren den Eingang in der Mittelachse. *(Abb. 25)*

Allgemein läßt sich bei den Münchener Bauten aus der Zeit des Dritten Reiches feststellen, daß sie aufgrund der klassizistischen Tradition der Stadt den Bauten der Baukunst in der ersten Hälfte des 19. Jahrhunderts nahe verwandt sind (u. a. Haus des Deutschen Rechts von Oswald Biber). Die Bedeutungsgehalte und -absichten der klassizistischen Baukunst – »Feierlichkeit« der Kirchen, der »Ernst« der Rathäuser und Schulen, die »Pracht« der Theater – kamen den Ausdrucksintentionen der Nationalsozialisten entgegen. Auch wenn vor allem der Formenkanon von von Klenze übernommen wurde, so treten doch häufig erhebliche Unterschiede in den Proportionen der Bauwerke und in ihrer städtebaulichen Anordnung auf; es fehlen auch die Figuren und Ornamentfriese weitgehend, die im Klassizismus das tektonische Gefüge unterstreichen. Absolutistische Architekturzitate – wie der Ehrenhof –

rücken dafür noch stärker in den Mittelpunkt architektonischer und räumlicher Gestaltung.

Projekte

Seitlich des Führerbaus am Königsplatz war ein Kanzleigebäude des Braunen Hauses geplant, dessen Entwurf von Leonhardt Gall stammt. Bauherr war, wie bei allen Gebäuden am Königsplatz, die NSDAP.[105] Als die Bauarbeiten bei Kriegsbeginn eingestellt werden mußten, war das Kellergeschoß gerade fertiggestellt. Der fünfgeschossige Haupttrakt von 180 Metern Länge mit rustiziertem Erdgeschoß und dreiachsigem Haupteingang mit Freitreppe sollte an der Gabelsbergerstraße liegen, Kopfbauten waren an der Barer- und Arcisstraße vorgesehen, von denen einer bis zum Führerbau verlängert werden sollte. Die Verbindung mit der gegenüber dem Hauptbau liegenden Alten Pinakothek sollte durch neue zweigeschossige, mit offenen Arkaden in den Erdgeschossen versehene Flügelbauten der Pinakothek hergestellt werden, so daß zwischen den beiden Gebäuden ein geschlossener Platz entstanden wäre. Östlich der Alten Pinakothek sollte ein weiterer Platz – der Platz der NSDAP – als Parteiforum angelegt werden; ihn sollten eine Versammlungshalle der Partei, ein Museum für Zeitgeschichte und ein Haus der Deutschen Arbeitsfront rahmen. *(Abb. 26)*

Wie fast alle Städte im Dritten Reich war auch München seit 1937 umfassenden städtebaulichen Neuplanungen unterworfen (Gesetz über die Neugestaltung deutscher Städte vom 4. 10. 1937), wobei München aufgrund seiner politischen und kulturellen Bedeutung natürlich mit besonders umfangreichen Umgestaltungsplänen hervortrat. Wie in Berlin und anderen Städten schuf man die Stelle eines »Generalbaurates für die Hauptstadt der Bewegung« mit eigener Behörde, die als unmittelbare Reichsbehörde ausschließlich dem Führer unterstand. Der Generalbaurat hatte die Vollmacht, die private Bautätigkeit Münchens zu kontrollieren und zu koordinieren. Am 26. 12. 1938 wurde Hermann Giesler auf diese Stelle berufen. Der Generalplan mit umfassenden Neubau- und Umgestaltungsplänen war schon Mitte 1938 in Umrissen veröffentlicht worden.

Die Planungen orientierten sich an Speers Neubauplänen für Berlin, in deren Mittelpunkt die Anlage zweier Achsen stand. Ausgangspunkt der Münchener Planungen war die Verbesserung der Verkehrsverhältnisse, die durch eine Untergrundbahn und die Verlegung des Hauptbahnhofes geleistet werden sollte: letzterer sollte als Durchgangsbahnhof in der Höhe von Laim neu angelegt werden. Man erhoffte sich von dieser

Planung die Anlage einer kreuzungsfreien Repräsentationsstraße von sechs Kilometern Länge und einhundertzwanzig Metern Breite auf dem frei werdenden Gleisgelände, die sich bis weit in den Westen der Stadt erstrecken sollte und die Ost-West-Achse Berlins zum Vorbild hatte. An dieser neuen Straßenachse waren ein Opern- und Operettenhaus, eine Halle für Großveranstaltungen, ein Hallenbad und Hotelbauten geplant und am Platz des neuen Bahnhofes Verwaltungsgebäude der Post und der Reichsbahndirektion vorgesehen, während verschiedene Bauwerke der Parteiorganisationen hinter dem Bahnhof die Achse rahmen sollten.

Auftakt der Achse bildete an der Stelle des alten Bahnhofes das Siegesdenkmal der Partei. Vorgesehen war ein Hoheitsadler von 37,5 m Höhe und einer Spannweite von 33 m, der sich auf einer 75 m hohen Säule über einem abgestuften Sockel erhebt. Die Höhe des Siegesdenkmals insgesamt sollte 250 m betragen. Zur Steigerung seiner monumentalen Wirkung war eine Verkleidung mit glatten Natursteinplatten geplant. Einen weiteren Höhepunkt sollte dann der neue Bahnhof bilden, dessen Planung seit 1939 Paul Bonatz leitete. Er übernahm das Vorprojekt von Giesler in Form eines kuppelgewölbten Rundbaus. Die Dimensionen vergrößerten sich ständig; vorgesehen war schließlich eine Höhe von 130 m und ein Durchmesser von 270 m.

Die an einem Platz gelegene Oper war gleichzeitig als Blick- und Gelenkpunkt einer zweiten Achse gedacht, die im rechten Winkel auf die Ost-West-Achse traf. Jenseits der Einmündung lag die Oper. *(Abb. 69)*

Das geplante neue Odeon am Hofgarten (Bauherr: Land Bayern, Architekt Ernst Haiger – 1938/39) ist ein Teil von Neubauplänen im Bereich der Ludwig- und Prinzregentenstraße, die erhebliche Eingriffe in historische Bezirke mit alter Bausubstanz erfordert hätten. So sollte der nach einem Entwurf von Klenzes errichtete sogenannte Basarbau (1824/26) abgerissen und der Bereich des alten Hofgartens wesentlich verkleinert werden, wodurch der Odeonsplatz zum Hofgarten hin geöffnet worden wäre. Das Haus der deutschen Kunst wurde 1937 fertiggestellt. Der ihm gegenüber geplante Ergänzungsbau – das Haus der deutschen Architektur von Otto A. Hirth – kam nicht zur Ausführung. Bis 1950 sollten die Bauvorhaben nach dem Generalplan abgeschlossen sein.

Nürnberg

Nach dem Königsplatz in München stellt das Reichsparteitagsgelände in Nürnberg »die nächste größere Gestaltung des Nationalsozialismus« dar.[106] 1926 hatte der letzte Parteitag in Weimar stattgefunden; ab 1927 wurden die nationalsozialistischen Parteitage in Nürnberg abgehalten. Ort ihrer Durchführung war bis 1933 das Gelände der Luitpoldarena (Luitpoldhalle von 1906). Der Verlauf der Parteitage im Luitpoldhain zeichnete den Ablauf der späteren Parteitage vor: 1929 z. B. brachten Sonderzüge die meisten der Teilnehmer nach Nürnberg. Die Massendemonstration von ungefähr 200 000 Menschen war militärisch geplant und aufgezogen. Uniformierte Menschenmassen, in Marschsäulen aufgereiht, beherrschten das Bild. Die Wahl als Ort der »Generalmitgliederversammlung« war auf Nürnberg gefallen, weil es ein Symbol »des ersten Reiches der Deutschen«[107] darstellte, womit die Beschwörung der Tradition der Legitimation nationalsozialistischer Herrschaft diente. Aus diesem Grund wurden nach dem Einmarsch in Österreich die Reichskleinodien nach Nürnberg gebracht.

In Nürnberg lassen sich zwei Planungs- und Bauphasen unterscheiden. Die erste Phase wurde von Troost bestimmt (bis 1934), anschließend übernahm Albert Speer die Gesamtleitung.[108] Wie in München war Troost schon vor 1933 mit den Planungen für das Reichsparteitagsgelände beauftragt worden. Er sah eine freie Gruppierung der Gebäude und Plätze vor, die sich entsprechend der Vorstellungen der »Münchener Schule« in die Landschaft eingliedern sollten (Dutzendteich, Heide- und Kiefernlandschaft). 1933 begann man mit dem Ausbau der Luitpoldarena und des Zeppelinfeldes, mit dem Ziel, ein »Forum der Bewegung und des Volkes in Stein zu schaffen«,[109] das imstande sein sollte, Hunderttausende aufzunehmen, und »zugleich in seinem Aussehen die Größe, die Kraft und den Anspruch der Weltanschauung verkörpert, die eine neue Volksgemeinschaft in einem großdeutschen Reich geschaffen hat«.[110] Für das Zeppelinfeld war von Anfang an Speer zuständig, der seine »Bewährungsprobe« am 1. Mai auf dem Tempelhofer Feld in Berlin bestanden hatte, indem er die räumliche und architektonische Gestaltung des Aufmarschgeländes zur Zufriedenheit Hitlers gelöst hatte. In Anlehnung an die Berliner Lösung – in Berlin hatte man drei Fahnen hinter der Tribüne aufgespannt; in der Mitte die Hakenkreuzfahne, an den Seiten die Reichsflagge schwarz / rot / gold – errichtete Speer auf dem Zeppelinfeld eine provisorische Holztribüne mit einem riesigen Hoheitsadler zwischen senkrecht gespannten Fahnen. Nach Arndt geht auch die Fahnenlösung mit flankierenden Adlern an der Luitpoldarena auf Speer zurück (stählerne Fahnenmasten / 6 × 24 m hohe Fahnen).

Als Speer 1934 das Zeppelinfeld in »dauerhaftem Material« (Jurakalkstein) errichtete, bestand noch keine übergreifende Gesamtplanung. »Der ehemalige Zustand des Geländes läßt sich als Konglomerat von verschiedenen Bauten beschreiben. Zeppelinfeld und Luitpoldarena sind durch den Dutzendteich getrennt – eine unmittelbare Verbindung zwischen ihnen war nicht erreichbar.«[111] Die geplante neue Kongreßhalle lag zwischen Luitpoldarena und Zeppelinfeld und war, wie die unterschiedlichen Achsenrichtungen beweisen, nicht in die Gesamtplanung miteinbezogen.

In der zweiten Planungs- und Bauphase ab 1934/35 (Troost starb 1934) forderte Hitler neue Planungen für das Reichsparteitagsgelände. Diese sollten umfassen: die Luitpoldarena für die Totenehrung und die Fahnenweihe, eine Kongreßhalle für die großen Versammlungen und – ihr gegenüber – ein Gebäude für Kulturtagungen, das Märzfeld für Schaumanöver der Wehrmacht, das deutsche Stadion für Massenversammlungen und Sportveranstaltungen und den Umbau des aus den 20er Jahren stammenden Stadions für die Hitlerjugend. Das fertige Zeppelinfeld diente dem Arbeitsdienst und den politischen Leitern der Partei als Aufmarschgelände. Die Planungen widersprachen den Wünschen der Stadt Nürnberg, die die einzelnen Bauvorhaben auf verschiedene Standorte innerhalb des Stadtbezirkes verteilt sehen wollte und diese auch für eigene Veranstaltungen nutzen wollte. Speer präsentierte jedoch im Herbst 1934 ein neues Modell eines Gesamtplanes, das Hitler begeisterte und auch die Zustimmung des Oberbürgermeisters fand. *(Abb. 27)*

Zur Durchführung des Bauvorhabens wurde 1935 der Zweckverband Reichsparteitagsgelände gegründet, die Finanzierung übernahm der Reichsfinanzminister. Die Baukosten waren mit 700 Millionen Reichsmark veranschlagt (dies entspricht ungefähr drei Milliarden DM[112]). Das 16,5 km^2 große Gelände (bebaute Fläche von 3,5 km Breite, 7 km Länge / Gesamtgröße 30 km^2) um den Dutzendteich hatte zwar den großen Vorteil, daß es kaum bebaut war – lediglich der Tiergarten, eine Maschinenfabrik und einige Wohnhäuser mußten verlegt werden –, stellte aber einen sehr schlechten Baugrund dar, weshalb z. T. schwierige Fundamentierungsarbeiten durchgeführt werden mußten (Verdichtungen des Bodens durch Einpressen von Granitsplitt). Die Baustelle des Reichsparteitagsgeländes wurde bis Kriegsbeginn als größte Baustelle Deutschlands, ja der Welt bezeichnet.[113]

Trotz Anwendung handwerklicher Produktionsweisen bei der Herstellung und Verarbeitung der Natursteine für die Fassaden (Vermauerung) fanden auf der Baustelle modernste Bautechniken und Materialien Verwendung: Der Beton wurde in großen Mischmaschinen zubereitet, Betonpumpen und ein Rohrsystem (Betonleitungen) sorgten für seinen Transport.

Die künstlerische Gesamtplanung wurde Speer übertragen. Hitler zeigte großes Interesse an der Gestaltung und Ausführung des Parteitagsgeländes und hielt sich ein- bis zweimal monatlich in Nürnberg auf, um sich persönlich vom Fortschritt bei den Bauarbeiten und von der Wirkungsweise der Architektur zu überzeugen. Nach Speers Entwurf von 1934 entstand eine einheitliche räumliche und architektonische Konzeption im Sinne der autoritären Raum- und Massengestaltung des Nationalsozialismus, die die stärker traditionellen Städtebauvorstellungen verhafteten Planungen von Troost (aufgelockerte und der Landschaft angepaßte Bebauung) entscheidend umänderte. Ausschlaggebende Gliederungs- und Ordnungsfunktion kommt der Hauptachse zu, der »Großen Straße«, die die Bauten und Plätze miteinander verknüpfte und die Gesamtanlage auf eine Mitte hin orientierte. Es war geplant, sie vom Märzfeld bis zum Platz vor der Kongreßhalle verlaufen zu lassen. Auf der einen Seite der Achse wurde der Blick von der alten Burg begrenzt, auf der anderen Seite durch das mächtige Hoheitszeichen auf der Mitteltribüne des Märzfeldes, wodurch Speer bewußt die Vergangenheit mit der Gegenwart verknüpfte und die nationalsozialistische Gesellschaftsordnug als neuerliche Blütezeit deutscher Geschichte interpretierte: die Vergangenheit diente der Legitimierung faschistischer Machtpolitik. Auch wenn die Form des Platzes vor der Kongreßhalle nicht endgültig festgelegt worden ist, so lassen die Planungen von Speer die Vermutung zu, daß eine mächtige Portalarchitektur, die gleichzeitig die beiden Kongreßgebäude miteinander verklammert hätte, und zwei Pfeilerobelisken, wie sie auch bei einigen Autobahneinfahrten geplant waren, den Beginn der »Großen Straße« angezeigt hätten. Das deutsche Stadion, ungefähr in der Mitte zwischen Märzfeld und Kongreßhalle vorgesehen, sollte mit Hilfe eines Vorhofes und der »Standartenhalle« an die Achse angeschlossen werden.

Das Zeltlager blieb, da es monumentaler architektonischer Gestaltung widersprach, außerhalb des Kerngeländes. Ein Problem stellte die Anbindung der Luitpoldarena dar, die Schauplatz des alljährlichen Aufmarsches der SA- und SS-Verbände zur Totenehrung am Ehrenmal war. Letzteres befand sich vor der Halle im Vorhof und war von Feuerschalen gesäumt. Die Luitpoldarena wäre durch die breite Toranlage isoliert worden. Außerdem hätte die portalartige Eingangszone für die vom Märzfeld abrückenden Militärformationen ein Hindernis dargestellt. – Die Fertigstellung des Parteitagsgeländes war für 1943 vorgesehen.

Einzelbauwerke

Anfang 1934 wurde die hölzerne Tribünenanlage des Zeppelinfeldes durch eine steinerne Anlage ersetzt. Der Neubau ist »eine große Treppenanlage, oben gesteigert und abgeschlossen durch eine lange Pfeilerhalle, an beiden Enden flankiert von zwei abschließenden Steinkörpern. Zweifellos war das vom Pergamonaltar beeinflußt. Störend erwies sich die unentbehrliche Ehrentribüne, die ich so unauffällig wie möglich in der Mitte der Stufenanlage anzuordnen versuchte ... Der große Steinbau hatte eine Länge von 390 Metern und eine Höhe von 24 Metern. Er übertraf die Länge der Caracalla-Thermen in Rom um 180 Meter, betrug also fast das Doppelte.« [114] Anzumerken ist, daß die Höhe der untersten Stufe des Mittelteils vier Meter, die zweite elf Meter, die dritte sogar siebzehn Meter über dem sich anschließenden Feld lag und die Höhe der Säulenhalle 9,20 Meter betrug. Jurakalkstein diente als Baumaterial für den Außenbau, während für die Innenräume Lahnmarmor verwendet wurde. An die Tribüne für ungefähr 70 000 Zuschauer schließt sich ein Aufmarschplatz an – das Zeppelinfeld –, von 290 × 310 Meter Größe, das ungefähr 250 000 bis 300 000 Menschen fassen konnte. Hier fanden jedes Jahr Veranstaltungen für die Parteimitglieder und den Reichsarbeitsdienst statt, hier marschierte auch die Wehrmacht bis zur Fertigstellung des Märzfeldes auf. Die aufmarschierten, formierten und uniformierten Menschenmassen waren Bestandteil der nationalsozialistischen Architektur, die sie umrahmte und durch die die gelenkte Masse ihre versteinerte Versinnbildlichung erfuhr. Die riesigen Abmessungen der Architektur waren nötig, damit die Masse der zehntausend »in straffen Kolonnen aufmarschierter, von einem Willen bewegter deutscher Männer« voll wirksam werden konnte.[115] »Geböschte Mauern, Bastionen, glatte abweisende Flächen und Quaderwerk bilden den steinernen Rahmen für die in soldatischen Formationen aufmarschierten Menschen.« [116] An Parteitagen wurden Hakenkreuzfahnen zwischen die Pfeilerkolonnaden gespannt, die einen Kontrast zum gelblich-weißen Jurakalkstein bildeten. Um die Wirkung zu steigern, fanden wichtige Veranstaltungen in den Abendstunden statt. Für sie erfand Speer den Lichtdom: In Abständen von zwölf Metern wurden Scheinwerfer aufgestellt, deren gleißendes Licht sechs bis acht Kilometer in die Höhe strahlte. Der sepulkrale

Charakter der Veranstaltungen, bei denen das Licht die wichtigste Rolle spielte, diente dazu, die Menge in eine gläubige Volksgemeinschaft zu verwandeln. *(Abb. 28, 29, 30, 31)*

Das Märzfeld am südlichen Ende der Gesamtanlage verfügte über die Abmessungen von 611 × 913 m. Eine 14 m hohe Tribüne aus Travertin in Form von Blockmauerwerk mit Sandsteingrundmauern, die von sechsundzwanzig 38 m hohen Türmen aus Travertin gegliedert wird, rahmte das Märzfeld. In der Mitte der Anlage sollte eine Ehrentribüne entstehen, durch eine Kolossalfigur von 60 m Höhe bekrönt. Ungefähr 115 000 Zuschauer hätten auf den Tribünen die Vorführungen der Wehrmacht verfolgen können. Die militärische Verwendung kommt in der Gestaltung der Mauer zum Ausdruck, bei der jede Stufe dem Betrachter eine neue tiefere Panzerschicht suggeriert und »somit Suggestion der Stärke ›an sich‹ « darstellt.[117] Die Tribünen mit den Türmen bilden einen Festungsring, in dem die Masse eingeschlossen ist, »ohne Möglichkeit, sich der Kontrolle zu entziehen«.[118] Hiermit erfährt die traditionelle Festungsanlage eine entscheidende Umdeutung, da sich in der mittelalterlichen Burg oder hinter der Stadtmauer die Bevölkerung nach außen verteidigte. Im Nationalsozialismus diente die Verwendung von Formen und Typen aus der Wehrarchitektur anderer Gesellschaftsepochen dazu, sowohl die Macht des Systems zu veranschaulichen, als auch gleichzeitig disziplinierend auf die Massen einzuwirken. *(Abb. 27)*

Auf der zwei Kilometer langen und achtzig Meter breiten »Großen Straße« sollte die Wehrmacht in »etwa fünfzig Meter breiten Gliedern an Hitler vorbeimarschieren«.[119] Zu beiden Seiten der wie der Münchener Königsplatz mit Granitplatten aus dem Fichtelgebirge ausgelegten Straße befanden sich Stehtribünen, die durch eine Stufenanlage für Ehrengäste unterbrochen wurden. Ihr gegenüber lag die dem großen Stadion vorgelagerte Pfeilerhalle, in der die Regimentsfahnen der Wehrmacht aufbewahrt wurden.

Das hufeisenförmige Stadion sollte mit einem Fassungsvermögen von 400 000 Menschen größter Bau des Reichstagsgeländes werden. Seine Maße betrugen 540 Meter Länge und 445 Meter Breite (Spielfeld 280 × 150 m); die Eingangstürme mit Hoheitszeichen waren 100 Meter, die Umgänge 82 Meter hoch. Schnellaufzüge für je 100 Personen sollten die Menschen in dem Riesenstadion schnell innerhalb der fünf Ränge auf und ab transportieren. Da man nicht sicher war, ob man bei den großen Abmessungen noch das Geschehen auf dem Spielfeld verfolgen könnte, wurde in Oberklausen (Hirschbachtal) ein original großes Holzmodell einer Teiltribüne errichtet. *(Abb. 32/33)*

Vor der offenen Seite liegt ein von Säulengängen flankierter Vorhof (180 × 360 m), der von einem langgestreckten Säulenbau bekrönt ist. Zwischen Vorhof und Kampfstätten sollten Bronzeplastiken von Josef Thorak mit sportlichen Motiven ihre Aufstellung finden, für die eine Eigenhöhe von 24 Metern und eine Sockelhöhe von 18 Metern vorgesehen war. Das Stadion selbst ist außen durch Blendbögen gegliedert, die durch einen umlaufenden Konsolenfries und ein breites Gesimsband verspannt sind. Die Verkleidung der gesamten Außenwand mit rotgrauem Granit steigert die Geschlossenheit des kolossalen Baumonumentes. *(Abb. 34)*

Die Kongreßhalle mit einem Fassungsvermögen von 50 000 Menschen liegt direkt am Dutzendteich. Sie wurde 1933 von Ludwig und Franz Ruff nach dem Vorbild des Kolosseums entworfen; 1935 begann man mit der Ausführung. Sie ist 275 m lang, 265 m breit und 68,5 m hoch. Der Innenraum sollte mit einer frei gespannten Dachkonstruktion gedeckt werden, deren größte Spannweite 160 m betragen hätte. Sie sollte auf einer Pfeilerordnung aufruhen, die zugleich als Abschluß über den Sitzreihen gedacht war. Die Gliederung des Außenbaus erfolgt im Sokkelgeschoß durch Rundbogenarkaden und in der Wandzone durch zwei Reihen axial aufeinander bezogener profilierter Rundbogenreihen, die blind sind und die Funktion von Wandnischen übernehmen, um die Undurchdringlichkeit der Wand zu demonstrieren. Sie sind durch Gesimse voneinander getrennt und jeweils durch Lisenen abgesetzt. Die tief und glatt eingeschnittenen Rundbogenarkaden und die in die Mauermasse eingestuften Fensterrahmen sowie die zurückgesetzte gewaltige Attika steigern die Monumentalität des Baukörpers. Zwei den geraden Seiten der Kongreßhalle vorgelagerte Hallen, die als mächtige, breit aufruhende Baukörper erscheinen, dienten vor Beginn der Parteitage der Aufstellung der Standarten. *(Abb. 35, 36, 37)*

Eine entscheidende Umprägung des Charakters dieses Geländes erfolgte aber nicht nur durch die Architektur; vorgesehen war darüber hinaus eine völlige Neubepflanzung. Eichenhaine sollten die Kiefern- und Fichtenwälder ersetzen, da sie völkisches Symbol des Deutschtums schlechthin darstellten und als Sinnbild der Kraft und Unvergänglichkeit galten.[120]

Weit mehr als in München prägen nationalsozialistische Ordnungsvorstellungen die räumliche und architektonische Anlage des Parteitagsgeländes. Die Axialität, die Konzentration auf die Mitte und die Abgeschlossenheit der Plätze erfuhren in Nürnberg eine Steigerung. Die Gesamtanlage und jeder Teil von ihr spiegeln das faschistische Herrschaftsmodell, denn in »jedem Versammlungsraum und auf jedem Aufmarschplatz ist die Stelle, an der der Führer steht, architektonisch besonders hervorgehoben und festgelegt. Dieses Augen-in-Auge-Stehen, der Führer vor dem Volk und das Volk vor dem Führer, ist immer die bestimmende Ordnung für die Anlage«.[121] »So hat in jenen Bauten die Architektur die Bestimmung, die jeweils angetretene Mannschaft auf den Führer hin auszurichten, dem Verhältnis von Führer und Gemeinschaft Ausdruck zu geben und zugleich Träger des Hoheitszeichens und der Hakenkreuzfahne zu sein: der Symbole, unter denen diese Gemeinschaft kämpfend zur volksumfassenden Bewegung wurde.«[122] Die Ausrichtung auf den Führer erzielte man, indem man die Ehrentribüne mit der Führerkanzel in der Mittelachse anordnete. Das darüber befindliche Parteiemblem überhöhte diesen Standort. Die Aufstellung des angetretenen Volkes der »germanischen Demokratie« – ungefähr eine Million Menschen hatte auf dem Parteitagsgelände Platz – ging jedoch differenzierter vor sich, als zeitgenössische Schilderungen vermuten lassen Es trat nicht einfach an, sondern nahm hierarchisch geordnet Aufstellung, wobei die breite Masse der Parteimitglieder und -anhänger den untersten Rang des lebenden Ornamentes abgab. Ziel der Architektur, der Versammlungsform und des Versammlungsgeschehens war nicht die Entfaltung, sondern die Disziplinierung der Masse, galt doch jedes Glied der Masse als Soldat »der politischen Armee«.[123] Die Architektur hatte die Aufgabe, durch ihre Rahmung und Form das Gemeinschaftserlebnis mit herbeizuführen, zu versinnbildlichen und zu überhöhen. *(Abb. 29)*

Das Zeppelinfeld von Speer zeichnet sich gegenüber den beiden Parteigebäuden am Königsplatz in München von Troost durch eine konsequente Vereinfachung der Formen und Gliederungen aus. Die Architektur wird auf glatte, mit Natursteinplatten verkleidete Wände, die häufig von schmalen Gesimsen oder Eckquaderungen eingefaßt werden, reduziert. Beherrschende Ordnungsgesetze sind Axialität und Symmetrie. Streng angeordnete Pfeiler- und Lisenenreihen herrschen als Ausdruckselemente vor. Die meist zahlenmäßig geringen, wie Schießscharten wirkenden Wandeinschnitte unterbrechen die Geschlossenheit der Mauerwände nicht. In Verbindung mit dem Material und den gewaltigen Dimensionen und Proportionen der Bauwerke verursachen sie deren wehrhaften Charakter.

Die städtebauliche Umgestaltung. Planungen vor 1933

Die Projekte, Umgestaltungs- und Neubaupläne für die Reichshauptstadt Berlin stellen den Höhepunkt nationalsozialistischer Stadtplanung und Architektur dar, durch die einem »1000jährigen Volke mit 1000jähriger geschichtlicher und kultureller Vergangenheit für die vor ihm liegende unabsehbare Zukunft eine ebenbürtige 1000jährige Stadt« gebaut werden sollte.[124] Hitlers Wunsch war die Umgestaltung Berlins von einer Großstadt zur Weltstadt.[125] Die Stadt sollte nach seiner Meinung nicht von Banken, Warenhäusern und Hotels beherrscht werden, sondern von Ministerien und anderen Regierungsgebäuden.[126] Hitler griff hiermit Vorstellungen der Städtebauliteratur des 19. und der 20er Jahre des 20. Jahrhunderts auf, die die Stadtmitte als Ort öffentlichen Lebens ausweisen.

1. Phase: Planungen bis 1935

Die Neuplanungen erfolgten in zwei Phasen. In der ersten wurde zunächst nach der Machtübernahme das Planungsamt der Stadt mit der Ausarbeitung einer repräsentativen Straße zwischen Lehrterstraße und Tempelhofer Feld beauftragt. Diese Idee einer Nord-Süd-Achse basiert nicht auf Vorstellungen Hitlers, sondern auf einer Planungsstudie von Martin Mächler von 1917, der wiederum Schinkels Planungen für eine Nord-Süd-Achse aufgegriffen hatte.[127] Mächler schlug vor, den Anhalter und den Potsdamer Bahnhof stillzulegen und durch einen neuen Bahnhof auf der Höhe von Tempelhof zu ersetzen. Eine Untergrundbahn sollte ihn mit dem Lehrter Bahnhof im Norden verbinden. Die so gewonnene Freifläche hätte zur Anlage einer großen Straße zwischen dem neuen Bahnhof und dem Königsplatz gedient, die von neuen Verwaltungs- und Geschäftsgebäuden gerahmt werden sollte.

Die vom städtischen Planungsamt ausgearbeiteten Pläne mißfielen Hitler. Sie sahen im Norden (Humboldthafen) einen neuen Bahnhof vor, der den Lehrter und Stettiner Bahnhof ersetzte und von dem aus eine gerade Allee über den Königsplatz und die Siegesallee bis zum neuen Südbahnhof führte. Einzigen Akzent bildete ein quadratischer Platz, unmittelbar am Potsdamer Platz gelegen, während architektonische Betonungen fehlten. Hitlers Korrekturen legten die Straßen breiter an und sahen an der Kreuzung der Nord-Süd-Achse und der neuen Ost-West-Führung (Bülow- und Gneisenaustr.) einen runden und an der Kreuzung der Nord-Süd-Achse mit der Dreibundstraße einen rechteckigen Platz vor. Die Dreibundstraße war als Hauptverbindung zum Flughafen gedacht. Hitler verlegte das Hauptgebäude von der Westseite an die nordwestliche Ecke des Flughafens. Das von ihm konzipierte Gebäude stimmt mit der von Ernst Sagebiel 1936 errichteten Flughafenanlage weitgehend überein.

Bauten in der ersten Phase

Das umfangreichste Bauvorhaben in der ersten Phase stellt der Neubau des Reichsluftfahrtministeriums dar, das als erster Großbau die Bauvorstellungen und Stilelemente von Speers Nürnberger Zeppelinfeld übernahm. Sein Formenkanon wurde ab 1934 für fast alle Staats- und Parteibauten und Verwaltungsgebäude der Wirtschaft verbindlich und galt als offizieller nationalsozialistischer Baustil.

Im Dezember 1934 erhielt Ernst Sagebiel den Auftrag für den Bau des Ministeriums, das zwischen der Leipziger-, Wilhelm- und Prinz-Albrecht-Straße errichtet wurde. Für den Neubau des Verwaltungsgebäudes mußte die gesamte historische Bausubstanz an der Wilhelmstraße, u. a. das alte Kriegsministerium, abgerissen werden (insgesamt: 260 000 m^2).[128] Ein Kennzeichen der Neubautätigkeit im Dritten Reich ist das rigorose Niederlegen der alten Bebauung und ihre schnelle architektonische Verdrängung durch sofort einsetzende Bauarbeiten. Nach Meinung der nationalsozialistischen Machthaber spricht es für das »Selbstbewußtsein einer neuen Zeit, daß sie ihrem Lebensrecht stärker gehorcht als einem Gefühl, das sie in ihren kraftvollen Auswirkungen hindern könnte«. Man lobt »die Großzügigkeit des Ausmaßes, die selbstbewußte Entschlußkraft, die einen ganzen Straßenzug verschwinden läßt, um Raum für neue Lebensnotwendigkeiten zu schaffen«.[129] Um die staatliche Arbeitsbeschaffung auch optisch zu dokumentieren, begannen die Bauarbeiten im Februar 1935 an acht verschiedenen Stellen gleichzeitig; gearbeitet wurde im Dreischichtenbetrieb. Ende 1935 war der erste Bauabschnitt fertiggestellt, 1936 fand die Einweihung des Gesamtkomplexes statt. Insgesamt umfaßt das Ministerium 56 000 m^3 umbauten Raum – es enthält 2000 Zimmer. Die Anlage gruppiert sich um vier geschlossene und vier offene Höfe und umschließt an der Wilhelmstraße einen Ehrenhof. Der Grundriß ist als Achsensystem ausgebildet. *(Abb. 38)*

Tragendes Gerüst ist eine Stahlbetonkonstruktion. Die Ausfachung der Füllmauern geschieht durch Ziegel- und Schlackensteine. Die Umwandlung vom Skelett- in ein Massenbauwerk demonstriert besonders eindrucksvoll die Ansicht von der Wilhelmstraße, Ecke Leipzigerstraße. Zur Erzielung statischer Verhältnisse wurden die Fenster axial aufgereiht und weit von den Kanten und den plastischen Dachgesimsen abgerückt, um geschlossene, rahmende Wandflächen zu erhalten. Eine Pfeilerreihung – streng in die Flucht der Wandfläche eingebunden – markiert die Eingangsfront. Das Stütze-Last-Motiv täuscht ihre scheinbar tragende Funktion vor. Die enge Reihung der Pfeiler schließt auch hier den Bau nach außen ab. Hinter der Pfeilerreihung befindet sich nicht der Eingang – er ist in die Ecke gerückt –, sondern eine geschlossene Wand, wodurch, in Verbindung mit der engen Pfeilerreihung, eine Dunkelzone entsteht, die die Gewichtigkeit des Baukörpers unterstreicht. Steinkreuze in den Fenstern verhindern eine Durchbrechung der Oberflächen. Der Baukörper verzichtet auf Gliederungen durch Gesimse, Lisenen oder balkonartige Vorbauten, die die Münchener Bauten von Troost auszeichneten. Eine Verkleidung mit Muschelkalkplatten überzieht die gesamte Wand; sie stellt, unterstützt durch das Dachgesims, die Geschlossenheit des Bauwerkes und seinen engen Bezug zur Erdbasis her. Die Werksteinrahmen als Fenstereinfassungen und die bei den sich über zwei Geschosse erstrekkenden Hochrechteckfenstern zusätzlich angebrachten Fensterbänke und geraden Verdachungen stellen mit dem Dachgesims – ebenfalls aus Werkstein – die einzigen plastischen Elemente dar. Sie stehen aber zugleich im Dienst der eigengesetzlichen architektonischen Ordnung und verfügen über gliedernde, nicht räumliche Funktionen. *(Abb. 39, 40)*

Die ästhetischen Bauabsichten bei der Verwendung von Muschelkalkplatten wurden ökonomisch begründet: 50 Betriebe der Steinindustrie seien für die Lieferungen herangezogen worden.[130] Diese Argumentation erfaßt im wahrsten Sinne des Wortes nur die »Oberfläche«, da der Kernbau – und dies trifft für alle Großbauten des Dritten Reiches bis 1936/37 zu – von einer Arbeitsgemeinschaft der Großfirmen mit modernen Materialien und Bautechniken hergestellt wurde. Der Widerspruch zwischen Kern und Fassade entspricht dem ökonomischen und künstlerischen Widerspruch zwischen handwerklicher und industrieller Produktion, den die vorgeblendete Fassade zu verschleiern versucht. Die eigengesetzliche Form und Ordnung der Staats- und Parteibauten dienten dazu, die nationalsozialistische Wirtschafts- und Gesellschaftsordnung zu stabilisieren, indem sie sie als unverrückbar und jeder Einflußnahme entrückt erscheinen lassen. Zur Versinnbildlichung dieser Intention mußten die Bauwerke selbst die »Gesetze der Ordnung« bestimmen, nach »eigenen Gesetzen« entstehen und der »Umgebung ihren Maßstab« aufzwingen.[131]

Das Luftfahrtministerium eignet sich auch dazu, an ihm den Begriff der Sachlichkeit, den die Architekten aller Stilrichtungen in den 20er und

30er Jahren verwendeten, formal zu klären. Wenn im Dritten Reich die Sachlichkeit das Wesen des neuen Deutschland und des neuen Stils bezeichnete, so verstand man darunter im Nationalsozialismus den Stil des Luftfahrtministeriums. Er läßt sich in vier Leitmotiven zusammenfassen: 1. Die Forderung nach Sachlichkeit in der Architektur wird erfüllt, wenn Schmuckformen fehlen. 2. Sachlichkeit der Architektur ist gewährleistet, wenn sie nur gerade Linien aufweist. 3. Geometrische bzw. stereometrische Formen (ungeteilte Massen) entsprechen wie die geraden Linien dem soldatischen Charakter der nordischen Rasse. 4. Die Verwendung von Natursteinen versinnbildlicht am besten das »Wehrmäßige« und »Unverrückbare« der neuen Gemeinschaft.[132]

Die Tiefgarage des Luftfahrtministeriums, die nicht von formalen Zwängen bestimmt wird, weist eine gewaltige Betonbalkenkonstruktion auf, deren konstruktives Gerüst nicht verkleidet, sondern Ausdruckselement ist. Sie scheint die »brutalistische« Architektur der 60er Jahre vorwegzunehmen. *(Abb. 41)*

Ein weiteres Großbauvorhaben stellt die schon erwähnte Erweiterung der Reichshauptbank (1934–40) dar. Im Rahmen der Neugestaltung des Fehrbelliner Platzes, der unter Einschließung des Preußenparks zu einem Aufmarschplatz umgebildet werden sollte, wobei eine monumentale Toranlage die Brandenburgerstraße einfassen sollte, gelangte lediglich eine Reihe von Verwaltungsgebäuden staatlicher und privater Institutionen zur Aufführung, die, wie das Verwaltungsgebäude der Nordstern-Versicherung (Otto Firle, 1935/36), expressionistische Einzelformen übernahmen (senkrechte und waagrechte Fensterverbindungen durch Steinplatten – Erdgeschoßbauten), sich sonst aber stärker an der konservativen Architektur der 20er Jahre als an der offiziellen Baukunst des Nationalsozialismus orientierten (Karstadt-Verwaltungsgebäude von Philipp Schaefer, 1935/36 – Reichsgetreidestelle, Reichsbaudirektion, 1935/36). Geschlossene Kantenstrukturen und Walmdächer sowie Fensteraxialität rufen den Eindruck der ruhigen Lagerung hervor. Auffallend für die erste Phase ist, daß Industrie und Handel Elemente des Heimatschutzstiles (Dächer) und der Repräsentationsarchitektur der 20er Jahre bevorzugt verwenden. Der Grund ist in der »inoffiziellen« Bauhierarchie zu sehen, nach der den Staats- und Parteibauten der Vorrang gebührte. Diese anfängliche formale Zurückhaltung wurde in der zweiten Phase aufgegeben. *(Abb. 42)*

Zweite Phase: Planungen ab 1936

Im Juni 1936 zog Hitler für die Ausarbeitung der Neugestaltungspläne Albert Speer heran. Auf dem Parteitag im Herbst verkündete Hitler den »Neuaufbau von Berlin als der Hauptstadt des Deutschen Reiches«.[133] Mit dem Erlaß vom 30. Januar 1937 wurde die mit außerordentlichen Vollmachten ausgestattete Position des »Generalbauinspektors für die Neugestaltung der Reichshauptstadt« geschaffen und Speer auf den Hitler unmittelbar unterstellten Posten berufen. Speer bildete einen kleinen Mitarbeiterstab mit drei Architekten als Abteilungsleitern: Willy Schelkes, Hans Stephan und Rudolf Wolters. Der Generalbauinspektor war weder der Stadt Berlin noch den Ministerien gegenüber verantwortlich. Hitler begründete vor dem Reichstag die Berufung Speers und die Neubaupläne und umriß die Zielrichtung: »Als äußeres Zeichen für diese große Epoche der Wiederaufstehung unseres Volkes aber soll nunmehr der planmäßige Ausbau einiger großer Städte des Reiches treten. Und an der Spitze die Ausgestaltung Berlins zu einer wirklichen und wahren Hauptstadt des Deutschen Reiches. Ich habe daher an diesem heutigen Tage, ähnlich wie für den Bau unserer Straßen (gemeint ist Todt – Anmerkung des Verf.), für Berlin einen Generalbauinspektor ernannt, der für die bauliche Ausgestaltung der Reichshauptstadt verantwortlich ist und dafür Sorge tragen wird, in das Chaos der Berliner Bauentwicklung jene große Linie zu bringen, die dem Geist der nationalsozialistischen Bewegung und dem Wesen der deutschen Reichshauptstadt gerecht wird. Für die Durchführung dieses Planes ist eine Zeit von 20 Jahren vorgesehen.«[134] Die gesetzliche Legitimation erfolgte durch das »Gesetz über die Neugestaltung deutscher Städte« vom 4. Oktober 1937, das Enteignung, Entschädigung, Steuervergünstigungen und Vorkaufsrecht regelte und die Voraussetzungen für eine schnelle Verwirklichung der Umgestaltungspläne bot. 1938 wurde der »Gesamtaufbauplan für die Reichshauptstadt« in den Grundzügen veröffentlicht, 1939 folgten Ergänzungen.

Die funktionelle und sozialpolitische Begründung für die Umgestaltung Berlins (Bewältigung der Verkehrsprobleme, Schaffung neuer Wohngebiete, Sanierung von Stadtteilen) hatte Alibifunktion, denn in Wahrheit waren die repräsentative Selbstdarstellung und politische Lenkung der Bevölkerung die übergeordneten Gesichtspunkte des geplanten Städtebauvorhabens. Zwei Bauwerke, die in dem ursprünglichen Plan von 1937 fehlen, sind später auf Anordnung Hitlers aufgenommen worden: die große Kuppelhalle am Königsplatz und ein Triumphbogen am südlichen Abschnitt der Nord-Süd-Achse. Beide gehen auf Skizzen Hitlers aus den 20er Jahren zurück.[135]

Die Stadtgrenzen wurden weiter nach außen verschoben und der Generalplan umfaßte das Gebiet innerhalb des gebauten Autobahnringes. Im Mittelpunkt der Planungen stand die Verlegung des Eisenbahnnetzes. Man plante, die zwölf alten Kopfbahnhöfe durch zwei Neubauten zu ersetzen (Nordbahnhof zwischen den heutigen Bahnhöfen Putlitzstraße und Wedding / Südbahnhof – westlich des Tempelhofer Flugplatzes). Die Konzentration des Eisenbahnnetzes auf zwei Bahnhöfe hätte ungefähr 1 Mill. m^2 Gleisgelände für die Bebauung freigesetzt. Vier große Ringstraßen sollten die Stadt vom Kraftwagenverkehr entlasten. Hinzu trat der Autobahnring. Hauptmotiv des Generalplans waren die beiden Achsen von Norden nach Süden und von Westen nach Osten, die sich westlich des Brandenburger Tores kreuzten und die Stadt in vier Teile teilten. Sie stellten die Verbindung der Ringstraßen untereinander und des Zentrums mit dem Autobahnring her. In Form eines radialen Straßennetzes vom Zentrum zur Peripherie erschlossen schmalere Ausfahrtsstraßen die Gebiete zwischen den Hauptachsen; hierbei griff man weitgehend auf schon vorhandene Straßenzüge zurück.

Mit Hilfe des radialen Straßennetzes hoffte man, die Expansion der Großstadt lösen zu können. Entlang der vier Hauptstraßen sollte sich die City erweitern können. Es waren daher die Aufhebung der alten Zonenbestimmungen und die Festschreibung des Grundstückspreises auf den Stand von 1936 vorgesehen.

Zusammenfassung

Mit den Mitteln absoluter Stadtplanung – wurden doch u. a. die Pläne weder vor ihrer Verabschiedung diskutiert noch öffentlich zur Einsichtnahme ausgelegt – erfolgte eine Systematisierung der traditionellen Stadtplanung und Stadtgestaltung, die sich an städtebaulichen Lösungen des 19. Jahrhunderts orientierte (Paris: Umgestaltung durch Haussmann 1853/70 / Wien: Ringstraßenbebauung). Die geplante Anlage eines den Stadtgrundriß beherrschenden Achsenkreuzes ändert nichts an der traditionellen Zonung der Stadt, d. h. daß das Warenhandels- und Dienstleistungskapital dort baut, wo es ihm wirtschaftlich am günstigsten erscheint. Aus diesem Grund bleibt die City als Standort der traditionellen Führungsgruppen von Staat und Wirtschaft bestehen. Es war eine Abstufung der Gebäudehöhen vom Zentrum bis zum Stadtrand geplant. Die Radialstraßen wurden als Nebenzentren konzipiert, bei denen wiederum eine dichtere Bebauung vorgesehen war.

Die Umgestaltungsmaßnahmen der Stadt einschließlich der Verwirklichung der geplanten Architekturprojekte hätten ungefähr ein Fünfundzwanzigstel des gesamten Bauvolumens der deutschen Bauwirtschaft in Berlin gebunden.

Die Ost-West-Achse

Die Südachse sollte Berlins Haupteinfahrtsstraße werden, und ihrem Aussehen war daher eindrucksvolle Monumentalität zugedacht. Für die Nordachse war keine spezielle architektonische Ausgestaltung vorgesehen, obgleich sie als breite Ausfahrtsstraße für eine große Verkehrskapazität konzipiert war. Als Auftakt der Ost-West-Achse war im Westen der große Universitätskomplex (Pläne von Emil Fahrenkamp) gedacht, mit einem Standort in der Nähe des Olympiastadions. Den weiteren Verlauf der Achse bildeten der Kaiserdamm, die Bismarckstraße und die Straße des 17. Juni (heutige Bezeichnungen), die z. T. verbreitert wurden. Ein ungefähr sieben Kilometer langes Teilstück zwischen dem Reichskanzler-Platz (Theodor-Heuß-Platz) und dem Brandenburger Tor wurde im April 1933 fertiggestellt und nach der Übergabe am 19. April, am Vorabend von Hitlers Geburtstag am 20. April, mit einer Militärparade eingeweiht. Speer hatte dieses Teilstück entsprechend den nationalsozialistischen Städtebau- und Architekturvorstellungen umgestaltet: Nach der Beseitigung der inneren Baumreihen wurde die Fahrbahn auf 50 Meter Breite erweitert. Laternen – Kandellaber, ebenfalls von Speer entworfen – begrenzen die zehnspurige Fahrbahn und weisen auf ihre Bedeutung als Hauptverkehrsachse hin. Bei ihrer Gestaltung verbinden sich repräsentative Feierlichkeit und wohnliche Atmosphäre: Während die Glaszylinder nur gedämpftes kaltes Licht durchlassen, sorgt der dorische Charakter der stählernen Masten für die gewünschte Strenge. Aufgesetzte Pinienzapfen greifen ein altes Herrschaftszeichen wieder auf.[136] Der Vorplatz der Technischen Hochschule wurde erhöht, mit Granitplatten belegt und erhielt eine neue Freitreppe. Mittelpunkt des Teilstücks ist der »Große Stern«. Die Siegessäule, die vor dem Reichstag gestanden hatte, wurde zur Akzentuierung des sternförmigen Platzes – dessen Durchmesser auf 200 Meter erweitert worden war – mitten im Tiergarten aufgestellt. Man erhöhte sie durch Einfügen einer neuen Säulentrommel auf 68 Meter. Vier seitliche Wachthäuschen rahmen den Platz, auf dem Denkmäler von u. a. Bismarck und Moltke aufgestellt wurden. Um die Ost-West-Achse am Brandenburger Tor vorbeiführen zu können, riß man die umliegenden Wohnhäuser ab und schuf so die benötigten seitlichen Freiräume. *(Abb. 6, 140, 43)*

Nord-Süd-Achse

Konnte man bei der Ost-West-Achse von vorhandenen Straßenzügen ausgehen, so hätte die Verwirklichung der Nord-Süd-Achse im großen Umfang Abbruchflächen und geräumte Gleiskörper zur Voraussetzung gehabt. Die Achse sollte von Süden her geradlinig über den Südbahnhof nach Norden bis zum Reichstagsgebäude verlaufen. Da der Platz vor dem Reichstag als markanter architektonischer Endpunkt des Hauptteils der Achse gedacht war, wollte man ihn für den Durchgangsverkehr sperren. Das machte einen Neubeginn der Achse östlich des Brandenburger Tores erforderlich und ihren weiteren Verlauf in schwacher Krümmung auf den Nordbahnhof zu. Für den Durchgangsverkehr war an dieser Nahtstelle eine unterirdische Verbindung geplant.

Die Nord-Süd-Achse sollte zwischen dem Südbahnhof und dem Reichstagsgebäude auf fast vier Kilometern die neue Hauptstraße Berlins werden (Straßenbreite: 90–100 m) und ideologischer und kommerzieller Mittelpunkt sein. Hier waren neben verschiedenen staatlichen Neubauten eine Oper, drei weitere Theater und ein Konzerthaus sowie Verwaltungsgebäude der Großindustrie (AEG) und Geschäfts- und Hotelbauten vorgesehen. Um eine einheitliche Gesamtwirkung der Bauwerke an der neuen Straße zu gewährleisten, konnte der Generalbauinspektor – wenn nötig – Richtlinien festlegen, genauso wie er die Möglichkeit hatte, andere nichtstaatliche oder nichtparteiliche Bauvorhaben hier anzusiedeln.[137] Auf die räumliche und architektonische Abfolge der Bauten an der Kernachse soll kurz eingegangen werden[138]: Den Auftakt im Norden bildete der Nordbahnhof. Eine mächtige Portalanlage war dem weitgehend sichtbaren Stahlskelett vorgelagert. Mit vier übereinanderliegenden Verkehrsebenen – durch Rolltreppen untereinander verbunden – wollte man den New Yorker Grand Central Terminal übertreffen. Eine breite Freitreppe führte auf einen Vorplatz; von hier aus sollte, genauso wie beim Südbahnhof, der Besucher von dem Anblick der Stadt überwältigt werden. Vor dem Bahnhof war die Anlage einer 1100 Meter langen Wasserfläche geplant, die von den Neubauten des Rathauses, des Oberkommandos der Marine und vom Polizeipräsidium flankiert werden sollte. Architektonischer Höhepunkt an der Achse war die Volkshalle, die auf eine Idee Hitlers aus den 20er Jahren zurückging und sich am Pantheon orientierte. Sie sollte einen Durchmesser von 250 Metern und eine Höhe von 290 Metern aufweisen. Im Innenraum stiegen Tribünen um eine Kreisfläche von 140 Metern Durchmesser angeordnet zu einer Höhe von 30 Metern an. Ein Kranz von 24 Meter hohen rechteckigen Pfeilern aus Marmor gliederte den Innenraum. Gegenüber dem Eingang befand sich eine 28 Meter breite und 50 Meter hohe Nische, die, mit Goldmosaik ausgelegt, einen Reichsadler von 24 Metern Höhe auf einem Marmorsockel aufnehmen sollte. Von der Empore unterhalb des Adlers sollte der Führer zu ungefähr 150 000 Menschen, die in der Kuppelhalle Platz gefunden hätten, sprechen. *(Abb. 44)*

Die Kuppel sollte sich über einem quadratischen Steinblock aus hellem Granit von 74 Metern Höhe, in massiver Bauweise errichtet, erheben, während für die Kuppel selbst Stahl und eine Bedeckung mit Kupferplatten vorgesehen war. Eine 40 Meter hohe Laterne mit einem Adler auf einem Hakenkreuz bekrönte die Kuppel. Gewaltige Eckpfeiler steigern die Geschlossenheit des Bauwerkes, dessen vorgelagerte Säulenhallen wie herangeschobene Blöcke wirken und dem Gebäude seitlichen Halt zu geben scheinen.

In der Nähe der Volkshalle sollte auch die neue Reichskanzlei ihren Platz finden. Vorgesehen war ein festungsähnlicher Bau, der aber in Wirklichkeit einen Palast mit einer Vielzahl von Gesellschaftsräumen, einem eigenen Theater etc. ... umschließen sollte. Die Dimensionen des geplanten Speisesaals, in dem Tausende gleichzeitig tafeln können sollten, vermittelt eine Vorstellung von der Größe einiger Räume (2 Mill. m^2 Grundfläche waren für den Baukomplex vorgesehen). Eine Folge von Wandelhallen sollte die neue Reichskanzlei mit der Kuppelhalle verbinden. *(Abb. 45/46)*

Es folgte an der Achse der Runde Platz, in dessen unmittelbarer Nähe die Soldatenhalle und das Oberkommando des Heeres – auf die gesondert eingegangen werden soll – sowie Görings neues Reichsmarschallamt, dessen Treppenhäuser und Säle die Arbeitszimmer in den Hintergrund drängten, entstehen sollten. Zwischen dem Runden Platz und dem Triumphbogen sah der Plan eine Vielzahl von Ministerien (u. a. des Inneren, des Verkehrs, der Justiz, der Ernährung und der Wirtschaft) vor. Der Triumphbogen in der Nähe des Südbahnhofes sollte auf dem neugestalteten Königsplatz den Schnittpunkt der beiden Achsen markieren. Er war als Denkmal für die Toten der Weltkriege gedacht und hätte in seinen Abmessungen (Höhe: 120 m / Breite: 170 m / Tiefe: 119 m – Grundfläche der Torbögen: jeweils 90 × 170 m) den Pariser Arc de Triomphe um ungefähr das Doppelte übertroffen. Der neue Südbahnhof westlich des Tempelhofer Ringbahnhofes stellte den Abschluß der Achse im Süden dar.

Es war verschiedentlich der Abbruch des Reichstages geplant worden, doch Hitler sprach sich energisch dagegen aus.

Als Kernstück der Neuplanung Berlins ist der geschilderte Teilabschnitt der Nord-Süd-Achse anzusehen. War sie auch zugleich als Aufmarschplatz und -straße bestimmt, so verdrängte doch ihr »Kult der Monumente« weitgehend die militärischen Formationen. Für alle wichtigen Neubauvorhaben war der offizielle Stil des Dritten Reiches (Beispiel: Luftfahrtministerium) maßgebend.

Die propagandistische architektonische Prachtentfaltung und der imperiale architektonische Weltherrschaftsanspruch blieben jedoch weitgehend Reißbrettträume, auch wenn häufige Grundsteinlegungen in den Medien den Eindruck lebhafter Bautätigkeit erweckten. Ende 1938 drosselte man das Bautempo, da Material und Arbeitskräfte für die Rüstung benötigt wurden. Fertiggestellt wurde lediglich das Haus des Fremdenverkehrs am Runden Platz, so daß von den vorgesehenen vier bis sechs Milliarden Reichsmark (= 16–24 Mrd. DM) nur wenig abgerufen wurde. Trotz Kriegsbeginn wurden jedoch – im Gegensatz zu sonstigen Vorhaben – die angefangenen Bauarbeiten weitergeführt und als Reichsbahnbauten Berlin getarnt. 1944 schrieben Speer und Goebbels einen Wettbewerb für den totalen Neuaufbau Berlins aus. Mit zehn Millionen Einwohnern sollte Berlin die größte Stadt Europas werden. Vorgesehen war, den Massenverkehr unter die Erde zu legen, die Spree zu verbreitern und Berlin weitgehend den Charakter einer Gartenstadt zu geben; allerdings hätte man sicher an den Planungen im Zentrum festgehalten.

Staats- und Parteibauten, Verwaltungsgebäude der Wirtschaft

Im Rahmen der Umgestaltungsplanungen entfaltete sich eine besonders rege Bautätigkeit im Botschafts- und Gesandtschaftsbereich. In der zweiten Hälfte des 19. Jahrhunderts war die Stadtmitte in der Umgebung des Königsplatzes / Unter den Linden / Wilhelmstraße aufgrund der Nähe zum Schloß und zum Reichstag zum Diplomatenviertel avanciert, in dem sich die Länder zumeist schon vorhandene Villen kauften. Als im Dritten Reich der östliche Teil des Tiergartens für die »Große Straße« benötigt wurde, deklarierte man den westlichen Teil zum Neubaugelände. Hier erhielten die Vertretungen von Dänemark, Italien, Japan, Jugoslawien, Norwegen, der Schweiz und Spanien neue Gebäude. Darüber hinaus fanden in diesem neuen Viertel Dienststellen der Partei und der Wirtschaft Platz. Die Planung lag in der Hand des Generalbauinspektors, der teilweise auch Einfluß auf die Gestaltung ausübte. Für die Aufstellung der Vorentwürfe und die Durchführung war die Reichsbaudirektion Berlin zuständig. Entwurf und Bauleitung lagen bei dem jeweils vom Generalbauinspektor beauftragten Architekten.

Bei den meisten Botschaften brachte man die Repräsentationsräume und die Wohnung des Missionschefs in einem Bauwerk unter. Eine geschlossene Raumabfolge aus Salon, Rauchzimmer, Fest- und Speisesaal und Wintergarten prägte den öffentlichen Teil. Die äußere formale Erscheinung ist der offiziellen nationalsozialistischen Baukunst angepaßt, jedoch weisen einige Botschaften, wie die italienische und dänische Botschaft, deutliche Anklänge an die heimische Bautradition auf (Ziegelmauerwerk bei Repräsentationsbauten). Natürlich richteten sich Lage, Größe und Form der Botschaftsgebäude nach der Bedeutung, die das nationalsozialistische Deutschland diesen Ländern beimaß. Aus diesem Grund waren natürlich die Botschaftsbauten von Italien, Japan und Spanien die aufwendigsten. *(Abb. 47/48)*

Das Gästehaus der Firma Friedrich Krupp (jetzt Canisius-Colleg) von Paul Mebes und Paul Emmerich ist ein Beispiel für die der offiziellen Baukunst angepaßte Architektur konservativer Architekten: eine monumental festgelegte Wand wird mit einem Walmdach kombiniert. Bei den Gartenfassaden verzichteten die Architekten auf eine Repräsentationsfassade: vier Flügel umschließen im Landhausstil einen gleichseitigen Innenhof.

Ein weiteres Großprojekt ist die Neubebauung des Flughafens Tempelhof durch Ernst Sagebiel (1936–39). Die Verwaltungsgebäude gruppieren sich um einen runden Platz von 250 Metern Durchmesser. Im Süden wurde ein weiterer rechteckiger Platz von 80 × 90 Metern Größe geschaffen, der zum eigentlichen Flughafenhauptgebäude führt und dessen Flügelbauten den Platz seitlich rahmen. Grund- und Aufriß sind streng axial-symmetrisch angelegt. Die Formensprache ist mit der des Luftfahrtministeriums identisch.

Von den verschiedenen Dienstgebäuden für Verwaltungseinrichtungen staatlicher und kommunaler Institutionen und Verwaltungsgebäuden der Wirtschaft sollen nur drei herausgegriffen werden: Am Fehrbelliner Platz errichtete das Baubüro der DAF unter der Leitung des Architekten Remmelmann 1941/43 das Verwaltungsgebäude der Deutschen Arbeitsfront (heutiges Rathaus Wilmersdorf), dessen Putzfassade einen Mauerwerksbau verdeckt. Zur Einsparung der kriegswichtigen Materialien Stahl und Beton wurden ab 1936/37 fast alle Großbauten als Massivbauwerke aus Ziegelsteinen ausgeführt, während vorher Stahlbetonbauten mit einem Drei- oder Vierständersystem dominierten. In der zweiten Hälfte der 30er Jahre übernahm die Großwirtschaft verstärkt Formen der offiziellen nationalsozialistischen Baukunst. Bevorzugte E. Karweik beim Verwaltungsgebäude der Aral am Hohenzollerndamm (1939) noch Formen des Heimatschutzstiles (Walmdach), so gliederte C. Brodführer die Fassade des Verwaltungsgebäudes der Margarine-Union (1938/39 – jetzt BfA) durch eine mächtige Kolossalordnung. Bei den ausgeführten und geplanten Projekten in Berlin läßt sich eine Formenhierarchie feststellen: In der Stadtmitte war der monumentale Stil der nationalsozialistischen Baukunst die Regel, währen sich zur Peripherie hin – hierbei vollzog sich zugleich eine Abstufung vom öffentlichen zum privaten Raum – eine Abschwächung des Formenvokabulars konstatieren läßt. Natürlich fanden in der Mitte neuer Stadtzentren ebenfalls monumentale Formen Verwendung. *(Abb. 49, 150, 50)*

Die neue Reichskanzlei

Die alte Reichskanzlei – 1736/39 als Palais für Graf Schulenburg erbaut / seit 1875 Reichskanzlei / 1928–30 durch Jobst Siedler umgebaut – entsprach trotz neuerlicher Umbauten (u. a. Anbringung eines Führerbalkons nach einem Entwurf von Speer) nicht Hitlers Repräsentationsvorstellungen. Der Auftrag für einen Neubau wurde Speer im Januar 1938 erteilt, am 10. Januar 1939 sollte der Neujahrsempfang des »Diplomatischen Korps« im neuen Gebäude stattfinden. Die gesetzten Bautermine konnten durch den Zwei-Schichten-Betrieb und den Einsatz von 4500 Arbeitskräften eingehalten werden. Infolge der städtebaulichen Situation mußte Speer auf eine Fernwirkung verzichten, d. h. die Höhenerstreckung des Neubaus wurde relativ niedrig gehalten. Dies war der Grund dafür, daß sich Hitler sehr bald mit neuen Plänen beschäftigte. *(Abb. 51)*

Der Neubau an der Voßstraße erstreckte sich über eine Länge von 357 m. Die Fassade setzt sich aus drei Komplexen zusammen.[139] Im zweigeschossigen Mittelteil (Höhe: 22,5 m / Länge: 140 m) zeichnet sich das erste Geschoß durch große Fensterhöhen aus. Ein Portal fehlt, da hinter der Fassade die Marmorgalerie liegt. Der Mittelteil hebt sich von den Seitenteilen durch eine niedrigere, etwas zurückspringende fensterlose Wandzone ab. Eine Balustrade in der Flucht der Seitenteile schirmt ihn gegen die Straße ab. Die dreigeschossigen Seitenflügel mit gleichmäßiger Fensterhöhe sind etwas niedriger und von unterschiedlicher Länge (westlicher Seitenteil: 107,5 m – östlicher Seitenflügel: 130 m) und springen um gut 17 m gegenüber dem Mittelteil vor. Sie sind mit einem hinter kannelierten Pfeilern liegenden Portal ausgestattet. Über den Pfeilern erstreckt sich ein Wandfeld mit dem Hoheitsadler.

Der Gebäudekern ist ein Ziegelbau. Während der Mittelteil mit Muschelkalkquadern verkleidet ist, sind die Seitenflügel verputzt. Nur die Schmuckformen und Gliederungselemente – Pfeiler, Sockel, Gesimse, Fensterverdachungen und Konsolen – bestehen aus Muschelkalk.

Ein mit Doppelsäulen ausgestatteter Portikus vor dem Arbeitszimmer Hitlers beherrscht die Gartenfront. Die Gartenseite unterscheidet sich insofern von der Straßenfront, als die Gliederung des Mittelteils auf die Seitenflügel übertragen wurde. Eine breite Terrasse ist dem Portikus vorgelagert. Das Mansarddach weist auf die intime Gestaltung und den privaten Charakter der Gartenfront hin. *(Abb. 52)*

Grundriß

Kern der nicht mehr bestehenden Anlage ist die Abfolge repräsentativer Räume und Höfe im Hauptgeschoß, die sich an absolutistischen Bauten der Feudalzeit orientiert. Die ungefähr 250 Meter lange Wegstrecke durch sich steigernde Raumfolgen (Enfilade) führt zum Mittel- und Brennpunkt des architektonischen und politischen Geschehens: dem Arbeitszimmer Hitlers, das genau in der Mittelachse liegt. Den Auftakt der Enfilade bilden nicht die Portaleingänge an der Voßstraße, sondern ein in das Kanzleigebäude von Jobst Siedler gebrochenes Portal. Durch dieses Portal gelangt man in den Ehrenhof, dem sich eine Dreiergruppe von Räumen anschließt: Vorhalle, Mosaiksaal – er übernimmt Elemente des Ehrenhofes, wie das Oberlicht und die Portalanlage hinter Pfeilern – und der runde Saal, der als Kontrast zu den rechteckigen Räumen gedacht war und die hier erfolgende Brechung der Längsachse verschleiert. Der runde Saal leitet zur Marmorgalerie über, an deren Ende sich ein großer Empfangssaal befindet. *(Abb. 53/54/55/56)*

Die Längsseite des Ehrenhofes wird durch je drei von eingestellten Säulen flankierte Nischen gegliedert. Das hinter vier Säulen liegende Portal ist über eine Freitreppe zu erreichen, auf deren Wangen Bronzestatuen von Arno Breker stehen: die Figuren mit Fackel und Schwert symbolisieren die Partei und die Wehrmacht. Der Mosaiksaal besitzt keine Seitenfenster; die Gliederung seiner Wände erfolgt wie beim Fußboden durch Marmorbänder. Die Marmorgalerie erstreckt sich über den gesamten Mitteltrakt an der Voßstraße. Die gliedernden Tür- und Fensternischen sind wie beim Außenbau mit Natursteinen eingefaßt.

Im Arbeitszimmer Hitlers (Maße: 14,5 × 27 m / Höhe: 9,75 m) waren Möbel und Lampen weitgehend an die Wand gerückt, um die Wirkung des Gesamtraumes nicht zu beeinträchtigen. Symmetrische Verhältnisse legten den Raum fest, wobei das Format der fünf Fenstertüren an der Gartenfront Ausgangspunkt der Raumgliederung war. Auf dem dunkelroten Marmorfußboden lagen jeweils vor den Stirnseiten zwei Orientteppiche, über denen sich zwei Spitzgruppen erhoben. Vor dem Kamin befanden sich schwere Polstermöbel mit hellblauen und roten Bezügen, auf der anderen Seite stand der Schreibtisch Hitlers, davor waren mehrere Besuchersessel angeordnet. Ein umlaufendes profiliertes Gesims diente zur Vereinheitlichung des Raumes und leitete zur massiven Kassettendecke aus Palisander mit Einlagen aus verschiedenen Edelhölzern über. *(Abb. 57)*

Proportionen und Gliederung des Raumes riefen eine Wirkung von »Weite« und »Erhabenheit« hervor, die den Besucher beim Betreten zum Verharren zwangen. Auf einen Wink schritt er dann auf den Führer zu, wobei ihm die Distanz, die er beim Durchschreiten des Raumes zu überwinden hatte, seine Rolle als Untergebener deutlich machte. Der Raum war nicht für Gespräche, sondern für Monologe konzipiert, das Aussprechen von Befehlen war seinem Charakter gemäß.

Projekte

Der Runde Platz

Der Gesamtentwurf des Platzes stammt von Speer (Abschluß der Planung: Juni 1938), d. h. die Ausformung des Platzes und die Grundkonzeption der Bauten gehen auf ihn zurück.[140] Die Dimensionen des Runden Platzes orientierten sich an den Abmessungen der Nord-Süd-Achse. Der Durchmesser betrug 210 m. Geplant waren neben einem Fahrdamm von 32,5 m Breite ein 3 m breiter Fahrradweg und ein 17 m breiter Bürgersteig, so daß die Brunneninsel über einen Durchmesser von ungefähr 105 m verfügt hätte. Die Platzbebauung folgte der Krümmung des Rondells. Für sie waren die Aufrisse, Grundrisse und Materialien vorgeschrieben (Gesamthöhe 26 m / für das Erdgeschoß, für Gesimse und Fensterrahmen Muschelkalk, sonst gekörnter Putz – Mittelgangtyp). Ebenso verbindlich war es, das Erdgeschoß sämtlicher Gebäude in Arkaden aufzulösen (verbindliche Gesimshöhe 7,6 m), das erste Geschoß durch höhere Fenstertüren und Fensterverdachungen hervorzuheben und die beiden folgenden Etagen (einfache Rechteckfenster / Fensterreihung zwischen Wandpfeilern) verschiedenartig zu gestalten. Ein mächtiges Hauptgesims und eine hohe Attika zählten zu den weiteren Elementen der uniformen Gestaltung der Gebäude. Entsprechend ihrer unterschiedlichen Bestimmung sollte die Finanzierung der Bauten durch verschiedene Auftraggeber erfolgen (Thüringenhaus – Architekt Hermann Giesler, Haus des deutschen Fremdenverkehrs – Architekten Hugo Röttcher und Theo Dierksmeier, Kameradschaftshaus des Heeres – Architekt Wilhelm Kreis, Ufa-Lichtspielhaus – Architekten Theo Dierksmeier und Hans Flehr, Verwaltungsgebäude der Allianz – Architekten Karl Wach und Heinrich Rosskotten). Der Entwurf für den Brunnen auf der Mittelinsel mit einer 25 m hohen Fontäne stammte von Arno Breker. *(Abb. 58)*

Verwaltungsgebäude für das Oberkommando des Heeres und Soldatenhalle

Ende 1938 waren die Planungen von Wilhelm Kreis, der von Speer mit der Ausarbeitung des Projektes beauftragt worden war, fertiggestellt. Einen Standort hatte man in der Nähe des Runden Platzes gewählt. Der Baukomplex, von dem nichts in Angriff genommen wurde, war auf zwei Ziele hin ausgerichtet: Die Bauwerke waren symmetrisch und axial angelegt und umgaben den Platz »wie eine riesenhafte Schloßanlage die cour d'honneur«[141]; sie waren für Verwaltungseinrichtungen des Heeres vorgesehen. Die Soldatenhalle selbst war als Kultbau gedacht, gewidmet dem »Gedächtnis der großen Soldaten der deutschen Geschichte und dieses Krieges«.[142] Die Soldatenhalle mit einer geplanten Höhe von 80 m hätte die Verwaltungsgebäude beträchtlich überragt. Durch ihre Dimensionen (Länge: 250 m – Breite ohne Flügelbauten: 100 m) und eigengesetzliche architektonische Gestaltung setzte sie sich von der Umgebung ab. Die Stirnwände waren als Portale ausgebildet; eine Folge von Doppelsäulen zeichnete sie aus. Die Flügelbauten grenzten einen Vorplatz ab. Ein Hoheitsadler vor der Mitte der Hallenwand und Reliefs mit kriegerischen Szenen an den Stirnwänden der Flügel dienten als plastischer Schmuck. Eine Freitreppe führte zu den Flügelbauten wie auch zur Halle. Nach Durchschreiten einer Vorhalle wäre man in den Innenraum gelangt, für den gewaltige Abmessungen vorgesehen waren (Länge: 220 m, Breite: 50 m, Höhe: 63 m). Doppelpilaster trugen ein mehrfach gestuftes und gegliedertes Gebälk und setzten sich in breiten Gurtbögen über das Tonnengewölbe fort. Eine Nische in der Südwand sollte – eingefaßt von einem breiten »Triumphbogen« – ein Standbild von Arno Breker aufnehmen: den von Adlern flankierten Sieger (Höhe: 14 m ohne Sockel). Feuerschalen und Fahnen sollten die Weihestimmung steigern. Unter der Halle war eine dreischiffige Krypta mit Kreuzgratgewölben geplant. Sarkophage bedeutender Soldaten sollten in den stollenartigen Nebenräumen Aufstellung finden. *(Abb. 59, 60, 61, 62)*

Formen und Typen der christlichen Architektur und Denkmalsideen des Klassizismus wurden vom Nationalsozialismus vereinnahmt, um im nationalsozialistischen Kult mit Hilfe der Architektur das Leitbild des Soldaten als Idealbild des Menschen bzw. den Krieg als Höhepunkt menschlicher Selbstverwirklichung zu vermitteln.

Bei der Anlage für das Oberkommando des Heeres verknüpfte Kreis

Formen und Typen mittelalterlicher und feudaler Kunst (Turm / Schloß). Die Verwaltungsgebäude umschlossen einen Ehrenhof (150 m breit und 350 m tief). Zentrum war der Turmbau in der Mittelachse der Gesamtanlage von 156 m Höhe: von Adlern bekrönte Obelisken sollten die Freitreppe auf seiner Nordseite flankieren.

Wohnprojekte Südstadt und Charlottenburg Nord
An der Südachse war eine Satellitenstadt für 210 000 Einwohner geplant. Die sogenannte Südstadt wiederholt die Achsenkonzeption der Innenstadt in abgewandelter Form. Die Südachse sollte Zentrum der symmetrischen Bebauung sein. Parallel zur Hauptachse verlaufen auf beiden Seiten je zwei Sekundärachsen. In der Mitte bildet die Hauptachse mit einer breiten Querachse ein kreuzartiges Platzsystem. Auch an den Sekundärachsen befinden sich Plätze von unterschiedlicher Größe, aber regelmäßiger Form. Vorgesehen waren Blockbebauung, Zeilenbauweise und an der Peripherie Einzelhäuser. Der Plan für die Südstadt wurde mehrmals überarbeitet. Man verlieh der Hauptachse vor allem dadurch monumentaleren Charakter, als man durch Eckbetonungen der Häuser Stadttormotive ausbildete. An Kreuzungen und Platzeinfahrten waren Turmhäuser geplant. Die Südstadt sollte einige architektonische Großprojekte aufnehmen (u. a. Kriegshochschule, Polizeiakademie, Kasernenanlagen).

Die Wohnsiedlung Charlottenburg Nord (Planung ebenfalls der Generalbauinspektor – ab 1939 – 20 000 Einwohner vorgesehen) ähnelt der Südstadt. Auch hier sollte an einer Platzanlage der Hauptachse (2,8 km Länge – 50 m Breite) ein 20geschossiger Turmbau entstehen, der primär Einrichtungen der Partei aufnehmen sollte. Auch wiederholt sich am Platz das Eingangsmotiv, indem höhere Bauwerke am Rand des Platzes an die Achse herangeschoben werden und den Platz so nach außen abschließen; in der Mitte waren sechsgeschossige, an den Seiten drei- bis viergeschossige Wohnbauten geplant. *(Abb. 63)*

Bauten der Bildung und Kultur

Thingbewegung

Sowohl die zahlenmäßige Beschränkung des Publikums als auch die Grundform des traditionellen Theaters – die Guckkastenbühne – wollte man durch das Thing-Theater überwinden. Die Thing-Theaterbewegung wurde vom »Reichsbund deutscher Freilicht- und Volksschauspiele« initiiert und getragen (1933). Dieser unterstand dem Reichsministerium für Volksaufklärung und Propaganda, und seine gesamte Tätigkeit erfolgte nach dessen Weisungen. Der Name »Thing« durfte nur dann Anwendung finden, wenn die Einrichtung einer Thingstätte durch das Reichsministerium für Volksaufklärung und Propaganda genehmigt worden war, die Bezeichnung »Thingspiel« wiederum war an die erfolgte Zulassung durch den Reichsdramaturgen gebunden. Die Wortanlehnung ist ihrer ursprünglichen Bedeutung sehr entfremdet worden, denn die germanische Volksversammlung der freien Männer war mit einer Gerichtsverhandlung verbunden. Der Reichsbund richtete eine Bauberatungsstelle ein und gründete in jedem Gau Dichterkreise und »Spielgemeinschaften für nationale Festgestaltung«. Gerst gab folgendes Bild von den Zielen und Aufgaben des Bundes und der neu gegründeten Spielgemeinschaft: »Neben diese Aufgabe der Pflege der seither schon betriebenen Freilichtunternehmen . . . soll nun noch etwas grundsätzlich Neues treten in der Form des sommerlichen Spiels auf den eigens dafür geschaffenen und geformten Plätzen, den Thingplätzen . . . So werden wir Spiele bringen, die nach dem Mythos und Blut und Rasse gestaltet sind und etwas ganz anderes bedeuten als die bisherigen Theaterspiele. Man will den Kreis der Teilnehmer sehr groß machen, so groß, daß alle teilnehmen können. Auf diesen Plätzen und bei diesen Veranstaltungen soll sich in den günstigen Jahreszeiten ein Teil des politischen und kulturellen Lebens der Deutschen abspielen. Dieser Gedanke hat in weiten Kreisen freudige Zustimmung gefunden, woraus wir sehen können, daß er einem inneren Bedürfnis entsprungen ist. Er ist ein wahrhaft nationalsozialistischer Gedanke, denn er entspricht in seiner Art des Zusammenwirkens der Spielgemeinde mit den Schauspielern und des Ineinanderfließens der Handlung der großen Willensgemeinschaft aller derer, die dabei zusammenkommen. So wird aus diesen Zusammenkünften eine Form von Kundgebung entstehen, die in den Herzen der Teilnehmer einen feierlichen Zusammenklang vollzieht und die Einheit innerlich und äußerlich vollendet. Das chorisch-kultische Spiel wird es in erster Linie sein, das hier gespielt werden soll.« [143]

Absicht des Thingtheaters und des Thingspiels war es also, durch die Abkehr von der geschlossenen Form des traditionellen Theaters und die Hinwendung zur offenen des Thingtheaters, den Kreis der Zuschauer erheblich zu erweitern (20 000–30 000) und damit der Volksgemeinschaft »als Inbegriff von Macht und Einheit des neuen Staates künstlerisch repräsentativen Ausdruck zu verleihen«. [144] Im Thingtheater hoffte man eine spezifisch nationalsozialistische Ausdrucksform des Theaters gefunden zu haben. Es sollte »für die nationalsozialistische Lehre werben, indem es diese selbst darbot«.[145] Aus diesem Grunde setzte 1933 die Propagierung des Thingspiels in Zeitungen und Zeitschriften ein, die die Bevölkerung davon unterrichteten, daß das Thingspiel »als Mittelpunkt des gesamten festlichen, national-politischen und künstlerischen Lebens der einzelnen Städte« gedacht sei, ungeachtet dessen, daß zu diesem Zeitpunkt weder Thingstätten gebaut noch Thingspiele geschrieben waren.[146]

Ab Anfang 1934 wurde der Thingstättenbau verstärkt vorangetrieben. Bis zum Sommer 1934 waren zwei fertiggestellt (Brandenbergen an der Saale / Heringsdorf auf Usedom), 18 waren im Bau und 66 weitere in der Planung. Insgesamt sollten 400 Thingstätten errichtet werden. Auch sie dienten neben der ideologischen Lenkung der Erfüllung des öffentlichen Arbeitsbeschaffungsprogrammes, da der Freiwillige Arbeitsdienst die Bauausführung übernahm.

Nach den Ausstellungsplänen und -modellen, die der Reichsverband der deutschen Freilicht- und Volksschauspiele im Juni 1934 auf dem Berliner Messegelände zeigte, lassen sich vier Typen des Thingtheaters unterscheiden:

1. Der Thingplatz innerhalb der Stadt oder des Dorfes, bei dem vorhandene Bauten den szenischen Hintergrund abgeben (Thingspiel vor dem Alten Museum von Friedrich Schinkel in Berlin).

2. Die Daueranlage im Freien. »Wo natürliche Bodenbewegung den Hang und Gegenhang darbietet, ergeben sich die kleinsten Mühen und die geringsten Kosten.«[147]

3. Aufschüttung der Spielebene am fallenden Hang (Thingplatz Heidelberg).

4. Thingplatz auf flachem Gelände. Dieser Typ galt als besonders problematisch – seine Schwierigkeiten sollten durch Einbeziehung der Natur als raumbildendes Element gelöst werden.

Man errichtete Thingstätten nach Möglichkeit über alten Weihestätten, wobei man, wie das Beispiel Heidelberg zeigt, vor Geschichtsfälschung nicht zurückschreckte, um den »germanischen« Kultort nachzuweisen: die römische Merkurstätte wurde als Beispiel einer germanischen Kultstätte, die Wodan gewidmet war, ausgegeben.[148] Die Hinweise auf die Vergangenheit sollten die nationalsozialistische Tradition herausstellen. Gegenüber dem antiken griechischen Theater, dessen Form dem Thingtheater zugrunde liegt, erfolgte eine entscheidende Änderung: sind im griechischen Theater – das auch wesentlich kleiner ist – Szenenbau und Sitzreihen streng voneinander getrennt, so bemühte man sich beim amphitheatralisch aufgebauten nationalsozialistischen Thingtheater um eine Einheit von Spielstätte und Zuschauerraum. Aus diesem Grund legte man die Thingplätze in der Form eines arenaähnlichen Kreisrunds in Muschelform an, bei dem ein zentral gelegener, häufig erhöhter und abgestufter Segmentboden als Spielplatz diente und das szenische Geschehen ringsum erlebbar machte. Die konzentrisch-symmetrisch angelegten Zugänge zur Bühne führten durch die Zuschauerreihen und waren gleichzeitig An- und Abmarschwege. Möglichst weiträumig sollten die Sitzreihen die Spielflächen umgeben. Da Sitzplätze beim Thingspiel von sekundärer Bedeutung waren, dienten zumeist einfache Steinstufen als Sitzflächen. Die Spielstätte selbst wurde oft – wie in Heidelberg – durch ein halbrundes Bühnengebäude gerahmt und zur Landschaft hin abgeschlossen, es war über seitliche Treppen erreichbar und so in die Spielfläche miteinbezogen. Das das Zuschauerrund einfassende Umgebungsband diente ebenfalls nicht nur den Zuschauern als An- und Abmarschweg, sondern darüber hinaus auch als Spielfläche. Hier nahmen oft auch die Standarten- und Fahnenträger Aufstellung, so daß ein »Fahnenwald« die Spielstätte umgab. Oberhalb der Zuschauerreihen flankierten häufig zwei Flaggentürme den Zuschauerraum, die als rahmende Eingangstürme fungierten, infolge ihrer massiven Gestaltung und der kleinen Sehschlitze jedoch wie Wachtürme wirkten; in ihnen war die Regiezentrale untergebracht. Von hier erfolgte die Steuerung der hochmodernen Beleuchtungs- und Lautsprecheranlagen (Mischpulte). *(Abb. 64)*

Um die Baukosten niedrig zu halten, errichtete der Freiwillige Arbeitsdienst die Bühnen (ab Juni 1935 Reichsarbeitsdienstpflicht). Die einzelnen Arbeiter erhielten 1,– RM pro Tag, das entsprach ungefähr 40% des Lohnes eines Tagelöhners. An der Heidelberger Thingstätte, die wegen ihres Granituntergrundes große Schwierigkeiten bereitete, die zu einer erheblichen Überschreitung der Bauzeit und -kosten führten, arbeiteten bis zu 1200 Arbeitskräfte. Die Heidelberger Bevölkerung sah ihre schwere Arbeit als »Frondienst« an, während die offiziellen Berichte der Parteiorgane und Tageszeitungen das »lustige Treiben« des Arbeitsdienstes schilderten.[149]

Die Forderung nach dem der Landschaft angepaßten Bauen erfüllten Materialien wie der Grauwackestein, dessen Oberfläche entweder unbehauen blieb oder mit dem Stein beschlagen wurde. Dieser Naturstein eignete sich auch gut, um den Eindruck des Unzerstör- und Unverrückbaren hervorzurufen.

Die Zuschauermenge bei den Thingstätten richtete sich natürlich nach der Größe der Anlage; die größten von ihnen konnten knapp 60 000 Menschen aufnehmen.

»Die nationalsozialistische Thing-Dramatik entnahm den Passionsspielen in Oberammergau, neben der äußeren Form, als wichtigstes Element das Motiv der Erlösung, die Führung des Volkes zum Heil; dem mittelalterlichen Spiel vom ›Antichrist‹ den Kampf der beiden Welten. Die Mächte ›Licht‹ und ›Finsternis‹ wurden auf Nationalsozialismus und Weimarer Republik übertragen.«[150] Außer den mittelalterlichen Mysterienspielen wurden die aus Sport und Kampf entwickelten Stadionspiele, die Ende der 20er Jahre in Berlin propagiert worden waren, im Thingspiel vereinigt. Fast immer steht ein Held im Mittelpunkt der in der Gegenwart oder Vergangenheit spielenden Handlung. Diese »Führerrolle« mußte ein Schauspieler übernehmen, während der Sing- oder Sprechchor sowie das Volk möglichst von Laien dargestellt werden sollten. Der Held wird seinem Volk Führer, das ihm in der Gefolgschaft treu ergeben ist. Der Führer meistert das Schicksal und führt die Untergebenen zum Sieg der Gemeinschaft. Hauptziel des Thingspiels war es, die Vorstellung von der kämpfenden Volksgemeinschaft zu vermitteln. Die Führerfigur erfährt eine Identifikation mit Christus, der das »gläubige« Volk zum Guten, zum Heil führt. Das Thingspiel bringt diese Gleichstellung häufig dadurch zum Ausdruck, daß es ihn die Spielfläche als Verkünder durch das Mitteltor betreten läßt, genauso wie der Bekenner des nationalsozialistischen Glaubens. Die kultische Handlung verhüllt also das faschistische Gesellschaftsmodell. Das »Böse« steht fast immer für die Zielsetzungen und Symptome des »Novemberstaates«. Die Gefolgschaft dagegen verkörpern die »Soldaten« der guten Sache. Inhaltliches Hauptmotiv der Kampf- und Volksspiele war die Verherrlichung des Militärischen bzw. der autoritären Führung (Gehorsam als oberste Tugend – gemeinsames Gelöbnis zum Abschluß des Thingspiels) und der Appell an die Opferbereitschaft (»treu bis in den Tod«). Der Fahneneinmarsch und das gesprochene und gesungene Bekenntnis zu Opferbereitschaft und Heimatliebe stellen Elemente aus der Kampfzeit dar. Da nach Meinung nationalsozialistischer faschistischer Ideologie das kämpferische Element als Grundzug des germanischen Charakters zu verstehen ist, wurden der Soldat und der Aufmarsch uniformierter Kolonnen zu einem wesentlichen Bestandteil des Thingspiels. Auf diese Weise übte man die Teilnehmer in autoritäre Verhaltensweisen ein und disziplinierte sie. Sollte am Anfang ständiges Fluktuieren von Gruppen die Dynamik der neuen Bewegung versinnbildlichen, so gewannen die Veranstaltungen zunehmend statischen Charakter. In die Thingspiele waren die Zuschauer einmal durch geregelte An- und Abmärsche – die gleichsam als Vor- und Nachspiel dienten –, zum anderen durch ihre blockartige Festschreibung im Zuschauerraum in die Handlung einbezogen, weil sie gleichzeitig Teil der Spielgefolgschaft waren und sich mit diesen Rollen identifizierten. Dieses aktive Teilhaben der Zuschauer und ihre Erhebung zu Mitakteuren führte zur Suche nach neuen mehrdimensionalen Theaterformen und endete beim Thingtheater.

Auf dem Thingplatz fanden jedoch auch andere Weihe- und Feierstunden statt, wie das Erntedankfest und Veranstaltungen zum 1. Mai. Inwieweit dem Thingspiel auch Theaterexperimente der 20er Jahre (u.a. Totaltheater von Gropius) bekannt gewesen und in das nationalsozialistische Thingspiel eingegangen sind, läßt sich nicht feststellen; Übernahmen sind aber wahrscheinlich. Gesichert ist dagegen das Anknüpfen an das Freilichtspiel der Jugendbewegung.

Die erstmalig 1973 in Heidelberg durchgeführten Befragungen von Zuschauern und Teilnehmern[151] bestätigen die zeitgenössischen Berichterstattungen der Zeitungen, die die starke Wirkung schildern, die die »Feste der Gemeinschaft« – wie die Thingspiele auch genannt wurden – auf die Zuschauer ausübten. Neben den erprobten Mitteln nationalsozialistischer Massenveranstaltungen spielte die dramaturgische Aufbereitung der Spiele eine große Rolle: Um die Geschlossenheit der Wirkung nicht zu zerstören, waren Pausen kaum zugelassen. Die Stücke wickelten sich nach einer sorgfältig kalkulierten Emotionskurve ab: Fanfarenklänge wechselten mit ruhigen Dialogen ab. Gesteigertes Tempo sollte die Emotionen der Zuschauer erregen. »Verse in aggressivem, abgehacktem Marschtritt, im ›hämmernden Stichwortschlag‹, die Lautstärke nahm zu, ...zerfetzte Tiraden im Ton von Ausrufern und Marktschreiern...Dann wieder langgezogene gellende Schreie, geschmetterte Ausrufe, knappe Behauptungssätze, aufstachelnde, hallende Fragen...«.[152] Dazu wurde die musikalische und technische Effektapparatur von Musik (Orgeltöne), farbigen Lichtkegeln, Geräuschkulisse in Bewegung gesetzt. Fahnen, Embleme und Uniformen färbten die Arena in braun und rot. Zum Schluß war die Bühne oft in gleißendes Licht getaucht, um die »Verheißung« des neuen Deutschland zu symbolisieren. Ziel der nationalsozialistischen Propaganda war es, »das breite Empfinden der Massen« anzusprechen.[153] Dies wurde zweifellos erreicht. Es sollte »aus dem Gemeinschaftserlebnis heraus« der neue Mensch »nach dem Willen des Führers« geformt und geschaffen werden.[154]

Im Oktober 1935 gab das Propagandaministerium eine Anweisung an die Presse heraus, unklare, mystische »Begriffe wie Thing« nicht mehr zu verwenden.[155] Spätestens seit Juni 1936 ersetzte man den Begriff der Thingstätte durch »Feststätte«. Wurden auch Thingspiele weiterhin unter anderen Bezeichnungen (u. a. »Aufführung«, »Werk«) aufgeführt, so ist das Ende der Thingbewegung 1937 anzusetzen. Als Ursachen sind die schlechte Qualität der Stücke, technische Pannen (Akustik) und klimatische Gründe anzuführen. Die Hauptgründe aber dürften darin bestehen, daß mit dem zweiten Vierjahresplan die neuen Medien Film und Rundfunk sowie die Massenaufmärsche als ideologische Lenkungsinstrumente geeigneter erschienen. Den Volksempfänger, der anfangs 235,– RM kostete, senkte man durch Großserienproduktion und einfachere Ausführungen im Preis bis auf 35,– RM. Die Massenaufmärsche ihrerseits erreichten eine sehr viel größere Zahl von Teilnehmern als die Thingspiele.

Theaterbauten

Im Dritten Reich sind lediglich zwei Theaterneubauten entstanden.[156] Die Gründe sind einmal in dem Versuch zu sehen, die herkömmliche illusionistische Guckkastenbühne zu überwinden – Thingbewegung –, zum anderen in der Tatsache, daß in den ersten Jahrzehnten des 20. Jahrhunderts ein regelrechter Theaterboom zu verzeichnen war, der dazu geführt hatte, daß während der Weltwirtschaftskrise zahlreiche Theater geschlossen werden mußten oder zu Lichtspielhäusern umgebaut wurden. So reichte die vorhandene Theaterkapazität völlig aus und man konnte sich mit dem Umbau der bestehenden Häuser nach den nationalsozialistischen Anforderungen begnügen: in den wichtigsten Theatern baute man Führerlogen ein.

Die Theaterneubauten in Dessau und Saarbrücken waren politisch motiviert. Dessau galt bis 1932 als Hochburg der modernen »bolschewistischen« Architektur, weshalb es hier als notwendig erachtet wurde, an der Wirkungsstätte des Bauhauses die Rückkehr zur deutschen monumentalen Baukunst zu propagieren und zu demonstrieren. Aus diesem Grund wich man in Dessau auch von der üblichen Vergabepraxis – Betrauung eines Architekten mit einem Projekt – ab und schrieb einen »reichsoffenen Wettbewerb« aus, um den »dutzendfach vorhandenen Deutschschaffenden« die Gelegenheit zu bieten, ihrer nationalen Baugesinnung Ausdruck zu verleihen.

Das Gautheater in Saarbrücken war ein »Geschenk des Führers« und der Dank für das Abstimmungsergebnis vom 13. 1. 1935, das zur Wiedereingliederung des Saarlandes in das deutsche Reich geführt hatte.

Gleichzeitig wollte man Frankreich gegenüber die kulturelle Vorherrschaft demonstrieren.

Der Wettbewerb in Dessau fiel so kläglich aus – 250 Arbeiten wurden eingereicht – nach Egon Eiermann (1935) feierte die »falsche Monumentalität« Feste, womit er primär die zahlenmäßig überwiegenden pseudobarocken und pseudoklassizistischen Entwürfe ansprach –, daß sich die private Theaterstiftung direkt an den ihr empfohlenen Architekten Friedrich Lipp wandte, der seinerseits den im Wettbewerb ausgezeichneten Werry Roth zur Mitarbeit heranzog.

Der ausgeführte Bau ist ein Beispiel mehr für die Fortführung konservativer Architekturvorstellungen nach 1933. Schon 1923, nach dem Brand des alten Friedrich-Theaters (1922), hatte man einen Neubau geplant. Zu einem Wettbewerb hatte man vier »Stilarchitekten« eingeladen. Der zweite Entwurf von Albinmüller von 1926 ist nahezu identisch mit dem ungefähr zehn Jahre später ausgeführten Theaterbau von Lipp und Roth. Sie verzichteten weitgehend auf eine Gliederung der Baumassen durch einen historischen oder neu erfundenen Formenapparat. Statt dessen intendiert man, die Baumassen selbst in klaren Kuben sprechen zu lassen. Zu dem Zweck ordnete man die einzelnen Baukörper nach axial-symmetrischen Ordnungsprinzipien einander zu und stimmte sie optisch aufeinander ab. Jeder einzelne Kubus markiert bildhaft einen getrennten Funktionsbereich. Diese Bauweise wirkt durch konsequente Vereinfachung der Baumassen, die weniger Klarheit und Überschaubarkeit anstrebt als Monumentalisierung der Bauaufgabe. Der Bau steht in der Formtradition von 1911 (Oskar Kaufmann – Volksbühne Berlin, 1911–14). *(Abb. 65, 66, 67)*

Das Theater von Dessau wurde mitten in der Stadt in einem mit alten Bäumen bestandenen Park errichtet und nach zweieinhalbjähriger Bauzeit 1938 eingeweiht. Es ist als autonome Platzarchitektur ausgebildet, steht aber in »seiner Massigkeit und vieransichtigen Fassadengestaltung relativ hilflos im Raum«.[157] Seitliche Absicherungen durch parallel geführte Magazinbauten – sie sollten das Bauwerk stärker zum Umraum hin abstufen – waren geplant, wurden aber nie ausgeführt.

Der Grundriß ist streng axial-symmetrisch angelegt. Der Eindruck ruhiger Statik charakterisiert den Außenbau. An allen vier Fronten verfestigt ein eingestelltes vertikales Raster starrer Pfeiler und Pilaster die relativ niedrigen, orthogonalen Baumassen. Der Eindruck dekorativer Reihung stellt sich ein, da die vertikalen Gliederungselemente weder optisch noch faktisch eine konstruktive Funktion erfüllen. Diese Erscheinung verstärkt sich an der Eingangsfront, wo die zwölf glatten Pfeiler den schmalen Gebälkstreifen mit dem abschließenden Kranzgesims nicht abstützen, sondern wie Reste einer in vertikale Streifen aufgeschnittenen Wand wirken. Die rundbogigen Eingangstüren zwischen den Pfeilern empfindet man als formale Störung dieser Ordnung. Kleine Kugellampen über den Türen bringen einen biederen Zug in das Frontbild. Auch der barocke Schwung der mit kleinen Mauern eingefaßten weiten Auffahrt steht in keinem Verhältnis zu den endlos sich ausdehnenden Freitreppen, die den Pfeilerunterbau bilden. Die kleinteilige Sprossenunterteilung zwischen den Pilastern an den Seitenfronten degradiert die die drei Stockwerke zusammenfassende Kolossalordnung der Pilaster zu einer theatralischen Form. Die gleichen Fensterformen im Sockel bewirken, daß der optisch notwendig schwere Sockel eine Umdeutung zum Wandstreifen erfährt, so daß seine Sockelfunktion für den massiven Baukörper unglaubwürdig erscheint. Der beabsichtigte statische Charakter erleidet dadurch schwere Einbußen. Bei dem Theaterbau fällt auf, daß der angestrebten Monumentalität ein Zug Biederkeit beigemischt ist. Dieser Widerspruch potenziert sich im Gebäudeinnern noch.

Die Sektorform des Zuschauersaales erfährt nach außen hin eine Begradigung durch Scherwände, zwischen denen hindurch man von umlaufenden Wandelgängen das Parkett oder die Seitenlogen erreicht. Es schließt sich, durch mächtige Pfeiler abgeschirmt, im Erdgeschoß die Eingangs- und Kassenhalle in der Breite des Zuschauerraumes an; darüber befindet sich das Foyer. In den seitlichen Raum der bis zur Front verlängerten Saalumgänge sind die engen Treppenhäuser eingebaut, über die die Parkettbesucher zum Foyer und die Rangbesucher zu ihren Plätzen gelangen. Mächtige Pfeiler gliedern Eingangshalle und Foyer. Ihre enge Reihung verleiht dem relativ engen Raum einen monumentalen Charakter. Den Eindruck der Enge versuchte man durch Spiegel, die die Stirnseite verkleiden, zu mildern, da sie die Vorstellung von der Endlosigkeit des Raumes wecken. Die Pfeiler haben eine intarsienartige Verkleidung; Wandlampen und Lüster an der Decke sollen die Festlichkeit des Raumes unterstreichen.

Ein breiter Durchgang im Zuschauerraum trennt die untersten Reihen auf dem Rang von den übrigen Rangplätzen; sie sind in einzelne offene Logenkästen unterteilt. In der Mittelachse des Zuschauersaales war eine Ehrenloge vorgesehen. Der biederen Ausstattung des Publikumsraumes und der Enge des Bühnenrahmens steht eine riesige bühnentechnische Anlage gegenüber (3/5 des gesamten Theaters werden vom Bühnenbereich eingenommen). Perfektes Illusionstheater war das Ziel.

Den Auftrag für das Grenzlandtheater in Saarbrücken erteilte Goebbels 1935 an Paul Baumgarten (Genehmigung durch den Führer im März 1936, Bausumme 3,5 Mill. RM). Am 8. Oktober 1938 fand die Einweihung des Theaters in Gegenwart des Führers statt. Das Grundstück war ideal, da das Ufergelände an der Saar städtebaulich noch nicht erschlossen war und jede formale Lösung zuließ. Der ausgeführte Bau ist noch stärker als das Dessauer Theater bemüht, »Repräsentation« mit »Gemütlichkeit« (Wohnlichkeit) zu verbinden. Er steht deutlich unter dem Einfluß des vor allem von Schultze-Naumburg propagierten nordischen Bauens, für das die Dachform wichtigstes Ausdruckselement ist. Auf diese Weise drängt der durch die Walm- und Zeltdächer hervorgerufene wohnliche Charakter den repräsentativen Eindruck, der durch ein Raster beziehungslos vorgeblendeter Säulen bedingt wird, in den Hintergrund. Auch hier erfolgt eine strenge Trennung der Funktionsbereiche: das halbzylindrisch abschließende Zuschauerhaus ist klar vom Bühnenraum abgesetzt. *(Abb. 68)*

Aufgrund der Übernahme der Volksbühnenorganisation und Besucherringe durch die NS-Kulturgemeinde hatte sich die Mitgliederzahl des Reichsverbandes »Deutsche Bühne« von 300000 im März 1933 auf 1,2 Millionen gegen Ende des Jahres 1934 erhöht. Für einen Mitgliedsbeitrag von 1,– RM im Jahr kamen die Mitglieder in den Genuß von verbilligten Eintrittskarten. In der Regel wurden Abonnements auf zehn Vorstellungen zum halben Preis ausgegeben, wobei Stücke und Datum nicht gewählt werden konnten. Darüber hinaus vermittelte die Organisation »Kraft durch Freude« Theaterkarten, genauso wie die Hitlerjugend und der Reichsnährstand verbilligte Karten abgaben. Die KdF-Theater-Preise betrugen 0,75 und 1,50 RM. Die verstärkte Heranführung an das Theater durch nationalsozialistische Kulturorganisationen mobilisierte gewaltige Massen; die Besucherzahl stieg 1935 auf ungefähr zehn Millionen Theaterzuschauer pro Jahr. Wurden in den Theatern des Dritten Reiches auch vorrangig Volksopern, Bauern-, sogenannte Führer- und Heimatstücke aufgeführt (»Kampf ist der Deutschen ewiges Schicksal« in der Berliner Deutschlandhalle), so ist die Bedeutung des nationalsozialistischen Theaters weniger darin zu sehen, daß der Besucher im Theater der nationalsozialistischen Propaganda ausgesetzt war, sondern daß der Bevölkerung das Gefühl vermittelt werden konnte, daß sich das Theater nicht mehr im Besitz des »Bildungs- und Besitzbürgertums« befand. Wie zeitgenössische Berichte überliefern, erlebten zahlreiche Menschen erstmalig Theateraufführungen. Diese psychologische Wirkung – der Eindruck, den insbesondere die Massenbasis gewann, nämlich daß das neue System etwas für sie tat – ging verstärkt vom kulturellen Sektor aus. Insofern war das Theater für das Dritte Reich ein wichtiger Faktor zum Zwecke der nationalsozialistischen Massenlenkung und als Form der Massenbeeinflussung.

Sowohl für Berlin als auch für München waren neue große Opernhäuser geplant. Beide sollten, wie schon bei der Übersicht über das Baugeschehen in den wichtigsten Städten ausgeführt, an den großen Achsen liegen und sich – wie alle wichtigen Bauaufgaben des Dritten Reiches – auf überdimensionierten Plätzen erheben. Als Bauherr für die »Große Oper« in München zeichneten die Reichsregierung und das Land Bayern; man wollte die Münchener Operntradition in einem neuen Haus fortsetzen. Der Entwurf stammt von Woldemar Klein (1938). Die geplanten Ausmaße waren gewaltig.[158] Mindestens 3000 Plätze waren vorgesehen. Während präzise Angaben über die Ausstattung im Innern fehlen, liegen Modelle und Zeichnungen vom Außenbau vor. Der leicht vorgewölbten Fassade ist eine mächtige Freitreppe vorgelagert. Gewaltige horizontale Gliederungen und große Breitenerstreckung charakterisieren das Bauwerk. Im Gegensatz zu den ausgeführten Theaterbauten fehlt dem Opernhaus der biedermännische Zug. *(Abb. 69)*

Mit den glatten Wänden des Bühnenhauses, des Attikageschosses und der Seitenteile der Fassade sowie der Verwendung kubischer Baukörper finden die Stilelemente der offiziellen Baukunst Anwendung. Paarweise angeordnete Säulen beherrschen die Hauptfront. Fehlende Fensteröffnungen in den stereometrischen Grundformen unterstreichen den Eindruck monumentaler Statik und Geschlossenheit.

Museen

Sieht man von kleineren Museen ab (u. a. Zeppelinmuseum in Friedrichshafen – Heimatschutzstil mit klassizistischen Elementen), so ist von den zahlreichen geplanten Projekten (u. a. Museumsneubauten in Berlin von Wilhelm Kreis, 1942 / Museumsprojekt für Linz von Roderick Fick) nur das Münchener Ausstellungsgebäude, das »Haus der deutschen Kunst« von Paul Ludwig Troost zur Ausführung gelangt. Der Vorgängerbau, der Glaspalast, war 1931 abgebrannt. In dem Wettbewerb für einen Neubau wurden 499 Entwürfe eingereicht (15. 11. 1932), unter denen moderne Lösungen eindeutig dominierten. Troost ist bei dem Wettbewerb von 1932 nicht erwähnt, erhielt dann aber nach der Machtübernahme den Auftrag für das Ausstellungsgebäude. Nach seinem Tode übernahmen seine Frau Gerdy Troost und Leonhardt Gall die künstlerische Bauleitung. Das Bauwerk ist 175 m lang, 80 m breit und 15,5 m hoch; die

22 Säulen verfügen über eine Höhe von 11,3 m. »Das große klassische Kriterium des Stils ist dadurch erfüllt, daß der Bau selbstverständlich erscheint. Klassik ohne imitiertes Griechentum ist hier gefunden. Schon aus dem Grundriß spricht wunderbare Klarheit. Wie nach der Sage Pallas Athene gewappnet dem Haupt des Zeus entsprungen ist, so steht dieser Bau leicht und anmutig und zugleich hoheitsvoll wie aus einem Guß da. Die Säulenfüße und Kapitelle sind frei gestaltet. Die Akzentuierung der Ecken des Baues über dem Architrav ist gar nicht wegzudenken. Und auch hier ist eine billige archaistische Stilisierung vermieden. Der Führer äußerte sich auf die forschende Frage, ob es nicht gewagt sei, der viel entweihten Säule wieder zu Ehren verhelfen zu wollen, mit unbefangener Bestimmtheit dahin: Die Rundung der ragenden Säule im Gegenspiel zur strengen Horizontalen sei es gerade, die dem Bau die musikalische Harmonie verleihe. Fernab von der mit kaltem Intellekt in Eisen, Beton und Glas hergestellten Ingenieurbaukunst liegt dieser Tempel deutscher Kunst ... Er werde zu einem Markstein in der Kunst des neuen Deutschlands ...«[159] Hinzuzufügen wäre, daß die formalen Elemente und Materialien, die Troost benutzte, von Speer zum prägenden Stil der offiziellen Baukunst des Dritten Reiches weiterentwickelt wurden, vor allem die glatten Außenwände und die Verwendung von Werkstein. Sieht man von der Säulenvorhalle ab, so geht die Hauptwirkung vom kaum gegliederten massiven Baukörper aus. Anders als Speer verwandte Troost verstärkt klassizistische Gliederungselemente und hielt sich mehr an klassizistische Vorbilder – wie das Alte Museum in Berlin von Schinkel und von Klenzes Münchener Bauten. Horizontale Bänderungen überziehen den Hauptbaukörper; sie unterstreichen die horizontale Erstreckung des Baues und stehen im Kontrast zur vertikalen Pfeilergliederung. Die Fenster sind glatt eingeschnitten und lediglich mit Verdachungen versehen. Nicht zu trennen von der formalen Erscheinung ist aber die mit ihr verbundene Kunstvermittlung. Das Ausstellungsgebäude wurde als »Tempel der deutschen Kunst« bezeichnet. Hiermit hielten die Kulturpolitiker an der traditionellen Kunstvermittlung fest. Die Kunst wird mit Hilfe der Architektur und der Ausstellungstechnik (isolierte Hängung, Hervorhebung von Meisterwerken) bewußt vom Alltag abgehoben und ihm entrückt. Im festlichen architektonischen Rahmen wird die Kunst zelebriert; der Betrachter wird kommentarlos mit ihr konfrontiert, um in ihm ein ahistorisches, rein ästhetisches Denken zu verwurzeln. In einer weihevollen Stimmung sollten die Bildinhalte aufgenommen werden. Dieser Kunstvermittlung liegt die Überzeugung zugrunde, daß die Bildinhalte sich »von allein« mitteilen. In »schweigender

Demut« hatte der Kunstgenuß zu erfolgen, sollte die »Seele« mehr als der »Verstand« angesprochen werden. Ziel dieser Art von Kunstvermittlung ist die Stabilisierung unpolitischer Denk- und Verhaltensweisen, womit die nationalsozialistische Kunstvermittlung traditionelles Rollenverhalten deutlich förderte. Die angesprochenen Intentionen korrespondieren mit den Kunstvorstellungen der konservativen Architekten. *(Abb. 70)*

Vergleichsweise ist für den Sektor der Bildung und Kultur wenig gebaut worden. Der Hauptgrund ist darin zu sehen, daß aufgrund der steigenden Rüstungsausgaben bevorzugt die architektonischen Bereiche gefördert wurden, die für die militärischen Planungen nötig waren, z. B. der Autobahnbau. Die Vorstellungen von einer monumentalen repräsentativen Architektur, denen die Überzeugung zugrunde liegt, Bauten mit gemeinschaftsbildendem und kulturellem Charakter müßten mit anderen architektonischen Mitteln und Methoden gelöst werden, orientieren sich an Bauten vor 1918, verzichten jedoch weitgehend auf historische Details. Es sind vorwiegend Platzarchitekturen, die sich von der Umgebung abheben und den Betrachter durch ein monumentales Frontbild beeindrucken wollen. Hierbei greift man auf die Säule zurück und benutzt sie als historische Identifikationsform, um auf den Gehalt hinzuweisen. Diente im Nationalsozialismus bei den öffentlichen Gebäuden die Tektonisierung der Bildelemente – die Aufreihung von Pfeilern und Säulen – zur Hervorhebung des soldatischen Charakters der Volksgemeinschaft, so sollte sie bei den Bauten der Kultur primär die »Würde« und den »Ernst« der Bauaufgabe betonen. Auffallend ist die Mischung zwischen monumentalen und biedermännischen Formen. Die Ursache hierfür ist wohl darin zu sehen, daß in diesem Baubereich konservative Architekten das Feld beherrschten.

Bauten im Ausbildungsbereich

Die Bindung der Jugend an das nationalsozialistische System und die Verankerung der ideologischen Leitbilder in den psychischen Strukturen durch weltanschauliche Erziehung und Schulung erfolgte nur teilweise in den bisherigen Schultypen; daneben wurden auch bestehende Institutionen umgewandelt und neue Schuleinrichtungen – z. B. Ordensburgen – geschaffen. Die nationalsozialistische Theorie im Erziehungsbereich ist ebensowenig einheitlich wie in der Architektur, doch ist sie durch die gleichen Schlüsselbegriffe – Rasse und Volksgemeinschaft – geprägt. Vorrangige Erziehungsideale der nationalsozialistischen Schulung sind das Hinweinwachsen in bestimmte geschlechtsspezifische Rollen, die Entwicklung des Rassegefühls (Stichworte: Unterscheidung zwischen kulturbegründenden und kulturtragenden sowie kulturzerstörenden Rassen / Unterwerfung der niederen unter die höhere Rasse / Auffassung vom Leben und der Geschichte als Kampf), die Ausrichtung auf das Führerprinzip (aristokratische Erziehung, Einübung in autoritäre Verhaltensweisen) und die freiwillige Eingliederung in die Gemeinschaft. Aufgabe der »nationalsozialistischen Erziehung« war es, die gesellschaftliche Schichtung und Klasseneinteilung einzuebnen und zu überwinden. Mit der Schaffung »neuer Persönlichkeiten« strebte man nicht die individuelle Entfaltung an, sondern meinte die Entwicklung neuer Typen, deren Moralkodex Disziplin und Autorität bestimmen. Diese antidemokratische Erziehung, die die soziale und politische Ungleichheit im Nationalsozialismus absichern sollte, zeichnet ein starker Antiintellektualismus aus. Zur Wehrertüchtigung und Erziehung »kerngesunder Körper« kam besonders dem Sport eine wichtige Aufgabe zu. Da die traditionellen Schultypen, die den nationalsozialistischen Erfordernissen angepaßt wurden – u. a. Ernennung des Direktors zum »Führer« der Schule, Entfernung nicht-arischer und kritischer Lehrer –, die neuen nationalsozialistischen Erziehungskonzepte nicht umfassend genug vermitteln konnten – so war beispielsweise das militärische Gerät für schulische Wehrübungen nicht unterzubringen – begann man, neue Schultypen einzuführen. Schulungslager und Manöverspiele waren selbstverständlicher Bestandteil des Unterrichts in allen Schulen.

Die männliche Jugend zwischen 14 und 18 Jahren wurde in der Hitlerjugend erfaßt (Mädchen BDM). Nach der Aufnahmeprüfung, die aus dem Aufsagen der »Schwertworte« (schlagwortartige Sätze, die die nationalsozialistische Weltanschauung zusammenfaßten) und aller Verse des Horst-Wessel-Liedes, aus der Teilnahme an einer Geländeübung und dem Beherrschen des Kartenlesens, aus dem Nachweis gemeindienlicher Tätigkeiten wie Altpapiersammeln und der Erfüllung bestimmter sportlicher Anforderungen bestand, erhielt der Jugendliche seinen ersten Dolch und durfte die HJ-Uniform tragen.

Aus den »Nationalpolitischen Erziehungsanstalten«, die die Tradition der früheren Kadettenanstalten fortführten und auf die die Schüler von den Eltern geschickt wurden, sollte sich das Spitzenpersonal für Wehrmacht und Staat rekrutieren. Auf die »Nationalpolitischen Erziehungsanstalten« (u. a. in Bensberg und Plön) gelangte man nach einer langwierigen Aufnahmeprüfung, der sich eine halbjährige Probezeit anschloß.

Die Schüler besuchten sie im Anschluß an die Grundschule bis zum Abitur (also ungefähr zwischen zehn und achtzehn Jahren). Sport und vormilitärische Ausbildung nahmen einen bedeutenden Platz innerhalb des Unterrichts ein. Da sich die »Nationalpolitischen Erziehungsanstalten« nicht bewährten[160], wurden 1938 die »Adolf-Hitler-Schulen« ins Leben gerufen, die, von der »Deutschen Arbeitsfront« und der »Hitlerjugend« getragen, die zukünftigen politischen Führer hervorbringen sollten. Die »Adolf-Hitler-Schulen« wählten geeignete Schüler selbst aus. Sie wurden während des Krieges bevorzugt in den okkupierten Gebieten eingerichtet und sollten ideologischer Kristallisationskern der neuen Führungsschicht sein. Hatte der Absolvent der »Adolf-Hitler-Schule« seine Wehrpflicht und seinen Arbeitsdienst abgeleistet und sich vier Jahre lang beruflich qualifiziert, konnte er für ein Jahr die Reichsschulungsburgen (Ordensburgen) besuchen, deren Absolventen das Führungskorps der NSDAP und DAF stellen sollten. Die drei Ordensburgen sollten jeweils 1000 Studenten (Junker) ausbilden. Obgleich die nationalsozialistischen Internatsschulen offiziell dem Reichserziehungsministerium unterstanden, waren sie in Wirklichkeit ab 1936 von der SS abhängig.

Zur Durchsetzung nationalsozialistischer Herrschaftstechniken im schulischen Bereich bedurfte die herkömmliche räumliche Auf- und Einteilung der Klassenzimmer keiner wesentlichen Änderung. Die Ausrichtung der Klassenbänke auf das Podest des Lehrers und die sich darin äußernde eingleisige autoritäre Lehr- und Lernform entsprach auch der Erziehungskonzeption des Nationalsozialismus. Das faschistische Herrschaftsmodell und die Rollen innerhalb der faschistischen Gesellschaft wiederholten sich im schulischen Bereich: der Lehrer wurde nun offiziell zum Führer der Klasse, sie zur Gefolgschaft. In der verlängerten Achse des Lehrerpodestes hing das Führerbild, das die Autorität des Lehrers untermauerte und stärkte.

Die alte Aula oder Turnhalle avancierte, mit Fahnen und dem Hoheitszeichen ausgestattet, zum neuen »Festsaal der Gemeinschaft«. Auch hier richtete man die Bankreihen nach vorn – zum Podest und Hoheitszeichen hin – aus. Der Schulhof wurde zum Appellplatz, auf dem man die hierarchische Ausrichtung und die Disziplinierung der Schüler in zahlreichen Aufmärschen anläßlich der Weihe- und Erinnerungstage einübte. Die gleiche Aufgabe hatten die Lagerfahrten, wobei die Uniformierung der Schüler ihre gesellschaftliche Gleichheit vortäuschte. Aufgrund der großen Bedeutung des Sports baute man vor allem Turn- und Sporthallen, bei denen man das »heimische Holz« als Baumaterial bevorzugte, was neben den ideologischen insofern wichtige ökonomische

Gründe hatte, als es die Funktion der für die Rüstungswirtschaft wichtigen Materialien Stahl und Beton übernahm und diese einzusparen half. Im Holzbau kamen z. T. moderne Herstellungs- und Konstruktionsweisen zur Anwendung, wobei die Entwicklung spezieller Holzleimbinder – aus zahlreichen Brettern (Lamellen) zusammengefügt – die Überbrükkung großer Spannweiten ermöglichte. Man schätzte das Holz um so mehr, als es infolge seiner Materialeigenschaften den Räumen eine vertraute, heimische, warme und wohnliche Atmosphäre verlieh, was im Privatbereich angestrebt und als »typisch« nordisch deklariert wurde. Die Zeitschriften veröffentlichten aus diesem Grund zahlreiche Abbildungen skandinavischer Inneneinrichtungen aus Holz.

Die über die Architektur ausgeübte soziale Kontrolle zeigt sich noch deutlicher in den Neubauten der HJ-Heime und NS-Jugendherbergen, die die Tradition der Jugendbewegung der 20er Jahre fortführten (Waldeck / Hunsrück – der Bund zur Errichtung einer Rheinischen Jugendburg wurde 1935 aufgelöst). Wie im Schulbau forderte man für diese Bauaufgabe die »bodenständige und landschaftsgebundene Gesinnung« und »handwerksmäßige und ortsübliche Bauweise«. Hierunter verstand man im Dritten Reich die heimatliche und regionale Baukunst, die die Tradition der 20er Jahre übernahm und in Form von Bauhandbüchern kanonische Geltung erhielt.[161] Diese propagierten Sattel- und Walmdächer (Retdächer), Fachwerkkonstruktionen, verputzte Wandzonen und die Übernahme von Bauformen und -schmuck aus dem bäuerlichen Bereich und favorisierten den unstädtischen Charakter der Baukunst. Man unterschied zwischen einfachen und übergeordneten Räumen, wobei der Kameradschaftsraum (Scharraum), in dem das Führerbild einen besonderen Platz einnehmen sollte, die unterste Einheit innerhalb der Raumhierarchie bildete, gefolgt vom Führerzimmer. Die Halle als wichtigster Raum diente als Appellflur – um »Haltung zu vermitteln«[162] – und Feierraum zugleich, weshalb man ihrer einheitlichen räumlichen Ausrichtung und architektonischen Ausgestaltung große Bedeutung beimaß. Sie zeichnete sich aus durch den strengen Rhythmus der Holzbalkendecke – die Balkenreihung als Verkörperung des soldatischen Lebensgefühls der Jugend –, während Holz nach Möglichkeit weder an den Wänden noch auf dem Fußboden Verwendung finden sollte, um die Schlichtheit und Klarheit der Halle nicht zu beeinträchtigen. Von der architektonischen Gestaltung und Ausrichtung der Räume sowie der Form und Ausführung der Möbel verlangte man »Einfachheit, Ordnung und Klarheit« in Analogie zur nationalsozialistischen Schulung[163], womit die politisch-ästhetischen Absichten – die Disziplinierung – klar ausgesprochen wurden. Die »prägende Kraft« der Architektur wurde gerühmt. Bedeutenden HJ-Heimen war ein großer Hof als Appellplatz vorgelagert, der über die Ordnungselemente der »höheren Architektur« verfügte: Eingangshalle und Feierraum lagen in der Mittelachse und waren häufig durch einen durch Pfeiler gegliederten Portikus hervorgehoben. *(Abb. 71, 72, 73, 74, 75)*

Größere Universitätsbauten wurden zwar im Dritten Reich fertiggestellt und in Architekturzeitschriften vorgestellt (Neues Hauptgebäude in Heidelberg, Architekt Karl Gruber von 1929/33 / Kölner Universität von A. Abel 1929/35), doch sollen sie, da ihr Baubeginn bereits in die Weimarer Republik datiert, nicht ausführlich behandelt werden. Sie sind formal den konservativen Architekturströmungen der 20er Jahre zuzuordnen, auch wenn sie Elemente der modernen Baukunst – z. B. die membranhafte Wand – anwenden. Das Kölner Universitätsgebäude verzichtet darüber hinaus auf das monumentale Walmdach. Es ist jedoch zu beachten, daß Universitätsgebäude eher dem Bereich des Zweckbaus zuzuordnen sind und von daher ihre Formensprache einfacher und zweckmäßiger ausfallen konnte. Die architektonische Konzeption – symmetrische Reihung der Architekturelemente um eine Mittelachse – verweist sie jedoch in den Bereich der konservativen Baukunst. Besonders gelobt wurde von den Wortführern der konservativen Architektur der 20er Jahre, u. a. Rudolf Pfister, die Heidelberger Universität, deren Bauauffassung »ein Stück von dem deutschen Geist« darstelle, »auf den wir heute wieder hoffen«.[164] *(Abb. 76)*

Während man bei den Schulungsheimen und Versammlungsstätten auf die Entwicklung eines neuen Bautyps verzichtete, nahm man bei den Reichsschulungsburgen die mittelalterliche Burg der Feudalzeit zum Vorbild. »Sie sind für Männer bestimmt, die von einem unerschütterlichen Glauben an die Kraft der Idee ihrer Weltanschauung beseelt sind. Ernst, wuchtig und männlich sind demnach auch diese Bauten, die abgeschlossen für sich stehen und die Landschaft wie ritterliche Burgen einer früheren Zeit stolz beherrschend überblicken. Ihre Gliederung ist streng; die Materialien, die für ihren Bau verwandt wurden, entstammen der Landschaft selbst: behauenes Holz, Bruch- und Haustein. Sie fügen sich als Gesamterscheinung der Landschaft so ein, daß sie ihr entwachsen zu sein und z. B. bei der Ordensburg Vogelsang die Struktur des geschichteten Steins zu begleiten scheinen. Als Wahrzeichen des betonten stolzen Selbstbewußtseins reckt sich über den breitgelagerten Baumassen jeweils der Turm, der keine romanische oder romantische Reminiszenz ist, sondern als Wasserturm eine lebenswichtige Aufgabe hat. Die Pläne zu der Gestaltung dieser Ordensburgen entstanden erst aus den Erfahrungen der politischen Schulungsarbeit selbst, aus dem gemeinsamen Erleben und Fühlen dieser Männer. Ursprünglich waren nur kleinere Schulungsburgen geplant, wie sie die Schulungsburgen der DAF. in Saßnitz auf Rügen und die Schulungsburg Erwitte in Westfalen darstellen: Umbauten, die Erweiterungen erhielten und von der Bauabteilung der DAF. unter Leitung des Architekten Baurat Julius Schulte-Frohlinde neue, zweckentsprechende Gliederung und neues sinngemäßes Aussehen erhielten. Es zeigt sich bei diesen Ordensburgen, daß die neue Form des gemeinschaftlichen Lebens, die eine politische Forderung unserer Gegenwart ist, der Baukunst auch ganz neue Aufgaben stellt, für die sie Lösungen finden muß, die ohne Vorbild sind. Die Ordensburgen sind deshalb so überzeugend, weil in diesen Bauwerken auch ihr Sinn und ihre Bestimmung Ausdruck gefunden hat, und weil die Baukunst hier zeigt, daß die bodenständige, handwerksgerechte Bauweise auch in unserer Zeit zur Monumentalität gesteigert werden kann.«[165] *(Abb. 77/78)*

Die Ordensburgen waren Hochschulen für die kommende Aristokratie, sollte doch der Staat nach dem Muster hellenistischer Stadtstaaten aristokratisch gelenkt werden. Vor allem die SS, die auf der Ordensburg Vogelsang tonangebend war, gab vor, die neue Aristokratie zu sein und erhob Anspruch darauf, die Auslese der zukünftigen staatstragenden Kräfte zu übernehmen. Das Gliederungs- und Organisationsmuster der SS verkörpert wohl am reinsten das faschistische Gesellschafts- und Herrschaftsmodell, teilte doch die SS die Menschen in vier Gruppen ein: 1. An der Spitze stehen die »Führer«, denen das Recht zukommt, absolut über andere zu herrschen. 2. Nach den Führern kommen die »Helden«, deren Aufgabe es ist, bis zum Tod zu kämpfen. 3. Das Verwaltungspersonal stellt die dritte Schicht dar und rangiert vor den gewöhnlichen Arbeitern, die die letzte Gruppe bilden. Diesem Modell zufolge bilden dann Nichtarier und Slawen die Klasse der Sklaven bzw. Heloten.

Der rein weltanschaulichen Schulung, die »allein das Werk der Partei sein durfte«[166], dienten große Ehrenhallen, Gemeinschaftshäuser und Turnhallen. Die Ordensburgen – gebaut wurden insgesamt drei Ordensburgen: Crössinsee (1937), Vogelsang (1936–38) – beide von C. Klotz / Sonthofen von H. Giesler – orientierten sich jedoch nicht nur an feudalen Burganlagen, sondern griffen auch den Typ des mittelalterlichen Klosters – z. B. Maulbronn – auf. So lehnt sich in Sonthofen das im Zentrum stehende Genossenschaftshaus (Gefolgschaftshalle), um das sich Wohn- und Verwaltungsgebäude gruppieren, deutlich an die Klosterkirche an (Profanisierung des sakralen Giebels). Der Kirchturm als weithin sichtbarer Bezugspunkt ist jedoch durch den Palas (Belfried) mit Strebepfeilern ersetzt worden. Mit den Schulungsburgen sollten neue Landskronen geschaffen werden. Die einzelnen Baukörper sind teilweise symmetrischen Zuordnungen unterworfen. Die Schulungsstätten der DAF in Erwitte, Lobeda und Saßnitz orientierten sich dagegen eher an herkömmlichen Schulanlagen, sie erfuhren allerdings durch die Verkleidung der Außenwände mit Bruchstein und die übergroßen Hoheitszeichen eine Monumentalisierung. Aufgrund der Bedeutung, die der Krieg in der nationalsozialistischen Weltanschauung einnahm – »Krieg als stärkste und klassischste Ausprägung des Lebens«[167] – waren Kriegsschulen geplant (Danzig, Berlin), die den Typus der geschlossenen mittelalterlichen Burg (Monte Cassino) übernahmen. In dem Entwurf für die Kriegsschule in Danzig kombinierte H. H. Klaje den Typus des vierflügeligen Schlosses mit Elementen der mittelalterlichen Festungsarchitektur. Steile Arkaden gliedern die Wandgeschosse, die von massiven Ecktürmen gerahmt werden. Verallgemeinernd läßt sich für die nationalsozialistische Baukunst konstatieren, daß sich die Verwendung bestimmter Typen und Formen nach der Bedeutung richtete, die die nationalsozialistischen Institutionen und Organisationen einnahmen (Ranghierarchie). *(Abb. 79, 80, 81, 82)*

Größtes Projekt im Schulungs- und Ausbildungsbereich stellt die »Hohe Schule der NSDAP« am Chiemsee dar.[168] Sie sollte vor allem der nationalsozialistischen Forschung dienen, Erziehungsmaterial ausarbeiten und Lehrer ausbilden. Zu diesem Zweck reisten während des Krieges Beauftragte der Partei durch die besetzten Länder, um geeignetes Material »sicherzustellen«. Bauherr des Schulkomplexes, der sich auf einer Landzunge am Nordufer des Chiemsees, südöstlich von Seebrück, erheben sollte, war die NSDAP, Architekt Hermann Giesler. *(Abb. 83, 84)*

Der Grundriß ist sehr großzügig angelegt. An einer 1700 m langen Achse sind verschiedene Gebäude und Gebäudegruppen angeordnet. Der Zugang – eigener Autobahn- und Gleisanschluß – erfolgt von Norden, wo zwei Empfangsgebäude geplant waren. Nach Süden, zum Seeufer hin, erfährt die Architektur eine Steigerung, die im Turmbau ihren Höhepunkt findet. Er ist mit dem Palas der Ordensburgen zu vergleichen.

Zentrum des weiträumigen Baukomplexes bildet die »Hohe Schule«. Lange, schmale Gebäude, die Arbeits-, Wohn- und Gesellschaftsräume enthalten, gruppieren sich im rechten Winkel um zwei große Garten- und zwei kleine Lichthöfe. Zwischen den zu einem großen Quadrat sich verbindenden Trakten läuft die Hauptachse auf den mächtigen Turmbau zu. Die westlich und östlich an den Turmbau grenzenden Trakte waren den Repräsentationsräumen vorbehalten.

Dem Komplex der »Hohen Schule« sind links und rechts der Hauptachse einander entsprechende Gebäudegruppen vorgelagert, die ein Schulungslager, einen Gästetrakt und eine »Adolf-Hitler-Schule« aufnehmen sollten.

Durch die wesentlich niedriger gehaltenen Seitentrakte tritt der Turmbau noch deutlicher als im Grundriß (80 × 100 Grundfläche) als Mittelpunkt der in sich gestuften Anlage hervor. Während Walmdächer den wohnlichen Charakter der Seitentrakte betonen, ist aufgrund seiner Bedeutung der Komplex der »Hohen Schule« im Stil der offiziellen nationalsozialistischen Baukunst ausgeführt. Vier polygonale Ecktürme und der klare Umriß steigern die Geschlossenheit des Turmbaus, der in erster Linie Denkmalfunktion besitzt. Vier gigantische Adler über einer offenen Pfeilerhalle waren als Bekrönung vorgesehen.

Sportanlagen

Auch wenn nach 1933 nur wenige Sportstadien gebaut worden sind – der Grund ist, wie bei den Theaterbauten, primär darin zu sehen, daß genügend vorhanden waren –, so sind sie zu den wichtigsten Bauaufgaben des Nationalsozialismus zu zählen und waren bei den Planungen für neue Städte zentral an den Hauptachsen angeordnet. Hierfür sind zwei Gründe zu nennen: 1. spielte der Sport aus Gründen der Wehrertüchtigung eine wichtige Rolle; 2. bot das Stadion den idealen architektonischen Rahmen für Massenveranstaltungen, bei denen die Teilnehmer ungeachtet ihrer sozialen und politischen Unterschiede und Gegensätze durch die sportliche Veranstaltung zu einer gesellschaftlichen Einheit zusammengefaßt werden konnten. Die disziplinierende Funktion aller Massenveranstaltungen des Dritten Reiches, die nicht eine Entfaltung der Massen, sondern ihre hierarchische und geordnete Aufstellung »nach dem Willen des Führers« anstrebte, wurde auch verstärkt bei den Sportstätten genutzt, indem im herkömmlichen Stadion über räumliche und architektonische Gliederungen die hierarchischen Ordnungsvorstellungen Anwendung fanden. Sportliche Veranstaltungen im Dritten Reich galten als »Wettkampf und Feier zugleich«.[169]

Das Reichssportfeld in Berlin von 1936, das für die olympischen Spiele erbaut worden war, beruht auf Planungen aus der Weimarer Republik. 1926 wurde für das Gelände ein Wettbewerb ausgeschrieben, den Werner March gewann. Er sah einen Ausbau des alten Stadions vor, das nach den Entwürfen von Otto March 1912/13 im Innern der alten Grunewaldrennbahn für die geplanten olympischen Spiele von 1916 erbaut worden war (Fassungsvermögen: 40 000 Zuschauer). Von den Um- und Neubauplänen wurde jedoch nur das Turnhallengebäude verwirklicht und 1927 fertiggestellt. Im Dezember 1933 ordnete Hitler an, die Grunewaldrennbahn aufzulösen und das gesamte Gelände zum Reichssportfeld umzugestalten; nach der Olympiade sollte das Gelände der Reichsakademie für Leibesübungen zur Verfügung gestellt werden. – Die Verschiebung des neuen Stadions nach Norden und Osten machte umfangreiche Erdbewegungen notwendig. *(Abb 85)*

March betonte, daß keine Anlehnung an historische oder ausländische Vorbilder erfolgte, meinte jedoch, daß das Reichssportfeld »in seiner reichen Bezogenheit als Stätte nationaler Feste dem Bilde Olympias wesensverwandt ist«.[170] »Neben der Kampfbahn, dem stadion, lagert sich das Maifeld als forum mit der Langemarckhalle als templon, die Freilichtbühne als theatron, die Reichsakademie als gymnasion, das Haus des deutschen Sports als prytaneion und das öffentliche Erholungsgelände als palästra. Und selbst der heilige Ölbaum am Eingang zum Tempel des olympischen Zeus, von dessen Zweigen ein Knabe mit goldenem Messer die Siegeskränze abschnitt, hat seine Wiederkehr gefunden in der deutschen Eiche, die heute am olympischen Tor die Eintretenden grüßt.«[171]

Auf die räumliche Anordnung und architektonische Form geht ein Zeitschriftenaufsatz von 1936 ein, der die Weiterentwicklung und Umgestaltung der Sportanlage im Sinne nationalsozialistischer Architekturvorstellungen kommentiert: »Solche Architektur (gemeint sind die Bauten des Reichssportfeldes – Anm. des Verf.) kann nur in großen Umrissen, in großen Räumen, in großen Formen wirken«; die »Masse und ihre große Bewegung als gestaltendes Prinzip habe Anwendung gefunden«.[172] Um die »Weltanschauung einer völkischen Geschlossenheit, die kämpferische und disziplinierte Lebenshaltung«[173] zu versinnbildlichen, versieht man einmal die historischen Plätze und Räume mit neuen Funktionen: Aus dem forum wird beispielsweise das Maifeld und damit ein Aufmarschplatz, aus dem templon der Ort der Totenehrung. (Der Name Langemarckhalle geht auf eine Begebenheit aus dem 1. Weltkrieg zurück: die Jugend des Ortes Langemarck zog singend in die Schlacht und in den Tod.) Zum anderen verwendete man aber die kompositorischen und formalen Elemente der offiziellen Baukunst, die der Sportanlage einen völlig anderen Charakter verleihen. Die gesamte Anlage wird streng axial-symmetrisch ausgerichtet: Türme betonen die Mittelachse und sind weithin sichtbarer Bezugspunkt. Das Stadion selbst liegt genau im Achsenkreuz der beiden Hauptzufahrtsstraßen. Portalartige Öffnungen im Stadionrund markieren die Achsen. Wie bei allen Aufmarschplätzen im

Dritten Reich werden die Flächen mit Natursteinplatten belegt, erfolgt die Verkleidung der Türme, Wandflächen und Stützpfeiler des Stadions mit Haustein- und Werksteinplatten. In die schlanken Türme sind wenige schmale Fenster wie Schießscharten eingeschnitten, so daß sie massiv gemauert wirken. March greift bei dem in Stahlbeton errichteten Stadion auf das alte Stütze-Last-Motiv zurück. Er symbolisiert die Druckkräfte durch mit Muschelkalkplatten verkleidete Pfeiler, deren Oberfläche mit dem Steinbeil behauen wurde, um die Materialqualität des Natursteins hervorzuheben, und die Zugkräfte durch unverkleidete Stahlbetonarchitrave. Die Anordnung der Pfeiler in der Art einer Kolossalordnung, die Versteinerung der Wand, der Konsolenfries und das glatte Attikaband bewirken die Monumentalisierung des Bauwerkes. Im Unterbau des Stadions, der aber außen nicht sichtbar ist, finden sich formale Lösungen, die denen der gleichzeitigen Stadionbauten von Nervi in Italien vergleichbar sind (Sichtbeton als plastisches Ausdrucksmittel). Wie bei den Anlagen in Nürnberg wurde eine moderne verkehrstechnische Erschließung des Sportstadions durchgeführt und wurden modernste hygienische Einrichtungen installiert (u. a. Bäder). Die 400 m lange Laufbahn orientierte sich an den Maßen amerikanischer Stadien. *(Abb. 86, 87)*

Bauten der Wehrmacht

In einem System, in dem zur Bewältigung der Wirtschaftskrise die Arbeitsbeschaffung fast ausschließlich über eine gewaltige Steigerung der Rüstungsausgaben erfolgt, nehmen die Bauten für die Wehrmacht zwangsläufig einen zentralen Rang ein. Infolge fehlender oder unzureichender amtlicher Statistiken basieren die Angaben über die Höhe der Staats- und Rüstungsausgaben sowie des Sozialproduktes auf Schätzungen; genaue Aussagen über die Ausgaben für die Errichtung von Flugplätzen, Verteidigungsanlagen und Kasernen lassen sich nicht machen. Die verstärkten Rüstungsausgaben setzten 1934 ein und betrugen bis 1938 durchschnittlich knapp 60 % der Reichsausgaben.[174] Demzufolge entwickelten sich die Bauverwaltungen bzw. Baustäbe der Wehrmachtsteile zu den größten Auftraggebern. 1935 gründete das Oberkommando der Wehrmacht sogar eine eigene Reichssiedlungsgesellschaft, die die für die Aufrüstung nötigen Großflächen erwarb (u. a. Truppenübungsplätze) und für die Umsetzung der ansässigen Landbevölkerung sorgte. Die wenigen neuen Dorfanlagen beruhen in Wirklichkeit fast ausnahmslos auf militärischen Umsetzungsmaßnahmen.

In der Anlage und der formalen Gestaltung der Kasernen läßt sich das nationalsozialistische Gesellschaftsmodell eindrucksvoll ablesen, das auch der Durchführung der anderen Bauaufgaben und ihrer architektonischen Erscheinung zugrunde liegt. Eine strenge Hierarchie bestimmt die Lageplangestaltung der Kasernen. In der Mittelachse der Gesamtanlage befindet sich das Kommando- bzw. Stabsgebäude, während die Unterkünfte und Wirtschaftsgebäude axial-symmetrisch um ein großes Rechteck, das als Aufmarsch- und Appellplatz diente, aufgereiht sind. Es schließen sich Fahrzeughallen an. Das Offizierskasino ist abseits untergebracht.

Mittelpunkt der Kasernenanlage ist das Kommandogebäude als lokaler Ort zentraler Befehlsgewalt. Stilistische Elemente der offiziellen, d. h. »hohen« Architektur und »kristalline Klarheit« im Grundriß und Aufriß der Fassade, die den militärischen Geist zu verkörpern hatten, heben es formal fast immer aus seiner Umgebung heraus, wobei sich die parallelen Reihungen im Detail (schmiedeeiserne Gitterstäbe) wiederholen. Meist dient es als repräsentativer Auftakt der Kasernenanlage, an den sich die Truppenunterkünfte anschließen, die in regelmäßigen Abständen in Zeilenbauweise an der Mittelachse aufgereiht und wie in »Reih und Glied« ausgerichtet sind. Bei ihnen waren nach einem ungeschriebenen Gesetz Stilelemente der monumentalen Baukunst nicht zugelassen, statt dessen sind sie fast immer im Heimatschutzstil (Satteldächer) ausgeführt; man übertrug also den Typ und die formale Erscheinung des Einfamilienhauses auf die Unterkünfte. Das faschistische Gesellschaftsprinzip Führer – Gefolgschaft findet seine Verkörperung durch die eigengesetzliche monumentale Architektur der Kommandozentrale, die sich vom alltäglichen architektonischen Bereich absetzt, während der Untertan (= Soldat) in den Privatbereich seines »Heims« abgedrängt wird, nur innerhalb dieses Bereiches bestimmen kann und weder Einfluß auf die höheren militärischen noch auf die gesellschaftlichen Ebenen nehmen kann. *(Abb. 88, 89)*

Im Verhältnis zu den aufwendigen und raumreichen Kommandogebäuden steht den Mannschaften wenig Wohnfläche zur Verfügung. Die Mannschaftsunterkünfte bestehen vorwiegend aus dreigeschossigen mittelflurigen Anlagen; ihre formale Erscheinung richtet sich nach den regionalen Gegebenheiten. Insgesamt ist die Formensprache der Kasernen, dem militärischen Charakter der Anlagen entsprechend, schlicht und geradlinig. Um preiswert bauen zu können, war angeordnet, bei den Kasernenanlagen auf teure Handwerkstechniken zu verzichten und statt dessen die Typenbauweise zu praktizieren. Ebenso finden sich im technischen Bereich, wie bei den Fahrzeughallen, moderne Konstruktionsweisen.

Auffallend ist, daß die Bauten der Luftwaffe sehr viel aufwendiger als die des Heeres und der Marine ausgefallen sind. Die Luftwaffe beauftragte häufig Privatarchitekten, die auch durch Staats- und Parteibauten hervorgetreten waren, mit dem Entwurf ihrer Bauten (Ernst Sagebiel, Wilhelm Kreis). Die Luftwaffe errichtete auch besonders prunkvolle Kasinos. Erklären läßt sich die Besonderheit der Luftwaffenbauten einmal mit dem Selbstverständnis der Luftwaffe als der »besonderen Waffengattung« – dies traf allerdings auch für die Marine zu –, zum anderen aber wohl mit der Vorliebe ihres Führers Hermann Göring für besonders pompöse Objekte und Projekte. So stellte sein von Speer entworfenes Reichsmarschallamt in Berlin mit den gewaltigen Treppenanlagen einen Höhepunkt nationalsozialistischer Staatsarchitektur dar, genauso wie Görings Privatbauten selbst die Hitlers übertrafen. Er rühmte sich, daß er in Karinhall eine noch größere Fensterscheibe eingebaut habe als Hitler in seinem Berchtesgadener Domizil.

Paßten sich die Kasernen außerhalb der Städte der »landschaftgebundenen« und »bodenständigen« Baukunst an – verständlicherweise spielte die »Auflockerung« als architektonisches und städtebauliches Leitbild bei den Fliegerhorsten die größte Rolle –, so sind sie in den Städten formal sehr viel aufwendiger ausgestattet. Hier weisen die Truppenunterkünfte häufig Stilelemente der offiziellen Baukunst auf (Werksteineinfassungen der Fenster und Eckquaderungen). Als exemplarisches Beispiel seien die Neubauten des Wehrkreiskommandos III in Berlin-Grunewald angeführt (Entwurf: Heeresbauverwaltung 1936/37 – heute AEG Hauptverwaltung, Hohenzollerndamm). Um Stahl einzusparen, führte man das Hauptgebäude als Putzziegelbau aus, während die Gewände, Gesimse und Balkone aus Muschelkalkstein und die Eingangshallen mit Marmor verkleidet sind. Die Gebäude sind untereinander durch einen Laubengang verbunden. Mit ihren Walmdächern passen sie sich der Umgebung an. Die geplanten Kasernenobjekte für Berlin übernehmen Typen und Formen der mittelalterlichen Wehrarchitektur. Der Erlaß vom 17. 2. 1942 schränkte auch im Wehrmachtssektor Bauvorhaben ein, es wurden weitgehend nur noch Befestigungsanlagen (Bunker) gebaut. *(Abb. 90)*

Bunker

In diesem Kapitel soll kurz auf die architektonische Beschaffenheit der Bunker und nicht auf bautechnische Vorschriften eingegangen werden. Auf zwei Bereiche konzentrierte sich der Bunkerbau: 1. auf Luftschutzbunker in den Städten; hierzu gehören auch die U-Boot-Bunker bei Bremerhaven; 2. auf den West- und Atlantikwall. Bei den Bunkern in der Stadt lassen sich vier Typen unterscheiden:[175]

1. Bunker mit Stilelementen der offiziellen Baukunst. Sie sind durch Gesimse, Konsolenfries, Attikabänder und betonte Eingänge künstlerisch aufgewertet. Einige von ihnen zeigen auch das neben dem Hoheitszeichen wichtigste Zeichen der Herrschaftssymbolik: den Führerbalkon, der aber nicht zugänglich ist und lediglich symbolisch die Anwesenheit des Führers dokumentiert.

2. Gestaltung des Bunkers als Wohnhaus. Hinter der Heimatschutzstilfassade verbirgt sich die eigentliche Bunkeranlage.

3. Ausführung des Bunkers als Wehrturm. Überholte Bauaufgaben und Architekturelemente vergangener Stilepochen werden nachgeahmt und mit einer neuen Funktion und Bedeutung versehen. *(Abb. 91)*

4. Bunker, die den ideologischen formalen Ballast abgeworfen haben und statt dessen aus der Erfüllung der technischen und funktionellen Erfordernisse ihre Gestalt gewinnen; zu ihnen zählen auch die Flakbunker (u. a. in Berlin, Hamburg, Wien).

Die Flakbunker verfügten über einen kastellähnlichen Grundriß. Aus einem quadratischen Mittelteil springen an den Ecken vier quadratische Geschütztürme vor. Eine breite Galerie umzieht das zurückgesetzte obere Geschoß. Die schmalen Fensteröffnungen konnten mit stählernen Läden verschlossen werden. Durch ihre Kompaktheit und ihre Höhe (30–40 m) wurden sie zu bestimmenden Elementen des Stadtraums: sie sind massive plastische Raumkörper, deren geschlossene Oberfläche ihre scheinbare Uneinnehmbarkeit demonstriert.

Die Bunker sind Stahlbetonbauten, deren Schutzbewehrung aus Stahl in Beton eingelagert wurde (Wandstärke 2–3 m) und die besondere Fundamente besaßen. Sie verschlangen gewaltige Stahl- und Betonmengen: so wurden allein für die Flaktürme 100 000 cbm Beton und 10 000 t Stahl verbraucht. Bis 1938 wurden über 6000 Bunker, bis 1939 13 700 Bunker mit über sieben Millionen cbm Beton und Stahl erstellt. Aus diesen Zahlenangaben ersieht man, daß die Einsparungsvorschriften für Materialien, die für die Rüstung benötigt wurden, zwingende Notwendigkeit waren.

Ein gewaltiges Bauvorhaben stellt der »Atlantikwall« dar (»von Dünkirchen bis zu den Pyrenäen«), durch den eine uneinnehmbare »Festung Europa« errichtet werden sollte. Sieht man von vereinzelten Entwürfen Hitlers ab, so wurde er, wie auch die Bunker im Reichsgebiet, weitgehend ohne die Beteiligung von Architekten durch die »Organisation Todt« und Großfirmen mit den modernsten Baugeräten und Konstruktions- und Herstellungsmethoden (u. a. Turmdrehkräne, genormte Schalungselemente, Betonpumpen und -leitungen, Vorfertigung von Bauelementen auf der Baustelle) erbaut; die Ingenieurarbeit stand bei den Bauten des »Atlantikwalls« im Mittelpunkt. Die Organisation bei den Festungsarbeiten wurde dadurch erleichtert, daß Todt praktisch drei Ministerposten auf seiner Person vereinigte: er war Chef des Wasserstraßenbaus und der Bewaffnung und dirigierte auch die Bauwirtschaft im Vierjahresplan. Die enorme Leistungsfähigkeit der »Organisation Todt« beruhte darauf, daß sozusagen Bau und Rüstung in einer Hand vereinigt waren, wobei, ähnlich wie später von Speer, die Eigenverantwortlichkeit – die private Verfügungsgewalt über die Produktionsmittel – in keiner Weise angetastet wurde.

Die Bauten des Atlantikwalls wurden weitgehend von Zwangsarbeitern errichtet. Auf einen deutschen Arbeiter kamen ungefähr zehn Ausländer (u. a. in Frankreich internierte Rotspanier, die dem französischen Arbeitsministerium unterstanden); insgesamt läßt sich die Arbeiterschaft am Atlantikwall als »bunter Haufen« charakterisieren, der sich aus Freiwilligen, Zwangsarbeitern und Dienstverpflichteten zusammensetzte.

Man verzichtete auf eine Bebauung der gesamten Atlantikküste und begnügte sich damit, an strategisch wichtigen Punkten (Häfen) einen Kranz von Bunkern und vereinzelten Beobachtungsanlagen zu errichten. Hitlers Überzeugung zufolge wäre es auch nicht gut gewesen, eine durchlaufende Bunkerlinie einzurichten, weil sich dann bei einem Angriff die Soldaten nur in die Bunker zurückziehen würden anstatt zu kämpfen. Frontsoldaten gehörten nach Hitlers Meinung ins Freie – Bunker verringerten nur den Mut.[176]

Die Betonklötze erfuhren eine monumentale Gestaltung. Der Wechsel von Platten und Blöcken, von Rundungen und glatten Flächen sowie die tief eingeschnittenen Sehschlitze ließen die Wandstärke noch spürbarer werden. Die gerundeten oder abgeschrägten Kanten, die zur Abweisung der Geschosse notwendig waren, steigerten optisch die statische Geschlossenheit der Bunker, weil sie ihre seitliche Kompaktheit erfahrbar machten. Die formale Durchbildung weckte Assoziationen an Rüstungen, Schilde und Helme mit Visieren, womit man Elemente alter Kriegstechniken zur Verkörperung des Wehrhaften und zur Verhüllung modernster Waffen- und Gefechtsstände formal aufgriff. Die Körnigkeit des Betons und die Färbung in Erdfarben riefen den Eindruck unverrückbarer urzeitlicher Monolithe hervor. *(Abb. 92)*

Neben dem offiziellen Stil der Partei- und Staatsbauten gelangte der Nationalsozialismus auf dem Gebiet des Bunkerbaus, der andere Anforderungen stellte und – besonders bei den Bauten des Atlantikwalls – den ideologischen formalen Ballast abgestreift hatte, zu einer eigenständigen Architektursprache. Der Bunkerbau enthüllt vielleicht noch deutlicher als die Staats- und Parteibauten die Zielvorstellung des Nationalsozialismus: der Krieg verschiedener Rassen untereinander um die politische und gesellschaftliche Vorherrschaft als Sinn des Lebens.

Denkmäler

Erhob man die Bauwerke, denen als Vermittler der nationalsozialistischen Ideologie ein besonderer Rang zukam, durch ihre architektonische Ordnung und Gestaltung in den Rang eines überzeitlichen Denkmals, weil man durch sie den gesellschaftlichen Verhältnissen Ewigkeitswert verleihen wollte, so spielte natürlich das Denkmal selbst, das dem Bereich der Plastik zuzuordnen ist, im Dritten Reich erst recht eine wichtige Rolle.[177] Da es mehr oder weniger der Architektur zugeordnet wurde, soll in diesem Zusammenhang kurz auf das Denkmal eingegangen werden.

Die wohl wesentlichste Funktion des Denkmals besteht darin, historische Ideen und Ereignisse zum Gedächtnis und zur Erinnerung anschaulich zu bewahren und durch Setzung neuer historischer Symbolformen über das ästhetische Medium Denkmal eine politische Beeinflussung durchzuführen. Diese Möglichkeit, die die Errichtung eines Denkmals eröffnet, ist generell nicht negativ zu beurteilen; entscheidend ist es jedoch, welche historischen Ideen und Ereignisse zur Erinnerung gebracht werden, wie man Geschichte symbolisch vergegenwärtigt und ob Geschichte im Sinne ihrer Veränderbarkeit erfahrbar gemacht wird. Da ein Leitmotiv der nationalsozialistischen Ideologie der Rassenkampf und die Figur des Kriegers bzw. Helden gesellschaftliches Leitbild ist, nimmt die Verherrlichung des gefallenen Soldaten einen zentralen Rang ein. Die Versinnbildlichung dieses Leitbildes ist Hauptaufgabe des Denkmals. »Keine Kunst ist so groß, so ernst und heilig, als die Tat des Helden, das Leben hinzugeben für das Vaterland. Kein Wort kann ganz erfassen, was des Helden Sinn und Opfergang bedeutet.«[178] Mit keinem Wort wird auf das Leid der Menschen im Krieg oder auf die Ursachen von Kriegen eingegangen.

Um dem Militarismus Sinn zu geben, griff der Nationalsozialismus auf die irrationalen Begriffe Schicksal, Verhängnis und Vorsehung zurück. Diese Vorstellungen finden ihre Entsprechung und formale Umsetzung in der Schaffung gewaltiger Steinmonumente, die auf Denkmaltypen des Wilhelminischen Deutschland (Völkerschlachtdenkmal / Bismarckdenkmäler – Figur im Steinring / Krieger- und Ehrenmäler), auf mittelalterliche fortifikatorische und antike Vorbilder zurückgehen (Kastell – Grabhügel). Gewaltige Hausteinsockel isolieren die Denkmäler von der Umgebung. Über ihnen erheben sich kubische und zylindrische Blöcke, die lediglich durch flache Blendarkaden oder schmale Gesimse gegliedert sind. Feuerschalen weisen auf ihre weihevolle Bestimmung hin. Ihre exponierte Lage auf Landzungen oder Bergspitzen steigert ihre Wirkung noch : sie sind weithin sichtbare unverrückbare Zeichen. *(Abb. 93)*

Zwei Haupttypen von Denkmälern herrschen vor: Die erste Gruppe entspricht dem beschriebenen Denkmälertyp – er war für Rußland vorgesehen –; bei ihm dominieren stereometrische Formen mit wenig figürlichem Schmuck. Beim zweiten Typ steht die monumentale Gestalt eines Kriegers im Mittelpunkt der Komposition. Beide Typen machen die Geschichte – entweder durch Monumentalisierung abstrakter Formen oder durch die Personalisierung und Heroisierung – nicht einsehbar, sie verschleiern sie sogar. Einerseits vermitteln die Denkmäler dem Betrachter, daß er auf die herrschenden gesellschaftlichen Verhältnisse keinen Einfluß hat, andererseits bereiten sie ihn als Lebenden auf seine eigentliche Bestimmung vor. Aus diesem Grunde befinden sich vor den meisten Denkmälern Plätze, auf denen rahmende Feuerschalen Feierlichkeit schaffen und die aufmarschierte Volksgemeinschaft in den Weihestunden über das nationalsozialistische Ritual der Totenehrung selbst auf ihre eigentliche Bestimmung – die Opferung für die Rassengemeinschaft – hingewiesen wird. Inhalt und architektonische und figürliche Formensprache der Denkmäler dienen also dazu, die imperialen Ansprüche, die Größe und Stärke des faschistischen Systems zu veranschaulichen; daher sind auch bei den Denkmälern, die auf figürlichen Schmuck verzichten, der Hoheitsadler und Löwen zu finden.

Mahnmäler sollten an den Grenzen des Reiches aufgestellt werden und von der Macht des neuen Deutschland, dessen Rasse sich vor der Geschichte bewährt habe, künden, »steinerne Hügel« in Rußland den slawischen Untermenschen die Überlegenheit der germanischen Rasse demonstrieren. Für die Errichtung von Denkmälern und Friedhöfen wurde ein eigenes Amt geschaffen: das des »Generalbaurats für die Gestaltung der Kriegsgräber«. Für Rußland hatte Wilhelm Kreis, der ernannte Generalbaurat, das größte Ehrenmal geplant. »Auf ansteigender breiter Kuppe aus weiter, weiter Ebene soll sich ein steinerner Hügel von großer Form erheben. Ein Ring bildet den ausladenden Sockel, viele Stufen bilden den Hügel, der von einem Adler bekrönt ist. Um ihn stehen, auf Schilde gestützt, die gepanzerten steinernen Recken aller mitkämpfenden Nationen. Das gewaltige Portal ist von vier Pfeilern gefaßt, auf denen Löwen Wache halten. Im Innern des steinernen Ehrenhügel tritt man durch den von oben erhellten Vorraum und in einen gewölbten Gang durch die Stärke der mächtigen Mauern und gelangt in die Halle der toten Helden. Aus der Höhe strahlt ein verdecktes Licht in die Halle. Im versenkten Boden der Mitte ist aus allen Teilen des weiten russischen Kriegsschauplatzes Erde unter einer großen runden Steinplatte vereinigt. Das gewaltige Ehrenmal wird für alle Helden des Ostens die Ruhmeshalle sein.«[179] *(Abb. 94, 95)*

Bauten des Verkehrs

Den Schwerpunkt im Rahmen der Verkehrsbauten bildet die Anlage von Autobahnen. Im Gegensatz zu den nie verwirklichten Umbau- und Neubauplänen in den Städten (u. a. Anlage von Ring- und Radialstraßen sowie repräsentativen Achsen) und nicht ausgeführten neuen Nahverkehrskonzepten auf der Basis großer S- und U-Bahnstrecken (Verbindung von Stadtregionen untereinander) wurde ein Großteil des geplanten Autobahnstreckennetzes auch fertiggestellt. Das große Interesse an der Errichtung von Autobahnen beruhte in der Hauptsache auf zwei Gründen: 1. bot die Autobahn die eindrucksvollste Möglichkeit, Arbeitsbeschaffung im großen Rahmen optisch zu demonstrieren und somit die Partei als Überwinder der Arbeitslosigkeit herauszustellen, und 2. waren die Autobahn und die Kraftfahrzeugindustrie aus wehrpolitischen Gründen von höchster Wichtigkeit. Die militärische und politische Führung hatte die militärische Bedeutung des Kraftfahrzeuges, die auf seiner Schnelligkeit und Beweglichkeit beruhte, erkannt, um so mehr, als man früh einen Angriffskrieg als Mittel zur Erreichung der deutschen Weltmachtstellung geplant hatte. Aus diesem Grunde änderte die NSDAP nach der Machtübernahme ihre ablehnende Haltung, die der Bekämpfung aller in die Weimarer Republik datierenden Autobahnpläne gegolten hatte. Der Nationalsozialismus griff beim Bau der Autobahnen weitgehend auf die Pläne der Weimarer Republik zurück.[180]

Autobahnbau vor 1933

1925 trat eine »Studiengesellschaft für Automobilstraßenbau«, eine aus privater Initiative entstandene Gesellschaft, zu der sich Unternehmer, Baustoffhändler und Wissenschaftler zusammengeschlossen hatten, mit dem Plan eines Fernstraßennetzes für Deutschland an die Öffentlichkeit. Gleichzeitig beschäftigten sich andere Verbände (u. a. der »Deutsche-Straßenbau-Verband«) und Tiefbauunternehmen mit Plänen für die Errichtung von Autostraßen zwischen München–Berlin und München–Chiemsee; an ihrer Ausarbeitung war auch Fritz Todt beteiligt. Vorgesehen war, daß private Bauträger aus eigenen Mitteln (Auslandsanleihen) die Straßen errichteten und später Benutzungsgebühren erheben, was jedoch neue Gesetze zur Voraussetzung gehabt hätte, da die Erhebung von Gebühren für öffentliche Straßen verboten war. 1926 wurde die HAFRABA (Verein zur Vorbereitung der Autobahn Hansestädte–Frankfurt–Basel) gegründet, der u. a. Kommunen, Firmen der Bauwirtschaft und Baustoffindustrie, der Großfinanz und Reedereien angehörten. Von einer Autobahn Hamburg–Frankfurt–Basel erhofften sich die Gemeinden eine verstärkte Industrialisierung und die Baustoffindustrie und Bauwirtschaft langfristige, profitable Aufträge. Während der Weltwirtschaftskrise schlugen sie vor, Arbeitslose bei dem Bau einzusetzen (1931), hielten aber an der privatwirtschaftlichen Durchführung des Bauvorhabens fest. Gesetzesänderungen, die von der KPD und NSDAP abgelehnt wurden, kamen infolge der Auflösung des Reichstages nicht mehr zur Abstimmung. Ausgeführt wurde lediglich die kurze Teilstrecke zwischen Köln und Bonn (August 1932).

Planungen und Durchführung nach 1933

Anläßlich der Eröffnung der Automobilausstellung am 18. 2. 1933 verkündete Hitler die Pläne zur Errichtung eines Autobahnnetzes. Diese Änderung der Verkehrspolitik, die charakteristisch für die Politik des Nationalsozialismus nach 1933 ist, erfolgte aus den genannten ökonomischen und militärischen Gründen. Die Kfz-Industrie wurde deshalb dem besonderen Schutz des Staates unterstellt und 1933 die Kfz-Steuer abgeschafft. In dem am 27. 6. 1933 erlassenen Gesetz über die Errichtung eines »Unternehmens Reichsautobahnen« wurde Fritz Todt zum Generalbauinspektor des deutschen Straßenwesens berufen und die HAFRABA in die GEZUVOR (Gesellschaft zur Vorbereitung der Reichsautobahnen) umgewandelt. Den großen Widerständen der Reichsbahn gegen die Straßenbaupläne begegnete man, indem man im Zuge der Gleichschaltung die GEZUVOR der »Gesellschaft Reichsautobahnen« unterstellte und der Reichsbahn den Vorsitz einräumte; diese Gesellschaft übernahm die Trägerschaft und Ausführung (Grundkapital: 50 Mill. RM). Finanziert wurde der Autobahnbau anfangs aus Mitteln der Reichsanstalt für Arbeitsvermittlung und Arbeitslosenversicherung und mit Krediten der Reichsbank, während später zunehmend Haushaltsmittel eingesetzt wurden. Von den zwischen 1933 und 1934/35 5,5 Milliarden Reichsmark für Arbeitsbeschaffung ausgegebenen Geldern entfielen allein zwei Milliarden auf den Autobahnbau. Primär über den Autobahnbau erreichte man, daß die Arbeitslosigkeit um 30% sank; 1934 waren ungefähr 250 000 Menschen durch den Autobahnbau beschäftigt.

Das Autobahngesetz von 1933 sah sechs Fernstraßen vor:

1. Lübeck – Hamburg – Hannover – Kassel – Frankfurt
2. Tilsit – Stettin – Berlin – Leipzig – Hof – Nürnberg – München
3. Aachen – Köln – Magdeburg – Berlin
4. Saarbrücken – Kaiserslautern – Mainz – Frankfurt – Fulda – Erfurt – Leipzig – Dresden – Breslau – Beuthen
5. Saarbrücken – Landau – Stuttgart – München – Wien
6. Hamburg – Berlin – Breslau.

Da die Arbeitslosigkeit in den Großstädten am größten war, begann man hier mit den Bauarbeiten (erster Spatenstich bei Frankfurt am 21. März 1934). Die Autobahnen hatten eine einheitliche Straßenbreite von 24 m, die Breite je Fahrbahn betrug 7,5 m, den Rest nahmen seitliche Befestigungen und der Mittelstreifen in Anspruch. Bis Ende 1938 waren rund 3000 Kilometer fertiggestellt, bei Kriegsbeginn umfaßte das Autobahnnetz gut 4000 Kilometer. Enteignung und Umlegung der Grundstücke oder Länderkompetenzen bereiteten der zentralen Planungsbehörde infolge der Gleichschaltung der örtlichen Straßenbaubehörden keine Schwierigkeiten. Die Planungen bezogen auch eroberte oder noch zu erobernde Länder (Tschechoslowakei) ein. Sieben Tage nach dem Anschluß Österreichs (13. 3. 1938) wurde in Wien eine Autobahnausstellung mit der projektierten Autobahn nach Wien gezeigt; im April begannen bei Salzburg die Bauarbeiten.

Von der militärischen Bedeutung der Autobahnen ist die ökonomische nicht zu trennen. An erster Stelle profitierten von ihr die verschiedenen Zweige der Bauwirtschaft, zumal sie nicht mehr als Mitglieder der HAFRABA in finanzieller Eigenverantwortung handelten, sondern der Staat das wirtschaftliche Risiko trug. Die Aussichten auf Profit, der sich dann auch zunehmend einstellte, führte durch Konzentration und Rationalisierung zu einer erheblichen Leistungssteigerung der Bauwirtschaft, die man als »Probemobilmachung der deutschen Bauindustrie und des deutschen Handwerks« verstand.[181] Die Bauwirtschaft konnte später im Bau der verschiedenen Befestigungsanlagen (u. a. Westwall – U-Boot-Bunker) ihr gewaltiges Baupotential und ihre technischen Möglichkeiten voll zur Anwendung bringen. »Hunderttausende von Arbeitern, vom zivilen Bausektor her völlig übernommene Baufirmen, Tausende und aber Tausende von rollenden Lastwagen, Hunderte von Lieferfirmen, ein Heer von Hilfsarbeitern, die plötzlich in Steinbrüchen, Zementfabriken, Automobilfirmen, ... Werkzeugunternehmen eingesetzt wurden, konnten mühelos beschafft werden.«[182]

Die zivilen Arbeitskräfte, die z. T. das wehrpflichtige Alter überschritten hatten, wurden auf diese Weise zu »Frontarbeitern«, ohne daß die Wehrmacht sie einzog. Man brachte sie in Barackenlagern an der Baustelle unter und trennte sie oft wochenlang von ihren Familien. Die KdF-Organisation betreute sie ideologisch (Gefolgschaftsabende). Die hohe Mobilität (Wechsel der Baustellen) und Disziplinierung (militärähnliche Organisierung der Baustelle) bereitete die Arbeiter auf ihren Einsatz an der »Baufront« vor. Der früh eingeführte Leistungslohn diente der Erzielung hoher Arbeitsleistungen. Die starke ideologische Beeinflussung (»Bauten der Gemeinschaft«) und staatliche Organisation und Planung der Bauarbeiten verschleierten die kapitalistische Form der Arbeit.

Die Arbeitsorganisation bei verschiedenen Betonkonstruktionen im Brückenbau und ihre Durchführung bewährten sich später bei den Wehrmachtsbauten. Bei ihnen fanden dann der Stahl und Beton Verwendung, die man bei den Bauvorhaben in der Heimat eingespart, indem man den Naturstein zum bevorzugten Baumaterial deklariert hatte. Seine Gewinnung überließ man überwiegend KZ-Häftlingen und Fremdarbeitern, die geringe Lohnkosten verursachten. Da man Naturstein aus ökonomischen und ästhetischen Gründen als Baumaterial bevorzugte, war die mittelständische Natursteinindustrie der einzige Wirtschaftszweig, der die Anzahl der Betriebe erhöhte und die Zahl der Beschäftigten verdoppelte (1932 bis 1934: von 7748 auf 8451 Betriebe, 30014 auf 63724 Beschäftigte[183]).

Verstärkt wurde die »Organisation Todt«, die die militärischen Bauarbeiten durchführte und »bekanntlich nie aufgestellt oder begründet worden war«[184] im Krieg durch Kriegsgefangene, Zwangsverpflichtete und einheimische Arbeitskräfte der besetzten Länder.

Neben der Bau- und Natursteinindustrie profitierten die chemische Industrie (Erzeugung von synthetischem Benzin durch IG-Farben) und die Elektroindustrie (Herstellung von Ausrüstungsteilen für die Kfz-Industrie) indirekt von dem Autobahnbau. Gegen den Autobahnbau war dagegen die Schwerindustrie, da die Beschäftigung vieler Arbeitskräfte mit relativ wenig Kapital nicht als das geeignete Mittel erschien, ihre Kapazitäten wieder voll auszulasten. Ihre Vertreter erkannten auch klar, daß die Arbeiter über gar nicht genügend Geld verfügen würden, um den Kauf eines Autos zu ermöglichen. Durch die forcierte und umfangreiche Rüstung stellte man die Schwerindustrie zufrieden.

Während man die »mühelose Geschwindigkeit« und das »herrliche Gefühl der Weite« pries – konnte man doch die Autobahn an vielen Stellen über mehrere 100 Meter hinweg überschauen –, berücksichtigte man nicht, daß dieses erhebende Gefühl prozentual nur wenigen vorbehalten blieb, auch wenn die Zahl der Pkws von 342784 (1929) auf 1271983 (1938) anstieg; vom Pkw als einem Massenverkehrsmittel konnte also keine Rede sein. Man versprach zwar der Bevölkerung den KdF-Wagen und stellte 1938 den Prototyp vor (Vorläufer von Mercedes) – die »nationalsozialistische Kulturtat« konnte in Raten von fünf Reichsmark pro Woche angezahlt werden –; in dem von der DAF errichteten Werk (heute VW-Wolfsburg), das gegen den Widerstand der Automobilindustrie entstand, stellte man statt dessen Kübelwagen für den Kriegsbedarf her. So blieben die durch das Netz der Autobahnen intendierte Vereinheitlichung der Nation zur motorisierten Volksgemeinschaft und das Motorisierungsprogramm Propagandamittel, mit denen man von der »Arbeitsschlacht«, von der geringen Bezahlung, den schlechten Arbeitsbedingungen und der militärischen und ökonomischen Funktion der Autobahnen ablenkte und sich gegenüber denen rechtfertigte, die kein Auto besaßen. *(Abb. 96)*

Die zeitgenössische Literatur reduzierte den Autobahnbau auf landschaftsgebundene, biologische (Fragen der Bodenaufbereitung) und ästhetische Probleme. Sie verschleierte seine ökonomischen und militärischen Ursachen durch eine sprachliche und ästhetische Überhöhung. Wie bei den anderen Bauaufgaben diente die Zweckmäßigkeit lediglich als Bedingung und Grundprinzip der räumlichen und architektonischen Gestaltung; ihr sprach man erst dann künstlerischen Rang zu, wenn ihre Form im Sinne der nationalsozialistischen Kunstvorstellungen zum Bedeutungsträger wurde. Auf diese Weise lassen sich Formulierungen wie »Komposition der Trassenführung« und »von der Schwingung der Landschaft abgeschaute Linienführung« erklären. Auch die Autobahnen mit ihren Einzelbauten hatten »Ausdruck der Landschaft« und »des deutschen Wesens« zu sein.[185] Die Tatsache, daß man durch die Autobahn gerade und zügig sein Ziel erreicht, wurde als Symbol für das nationalsozialistische Deutschland gedeutet, denn »unnötige Bindungen sind uns fremd«.[186] Da die Einbindung in die Landschaft das Kernproblem bildete, stand der Brückenbau im Mittelpunkt. Man wollte die Brücken von »schöpferischen Persönlichkeiten« gestalten lassen, um eine Verunstaltung der Landschaft zu verhindern. Aus diesem Grund ernannte man Paul Bonatz zum Brückenbauberater Todts und richtete für die Autobahnarchitekten Schulungsheime ein. 1940 erfolgte Friedrich Tamms' Ernennung zum Beauftragten für die Bearbeitung ästhetischer Fragen des Brückenbaus beim Generalbauinspektor.

Der Brückenbau hatte auch bei Stahl- und Spannbeton das Prinzip des Tragens und Lastens aufgegriffen, es überwunden und zu Brückenbauten geführt (Robert Maillart), bei denen alle Brückenteile ihrer herkömmlichen Funktion enthoben sind und die Fahrbahndecke nicht länger als Last auf den Brückenbogen aufruht, sondern als konstruktives Element in den Gesamtbau integriert ist; eine andere Konstruktionsmethode beruht auf versteiften Stabbögen. Im Autobahnbau des Dritten Reiches kamen jedoch bei den wichtigsten Brückenbauwerken handwerkliche Produktionsweisen und Materialien zur Anwendung.

Die dominierende Form der Brückenbauten läßt sich aufgrund der verwandten Materialien als monumentalisierter Heimatschutzstil bezeichnen, er wurde mit der einsetzenden Rüstungsproduktion und der beginnenden Rohstoffknappheit immer mehr propagiert. Insgesamt lassen sich fünf Brückentypen unterscheiden:

1. Brücken mit hochgestellten gestelzten Bogenviadukten, die tiefgeschnittene Täler überspannen. *(Abb. 97)*

Die Autobahnbrücke bei Limburg von Paul Bonatz überspannt mit 13 Bögen von 29,50 m lichter Weite das Tal; bei dem mittleren Pfeiler verwendete er die Höhe des Stuttgarter Hauptbahnhofes (56 m – ab 1911, er war ganz mit Haustein verkleidet). Häufig täuschte man durch die Verkleidung der Pfeiler mit Haustein Massivbauwerke vor. Die Limburger Brücke dagegen verfügt über echte Steinwölbungen.

2. Brücken mit flachen, gestreckten Halbkreisbögen, die zumeist Flußniederungen überspannen. Zu ihnen zählen auch die einfachen Bogenbrücken und Überführungen.

3. Brücken mit flach gespannten Segmentbögen. Sie führen die moderne Brückenbautradition der 20er Jahre fort (Betonkonstruktion als Ausdruckselement). *(Abb. 98)*

4. Brücken mit einfacher Balken- und Pfeilerkonstruktion. Um die Pfeiler als tragende Elemente zu kennzeichnen, sind sie meist gemauert oder – handelt es sich um Betonpfeiler – so werden diese mit Naturstein ummauert, während die Balken meist aus Stahl sind und unverhüllt bleiben. *(Abb. 99)*

5. Hängebrücken

Die Brücken sollen den strukturellen Aufbau, bei dem die Konstruktion als sichtbares und ästhetisches Formelement dient – das »allgemeine Kräftespiel« – zwar deutlich und sinnfällig machen, jedoch erfolgt, da man »Dauer« und »Bodenständigkeit« verkörpern will, darüber hinaus eine statische Interpretation der Bauaufgabe. Die ästhetischen Intentionen verwirklicht man mit Hilfe der Gewölbeformen und des Materials. So mußten (Stütze-Last-Motiv) die schweren Stahlkonstruktionen eine schwere = steinerne Auflage haben, weshalb man nicht nur die Pfeiler, sondern auch die Böschungen mit Natursteinen verkleidete. Bis 1935 waren die meisten Pfeiler und Stützen entweder massiv gemauert oder mit Platten und Haustein verkleidet (Eckquaderungen), jedoch nur wenige Brücken massiv in Stein gewölbt. Die traditionellen Gewölbetechniken fanden verstärkt ab 1935/36 Anwendung. Bogenpfeiler wurden auch massiv in Backstein gemauert und das Natursteinmauerwerk mit einem Traggurt versehen. Verwendete man Beton, so mischte man ihm häufig Kiesel bei und bearbeitete ihn später mit einem Spitzhammer.

Die Brückenhierarchie unterschied zwischen dienenden und herrschenden Brücken.[187] Monumentaler Rang kam besonders den in den Grenzregionen oder in der Nähe großer Städte geplanten Brücken zu. Auch hier griff man auf Formen und Typen aus dem Bereich des Wehrbaus zurück. So sollten die beiden Strompfeiler der Elbbrücke bei Hamburg ungefähr 180 m hoch sein (177,5 m) und eine Spannbreite von 700 m haben (Stahlüberbau als Hängebrücke). Die Pylone sollten über eine rustizierte Oberfläche aus Naturstein verfügen und Putzfugen bzw. Bänderungen den Eindruck unverhüllter Statik unterstreichen. Die Geschlossenheit des Pfeilers sollte den Eindruck einer Burgeinfahrt erwecken, die zugleich durch den Triumphbogen mit Schlußsteinmotiv eine Überhöhung erfuhr. Die von Friedrich Tamms entworfene Weichselbrücke wurde von zwei riesigen Türmen flankiert, die die Form von Flaktürmen übernahmen. Kompakte Volumina, Blendarkaden und abgeschrägte Ecken steigern die Massivität der Türme. Sie demonstrieren die Wehrhaftigkeit und Überlegenheit der arischen Herrenrasse gegenüber den Slawen. An den Autobahnen war bei städtebaulich wichtigen Ein- und Ausfahrten zusätzlich die Aufstellung von Plastiken und Obelisken (Stelen mit Hoheitszeichen) geplant. Auch die Bauten der Autobahnen sollten noch nach Generationen von den Leistungen des Nationalsozialismus künden. *(Abb. 100, 101, 102)*

Unterschiedliche Formen fanden bei den Funktionsbauten der Autobahnen Anwendung. Während der Stil einiger Tankstellen nicht von dem des verpönten Funktionalismus der 20er Jahre zu unterscheiden ist, herrscht im allgemeinen der der jeweiligen Landschaft angepaßte Heimatschutzstil vor. Auch bei Autobahnmeistereien und Raststätten gelangte der regionale Heimatschutzstil zur Anwendung, obgleich verschiedentlich Kritik daran geübt wurde, daß die Raststätten allzusehr der Dorfwirtschaft ähnelten. Auch die wenigen neu erbauten Bahnhöfe wurden im Heimatschutzstil errichtet, der häufig eine Anreicherung durch klassizistische Elemente erfuhr. *(Abb. 103, 104)*

Der Flugzeugindustrie kam im Hinblick auf die militärischen Ziele des Nationalsozialismus neben der Kfz-Industrie ebenfalls eine Schlüsselrolle zu. Sowohl bei den staatlichen als auch bei den werkseigenen Flughäfen finden sich daher modernste Stahlkonstruktionen und Stahlbetonfachwerkbinder. Eindrucksvollstes Beispiel ist die Stahlkonstruktion des Flugsteiges und der Flugzeughallen auf dem Flughafen Berlin-Tempelhof (Ernst Sagebiel, 1936–1939). Der Dreigelenkbogen am Flugsteig ist 12 m hoch und überspannt 16 m. *(Abb. 105)*

Bauten des Produktionsbereiches

Wegen der Bedeutung, die den Produktionsverhältnissen für die Wirtschafts- und Gesellschaftsordnung zukommt, soll noch einmal auf die Wirtschaftsordnung des Dritten Reiches eingegangen werden. Nachdem unter Reichskanzler Kurt von Schleicher eine »marktwirtschaftliche Lösung von links« gedroht hatte – auch er hatte eine soziale Konjunkturpolitik bzw. lenkende Eingriffe durch eine Arbeitsbeschaffung der öffentlichen Hand vorgesehen, die jedoch in enger Zusammenarbeit mit den Gewerkschaften erfolgen sollte – unterstützten die einflußreichsten Gruppen der Großindustrie und der Großlandwirtschaft die NSDAP und verhalfen ihr zur Macht. Die nationalsozialistische Herrschaft hatte die Funktion, die bestehende Wirtschafts- und Gesellschaftsordnung aufrechtzuerhalten und einen profitablen Wirtschaftsaufschwung unter Ausschaltung von Klassenkämpfen einzuleiten.[188] Da es vordringlichstes Ziel der neuen Machthaber war, die Arbeiterschaft in das nationalsozialistische System einzugliedern, gehörte die Zerschlagung aller Organisationen der Arbeiterklasse, vor allem der Gewerkschaften (2. 5. 1933), zu den ersten Maßnahmen, die durchgeführt wurden, um die Arbeiterschaft ihrer wichtigsten Interessenvertretungen zu berauben. Mit machtstaatlichen Mitteln vollzog man eine Umgestaltung der ökonomischen, sozialen und politischen Umwelt des Arbeiters nach ständischen Vorstellungen, mit dem Ziel, eine neue Volks- und Leistungsgesellschaft zu etablieren. Die antikapitalistischen Versprechen, für die sich der linke Flügel der NSDAP einsetzte, wurden lediglich gemacht, um die kleinbürgerliche Massenbasis zu gewinnen.

Wichtigstes Gesetz zur Schaffung der Volks- und Leistungsgesellschaft war das Gesetz zur Ordnung der nationalen Arbeit (20. 1. 34), durch das die ständisch-autoritäre Wirtschaftsverfassung eingeführt wurde und das durch Anpassung der sozialen Strukturen an die Erfordernisse der kapitalistischen Produktion die kapitalistischen Verwertungsbedingungen entscheidend verbesserte. Der Unternehmer avancierte in der Leistungs- und Betriebsgemeinschaft zum Betriebsführer bzw. Werksleiter, die Arbeiterschaft zur Gefolgschaft. Die nationale Volksgemeinschaft fand auf der Betriebsebene ihre Entsprechung in der Betriebsgemeinschaft, die den wirtschaftlichen und sozialen Interessengegensatz, d. h. die Einteilung nach Klassen, überwinden sollte. Nach der Überzeugung des Nationalsozialismus ist jeder Arbeiter und Angestellte durch »Leistung und Schicksal« an seinen Platz gelangt. Der Unternehmer gilt nicht länger als »Ausbeuter«, da er die Überschüsse mit der Belegschaft »teile«. Die Bezeichnung »Arbeitersoldat« offenbart aber eindrucksvoll die Stellung des Arbeiters innerhalb des Betriebes: sein natürliches Interesse am Betrieb wurde geschickt genutzt, um ihn für nationalsozialistische Zielsetzungen einzuspannen.

Die Arbeitsfront nominierte die Vertreter für den »Vertrauensrat«. Der Unternehmer sollte zwar offiziell als Treuhänder des Besitzes für das allgemeine Wohl wirken, in Wahrheit jedoch traf er als Führer des Betriebes in allen betrieblichen Angelegenheiten nach wie vor die Entscheidungen allein. Das »Treueverhältnis« zwischen Kapital und Arbeit bestimmte den neuen Arbeitsvertrag, wobei beide Seiten auf den gemeinsamen Nutzen verpflichtet wurden, der Lohn jedoch vom Führer der Betriebsgemeinschaft festgesetzt wurde (Einzelverträge) und die Androhung von Strafen im voraus die Störung des »Arbeitsfriedens« unterband. Man verlangte von der Arbeiterschaft und den Angestellten bedingungslosen Arbeitseinsatz und Gehorsam, denn die Hingabe an die Arbeit galt als höchste Tugend, genauso wie Treue, Fleiß und Opfermut gepriesen wurden. Die Herstellung des im Interesse der Wirtschaft reibungslos ablaufenden Produktionsprozesses führte zu einer zunehmenden Militarisierung der Produktion, die notwendig war, um die Arbeitssteigerungen und Lohnsenkungen, die durch den Erlaß vom 25. Juni 1936 möglich waren, durchzuführen. Infolge der Verlängerung der Arbeitszeit und Intensivierung der Arbeit, die eine verdoppelte Arbeitsleistung gegenüber der Weimarer Republik zur Folge hatte, stiegen die Arbeitsunfälle und Erkrankungen; im Krieg wurden die Grenzen der Arbeitssteigerung erreicht.

Disziplinierung und Militarisierung der Arbeiterschaft offenbaren sich noch deutlicher im Reichsarbeitsdienst, der am 26. Juni 1935 eingerichtet worden war und durch den die deutsche Jugend im Geist des Nationalsozialismus »zur Volksgemeinschaft und zur wahren Arbeitsauffassung« erzogen werden sollte.[189] Aufgrund des Dienstpflichtgesetzes (1938) konnten Arbeiter »industriell« einberufen und für den Bau des Westwalls abkommandiert oder in wichtigen Rüstungsbetrieben eingesetzt werden. Die erlassenen Gesetze und Verordnungen ähneln sehr stark der Gesetzgebung im 1. Weltkrieg; so hatte z. B. das Hilfsdienstgesetz im 1. Weltkrieg die freie Wahl des Arbeitsplatzes unterbunden.

Noch schlechter als den deutschen Arbeitern erging es den Fremd- und Zwangsarbeitern und den KZ-Häftlingen in den Fabriken der SS, die für die Aufrechterhaltung und Erweiterung der Rüstungsproduktion ab 1940/41 »massenhaft« benötigt wurden.[190] Sie waren die Heloten der arischen Herrenrasse.

Die Durchsetzung der ständischen Wirtschafts- und Gesellschaftsordnung mit machtstaatlichen Mitteln auf Kosten der Arbeiterschaft ermöglichte die Rüstungs- und Autarkiepolitik des Nationalsozialismus. Im fünften Jahr nach der Machtübernahme betrug der Anteil der Rüstung an der gesamten Industrieproduktion 40 %, während die Konsumgüterproduktion stagnierte. Über den Generalrat der deutschen Wirtschaft legten die Leiter der Großunternehmen zusammen mit den Vertretern des Wirtschafts- und Arbeitsministeriums die Richtlinien der Wirtschafts-, Sozial- und Tarifpolitik fest. Obgleich auch die DAF, dem »germanischen Genossenschaftsgedanken der Zünfte« folgend, an der Erstellung von Richtlinien mitwirken wollte, blieb ihre Kompetenz auf politische Propaganda in den Betrieben und soziale Fürsorge beschränkt. Leiter der

Vierjahrespläne war Hermann Göring, dessen Abteilung, aus dem Reichskommissariat für Devisen und Rohmaterial hervorgegangen, die Planziele aufstellte und die Aktivitäten der Firmen lenkte. Hatte bis 1936 die Eisen- und Stahlindustrie die Wirtschaftspolitik geprägt, so gewann ab 1936 besonders die chemische Industrie (IG-Farben) starken Einfluß. Das Übergewicht der Großindustrie verstärkte sich ab 1936/37 mit der forcierten Aufrüstung, was darin zum Ausdruck kam, daß 400 Unternehmervertreter zu »Wehrwirtschaftsführern« ernannt wurden. Im Kriegswirtschaftsrat (1938) bestimmten die Konzernspitzen. Ebenso wurde die höhere Produktion während des Krieges von der Industrie »selbstverantwortlich« durchgeführt.[191] Auch die gesamtwirtschaftlichen Jahrespläne, die Speer ab 1942 aufstellte, führten keine »Planwirtschaft« ein. Die grundsätzliche Befreiung von der staatlichen Gewinnabschöpfung machte die Rüstungsproduktion für die Wirtschaft attraktiv.

Wegen des gewaltigen Anwachsens der Reichsschulden wurden ab 1936 keine Haushaltspläne mehr veröffentlicht. Zwar wurde die Verschuldung durch die Enteignung jüdischer Betriebe gemildert, jedoch konnte den Ausgleich der Finanzen oder eine Rückzahlung langfristig nur ein Eroberungskrieg leisten. Andererseits führten die öffentlichen Arbeitsprogramme bei gleichzeitigem Preis- und Lohnstopp zu einer gewaltigen Zunahme der wirtschaftlichen Konzentration und Steigerung der Gewinne: Entfielen 1933 40 % der Industrieproduktion auf große Wirtschaftsgruppen, so stieg ihr Anteil bis 1937 auf 70 % bei einer gleichzeitigen Gewinnzunahme von 50 %. Die Autarkiepolitik und die Zuführung großer Kapitalmengen in bestimmten Wirtschaftszweigen hatte eine Modernisierung der Produktionsapparate zur Folge, die für die Rüstung wichtig waren. In der Entwicklung von Ersatzstoffen (Benzin) war das Dritte Reich führend.

Die Deutsche Arbeitsfront (DAF – 20. 10. 34) stellte eine Befehlsorganisation des Staates dar und unterstand der NSDAP. Ihre Aufgabe bestand vorwiegend darin, die wirtschaftliche und politische Machtausübung ideologisch abzusichern. Hierzu dienten ihr verschiedene Fachämter – »Heimstätten«, »Haus und Heim« – und die mit ihr verbundene »Kraft-durch-Freude-Organisation« (KdF), deren Abteilung »Schönheit der Arbeit« sich speziell um die Verschönerung der Fabriken und Werkhallen kümmerte.

Wichtigstes Mittel der ideologischen Bindung der Arbeiterschaft an den Betrieb stellte der Heimstättenbau dar, der Ausdruck der autoritären Gesellschaftsvorstellungen und Bewußtseinsstrukturen des Nationalsozialismus ist und Verkörperung des ständischen Prinzips des »ganzen Hauses«. Die Versorgung mit Wohnraum wurde vor allem ab 1936 vordringlich, als Arbeitskräfte (Facharbeiter) knapp wurden und für die Beibehaltung und Fortführung günstiger Produktionsbedingungen Stammarbeiter für die Betriebe unumgänglich waren und außerdem Rüstungsbetriebe aus Gründen des Luftschutzes zunehmend in Gegenden errichtet wurden, wo weder Facharbeiter noch Wohnungen vorhanden waren. Bei der herrschenden Wohnungsnot war ein »Häuschen« als Lockmittel durchaus geeignet *(Abb. 106)*

Die ständische Fürsorge- und Versorgungspolitik führte die ideologische und formale Tradition des obrigkeitsstaatlichen Werkswohnungsbaus des 19. Jahrhunderts weiter, der seit ungefähr 1855 im Ruhrgebiet praktiziert worden war, um qualifizierte Bergarbeiter mit Wohnraum zu versorgen. Durch Besitz – neben der sonstigen Fürsorge wie der Errichtung von Konsumanstalten und Krankenhäusern bei Krupp – sollte der gute alte »Stamm treuer Kräfte zufriedengestellt und an das Werk gefesselt« und für die »Gartenkultur« gewonnen werden.[192] Eine Beteiligung der Arbeiter an der »höheren Politik« lehnte man ab [193] – dies sei den »Berufenen« vorbehalten. Entpolitisierung der Arbeiterschaft bedeutet also, daß der Arbeiter in Privatbereiche abgedrängt wird und keinen Einfluß auf die seinen Arbeitsbereich und die Gesellschaft bestimmenden ökonomischen Prozesse nehmen kann. Die Fabriken waren fest umgrenzte Herrschaftsbezirke, in denen der Unternehmer als Äquivalent für seine Fürsorgepolitik die totale Hingabe des Arbeiters an das Unternehmen erwartete.

Die wenigen aufgeführten Zitate sollen genügen, um die ideologische Übereinstimmung des Werkwohnungsbaus mit dem Heimstättenbau aufzuzeigen. Die ideologische Beeinflussung wurde durch die verschiedenen Veranstaltungen im Gefolgschaftshaus und durch die zusätzliche staatliche Organisierung der Freizeit noch verstärkt. Der Widerstand der Arbeiterschaft zeigt jedoch, daß sie sich durch die Begriffe Volk, Rasse, Seele, Blut, Boden und Vaterland nicht völlig entpolitisieren ließ, sie erkannte vielmehr, daß die sozialpolitische Versorgung und die Militarisierung der Produktion ihren Interessen widersprachen. Da im folgenden Abschnitt über den Wohnungsbau auf die formale Erscheinung der Siedlungsarchitektur eingegangen wird, soll sie in diesem Zusammenhang nicht behandelt werden.

Gefolgschafts- und Gemeinschaftshäuser

Zur Betonung und als Ausdruck der Gemeinschaft waren in den Siedlungen und Fabriken »Gemeinschaftsbauten« geplant, die als Sitz der Partei auf der untersten lokalen Ebene fungierten. Jedoch wurden, da der Krieg weitgehend ihre Ausführung verhinderte, nur wenige Gemeinschaftshäuser in den Gefolgschaftssiedlungen gebaut; die durch Publikationen bekannten sind alle in Mustersiedlungen (»Schaffendes Volk« Düsseldorf 1937) errichtet worden. Häufiger, insbesondere mit dem Bau neuer Produktionsstätten der Großindustrie, wurden »Gefolgschaftshäuser« erbaut. Hiermit griff der Nationalsozialismus die Idee des »Volkshauses« der 20er Jahre auf (Bruno Taut), das primär als Fortbildungs- und Versammlungsstätte für die Arbeiterschaft gedacht gewesen war. Das Volkshaus erfuhr allerdings, wie alle Einrichtungen und Symbole der Arbeiterbewegung, eine Umdeutung im Sinne des Nationalsozialismus. Der Hauptbau – meist findet der Villentyp mit Formen des Heimatschutzstiles Verwendung – wird oft aus der Flucht zurückgenommen und von seitlichen Flügeln gerahmt, so daß das Gefolgschaftshaus einmal räumlich hervorgehoben wird, zum anderen aber gleichzeitig ein Aufmarsch- und Appellplatz für die Belegschaft bzw. die »Soldaten der Arbeit« entsteht. Grund- und Aufriß sind dem feudalen Gutshof entlehnt. *(Abb. 107)*

Hinter dem Hauptgebäude oder in seiner Nähe installierte man Gartenanlagen für »Sport und Spiel«. Architektonischer Mittelpunkt des Gefolgschaftshauses war der große Festraum, der zumeist in der Mittelachse liegt und am Außenbau durch große Hochrechteckfenster hervorgehoben ist. In ihm findet sich die Gefolgschaft zu »ernsten Feiern« zusammen, während Nebenräume »abendlichen Mußestunden« dienen. Der Hauptraum ist als Halle konzipiert, rustikale Formen (geschlämmte Wände, Balkendecken, offener Dachstuhl und Holztäfelungen) verleihen ihm einen intimen Charakter. Seine Einrichtung und Ausstattung für die Gemeinschaftsveranstaltungen wecken Assoziationen an ein Kirchenschiff. In den Bankreihen nimmt die Gefolgschaft Platz, eine Ehrenbank vorn ist dem Betriebsführer mit »Gefolge« vorbehalten. Die Bestuhlung ist auf das Podest und das Podium ausgerichtet, das vom Hoheitszeichen überhöht wird: von hier erfolgt die Befehlserteilung. Weihevolle Veranstaltungen sollten das Zusammengehörigkeitsgefühl, den »Wehrwillen«

und die »Vaterlandsliebe« stärken, wobei die hierarchische räumliche und architektonische Anordnung und Ausrichtung die Ordnung innerhalb der Betriebsgemeinschaft widerspiegeln. *(Abb. 75)*

Angestrebt wird die Identifikation der Belegschaft mit ihrem Betrieb und die Ausbildung und Vertiefung der »nationalsozialistischen Gesinnung«. Was man unter »nationalsozialistischer Gesinnung« verstand, verdeutlicht ein Zitat: »An einer Baustelle bearbeiteten drei Steinmetzen jeder einen Stein. Gefragt, was er tue, antwortet der erste: ich verdiene hier mein Brot, antwortet der zweite: ich bearbeite einen Stein, der dritte aber: ich baue mit an einem Dom. Dieser dritte ist der Aristokrat der Arbeit, und nur diese Gesinnung baut das Reich auf.«[194] Der Nationalsozialismus lehnt also den Kampf für materielle Interessen und politische und soziale Gleichberechtigung ab. Die Anlage eines Appellplatzes (räumliche Disziplinierung) zeigt, daß mit »nationalsozialistischer Gesinnung« der Belegschaft der »soldatische Charakter der Gemeinschaft« gemeint ist.

Planung der Freizeit

War die DAF mit ihren verschiedenen Ämtern mit der Planung und Durchführung von bestimmten Aufgaben betraut, die die gesamte Umwelt des Arbeiters umfaßten (u. a. Fabrikbau, Gefolgschaftshäuser, Arbeiterwohnungen), so nahm sich die Unterabteilung der DAF, die KdF (Kraft durch Freude) mit ihren Ämtern Feierabend, Volksbildungswerk, Sportbund, Schönheit der Arbeit speziell der Freizeitgestaltung an. Der Freiraum, den die individuelle Nutzung der Freizeit bot, sollte durch »organische« Erziehungs- und Reiseprogramme der nationalsozialistischen Kontrolle unterzogen und im Sinne des Dritten Reiches genutzt werden. Neben der ideologischen Lenkung diente die KdF auch dazu, die Arbeitskraft zu stärken (organisierte Erholung). Der Arbeiter konnte zu einem Viertel des normalen Fahrpreises und zur Hälfte des üblichen Hotelpreises in die Ferien fahren, genauso stark reduzierte Karten für Theaterbesuche und sonstige kulturelle Veranstaltungen erwerben.

Die spektakulärsten Veranstaltungen waren zweifellos die Nordlandreisen auf den KdF-Schiffen, die zwar keine selbständige Bewegungsfreiheit zuließen, jedoch das Gefühl vermittelten, durch diese Gemeinschaftsreisen seien die Klassengegensätze überwunden, da die Teilnehmer aus allen Bevölkerungsschichten stammten.

Das große Freizeitprojekt der KdF auf Rügen von Clemens Klotz war als Erholungsplatz für 20000 Menschen gedacht. Die Eisenbahn sollte die »Urlauber« direkt an die Anlage heranfahren. Die gleichförmige

Gliederung des Erholungskomplexes mit zehn rechtwinklig angebauten Quertrakten, in denen Speiseräume und andere Gemeinschaftseinrichtungen untergebracht werden sollten, erinnert an eine mittelalterliche Festungsanlage – an eine Stadtmauer, die durch Wehrtürme gegliedert wird. Der Nationalsozialismus nutzte so die natürlichen Schutzbedürfnisse des Menschen – die Sehnsucht nach Geborgenheit und Schutz – in seinem Sinne, indem er über die Architektur eine formale und informale Kontrolle der Urlauber anstrebte. Den Mittelpunkt der Freizeitanlage bildete, den nationalsozialistischen zentral angelegten Stadtanlagen folgend, ein Forum mit einer Festhalle (Architekt: Erich Puttlitz). *(Abb. 108/109)*

Auch wenn nur wenige in den Genuß einer Nordlandfahrt kamen, so ist, bezieht man die Möglichkeit relativ billiger Urlaubsreisen und den preiswerten Besuch kultureller Veranstaltungen mit ein, die psychologische Wirkung sicher sehr hoch einzuschätzen, denn der Eindruck, daß etwas für die Arbeiter getan wird, hat zwar weniger in den traditionellen Hochburgen der Arbeiterbewegung – im Ruhrgebiet und in den Großstädten –, dafür aber in den neuen Industriestandorten dazu geführt, daß dem Aufruf zu freiwilliger Mehrarbeit nicht aufgrund des Einsatzes machtstaatlicher Mittel, sondern freiwillig Folge geleistet wurde. Noch positiver aber wirkte sich in diesem Zusammenhang die Sicherheit des Arbeitsplatzes aus.

Die Abteilung Schönheit der Arbeit bemühte sich, durch Entwicklung materialgerechter, schlichter Möbel und von Geschirr, wobei man formal weitgehend an die Tradition des Werkbundes anknüpfte, mit Hilfe einer neuen »Arbeiterkultur« den Gegensatz zwischen Arbeit und Kultur abzubauen.

Während über die Nordlandreisen Berichte existieren, liegen über die Rezeption der Siedlungsarchitektur keine Untersuchungen vor. Gleichzeitig mit der Verbesserung der Wohnverhältnisse stieg die Geburtenrate um 20 %; vielleicht läßt sich diese Zahl als »Indiz« für eine »positive« Rezeption ansehen.

Produktionsstätten und Verwaltungsgebäude

Der Widerspruch zwischen dem Stand der Produktivkräfte und der Entwicklung der Produktionsverhältnisse offenbart sich eindrucksvoll in dem formalen Gegensatz zwischen den Produktionsstätten und den Verwaltungsgebäuden der Industrie. Im Industriebau erlaubten die verschiedenen Kunst- und Architekturtheoretiker eine Abweichung vom offiziellen Monumentalstil und – indirekt – das Anknüpfen an die moderne Baukunst der 20er Jahre. Hubert Schrade schreibt: »Die vorausgegangenen Jahrzehnte waren durch die Vorherrschaft einer industriell-städtischen Bauweise gekennzeichnet. Ihre Überwindung bedeutet keineswegs ihre absolute Beseitigung, sondern nur die Einweisung in den ihr zugehörigen Bereich. Wie man einer Feierstätte ansehen soll, daß sie der Ort sinngestaltender und sinneröffnender Akte ist, einem Wohnhause, daß es das Heim einer Familie ist, so auch einer Fabrik, daß sie der Ort der Technik ist. Gewiß soll sich auch eine Fabrik nach Möglichkeit der Landschaft anpassen. Aber es gibt da rein sachliche Grenzen. Ein Fabrikbau, der um irgendwelcher Harmonisierung willen Verkleidungen erhält, die seinen Zweck beeinträchtigen, ist schlecht. Seine Baugesetze bestimmen in erster Linie der Zweck in seiner nüchternsten Zweckdienlichkeit und die Notwendigkeit, die Fabrikräume für den Arbeiter so licht und so gesund als irgend angängig zu gestalten. Auf diesem Gebiete hat der Stil, der sich auf die neuen Materialien gründet, schon Ausgezeichnetes geleistet. Hier ist auch das Feld für bauliche Experimente und traditionsfreie Wagnisse, hier braucht die Form keinen ›Sinn‹ zu offenbaren, hier kann und muß sie ausschließlich aus dem Zweck und den materiellen Möglichkeiten entwickelt werden, und sie wird um so eindrucksvoller sein, je folgerichtiger und mächtiger sie dem reinen Zweck dient. Dann wird sie auch ›schön‹ sein.«[195] Der Fabrikbau konnte also frei von ideologischen und formalen Fesseln sein, und selbst Hitler begeisterte sich in diesem Zusammenhang für den Ingenieurbau.

Mit der Trennung zwischen konstruktivem Denken und Abbildenwollen wurden Architekturvorstellungen des 19. Jahrhunderts aufgegriffen, die auch das konservative Baugeschehen der 20er Jahre bestimmt hatten. Es wäre nun völlig verfehlt, die Industriearchitektur im Dritten Reich als Oase moderner Architektur anzusehen, denn die Verwendung moderner Formen und Materialien sowie räumlicher Konzeptionen im Bereich der Nutzarchitektur war Teil der konservativen und nationalsozialistischen Architekturkonzeptionen, die den Bereich der Produktion als nicht »kunstwürdig« klassifizierten und dem sie folglich andere, nämlich ökonomische Gesetzmäßigkeiten – die Produktion zu optimalen Bedingungen – zuordneten. Die Unterscheidung zwischen »Architektur als Kunst« (höhere Baukunst) und »Architektur als Zweck« (niedere Baukunst) bildet den Kernpunkt der bürgerlichen Ästhetik, die zur Vermittlung ihrer Ideologie auf den Kunstbereich angewiesen ist und hierzu auf bestimmte Materialien zurückgreift, während sie dem Produktionsbereich einen unteren Rang in der ästhetischen Bewertungsskala zuweist oder ihn völlig ausgrenzt. Die »Modernität« der Produktionsstätten ist also nicht von dem städtebaulichen Leitbild des Einfamilienhauses und der nationalsozialistischen Staats- und Parteiarchitektur zu trennen, sondern ist Abbild der gesellschaftlichen Widersprüche des Systems, die in der Architektur ihren Ausdruck finden.

Aufgrund formaler Stilunterschiede lassen sich vier Gruppen von Industriebauten unterscheiden:

1. Produktionsstätten, die ländliche Bauformen und heimische Materialien und damit Elemente des Heimatschutzstiles übernehmen: vor allem kleine Betriebe, die die konservative regionale Tradition der 20er Jahre fortführen (landschaftsgebundener Industriebau). *(Abb. 110)*

2. Produktionsstätten, die moderne Konstruktionsweisen und Materialien (Stahlbeton- und Stahlskelettbau / Glas) anwenden sowie Stilelemente der modernen Baukunst der 20er Jahre (Fenster- und Wandbänder) benutzen. Moderne Produktionsstätten werden primär von den neuen und bedeutenden Wirtschaftszweigen, wie der Flugzeug- und Motorenindustrie, errichtet. Sie verfügen auch zur Erzielung einer besseren Beleuchtung der Fabrikhallen über Dachformen (Sheddächer), die sonst im Dritten Reich keine Anwendung fanden. *(Abb. 111)*

3. Produktionsstätten, die sich zwar an der modernen Architektur der 20er Jahre orientieren (nach der »schlichten Bauauffassung« sind Eckfenster eine betriebliche Notwendigkeit), sich jedoch durch Anwendung klassischer Ordnungsprinzipien (Symmetrieachse) und Verwendung von Backstein der traditionellen Baukunst annähern; vor allem die Stahlbetonskelett- und Stahlfachwerkkonstruktionen werden mit Ziegelmauerwerk ausgefacht (Beispiele: die Schachtanlagen von F. Schupp und M. Kremmer). Die zweckmäßig-funktionale Formensprache der Bauten dieser dritten Gruppe dominierte im Dritten Reich. *(Abb. 112)*

4. Produktionsstätten, die formal sowohl an die konservative monumentale Architektur der 20er Jahre als auch an die offizielle Baukunst des Nationalsozialismus anknüpfen. Die Monumentalisierung der Baukörper erreichte man durch eine ornamentale Reihung schlanker Wandpfeiler oder Lisenen und durch die axial-symmetrische Komposition in der Form von Wehranlagen. Mit der zunehmenden Einsparung von Beton und Stahl nahm die Verwendung von Backstein sowohl in seiner Funktion als Baumaterial als auch als ästhetisches Ausdrucksmittel zu. Er erfüllt die Forderung nach Bodenständigkeit der Architektur, wird jedoch nicht im Sinne des Heimatschutzstiles verwandt, sondern unterstützt die flächige Geschlossenheit der Baukörper, die durch pylonartige Türme gegliedert sind. *(Abb. 113)*

Eine Diskussion über die Verwendung von Werkstein bestimmte die ersten Jahre nach der Machtübernahme; seine häufige Verwendung wurde genauso abgelehnt wie sein Gebrauch beim Industriebau – er sollte Monumentalbauten vorbehalten bleiben.[196] Bei der Errichtung der Produktionsstätten finden teilweise modernste Fertigungsverfahren (Vorfertigung von Betonteilen, Montagebau- und Konstruktionsmethoden, Eisenbetonbinder, Holzkonstruktionen aus verleimten Sperrholzrahmen) Anwendung. Auch wenn vereinzelt formale und ideologische Übernahmen im Produktionsbereich erfolgten und es so aussah, als ob DAF und KdF eine dominierende Rolle spielten, so blieb doch die private Verfügbarkeit über die Unternehmen unangetastet. Die KdF-Abteilung Schönheit der Arbeit hatte keinen Einfluß auf die Entscheidungen der Unternehmen und durfte lediglich die Betriebe durch »Grüngestaltung« (Blumen am Arbeitsplatz / Anlage von Rasenflächen) verschönen und die Umwelt »lebensbejahender gestalten« (Einbau großer Fenster). In diesen Zusammenhang gehören auch die im Dritten Reich eingeführten Dorfverschönerungsmaßnahmen und -wettbewerbe und die »Kunst am Bau«, durch die die bodenständigen Künstler beschäftigt werden sollten.

Die Verwaltungsgebäude (Bürogebäude) dienten vorrangig der Selbstdarstellung der Unternehmen und zur Versinnbildlichung ihrer Macht und Herrschaft – das sowohl im engeren Herrschaftsbereich, nämlich als unverrückbares Zeichen vor den eigenen Arbeitern, als auch im öffentlichen Raum vor der Gesellschaft. Es lassen sich drei Typen von Verwaltungsgebäuden unterscheiden, die die unterschiedliche wirtschaftliche Bedeutung, d. h. die wirtschaftliche Hierarchie zum Ausdruck bringen: Eigentlich übernehmen nur Großunternehmen und Konzerne bei ihren Verwaltungsgebäuden die formale Sprache der offiziellen Baukunst. Die Verwaltungsgebäude an der Nord-Süd-Achse in Berlin sollten 115 m lang und 34 m hoch sein; über einem abgesetzten Sockelgeschoß breitete sich eine monumentale glatte Werksteinwand aus. Türen und Fenster waren mit kastenförmigen Werksteingewänden eingefaßt und strengen axial-symmetrischen Gesetzen unterworfen. Andere Verwaltungsgebäude übernahmen verstärkt feudale Architekturzitate wie Pfeilervorhallen, Freitreppen und Mezzaningeschosse, kleinere Betriebe dagegen bevorzugten Verwaltungsgebäude im Heimatschutz- und Bürgerhausstil. Die formale Annäherung von Siedlungshaus (Heimstätte) und Verwaltungsgebäude (Übertragung des Einfamilienhaustyps auf zahlreiche Bauaufgaben) sollte den Betriebsangehörigen die Identifikation mit ihren Unternehmen erleichtern, sollten doch die Verwaltungs- und Produktionsbereiche als »Arbeitsheimat« erscheinen. Die Verwendung traditioneller ländlicher Formen sollte die Entfremdung aufheben. Auf diese Weise verschleierte man architektonisch die den öffentlichen und privaten Raum prägenden kapitalistischen Produktionsverhältnisse. *(Abb. 114, 115)*

Die Architektur führt anschaulich vor, wer in der nationalsozialistischen Gesellschaft bestimmt: der Staat bzw. die Partei und die Großindustrie. Die verschiedenen Schichten und Klassen werden, wie es unter anderen politischen Rahmenbedingungen auch im Wilhelminischen Deutschland geschah, in Privatbereiche abgedrängt – für sie wurde das Einfamilienhaus städtebauliches Leitbild.

Wohnungsbaupolitik

Wohnungsbau vor 1933

Mit der Ablösung der feudalen Wirtschafts- und Gesellschaftsordnung durch die kapitalistische in Deutschland um die Mitte des 19. Jahrhunderts setzte sich auch im Wohnungsbau die liberale Marktwirtschaft und damit die private Verfügungsgewalt über Grund und Boden und die Baufreiheit durch. Der Staat beschränkte sich auf baupolizeiliche Aufgaben (technische und sanitäre Vorschriften – u. a. Fluchtliniengesetz, Einschränkung der Bebaubarkeit). Vor dem 1. Weltkrieg erfolgte der Wohnungsbau fast ganz auf privatwirtschaftlicher Grundlage, wurde doch der Wohnungsbau als Privatangelegenheit aufgefaßt. Die kapitalistische Form des Bodeneigentums (Grundrente) führte zur Gründung von Hypothekenbanken, mit deren Hilfe der Grundbesitzer, der Bauunternehmer oder die Terrain- und Wohnungsgesellschaften, bei denen die Aktiengesellschaft als Organisationsform vorherrschte, durch Aufnahme von Hypotheken den Bau finanzieren konnten; 10–20 % Eigenkapital mußten aufgebracht werden. Tilgung und Verzinsung des aufgenommenen Kapitals erfolgten durch eine möglichst hohe Miete. Die Steigerung des Bodenpreises führte im Hinblick auf die Erwirtschaftung einer möglichst hohen Rendite in den großen Städten zu einer ständig dichter werdenden Bebauung.

Die Bodenspekulation und die Arbeiterwohnungsfrage entwickelten sich zu den wichtigsten Problemen des ausgehenden 19. Jahrhunderts. Die unterschiedlichen Interessen des Handels- und Industriekapitals und der Hausbesitzer führten dazu, daß große Firmen, um qualifizierte Facharbeiter an die Firmen zu binden und die Löhne möglichst niedrig halten zu können – sollte sich doch der Fabrikarbeiter durch einen kleinen Garten selbst versorgen –, eigene Wohnungen errichteten (Werkswohnungsbau), oder die in der zweiten Hälfte des 19. Jahrhunderts entstandenen Gemeinnützigen Baugesellschaften und Baugenossenschaften unterstützten. Die wirtschaftlichen Interessen der Großunternehmen waren mit politischen verknüpft: durch Verwurzelung der Arbeiter (»arbeitende Besitzende« – kleinbürgerliche Sozialisation) hoffte man, der Politisierung des Proletariats entgegenwirken zu können. Anzumerken ist, daß der Werkswohnungsbau nicht uneigennützig von den Großunternehmen betrieben wurde: Im Wohnungsgeschäft waren 5–6 % Zinsen üblich. Verschiedene Reformversuche, die besitzlose Klasse zu Besitzern zu machen, schlugen fehl (Gründung von Genossenschaften), da nicht genügend Kapital aufgebracht werden konnte.

Der Anteil des Werkswohnungsbaus und der von Gemeinnützigen Gesellschaften und Genossenschaften errichteten Wohnungen, bei denen sich das Anlagekapital nur mit 4 % verzinsen durfte, blieb jedoch verschwindend gering; der Anteil der Gemeinnützigen Wohnungsbaugesellschaften am gesamten Wohnungsbauvolumen betrug ungefähr 1,2–1,5 %. Den Massenwohnungsbau überließ man der privaten Unternehmerinitiative, womit sich der Wohnungsbau am privaten Gewinn orientierte. Dieser Tatbestand traf insbesondere das Proletariat, das auf Mietwohnungen angewiesen war, denn Mietsteigerungen erfolgten sehr viel schneller als Lohnerhöhungen, so daß die Mitarbeit aller Familienmitglieder erforderlich war. Die Wohnungsnot bis zum 1. Weltkrieg war unvorstellbar groß. Auf der anderen Seite hatte die Orientierung des Wohnungsbaus am privaten Gewinn eine Überproduktion teurer Wohnungen zur Folge, so daß in den Großstädten viele Wohnungen leer standen. Da der kapitalistische Wohnungsmarkt nicht in der Lage war, die steigende Zahl der Lohnabhängigen mit preiswerten Wohnungen zu versorgen, verschlechterte sich die Wohnungssituation bis 1914 ständig. Die vorherrschende Wohnform des Proletariats stellte die Mietskaserne dar.

Die privatwirtschaftliche Organisation des Wohnungsbaus führte dazu, daß Stadtplanung vom Wohnungsbau isoliert wurde. Der Städtebau beschränkte sich auf die Anlage von Verkehrseinrichtungen, z. B. den Bau von Stadtbahnen um die Jahrhundertwende. Da für einen möglichst hohen Warenumschlag ein günstiger Standort wichtig war, baute man die Kern- bzw. Altstadt zunehmend als Geschäfts- und Verwaltungszentrum aus. Dichte Bebauung und hohe Wohnbelegung infolge der möglichst hohen Ausmünzung des Bodens bestimmten das Bild der neuen City. Da die sanitären und hygienischen Zustände in den Cityquartieren sehr schlecht waren – die öffentliche Müllabfuhr wurde erst um die Jahrhundertwende mit dem »Munizipalsozialismus«[197] eingeführt –, nahm die stadtfeindliche Einstellung der führenden Gesellschaftsschichten zu. Wer es sich leisten konnte, trat die »Flucht auf das Land« an. Hier dienten Villa und Landhaus den Oberschichten zur Repräsentation und als Statuszeichen. Die Orientierung am privaten Besitz führte zur Herausbildung des Eigenheims, das zwar nur für eine dünne Schicht der Bevölkerung erschwinglich war, aber zunehmend besonders für das Kleinbürgertum zum ideologischen Leitbild wurde. In ihm bildete die Familie den alleinigen gesellschaftlichen Bezugspunkt. In der abgeschirmten unpolitischen Privatheit glaubte man sich frei von der Gesellschaft. Das Leitbild des Einfamilienhauses verband sich mit dem Städtebaukonzept des vorstädtisch – ländlichen Wohnens. Von dem englischen Gartenstadtkonzept, das die Überführung des Bodens in Gemeineigentum vorgesehen hatte – also politisch orientiert war –, übernahm man in Deutschland nur die kleinstädtischen Siedlungsformen.

Die Wohnungspolitik der Weimarer Republik läßt sich in drei Phasen gliedern: 1. Kleinsiedlungspolitik bis 1925. 2. Massenwohnungsbau von 1925–1930. 3. Erneuter Bau von Kleinsiedlungen während der Weltwirtschaftskrise.

In der ersten Phase wurden die im 1. Weltkrieg vom Staat vorgenommenen Eingriffe in den freien kapitalistischen Wohnungsmarkt, die zugleich den eigentlichen Beginn der staatlichen Wohnungsbaupolitik darstellen, beibehalten. Weil während des Krieges die Wohnbautätigkeit ganz zum Erliegen gekommen war und man Unruhen der Arbeiter fürchtete, machte man, um dieser politischen Gefahr zu begegnen, Zugeständnisse an Arbeiter und Soldaten. 1915 wurde ein Kriegsheimstättengesetz beschlossen (1920: Reichsheimstättengesetz) und es kam zu einer Festlegung der Mieten (Mieter- und Kündigungsschutz), womit eine soziale Sicherung der Mieter zu Lasten der Haus- und Grundbesitzer erfolgte. Die Wohnungsbewirtschaftung wurde ergänzt durch die Einrichtung von Mieteinigungsämtern, deren Aufgabe darin bestand, bei Mieterhöhungen einzugreifen und Mietstreitigkeiten zu schlichten. Das Kriegsheimstättengesetz sah staatliche Zuschüsse für Bauherrn vor, wobei, wie sich erneut im Preußischen Wohnungsgesetz von 1918 zeigte, das Kleinhaus (Einfamilienhaus) und die Kleinsiedlung als architektonische Leitbilder beibehalten wurden.

Die »Kriegsheimstätte«, die ein Gesetz von 1920 vor Zweckentfremdung schützte – bzw. das Kleinhaus –, knüpfte an vertraute ländliche Bauweisen und Hausformen an. Die Abgeschlossenheit und Isoliertheit des Eigenheims waren die angestrebten Ideale, von denen man sich die Förderung des »deutschen Familienlebens« – worunter die patriarchalische Kleinfamilie verstanden wurde –, von »Bodenverbundenheit« und »Heimatgefühl« sowie »Wehrkrafterhöhung« und »zufriedene Arbeiter für die Industrie« versprach. Städtische Wohntypen, die engere Wechselbeziehungen und eine bessere Kommunikation der Bewohner untereinander ermöglichen, stießen auf Ablehnung, da sie die Lenkung und Manipulation »von oben« erschwerten. »Der Träger aller Degenerationserscheinungen in unserem Volksleben ist im wesentlichen die Großstadt mit ihrer Mietskaserne. Will man die sittlichen Triebkräfte im deutschen Volk stärken, muß man den städtischen Massen die Möglichkeit geben, wieder in dauernde Verbindung mit der Natur zu kommen. Jede Familie, die durch mehrere Generationen von der Scholle losgelöst bleibt, muß schließlich körperlich zugrunde gehen. Ein Mensch, der in hohen Mietskasernen und dunklen Höfen seine Jugend verlebte, das Leben darin fortsetzte und niemals auch nur das kleinste Fleckchen Heimat sein eigen nennen konnte, kann keine richtige Liebe zum Vaterland, kein Heimatgefühl haben.« [198] Wie dieses Zitat von 1918 beweist, sollte die Arbeiterschaft durch Bindung an Boden und Heimstätte befriedigt werden. Mit dem Bau von Heimstätten bzw. Kleinhäusern verband man aber zugleich militaristische Zielsetzungen, denn sie dienten der Vorbereitung auf den Revanchekrieg: »Die Bodenreform kann uns kein Paradies auf Erden verschaffen, wie die alten Bodenreformer geglaubt hatten. Sie soll vielmehr unser Volk kampffähig machen für den Tag, der nicht ausbleiben wird, an dem es wieder um Sein oder Nichtsein kämpfen muß.« [199] Die Fesselung der Arbeiter »durch Besitz an das Land« diente nicht nur dazu, »revolutionäre Wallungen« zu glätten und diese Bevölkerungsschicht besser »lenken und führen« zu können, damit sie in »den Stunden der Gefahr« das »wirkliche Vaterland« [200] schütze, sondern verfolgte darüber hinaus das Ziel, die Unterschiede zwischen privatem und persönlichem Eigentum zu verwischen und den Arbeiter für das Privateigentum zu gewinnen (»Wir sitzen alle in einem Boot«).

In der Weimarer Republik blieb aufgrund der Beibehaltung der kapitalistischen Wirtschafts- und Gesellschaftsordnung auch die kapitalistische Wohnungsproduktion unangetastet. Die Wohnungspolitik des Staates, die im 1. Weltkrieg als Teil der Sozialpolitik eingeführt worden war, um die schlimmsten Auswirkungen des Krieges zu mildern, wurde jedoch beibehalten. Statt sich – wie das Kaiserreich – auf baupolizeiliche Regelungen zu beschränken, erfolgte nun eine staatliche Wohnungsbaufinanzierung. Der Staat trat zusammen mit Kommunen, Gewerkschaften und öffentlich rechtlichen Körperschaften wie der Sozialversicherung als Träger in Gemeinnützige Wohnungsbaugesellschaften ein (Begrenzung auf 5 % Gewinnausschüttung); ausschließlich Gemeinnützigen Wohnungsbaugesellschaften stand die Förderung durch öffentliche Mittel zu.

Die Gemeinnützigen Wohnungsbaugesellschaften wurden als Kapitalgesellschaften in der Form der Aktiengesellschaft oder Gesellschaft mit beschränkter Haftung betrieben; größte Gemeinnützige Wohnungsbaugesellschaft war die GAGFAH (Gemeinnützige Gesellschaft für Angestellten-Heimstätten / Gründung 1918). Sowohl die Banken, Bauunternehmen als auch die Gemeinnützigen Wohnungsbaugesellschaften blieben gewinnorientiert. Da darüber hinaus Bodenspekulation und Hypothekenwirtschaft unangetastet blieben, entstanden innerhalb der Großstädte kaum Kleinhäuser; hier dominierte der Mehrwohnungsbau. Das großstadtfeindliche Einfamilienhaus als Ideal reformerischer Ideen und schichtenspezifisches Leitbild des Kleinbürgertums und Bürgertums findet sich primär in ländlichen Vororten.

Infolge des Reichsheimstättengesetzes – Heimstätten sind eine Schöpfung des preußischen Staates von 1918 –, des Wohnungsmangelgesetzes (1920: Beschlagnahme von Wohnraum / Zwangseinquartierung) und des Mieterschutzgesetzes (1923 – weitere Erschwerung der Kündigung) ging die Bautätigkeit bis 1924 zurück, denn das Kleinhaus war für die Schichten, für die es gedacht war, viel zu teuer. Erst in der zweiten Phase nahm mit der Einführung der Hauszinssteuer das Bauvolumen wieder zu.

Da Haus- und Grundbesitz unversehrt aus der Inflation hervorgegangen waren und die Eigentümer ihre Hypotheken durch die gestiegenen Erträge – z. T. vorzeitig – zurückzahlen konnten, wurde die Hauszinssteuer eingeführt, deren Mittel zu 50 % in den »sozialen Wohnungsbau« der Gemeinnützigen Wohnungsbaugesellschaften flossen; 1927 wurden die Mittel eingeschränkt. Der bürgerliche Mittelstand bekämpfte die Hauszinssteuer heftig, weil er ihre Berechtigung – war doch die Steuer primär eine Folge der Kriegswirtschaft, die zu einer immensen Verschuldung des Staates geführt hatte – nicht einsah. Genauso wie die Verschuldung des Staates lastete er diese Steuer besonders den Sozialdemokraten und damit der wichtigsten Partei der Weimarer Republik an.

Die Steuermittel führten in der zweiten Phase (1925–1929) zum Massenwohnungsbau (Großmietshaus mit zwei- bis dreiräumigen Kleinstwohnungen). Wurden 1924 115 000 Wohnungen gebaut, so stieg die Zahl bis 1930 auf 333 000 und erreichte damit den Höhepunkt. Von den 17,5 Mrd. RM, die in der Weimarer Republik von 1924–30 für den Wohnungsbau aufgewandt wurden, waren ungefähr drei Viertel öffentliche

Gelder. Der Anteil der Darlehen der öffentlichen Hand betrug zwischen 70 und 80 %, die Hypotheken 10–20 %, der Rest war Eigenkapital. In den großen Gemeinden und Städten bestritten die Gemeinnützigen Wohnungsbaugesellschaften ungefähr die Hälfte des Wohnungsbaus. Auch in anderen Bereichen (Bau von Schulen, Krankenhäusern) spielte der Staat während der zweiten Phase als öffentlicher Bauherr eine bedeutende Rolle.

Um die gegenüber den Altbauten teuren Neubauwohnungen vermieten zu können, wurden schrittweise die Altbaumieten erhöht, so daß die Mieter selbst über die erhöhten Mieten die Hauszinssteuer aufbrachten. 30 % der gesamten Hauszinssteuer gingen allein über die Mietskasernen von Berlin ein.

Die Weltwirtschaftskrise prägte die dritte Phase. Während dieser Zeit wurden die staatlichen Zuschüsse durch Notverordnungen weitgehend eingespart und den Gemeinden zur Verfügung gestellt; auf dem Kapitalmarkt konnte ebenfalls kein Geld für den Wohnungsbau aufgenommen werden. Aus diesem Grund erfuhr der städtische Wohnungsbau erneut eine Ablösung durch den ländlichen Siedlungsbau. Die Notverordnungen legten fest, daß die »vorstädtische Kleinsiedlung« die einzige Siedlungsform darstelle, die mit geringen Zuschüssen vom Staat gefördert werde, da die Privatwirtschaft kein Interesse an ihr habe. Von der Kleinsiedlung und der mit ihr verbundenen Schollenideologie erhoffte man sich – wie im 1. Weltkrieg – ein Ausbleiben politischer Unruhen und statt dessen politisches Wohlverhalten. Der Staat hoffte, daß die Industrie mit Hilfe der Kleinsiedlung Löhne einsparen könne – sollte sich der Arbeiter doch durch seinen Garten selbst versorgen –, um so die Wettbewerbsfähigkeit der deutschen Industrie auf dem Weltmarkt wiederzuerlangen und die Wirtschaftskrise beseitigen zu können. Die Industrie selbst äußerte Bedenken gegen den Bau von Kleinsiedlungen in den klassischen Ballungsräumen, weil sie fürchtete, so viele Arbeitslose auch nach einer Beendigung der Krise nicht beschäftigen zu können. Sie setzte sich statt dessen für den verstärkten Bau von Kleinsiedlungen im Osten und in Mitteldeutschland und für die Übersiedlung der Arbeitslosen dorthin ein. *(Abb. 116)*

Trotz staatlicher Zuschüsse in Form von Darlehen, und obwohl die Häuser weitgehend in Eigenbau erstellt werden sollten, wurden relativ wenige in der dritten Phase fertiggestellt, denn obgleich der Baupreis niedrig gehalten wurde – fließendes Wasser und Elektrizität waren nicht vorgesehen –, konnte aufgrund der Wirtschaftskrise das scheinbar geringe Eigenkapital nicht aufgebracht werden. Auch die Befreiung von der

Einkommen-, Körperschafts-, Vermögens- und Grundsteuer bei der Fertigstellung von Wohngebäuden zwischen 1931 und 1934 konnte im privaten Wohnungsbau das Bauvolumen nicht steigern.

Den Typ des Kleinsiedlungshauses mit Satteldach, Putz- oder Ziegelwänden und Fensterläden übernahm später der Nationalsozialismus.

Wohnungsbau ab 1933

Auch im Nationalsozialismus verliefen Wohnungsbaupolitik und Wohnungsbau in drei Phasen: 1. Phase: 1933–1935/36 – Fortsetzung des Kleinsiedlungsbaus. – 2. Phase: Übergang zur Kriegswirtschaft (1936–1940). – 3. Phase: Wohnungsbau im Krieg / Wiederaufbaupläne.

Das Sparprogramm im öffentlich geförderten sozialen Wohnungsbau wurde nach 1933 fortgesetzt, da die öffentlichen Mittel vorrangig für Arbeitsbeschaffungsprogramme im Rahmen der Aufrüstung benötigt wurden, die auch für die Bauwirtschaft und Baustoffindustrie wesentlich profitabler als der Kleinsiedlungsbau waren. Infolgedessen kam es zwischen 1933 und 1940 zu einer starken Reprivatisierung der Baufinanzierung, so daß schließlich der öffentlich finanzierte Wohnungsbau auf gut 10 % absank (zwischen 1924 und 1929 hatte der Anteil ungefähr 50 % betragen). Kennzeichen des nationalsozialistischen Wohnungsbaus ist die Reprivatisierung der Finanzierung bei gleichzeitiger politischer, sozialer, räumlicher und architektonischer Lenkung und Kontrolle. Die Wohnungswirtschaft sollte »geführt« werden, ohne daß der Staat bzw. die Partei selbst wirtschaftete. Während der Reichshaushalt immer mehr von den Rüstungsausgaben beansprucht wurde und gleichzeitig die Gewinne der Großunternehmen anstiegen, sollte die »Sparkraft des Volkes« das nötige Kapital für den Wohnungsbau selbst aufbringen – bei der vorhandenen Lohnsituation eine unrealistische Vorstellung.

Da stabile Löhne und Mieten Grundvoraussetzung für den nationalsozialistischen Wirtschaftsaufschwung im Interesse der verschiedenen Wirtschaftsgruppen der Industrie waren, erfolgte eine verstärkte Reglementierung der Mieten (Festlegung der meisten Mietzinse 1936) zuungunsten der Haus- und Grundbesitzer, die auf diese Weise gehindert wurden, über Mieterhöhungen von günstigen Tendenzen der Konjunktur zu profitieren. Die Folge war, daß sowohl für das Bank- und Industriekapital als auch für den Haus- und Grundbesitzer Investitionen im Wohnbereich uninteressant wurden. Hieran konnten auch die Senkung des Zinssatzes von 9 auf 5 % und die ansteigende Zahl der Übernahmen von Bürgschaften durch den Staat wenig ändern. Mit der Umstellung auf die Kriegswirtschaft wurde die Wohnungszwangswirtschaft 1936 sogar noch verschärft, denn neben der Festsetzung des Mietzinses wurde ein Preisstopp für Bauleistungen und bei Grundstücksverkäufen erlassen, um die Bindung überflüssigen Kapitals im Privatbereich Wohnen zu verhindern.

Die Schaffung persönlichen Eigentums in Form des Eigenheims (Kleinhaus) war erklärtes Ziel des Nationalsozialismus in der ersten Phase, es erfuhr eine starke ideologische Überhöhung. Da jedoch die Löhne eingefroren worden waren und das Kleinhaus für Arbeiter kaum erschwinglich war, profitierten nur die bürgerlichen Mittelschichten von den Steuererleichterungen.

Öffentliche Mittel sollten nur für als »zweckmäßig« erachtete Wohnungs- und Siedlungsformen zur Verfügung gestellt werden. Hierunter verstand man die Errichtung von Heimstätten für die »Gefolgschaft« der Wehrmacht – wozu auch die SS zählte –, alte »Frontkämpfer« (Invaliden) und verdiente Partei- und Volksgenossen, für die das Kleinhaus städtebauliches und architektonisches Leitbild war. Der prozentuale Anteil des Kleinhauses schnellte zwischen 1933 und 1934 auf 90% hoch. Obwohl sich nichts an seiner formalen Erscheinung änderte, erfuhr es jedoch eine noch stärkere ideologische Begründung. In der Weimarer Republik hatte es vorrangig dazu gedient, die Arbeitslosigkeit zu bekämpfen (Erwerbslosen- und Selbsthilfesiedlungen am Stadtrand); ab 1933 traten ideologische Begründungen in den Vordergrund, die den Argumentationen kurz nach dem 1. Weltkrieg ähneln bzw. mit ihnen identisch sind. Der Erwerb eines Grundstückes und die Errichtung eines Kleinhauses sollten den Bewohner mit dem Boden »verwurzeln« und die »Heimatverbundenheit« fördern. »Die Kleinsiedlung ... ist die beste und billigste Siedlungsform für den deutschen Arbeiter. Die Förderung der Kleinsiedlung ist nicht nur eine Aufgabe der Wohnungs- und Siedlungspolitik, sondern vor allem auch der Sozialpolitik im allgemeinen. Die Kleinsiedlung bietet dem Arbeiter ein zusätzliches, gesichertes Einkommen.«[201] Hinzu kamen wehr- und wirtschaftspolitische Gründe. Man versprach sich von der Ansiedlung am Stadtrand bessere Voraussetzungen für gesunden und zahlreichen Nachwuchs: »Auf eigenem Grund und Boden wird der Wille zum Kind gestärkt ... Erhebliche Bedeutung kommt der Kleinsiedlung aber auch innerhalb der Vierjahresplan- und Rüstungsbauten zu. Hier ist die Kleinsiedlung berufen, besonders bei Gründung neuer Gemeinden und Errichtung umfangreicher Industriewerke, der Gefahr der erneuten Zusammenballung der Industriebevölkerung entgegenzuwirken. Gleichzeitig mit der Auflockerung der Industriebevölkerung ist die Kleinsiedlung geeignet, eine Stammarbeiterschaft zu schaffen, die auch bei vorübergehender Beschränkung der Beschäftigung gesichert und bodenständig bleibt.« [202] Darüber hinaus band die Verschuldung die Arbeiter an das Werk. *(Abb 117)*

Bei Befolgung der aufgeführten Zielsetzungen galt der Kleinhausbewohner als positives Mitglied der Volksgemeinschaft. Bevor er jedoch in die Siedlung einziehen konnte, mußte er sich dem Prüfungsausschuß, der aus dem Bürgermeister und zwei Angehörigen des Gauheimstättenamtes bestand, stellen: Diese suchten nur »sparsame«, »strebsame«, »lebenstüchtige« und »erbgesunde« Siedler aus, deren »Voreltern« außerdem noch Kinderreichtum aufweisen mußten; 1935 mußte – um wenigstens die Stammarbeiter der Werke befriedigend unterbringen zu können, der Siedlungsbewohner zusätzlich »Vollbeschäftigter« sein. Die Auswahlkriterien offenbaren die disziplinierende Funktion der Siedlungen.

Ab 1934 erkannte der Luftschutz die offene Bebauungsweise am Rand der Städte als die Siedlungsform an, die am meisten Sicherheit bei Luftangriffen böte. Hinzu kommt natürlich, daß sie die für den Staat billigste Wohnform darstellte. Aus diesem Grund wurden die Normierung, Typisierung und Serienfertigung der Kleinhäuser vorangetrieben; für sie galt der Hausbau in den nordischen Staaten als Vorbild. Die Qualität verschlechterte sich aber wegen der geringen finanziellen Aufwendungen erheblich gegenüber den Bauten der Weimarer Republik.

In den ersten Jahren nach der Machtübernahme erfolgte also eine Umkehrung der Wohnungspolitik der zweiten Phase der Weimarer Republik, bei der ab 1925 eine Verlagerung vom Einfamilienhaus zu Großwohnhäusern (Geschoßbauten), von Einzelbaumaßnahmen zu geschlossenen Siedlungen erfolgt war, mit dem Ziel, die große Wohnungsnot zu beheben. Die wenigen Mehrfamilienhäuser, die der nationalsozialistische Wohnungsbau in der ersten Phase errichtete, glich man, um den ideologischen Zielsetzungen zu entsprechen, den Einfamilienhäusern formal an (Satteldach), was besonders auch in der Weimarer Republik bei Mehrfamilienhäusern für den Mittelstand der Fall gewesen war. Verschiedene Gesetze, Verordnungen und Erlasse stellten sicher, daß die Kleinsiedlung und das Kleinhaus sowie die »bodenständige Gestaltung« kanonische Geltung erlangten. Mit dem Gesetz vom 1. 6. 1933 zur Bekämpfung der Arbeitslosigkeit, das »Kistensiedlungen« verbot, und dem Gesetz vom 22. 9. 1933 über die Aufschließung von Siedlungsgebieten, das Grundstücksverkäufe genehmigungspflichtig machte, konnte durch Vorschreiben der Typen ein einheitliches architektonisches Gesicht der Siedlungen durchgesetzt werden. Die Erlasse über die Festlegung der Geschoßhöhe

(15. 1. 1936) und die Einteilung der Stadträume nach Funktionen (15. 2. 1936) bildeten, ebenso wie die Verordnungen über die Baugestaltung (»anständige Baugesinnung« – 10. 11. 1936) und die befristeten Bausperren (29. 11. 1936), das städtebauliche Instrumentarium, das auch vor 1933 vorhanden gewesen war. *(Abb. 118)*

Verschiedene Organisationen und Institutionen lenkten den Wohnungsbau. Neben den schon aufgeführten Siedlungsabteilungen der Ministerien und der Wehrmacht beanspruchte die »Deutsche Arbeitsfront« (DAF) die Führung auf dem Wohnungsbausektor (das Siedlungsplanungs- und Heimstättenamt wurde mit dem Reichsheimstättenamt der DAF zu einer Abteilung der Arbeitsfront zusammengeschlossen). Offiziell lag die »Oberleitung« über die Wohnungsbaupolitik beim Reichsarbeitsministerium. Mit der verstärkten Aufrüstung ab 1936 und der notwendigen Organisationsstraffung zeichneten sich erhebliche Kompetenzstreitigkeiten zwischen dem Arbeitsministerium und der »Deutschen Arbeitsfront« ab, die erst im Kriege (1940) zugunsten der DAF entschieden wurden.

Die Gemeinnützigen Wohnungsbaugesellschaften wurden nach 1933 der Aufsicht nationalsozialistischer Funktionäre unterstellt und dann im Zuge der Gleichschaltung (Verbot von Gewerkschaften) in den Besitz der DAF überführt und dem Reichsarbeitsministerium zugeordnet. Das Gesetz über die Beaufsichtigung und Anerkennung von Gemeinnützigen Wohnungsbaugesellschaften schuf die Voraussetzungen für die Neuordnung (März 1934): Sie mußten dem Hauptverband der Deutschen Wohnungsbauunternehmen angehören und wurden zur »Neuen Heimat« zusammengeschlossen. Leiter des Baubüros der DAF war Julius Schulte-Frohlinde. Das einzige gewerkschaftliche Wohnungsbauunternehmen, das seinen Namen beibehielt, war die GEHAG (Gemeinnützige Heimstätten Aktiengesellschaft), die aber eine enge Bindung an die Arbeitsfront hatte, und deren Hauptaufgabe darin bestand, Siedlungsprogramme für Notstands- und Grenzgebiete aufzustellen. Durch die verstärkte Reprivatisierung des Wohnungsbaus stieg der Anteil der privaten Bauherrn im Nationalsozialismus auf 61,4 % (1936), während der der Gemeinnützigen Wohnungsbaugesellschaften auf 18,5 % sank; vor 1933 hatte er 30 % betragen. Die Abwälzung der Lasten auf die private Wirtschaft führte, auch wenn die Zahl der fertiggestellten Wohnungen gegenüber der Zeit der Wirtschaftskrise zunahm, zu einer steigenden Unterversorgung der Bevölkerung mit Wohnraum; vor allem verschlechterte sich die Wohnungssituation für die Unterschichten. Die durchschnittlichen Gesamtkosten eines Kleinhauses, das nach den Richtlinien einschließlich des

Grundstückserwerbs zwischen 4500 und 6000 RM kosten mußte, konnten von den Arbeitern, die 800 RM Eigenkapital beisteuern mußten, bei Stundenlöhnen von 68,3 Rpf (angelernter Arbeiter), 78,3 Rpf (Facharbeiter) und 81,3 Rpf (Maurer) nicht aufgebracht werden. Die durchschnittlichen Monatslöhne von 151,68 RM lagen am Rande des Existenzminimums. Schien nach 1933 das kleinbürgerliche Ziel erreichbar – wurde doch jedem sein Häuschen versprochen –, so erwies sich dieser Wunsch nur als schöner Traum: 1935 trat nahezu ein Stillstand im Kleinsiedlungsbau ein.

Die zweite Wohnungsbauphase ab 1935/1936, die vom zweiten Vierjahresplan bestimmt wurde, ist gekennzeichnet durch eine Änderung in der Wohnungsbaufinanzierung und eine noch konsequentere Umstellung auf deutsche Werkstoffe. Die Rohstoffknappheit und der Mangel an bestimmten Baumaterialien kündigten sich 1936 an, als die Verwendung von Nichteisenmetallen genehmigungspflichtig wurde. 1937 wurden dann Vorschriften über die Stahlverwendung erlassen und im Juni 1938 Baustoffe kontingentiert. Nach wie vor sah man Kleinsiedlung und Kleinhaus – die ab 1935 nur noch »Heimstätten« genannt wurden – als geeignetste Siedlungsform für die werktätige Bevölkerung an (Bestimmung über die Förderung der Kleinsiedlung vom 21. 4. 1936); dies wurde im Reichsheimstättengesetz in der Fassung vom 25. 11. 1937 bekräftigt, indem die »Heimstätte« als »Normalform« bezeichnet wird. Mit dem Ziel, die Bautätigkeit anzuregen, setzte man 1937 in den neuen Siedlungsbestimmungen die Eigenbeteiligung herunter und erhöhte den Anteil der Reichsdarlehen (5 % Zinsen und Tilgung). Das Wohnleitbild geriet jedoch zunehmend in Widerspruch zu den Folgen der Rüstungskonjunktur, weil die Arbeiter infolge der Überstunden kaum noch Zeit für die Kleinviehhaltung und die Gartenarbeit erübrigen konnten. Die Nachfrage nach Arbeitskräften stand auch im Widerspruch zu der aus ideologischen Gründen angestrebten Seßhaftigkeit der Arbeiter, da die Industrie auf Mobilität Wert legte. Die Folge war eine erhebliche Verstärkung der Bemühungen um den »Volkswohnungsbau« (März 1935), d. h. es erfolgte eine »Rückkehr« zum großstädtischen Wohnungsbau (Mehrgeschoßbauten). Die Mittel aus der Hauszinssteuer, die nach der Machtübernahme um 25 % gesenkt worden war, wurden nun verstärkt dem Volkswohnungsbau (Mietwohnungen) zugeleitet, der, obgleich er in der zweiten Wohnungsbauphase im Mittelpunkt stand, gegenüber dem Kleinhausbau nicht das Übergewicht erhalten sollte. Für Großstädte waren 3–5, für Kleinstädte 2–3 und an der Peripherie der Großstädte 1–2 Vollgeschosse (Flachbauten) vorgesehen. Das Verbot aller nicht kriegswichtigen Bauten vom 15. 11. 1939 und das Neubauverbot von 1940 brachten den Wohnungsbau zum Erliegen.

1938 wurden 305 000 Wohnungen gebaut, 1939 sank die Zahl aber infolge der Kriegsvorbereitungen wieder auf 220 000. Zwischen 1933 und 1939 entstanden 1 983 964 Wohnungen, davon 376 496 »Sozialwohnungen« – so viele waren in der Weimarer Republik allein in den Jahren 1929–1932 errichtet worden (Gesamtzahl der in der Weimarer Republik gebauten Wohnungen: 3 336 553). Die Zahl der fertiggestellten Wohnungen täuscht allerdings insofern, als sie auch Wohnungen enthält, die durch Umbau von Groß- in Kleinwohnungen entstanden. Auch die Größe der Wohnungen nahm gegenüber der der Weimarer Republik nicht zu. Der Wohnungsfehlbedarf, der 1933 300 000 betragen hatte, stieg bis 1938 auf 1,5 Mill. Wohnungen an. Insgesamt blieb der Wohnungsbau gegenüber dem der Weimarer Republik weit zurück, denn Aufbau und Steigerung der Produktionskapazitäten für die Massenproduktion von Wohnungen und die Industrialisierung der Bauproduktion, die die Bereitstellung öffentlicher Mittel aus der Hauszinssteuer in der Weimarer Republik ermöglicht hatte, wurden ab 1933 verstärkt im Bereich der Bauvorhaben für Rüstung und Militär fortgesetzt, während der Wohnungsbau in handwerkliche Produktionsmethoden zurückfiel. Man begründete dies damit, daß die Industrialisierung in diesem Bausektor »als bolschewistisch« anzusehen sei. Interessant ist, daß der Nationalsozialismus trotz angeblicher Auflösung und Überwindung der Klassengesellschaft (»Siedlungen der deutschen Gemeinschaft«) mit der – wenn auch begrenzten – Fortführung des öffentlichen sozialen Wohnungsbaus an einer Einrichtung der »Klassengesellschaft« festhielt.

Als »anständige« und »werktreue« architektonische Formen galten die Stilelemente des Heimatschutzstiles, der im Einfamilienhaus des Wilhelminischen Deutschland und der Weimarer Republik seine Ausprägung erfahren hatte und von den Architekten dieser Stilrichtung auf fast alle Bauaufgaben übertragen worden war. Verordnungen und Richtlinien legalisierten seine Formensprache lediglich. Neben dem steilen Dach waren beim Kleinhaus (Heimstätte) Fensterkreuze und Fensterläden wichtigste Ausdruckselemente, da sie die abgeschlossene Sphäre des »Heims« betonten. Ziegel und Putz galten als Ausdruck des »landschaftsgebundenen Gesichtes« der Häuser, deren Einfügung in die Landschaft durch Aufreihung an zumeist leicht geschwungenen Straßen und durch einheitliche Dachneigungen und Firsthöhen (»Hauslandschaften« – hölzerne Dachstühle waren Vorschrift) erfolgte. Mittelpunkt der gartenstadtähnlichen oder ländlichen Siedlungen, die sich an vorindustriellen Wohnformen, nämlich der alten »Dorfgemeinschaft« der ständisch-feudalen Gesellschaft orientierten, sollte das Ortsgruppengebäude der Partei sein. Den Mittelpunkt im Siedlungshaus bildete das Wohnzimmer als zentraler Ort der Familie und der individuellen Freiheit (Privatbereich). In ihm dominierte deutsches Holz als Material; Einrichtung und Raumaufteilung stellten eine Mischform aus großbürgerlichem Salon (repräsentative Möbel und Requisiten) und bürgerlich bequemem Wohnzimmer dar. Nach 1936 übernahmen einige Großsiedlungen Formen und Ordnungselemente der offiziellen Architektur: sie erhielten den Charakter von Wehrbauten (Burg). *(Abb. 119)*

Mit der Etablierung des Eigenheims als allein gültigem Leitbild – auch das Mehrfamilienhaus wurde ja formal der Heimstätte angeglichen – und dem Bau von Kleinhaussiedlungen, durch die sich die Vororte der Großstädte ländlichen Kleinstädten anpaßten, schien sich der Traum des Kleinbürgers zu erfüllen. Obgleich die Zahlenrealität ganz anders aussah, bestimmte doch die Propaganda vom »eigenen Haus« das Alltagsleben und bestärkte das Kleinbürgertum in seinen Wohnvorstellungen. Neben den staatlichen und parteipolitischen Institutionen traten alle bedeutenden Massenmedien wie Zeitungen, Zeitschriften und Filme als »Ideologiefabriken« auf. Das eigene Haus vermittelte dem Kleinbürger das Gefühl, daß die in seinen Augen vom Sozialismus drohende Gefahr, alles teilen zu müssen, gebannt sei – fehlte ihm doch die Unterscheidungsfähigkeit zwischen privater und gesellschaftlicher Verfügungsgewalt über die Produktionsmittel und damit die Differenzierungsmöglichkeit zwischen privatem und persönlichem Besitz. Da das Eigenheim konservative Denkstrukturen und Verhaltensweisen verfestigt, war es wichtigste Reproduktionsstätte des autoritären Systems. Die Heimstätte untermauerte die patriarchalisch-autoritäre geschlechtsspezifische Rollenverteilung im Kleinbürgertum: Die Frau ist Hausfrau und Mutter, der Mann ist für den finanziellen Unterhalt der Familie zuständig und deren Oberhaupt (Erziehung zu Zucht und Gehorsam). Darüber hinaus ist das Eigenheim ein Abbild der Staats- und Gesellschaftsvorstellungen des Kleinbürgers, der das Führerprinzip und den starken Staat (ewige Tugenden: Treue, Ehrlichkeit, Glauben, Pflichtgefühl) und die daraus resultierende unpolitische Entfaltung des Staatsbürgers in seinem Privatbereich mit der Familie als alleinigem Bezugspunkt für richtig hält. Nicht unterschätzt werden darf die Beeinflussung, die, da Gewerkschaften und Parteien verboten waren, das kleinbürgerliche Denken auch auf die Arbeiterschaft ausübte.

Im Dritten Reich lassen sich alle die Wohnhaustypen nachweisen, die sich seit dem Wilhelminischen Deutschland herausgebildet hatten und besonders das konservative Baugeschehen der Weimarer Republik bestimmt hatten und die soziale Hierarchie widerspiegelten: Villa, Landhaus (z. T. mit Pfeilervorhalle), bürgerliches Einfamilienhaus, Kleinhaus = Heimstätte, Mehrfamilienhaus (Volkswohnungen). Die Typen sind, da das Einfamilienhaus Leitbild ist, formal deutlich einander angenähert und verschleiern die Klassenunterschiede. Villen übernehmen Elemente des Heimatschutzstiles (Dach, Fensterläden); wenige Wohnbauten dagegen stehen in der Formentradition der 20er Jahre (Egon Eiermann, Hans Scharoun). *(Abb. 120/121)*

Abschließend soll kurz auf die Wohnbauten der Parteiführer eingegangen werden. Zwar konnte Hitler die umfangreichsten Privaträume beanspruchen, doch standen für ihn öffentliche Bauvorhaben im Vordergrund, in denen er Privaträume einrichten ließ. Im Vergleich zu anderen Staats- und Parteigrößen kann man ihn fast als bescheiden bezeichnen. Sein Haus am Obersalzberg (1935) knüpft an die großbürgerlichen Landhäuser des 19. Jahrhunderts an, worin sich schichtenspezifisches Verhalten äußert, weil sich Hitler als Kleinbürger großbürgerlichen Wohnformen anpaßte. *(Abb. 121)*

Göring übertraf Hitler mit seinen Neubauplänen nicht nur im Bereich der öffentlichen Architektur, sondern verfolgte auch privat ehrgeizige Pläne, was auch für zahlreiche Führer auf der Provinzebene zutrifft, wo die Gauleiter wie Feudalfürsten ihre »Reiche« regierten. Untereinander herrschte ein reger Wetteifer um die größte Prächtigkeit der Häuser und Prachtentfaltung bei Empfängen. Sehr beliebt und populär war außerdem das Sammeln – besser der Raub – bedeutender Gemälde.

Die zeitgenössische Literatur verschweigt den enormen Aufwand, den die Parteiführer im privaten Wohnbereich trieben. So lobte Pfeiffer »die Verbundenheit des Bauherrn mit der norddeutschen Landschaft« – gemeint ist Görings Jagdhaus Karinhall in der Schorfheide – »und die schöne und gesunde Handwerklichkeit« sowie die »ortseigenen Materialien Kiefernholz, Findlingsmauerwerk, märkischer Ton und Schilfrohr«.[203] Geldsummen wurden nicht genannt. Doch hat allein Himmlers Wewelsburg (Umbau der Höhenfeste Wewelsburg bei Paderborn – Einbau von Speiseräumen, Gerichts- und Sitzungssälen der SS) 13 Mill. RM[204] gekostet – eine gigantische Summe, die sich nur mit den Aufwendungen der Feudalherren für ihre Schlösser vergleichen läßt. Da die Kosten für das Kleinsiedlungshaus 7000 RM nicht überschreiten durften und diese Summe auch nur bei hoher Kinderzahl gestattet wurde, lassen sich sowohl die Wohnverhältnisse als auch die Art der Hofhaltung als feudalistisch bezeichnen, weshalb es nicht verwundert, daß vielfach feudalistische Architekturzitate – Ehrenhof, Vorhalle, großes Treppenhaus – Anwendung fanden. *(Abb. 122)*

Feudalistisch gingen die Parteiführer auch bei der »Landnahme« für ihre Neubauten vor. So wurden durch Zwangsmaßnahmen (Verfügungen, Enteignungen) Höfe aufgekauft (79 km² am Obersalzberg) und rissen Gauleiter häufig bedenkenlos historische Architektur ab. Anstelle der alten Burg- und Schloßmauern umgaben mächtige Drahteinzäunungen die »Residenzen«, deren Finanzierung teilweise durch freiwillige Zahlungen der Industrie erfolgte (Bildung von Freundeskreisen, die sich »erkenntlich« zeigten) oder durch den Verkauf von Briefmarken[205], wobei die Finanzierung der Privatbauten ohne Schwierigkeiten mit öffentlichen Geldern durchgeführt werden konnte, da z.B. der Reichsnährstand nicht der Kontrolle des Rechnungshofes unterlag. Zum Schutz der Parteispitze wurde im Juli 1944 in Berlin ein Prominentenbunker fertiggestellt.

Im Laufe des Krieges wurde deutlich erkannt, daß man nach Beendigung der militärischen Aktionen zur verstärkten staatlichen Finanzierung des Wohnungsbaus zurückkehren müsse, weshalb der Wohnungsaufbau als »Staatsaufgabe« angesehen und Robert Ley zum Reichskommissar für den sozialen Wohnungsbau nach dem Kriege ernannt wurde (1940 Führererlaß zur Vorbereitung des Wohnungsbaus nach dem Kriege). Geplant war ein soziales Wohnungsbauprogramm im Geschoßwohnungsbau; in zehn Jahren sollten sechs Millionen Wohnungen errichtet werden. Die Großstadt wurde jetzt vom Nationalsozialismus akzeptiert – Eigenheime und Geschoßwohnungen sollten nebeneinander errichtet werden. Gedacht war an eine industrielle Massenherstellung, weshalb Diskussionen über die Rationalisierung, Mechanisierung, Typisierung, Serienherstellung (Fertigbauteile) stattfanden.

Baugeschehen auf dem Lande

Der Widersprch zwischen Theorie und Praxis des Nationalzosialismus offenbart sich am eindrucksvollsten bei der Behandlung der Bauern. Der »freie Bauer« auf »freier Scholle« als Verkörperung des nordischen Leistungsmenschen und der arischen Persönlichkeit wurde als wesentliches »Rückgrat« der »deutschen Volkskraft« und der »völkischen Gesinnung« angesehen und das Bauerntum als »Blut- und Lebensquelle« des deutschen Volkes und der nordischen Rasse gepriesen. Die Zentralbegriffe der nationalsozialistischen Ideologie entstammen im wesentlichen dem

Bereich des bäuerlichen Lebens. Aus der bäuerlichen Bevölkerung sollte sich der »neue kräftige Adel von Blut und Boden« (SS) rekrutieren. Aus diesem Grund spielten vor der Machtübernahme bei nationalsozialistischen Theoretikern wie R. W. Darré und G. Feder Reagrarisierungsprogramme – im Kampf gegen die Großstädte sah man vor, die Arbeiter auf dem Lande um die dezentralisierten Fabriken anzusiedeln – und Neusiedlungspläne für die Landbevölkerung die dominierende Rolle. Nach der Machtübernahme kam es dann zur Einrichtung eines SS-Rasse- und Siedlungshauptamtes (Leiter: Darré) und einer Stelle für Siedlungsplanung im Reichsministerium für Ernährung, Forsten und Landwirtschaft. Die »Mittelstelle deutscher Bauernhof« war für die Verteilung von Merkblättern und Richtlinien für die bauliche und bautechnische Gestaltung der Neuansiedlerhöfe zuständig.

Die nationalsozialistische Propaganda ließ zwar nicht davon ab, das Bauerntum zu verklären und den bäuerlichen Schichten das Gefühl von wirtschaftlicher Sicherheit und kultureller Bedeutung in Vergangenheit, Gegenwart und Zukunft zu vermitteln, trotzdem setzten sich – wenn auch später als in der Stadt – auch hier unerbittlich die Gesetzmäßigkeiten der kapitalistischen Industriegesellschaft durch; die ländlichen Ansiedlungspläne standen den Wiederaufrüstungsplanungen und den Interessen der Großlandwirtschaft entgegen.

Obgleich die ständisch unterbaute und romantisch-traditionalistische Beurteilung der Landwirtschaft seit dem 19. Jahrhundert ihr Bild in der Öffentlichkeit bestimmte, so hatten dennoch die Industrialisierung und der allmähliche Übergang zur kapitalistischen Landwirtschaft zu einer entscheidenden Umstrukturierung der Bevölkerung geführt.[206] Waren 1882 noch 42,2 % aller Erwerbstätigen in der Landwirtschaft tätig gewesen, so sank ihre Zahl bis 1925 auf 30,5 %, während in der gleichen Zeit die Zahl der Beschäftigten in Industrie und Handwerk, Handel und Verkehr von 42,4 % auf fast 58 % gestieg. 1871 wohnten 76 % der Bevölkerung in ländlichen Gemeinden unter 5000 Einwohnern, bis 1925 verringerte sich ihre Zahl auf 46 %. Da jedoch konservativ-autoritär strukturierte Denk- und Verhaltensweisen die Landbevölkerung charakterisierten, galt im Wilhelminischen Deutschland die bäuerliche Mentalität als zuverlässig im Sinne von staatserhaltend. Verschiedene Bodenreformbewegungen bemühten sich, den »Traum vom Landbesitz« und den »Status eines Grundbesitzers« für viele zu verwirklichen, scheiterten jedoch an der Industrialisierung, Konzentration und Mechanisierung in der Landwirtschaft. Bis 1934 ging der Anteil der Landwirtschaft auf 20 % an der Gesamtproduktion zurück, daneben verschlechterte sich in der Weimarer Republik die wirtschaftliche Lage der Bauern aufgrund des hohen Preisniveaus für technische Hilfsmittel (Maschinen) einerseits und des Preisverfalls für ihre Erzeugnisse andererseits erheblich. Wie beim städtischen Kleinbürgertum und den Mittelschichten führte diese Entwicklung zu einer Verelendung der breiten Masse der Bauern.

Die Nationalsozialisten sprachen sich nach der Weltwirtschaftskrise für die Förderung des bäuerlichen Kleinbesitzes aus (Fortführung der Kleinsiedlerbewegung), obgleich dieser den ökonomischen und politischen Interessen von Wirtschaft und Partei entgegenstand und die nationalsozialistische Partei deutlich erkannte, daß die Parzellenwirtschaft infolge mangelnder Arbeitsteilung und des nicht möglichen und kaum lohnenden Maschineneinsatzes wenig produzieren und zusätzlich zu viele Arbeitskräfte binden würde, die man in der Rüstungsindustrie benötigte. Die Industrie setzte sich für eine Begrenzung der landwirtschaftlichen Preise und für eine Krediteinschränkung für die Landwirtschaft ein und sprach sich entschieden gegen eine Industrieverlagerung aus, die, mit dem Ziel, den Siedlern Arbeit zu geben, Voraussetzung für die Schaffung von Siedlerstellen im Osten gewesen wäre. Mit dem Erbhofgesetz (15. Mai 1933 – gültig ab 30. September 1933) und der Errichtung des »Reichsnährstandes« (15. Juni 1933 – gültig ab 30. September 1933) wurden die Weichen zugunsten der Groß- und Mittelbetriebe gestellt (über 100 ha / 20–100 ha; zusammen verfügten die Groß- und Mittelbetriebe über die Hälfte der Anbauflächen). Das Erbhofgesetz machte die Betriebe unveräußerlich, sie konnten nur an den Sohn vererbt werden. Die Größe der Erbhöfe durfte 125 Hektar nicht überschreiten, der Hofeigentümer hieß Bauer (im Dritten Reich wurde die Unterscheidung zwischen Bauer und Landwirt eingeführt; der Landwirt war der Pächter von Domänen oder Besitzer von Gütern). 1938 gab es insgesamt 685 000 Erbhöfe im Reichsgebiet.

Absicht des Erbhofgesetzes war es, eine Schicht von Großbauern zu schaffen. Das Gesetz zog eine Immobilisierung des Grundkapitals nach sich, weil die Betriebe nicht mehr verkauft werden konnten. Die Mechanisierung der Höfe verlangsamte sich insofern, als kaum noch Kredite aufgenommen werden konnten. Das Kapital der Banken kam so verstärkt der Großindustrie zugute. Eine weitere Folge des Erbhofgesetzes war eine zunehmende Abwanderung der Familienangehörigen von den Höfen. Der Fortfall ihrer Arbeitskraft traf die Landwirtschaft um so härter, als ja einerseits die Mechanisierung nur sehr langsam fortschritt und andererseits die Landarbeiter trotz Verbotes infolge der Industriekonjunktur und der besseren Löhne wegen zunehmend in die industriellen Ballungsräume abwanderten. Diese Entwicklung führte dazu, daß – da besonders während der Erntezeit Arbeitskräfte fehlten – das Militär mobilisiert und die Einrichtung des »Landjahrmädchens« geschaffen wurde. Die Agrarproduktion sank folglich zwischen 1933 und 1935 weiter, wozu aber auch schlechte Ernten beitrugen.

Im »Reichsnährstand« (15. 6. 1933) wurden die Landwirtschaftskammern, Bauernverbände und landwirtschaftlichen Dachverbände unter Ausschluß der Arbeiterschaft zusammengeschlossen; angegliedert waren ihm Betriebe, die landwirtschaftliche Rohstoffe und Produkte verarbeiteten, beispielsweise Mühlen und Molkereien. Funktionäre leiteten den »Reichsnährstand«, der die ländliche Basis der nationalsozialistischen Kriegswirtschaft bildete. Er war in drei Abteilungen gegliedert: Die Abteilung »Mensch« versuchte, die beginnende Landflucht zu bekämpfen und schuf Einrichtungen wie die »Landhilfe« und das »Landjahr«, die Abteilung »Hof« kümmerte sich primär um technische Produktionsbedingungen und stellte eine Art Industrielobby dar, während die Abteilung »Markt« für die Angleichung von Angebot und Nachfrage sorgte und sich bei zu hoher Produktion um die Lagerung der Produkte kümmerte (eine große Kühlhauskette war geplant). Die Abteilung »Markt« war die wichtigste, weil sie die Lieferverpflichtungen und Pflichtabgaben, die Kaufpreise und Löhne festsetzte; die festen Preise verhinderten die schlimmsten Folgen der gestiegenen landwirtschaftlichen Einfuhren. Der »Reichsnährstand« kontrollierte darüber hinaus auch die Preise der Einzelhändler in der Lebensmittelbranche.

Auch wenn nach der Machtübernahme durch Stundung der Hypotheken und Reduzierung der Hypothekenzinsen eine vorübergehende Verbesserung der wirtschaftlichen Situation der Bauern eintrat, so brachten die beiden 1933 erlassenen Gesetze für die Mehrzahl der Bauern eine erhebliche Verschlechterung. Die Gesetze hatten die Funktion, während der forcierten Aufrüstung die Preise und Löhne stabil zu halten und der Rüstungswirtschaft verstärkt Kapital zuzuführen. Die Einführung dieser Gesetze war für die Nationalsozialisten von größter Bedeutung, da im Zuge der Autarkiepolitik eine neue Außenhandelspolitik durchgeführt werden mußte. Man verlagerte den Außenhandel nach Europa, insbesondere nach Südosteuropa. Südosteuropa diente vorwiegend als Absatzmarkt für Industriewaren, während der Agrarexport der südosteuropäischen Länder für die einheimische Landwirtschaft eine beträchtliche Konkurrenz bedeutete. Die neue Außenhandelspolitik brachte große Vorteile für die Großlandwirtschaft, die primär Getreide anbaute, das sich infolge des Fortfalls der Einfuhren aus Südamerika verteuerte. Diese

Entwicklung ging zu Lasten der Mittel- und Kleinbetriebe, bei denen die Viehhaltung dominierte, da die Unkosten für Futtergetreide erheblich stiegen, gleichzeitig aber die Verkaufspreise relativ niedrig festgesetzt wurden. Als Folge der nationalsozialistischen Landwirtschaftspolitik stieg die Zahl der großbäuerlichen Betriebe.[207]

Die »Zwangsorganisierung der Erzeugung« wirkte sich anders aus als in der Industrie. Infolge des zu geringen Erlöses (feste Preise und Löhne) stieg die Verschuldung der Landwirtschaft erheblich bei gleichzeitig zunehmender technischer Rückständigkeit der Betriebe. Wie sich in der Stadt die wirtschaftliche Lage des Kleinbürgertums verschlechterte, genauso wuchs die finanzielle Not der Kleinbauern: sie verdienten oft weniger als Industriearbeiter. Andererseits war die Großlandwirtschaft an der Erhaltung kleiner und mittlerer bäuerlicher Betriebe interessiert, weil diese infolge fehlender Maschinen teuer produzierten und die festgesetzten Erzeugerpreise für die Großlandwirtschaft noch Gewinne abwarfen. Auch wenn immer wieder an die Opferbereitschaft der Bauern appelliert wurde, so konnte das wirtschaftliche »Zurückfallen« des Bauernstandes auch ideologisch (»Schwertadel«) kaum kompensiert werden: die Unruhe in der Bauernschaft nahm zu. Die gegenüber der Weimarer Republik verdoppelte Landflucht ist äußeres Zeichen der wirtschaftlichen Entwicklung auf dem Lande.

Man bemühte sich natürlich intensiv, die wirtschaftliche Verschlechterung eines großen Teils der Bauernschaft ideologisch zu verbrämen, indem man einerseits – wie anfangs skizziert – ihre Bedeutung für die Volksgemeinschaft heraushob, andererseits, indem man durch Publikationen eine lebhafte Bautätigkeit auf dem Lande vortäuschte; so gab es u. a. eine Buchreihe »Haus und Hof des deutschen Bauern«. Da die Verwurzelung im Volkstum und in der Heimat als vorbildlich ausgegeben wurde, sollte die Bodenständigkeit in der formalen Gestaltung der Gehöfte und in der Schaffung einer neuen »bäuerlichen Baukultur«[208] ihren Ausdruck finden. Der Nationalsozialismus griff zu diesem Zweck auf vertraute regionale Bautypen, Formen und Materialien zurück, die als Charakteristika der einzelnen germanischen Stämme angesehen wurden, ohne auf die durch die Mechanisierung der Landwirtschaft bedingten veränderten Funktionsabläufe und gewandelten Raumanforderungen Rücksicht zu nehmen. Die Formensprache läßt sich mit dem Begriff »ländlicher Heimatschutzstil« fassen. Verschiedene Richtlinien legten die »bäuerliche Baukultur« (August 1935) fest: vorgeschrieben wurden die Höhe der Gehöfte (Höhenbegrenzung auf 8 m) und die Abstände der Höfe untereinander (Abstand von Strohhaus zu Strohhaus 25 m, der von ziegel- zu strohgedecktem Gehöft 15 m). Um Gebäude für Generationen zu schaffen, sollten bodenständige Materialien verwandt werden. Verallgemeinernd läßt sich feststellen, daß der Ziegelbau im Norden und der Putzbau im Süden dominiert. Beide Bauweisen griffen regionale Dachformen und Fachwerkkonstruktionen auf. Die Bauwerke verbinden der weitgehende Verzicht auf Schmuck- bzw. Ornamentformen und die Bevorzugung der glatten Wand als Ausdruckselement, auf der die Fenster symmetrisch angeordnet sind. Zur Erzielung des heimatlichen Charakters entschied man sich häufig für die Anbringung von Fensterläden.

Die intensive Förderung (Darlehen) des Landarbeiterwohnungsbaus sollte die Abwanderung der Arbeiter verhindern. Es dominierte der Typ der Kleinsiedlerstelle mit einem Hektar Land für die Eigenversorgung. Vom Landarbeiterwohnungsbau erhoffte man sich darüber hinaus die Erhöhung der Kinderzahl. Zur Ausführung aber kamen weniger Siedlerstellen als in der Weimarer Republik (21 206 = 6000 weniger als zwischen 1919 und 1933).

Den Arbeitsbeschaffungsprogrammen »Autobahnbau« und »Errichtung von Staats- und Parteibauten« entsprach – allerdings in einem wesentlich kleineren Umfang – die Landgewinnung an der Nordseeküste, die 1933 begann. Zwei große Kooge (Adolf-Hitler- und Hermann-Göring-Koog) wurden eingedeicht. Die Neubauernstellen (10–30 ha) griffen hier formal auf das ostfriesische Langhaus zurück, bei dem Stallungen und Scheune unter einem gemeinsamen langgestreckten Ziegeldach angeordnet sind. *(Abb. 123)*

Nur ungenau ermitteln läßt sich die Zahl der sogenannten Wehrbauernsiedlungen im Osten. Den Veröffentlichungen in den Zeitschriften zufolge hat es nicht mehr als ein Dutzend Wehrsiedlungen gegeben. Jeder Wehrbauer besaß 6000 bis 7000 qm Land – womit es sich lediglich um eine ländliche Kleinsiedlung handelte –, 30 Siedlerstellen bildeten eine Gruppe. Wichtig ist aber, daß man mit diesen Siedlungen erneut den feudalen Gutsbetrieb einführte. Die Wehrbauern erhielten nämlich durch die Großbauern zwar Gespannhilfe, mußten diesem aber dafür bei der Ernte helfen. Auch die Aufteilung von unrentablen Gütern im ostelbischen Raum, die schon in der Weimarer Republik gefordert worden war und mit dazu geführt hatte, daß Hindenburg Hitler die Kanzlerschaft übertrug, erfolgte so gut wie gar nicht. Die vereinzelten Ansätze wurden 1935 gestoppt. Geplant war die Aufteilung von Domänen in Voll- und Halbbauernstellen. Standen Güter Autobahntrassen im Wege, so wurden sie abgerissen und später wieder aufgebaut, wobei man ihre Formen den kleinbäuerlichen Neubauten anglich (handwerksgerechte Ausführung –

Fachwerk). Da die Zeitschriften sie häufig vorstellten, kann man folgern, daß die feudalen ländlichen Strukturen als Vorbild galten. Die Einteilung der Güter in Herrenhaus, Gesindegebäude, Wohnhaus für den Gutsförster – sie wurde bei dem Neuaufbau von Gütern beibehalten – läßt sich in vergleichbarer Aufteilung auch bei den anderen Bauaufgaben finden. Die Forderung völkischer Kreise nach Aufhebung des Rittergutcharakters von Höfen wurde somit nicht erfüllt. *(Abb. 124)*

Wie bei der Stadtplanung kam es auch bei der ländlichen Neuplanung kaum zur Umsetzung. Es wurde zwar viel über das »neue Dorf« oder gar den »Umbau des deutschen Lebensraumes« geschrieben, jedoch bedeutete das – ebenso wie bei den Typen und Einzelformen –, daß man traditionelle Siedlungstypen aus vergangenen Gesellschaftsepochen neu etablieren wollte. Vorgesehen war die Addition von Höfen und Gehöftgruppen, die jeweils ein Gemeinschaftshaus als neues politisches und soziales Zentrum erhalten sollten. Die »neuen Dörfer« stellten nichts anderes dar als eine Systematisierung der alten Straßen- und Haufendörfer.

Bis 1936 wurden neue Gehöfte und Dörfer ohne Rücksicht auf die langsam einsetzende Mechanisierung, Normierung und Typisierung in der Landwirtschaft im Landschafts- bzw. Heimatschutzstil gebaut. Bei den Neuplanungen im Osten dagegen war von formalen Auflagen nicht mehr die Rede. Unter »gesundem Fortschritt« verstand man hier die Normierung und Typisierung, denn man erkannte klar, daß der bauliche Zustand der landwirtschaftlichen Betriebe um Jahrzehnte gegenüber der technischen Entwicklung nachhinkte.[209]

Verschiedene Bauaufgaben

Sowohl die evangelische als auch die katholische Kirche, von denen große Teile in den ersten Jahren nach der Machtübernahme den Nationalsozialismus als Bundesgenossen im Kampf gegen Sozialismus, Atheismus und Liberalismus angesehen hatten, paßten sich mit ihren Kirchenbauten dem Heimatschutzstil an, der allerdings auch vor 1933 teilweise den Kirchenbau bestimmt hatte, denn die konservativen Kirchenbehörden ließen nur vereinzelt moderne Formen und Typen zu. Die Gustav-Adolf-Kirche von Otto Bartning in Berlin (1934) weicht zwar von dem traditionellen Formenkanon ab, es ist aber zu berücksichtigen, daß die Planungen für sie vor 1933 erfolgt waren. Bartning wählte für die Grundrißlösung die Fächerform, deren schmales Ende an einer Straßenkreuzung ausläuft und von einem Turm bekrönt wird. In bautechnischer und formaler Hinsicht ist die Auffaltung der aufsteigend angelegten sechs Betonbinder entscheidend, die in Fächerform zu dem sich verengenden Altarraum verlaufen und die dynamische Gestaltung des Raumes bewirken. Die sichtbare Betonkonstruktion ist bestimmendes Form- und Ausdruckselement. *(Abb. 125/126)*

Der sakrale Eindruck bestimmt auch das Innere der Ehrenhalle des neuen Ausstellungsgebäudes am Funkturm in Berlin (1935/36 – R. Ermisch); die dichte Reihung der Wandpfeiler und die Steilheit des Raumes (31 m) orientieren sich an Kirchenschiffen. Anstelle der durch einen Brand vernichteten Festhalle wurde in zwei Bauabschnitten die sogenannte »Gläserne Galerie« in Stahlskelettbauweise errichtet, deren senkrechte Stahlbinder sowohl innen als auch außen mit Kalksteinplatten verkleidet sind. 1936 entstand dann die Hallengruppe an der Masurenallee, die sich aus einem hochkragenden Mitteltrakt – der Ehrenhalle – und zwei links und rechts anschließenden 102 m langen Seitentrakten zusammensetze. Die formale Durchführung entspricht der offiziellen Baukunst. *(Abb. 127)*

Dem Kirchenbau angeglichene Ehrenhallen finden sich nicht nur bei memorialen Bauaufgaben, sondern auch immer dort, wo es galt, Leitbilder des Nationalsozialismus in »würdevoller Atmosphäre« zu vermitteln und nationalsozialistische Veranstaltungen zu ritualisieren. So war das Denkmal der deutschen Familie im Haus der deutschen Erziehung in Bayreuth in einer Säulenhalle von 16 m Höhe aufgestellt, in der 2000 Personen Platz hatten. *(Abb. 128)*

Während sich der Nationalsozialismus bei Ausstellungen im eigenen Land modernster Ausstellungstechniken bediente und den repräsentativen architektonischen Rahmen auf ein Minimum reduzierte, wurden im Ausland monumentale Ausstellungshallen errichtet, um so die angestrebte und wiedererlangte Weltgeltung zu demonstrieren. Eindrucksvollstes Beispiel ist die Ausstellungshalle für die Pariser Weltausstellung von 1937 von Albert Speer. Vor der Halle (Maße: 140 m lang, 20 m breit, 15 m hoch) erhob sich ein monumentaler Turmbau von 51,63 m Höhe, dessen Bekrönung ein 5,50 m hoher Adler bildete. Der Turm selbst hat die Form eines Pfeilers, der in sich wiederum vertikal durch kolossale Pfeiler gegliedert ist. Neben den Proportionen verursachen die kubischen Grundformen und die Verkleidung mit Werksteinplatten die monumentale Wirkung. Das Ausstellungsgebäude gewinnt den Rang eines Denkmals, das sich eigentlich der Betretbarkeit entzieht. *(Abb. 129, 130)*

Krankenhäuser, Altenheime und Rathäuser sind vorwiegend im Heimatschutzstil gehalten, nur zum Teil werden aber auch hier Einzelelemente der modernen Architektur weitergeführt. So findet besonders im

Krankenhausbau die entmaterialisierte weiß getünchte Wand häufig Verwendung. Der moderne Formenapparat wird auch bei der Umgestaltung von Läden und bei der Inneneinrichtung von Geschäften beibehalten. Wie bei den Bauten der Produktion verzichtete man in diesem ökonomischen Bereich auf die formale Überhöhung. *(Abb. 131)*

Architekturentwicklung im Dritten Reich
Zusammenfassung

Der Nationalsozialismus trat mit dem Anspruch auf, daß die nationalsozialistische Architektur das Bild der Baukunst von Grund auf neu forme, »stilistisch etwas ganz Neues« darstelle[210] und Ausdruck der revolutionären Umwälzung im ökonomischen und gesellschaftlichen Bereich sei. Die Analyse der Baukunst im Dritten Reich hat aber gezeigt, daß es eine stilistisch geschlossene formale Sprache der nationalsozialistischen Baukunst nicht gegeben hat. Der Hauptgrund ist darin zu sehen, daß auch im Faschismus die Eigentumsverhältnisse, Sozialstrukturen und die Beschaffenheit der sozialen Elite unverändert blieben und deshalb, trotz der »totalitären Herrschaft einer Partei«, die gesellschaftlichen Widersprüche bestehen blieben. Hinzu kommen die Kompetenzstreitigkeiten zwischen den neuen Organen der Bewegung und den staatlichen Institutionen sowie die Konkurrenz der »Gau-« und »Parteifürsten« untereinander, die im Baugeschehen ihren Niederschlag fanden. Die Architekturentwicklung gliedert sich in drei Hauptphasen: Die 1. Phase umfaßt den Zeitraum von 1933–1935/36, die 2. Phase dauerte von 1936–1939/40; die 3. Phase ist durch den Krieg geprägt. Den verschiedenen Phasen entsprechen Änderungen in der gesamtgesellschaftlichen Entwicklung des Dritten Reiches.

Phase 1
So wie Hitler und die Partei vor 1933 in politischen Formulierungen möglichst unbestimmt blieben, kein geschlossenes weltanschauliches System ausbildeten und Rücksicht auf verschiedene Schichten und Klassen nahmen, griff der Nationalsozialismus vor 1933 die verschiedenen konservativen Architekturströmungen auf, ohne sich jedoch für eine bestimmte besonders stark einzusetzen; Einigkeit bestand lediglich in der Ablehnung der modernen Architektur. Nach 1933 vollzog sich die Architekturentwicklung, die uneinheitliche nationalsozialistische Ideologie widerspiegelnd, auf mehreren Ebenen: Einmal führte der Nationalsozia-

lismus die Siedlungspolitik der Weimarer Republik fort, die er nun in den Dienst des Blut- und Bodenmythos stellte, zum anderen schienen die konservativen Architekturrichtungen die Oberhand zu gewinnen (Heimatkunst / regionale Baukunst / völkisch-nationale Baukunst). Auch wenn die konservative Baukunst die Architekturszene bestimmte, so gab es durchaus Vertreter der konservativen Architektur, die als Gegner oder Kritiker des Nationalsozialismus anzusprechen sind, wie es wohl für Heinrich Tessenow zutrifft.[211] Die ausschlaggebenden Gründe hierfür waren allerdings seltener politisch-ideologischer als persönlicher Art, z. B. die Verärgerung über ausbleibende Berufungen.

Über die Arbeitsbeschaffungsprogramme des Staates bzw. der Partei etablierte man eine Architektur, die sich direkt in den Dienst der nationalsozialistischen Lenkung und Selbstdarstellung stellte und zum nationalsozialistischen Bedeutungsträger avancierte. Diese monumentale offizielle Baukunst des Dritten Reiches stellt aber bei allen historischen Anklängen stilistisch etwas Neues dar und bildet wie die Bunkerbauten, die den formalen ideologischen Ballast abgeworfen haben, eine eigenständige Leistung des deutschen Faschismus. Sie ist weniger eine individuelle Erfindung Hitlers, Troosts oder Speers – die stilistischen Kennzeichen lassen sich auch schon vor 1933 bei einigen architektonischen Projekten und Bauten, wie der Reichsbankwettbewerb zeigte, nachweisen – als eine Architektur, deren Erscheinungsweise den Kunstvorstellungen der Massenbasis und der wirtschaftlichen und politischen Führungsschichten entsprach.

Durch die Entwicklung der Baukunst auf mehreren unterschiedlichen formalen und ideologischen Ebenen gelang es dem Nationalsozialismus, seine Massenbasis ideologisch zu festigen (obwohl weniger Wohnungen als in der Weimarer Republik gebaut wurden) und gleichzeitig der Bevölkerung das Gefühl zu vermitteln, mit der Staats- und Parteibaukunst sei ein neues System etabliert worden, das in Wahrheit aber nur die Fortführung des alten – mit allerdings geänderten Rahmenbedingungen – darstellte. Das Problem der unterschiedlichen formalen Gestaltung der Bauaufgaben – der Nationalsozialismus verfügte, wie nachgewiesen wurde, über keine einheitliche Architektursprache – löste man, indem man kunsttheoretische Vorstellungen des 19. Jahrhunderts fortführte, die für die verschiedenen Bauaufgaben unterschiedliche formale Lösungen forderten (Hierarchie der Bauaufgaben). Zahlreiche formale Ausdrucksweisen konnten so nebeneinander bestehen, die aber alle vom »gleichen Geist« – der nationalsozialistischen Weltanschauung – geprägt sind. Diese »Architekturtheorie« ließ auch durchaus moderne Industriebauten zu. Indem der Staat häufig selbst als Bauherr auftrat, konnte er den Eindruck erwecken, daß sich die Staats- bzw. Parteibauten von der Architektur der alten Wirtschafts- und Gesellschaftsformen unterschieden, obwohl gerade sie als Teil des Arbeitsbeschaffungsprogrammes weitgehend von wirtschaftlichen Interessen bestimmt waren. Verstärkt wurde dieser Eindruck durch die Verwendung handwerklicher Formen, die der Gesellschaft – primär dem Kleinbürgertum – zu nützen schienen; hinter den Fassaden vollzogen sich jedoch die Gesetzmäßigkeiten der kapitalistischen Wirtschaft. Dadurch, daß in der 1. Phase vor allem junge Architekten (Speer) für Projekte herangezogen wurden, wurde eine »kulturelle Revolution« vorgetäuscht; junge Architekten wurden mit aus der Überlegung heraus mit Bauaufgaben betraut, daß sie eine lange Betreuung der Baupläne gewährleisteten.

In der 1. Phase war trotz der Gleichschaltung der Berufsverbände eine gewisse Kritik möglich (Egon Eiermanns Kritik am Dessauer Theaterbau), und es wurden einige Vertreter der modernen Architektur, wie Mies van der Rohe, der den Auftrag erhielt, den Prototyp einer Autobahntankstelle zu entwickeln, noch mit Aufträgen bedacht. In der 1. Phase hatte die offizielle monumentale Architektur primär die Funktion, das nationalsozialistische »Massenerlebnis« zu rahmen.

Hatte die 1. Phase der Konsolidierung und Stabilisierung des Systems gedient, so änderte sich die nationalsozialistische Politik in der 2. Phase: Sie wurde von der zunehmenden und forcierten Aufrüstung geprägt. Die in der 1. Phase durchgeführten Bauvorhaben hatten vorrangig eine mehr allgemeine Arbeitsbeschaffung zum Ziel gehabt, die 2. Phase kennzeichnet dagegen eine Produktionskonjunktur, bei der Rüstungs- und Militärbauten den größten Anteil am Bauvolumen einnehmen. In der Nähe der neuen Rüstungsfabriken mußten Arbeiter »untergebracht« werden, weshalb neben den Wohnheimstätten bzw. Einfamilienhäusern zusätzlich »Volkswohnungen« errichtet wurden. Zwar entstanden in der 2. Phase zahlreiche Planungen architektonischer und städtebaulicher Vorhaben (u. a. strukturelle Rationalisierung der Agglomerationsräume); ihre Durchführung scheiterte aber an den wirtschaftlichen Gegebenheiten und den politisch-militärischen Zielsetzungen. Aus diesem Grund wurde in der 2. Phase jede Kritik ausgeschaltet.

Hatte die Architektur vorher primär der Rahmung nationalsozialistischer Massenversammlungen gedient (Nürnberger Parteitagsgelände), so übernahmen in der 2. Phase die gereihten Monumente diese Funktion. Für neu gebildete Institutionen entwickelte man einige neue Bauaufgaben – z. B. die Ordensburgen.

Die ästhetische Aufwertung der handwerklichen Produktionsweisen und Bautechniken (z. B. Mauerung von Fenster- und Türstürzen) und Materialien geschah anfangs vorwiegend aus ideologischen und weniger aus wirtschaftlichen Gründen, später wurde infolge der Aufrüstungs- und Autarkiepolitik die handwerkliche Bauweise zur ökonomischen Notwendigkeit. Die Einteilung in »höhere« und »niedere« Baukunst ermöglichte es, im Rüstungs- und Militärbereich nicht produktionsrelevante Formen abzustreifen. Hier finden sich daher Zeugnisse »moderner Architektur«. Andererseits bevorzugte man »bodenständige« Bauweisen und Materialien beim Brückenbau. 1937 bewirkte eine Änderung der zulässigen Spannweiten im Stahlhoch- und Eisenbetonbau die Einschränkung des Eisenverbrauches, 1938 erfolgte die Einführung der Bewirtschaftung von Baustoffen.

In der 2. Phase zog man aufgrund der Zunahme und Eile der Planungen »alte« Architekten (u. a. Peter Behrens, Paul Bonatz, Wilhelm Kreis) stärker heran. Einen gewissen Freiraum bot der Kirchen-, Wohnungs- und Industriebau.

Unter dem Eindruck der ersten siegreichen Feldzüge – besonders nach dem Frankreichfeldzug – erfolgte, wenn auch die Planungsphase nie überwunden wurde, eine neue Periode des Groß-Bauens und eine nochmalige Steigerung der Proportionen im Bereich der offiziellen Baukunst zur »Megalomanie« (»Mangel des Wissens um das Maß«[212] – u. a. Neue Reichskanzlei / Volkshalle Berlin / Triumphbogen / Bahnhof München). Es galt, im Neuen Reich alle bekannten historischen Bauwerke wie den Arc de Triomphe oder die antiken und mittelalterlichen Kuppelbauten durch noch größere Dimensionen zu übertreffen. Die drohende Kriegsniederlage offenbarte zwei Grundzüge nationalsozialistischer Architekturideologie: während man einerseits einen Wiederaufbau mit den modernsten bautechnischen Mitteln plante und viel über die Typisierung, Mechanisierung und Rationalisierung der Bauproduktion sowie über die industrielle Massenware »Wohnung« schrieb, wobei kaum Rücksicht auf den Heimatschutzstil genommen wurde, versuchte man andererseits, durch eine Inflation von Planungen und Entwürfen die drohende Niederlage ideologisch zu kompensieren.

Die Zeitschriften gehen kaum auf den Krieg selbst ein; auffallend häufig werden Landhäuser abgebildet, die eine friedliche und intakte Heimat vortäuschen. Es häufen sich die Artikel über den Klassizismus (Friedrich Gilly, Hans Christian Hansen). Der Krieg bewirkt eine Flucht in die Natur und in die Vergangenheit. Nach der Bausperre vom 4. August 1939 und dem »Verbot neuer Bauvorhaben« vom 20. 11. 1939 – nur kriegswichtige Bauten waren zugelassen, Ausnahmen erteilte der »Generalbevollmächtigte für die Regelung der Bauwirtschaft« – kam es am 29. 2. 1940 zu einem generellen Neubauverbot. Trotzdem gingen die Bauarbeiten in Berlin, Nürnberg und auch in Weimar weiter; es wurden sogar die Granitaufträge erhöht und eine eigene Transportflotte für Granit und Marmor geschaffen. Während des Krieges bürgerte sich die Praxis ein, Kostenvoranschläge gar nicht mehr vorzulegen. Intendiert war, für die Schulden die unterworfenen Nationen aufkommen zu lassen.

Stadtplanung im Dritten Reich

Die »Neuordnung des deutschen Lebensraumes« setzte eine neue Wissenschaft vom Städtebau voraus, die in den weltanschaulichen Grundgedanken des Nationalsozialismus wurzelte und die die »neue innere Struktur« der sozialen Gemeinschaft zum Ausdruck bringen sollte.[213] Es lassen sich in der nationalsozialistischen Städtebautheorie zwei Richtungen unterscheiden: ein technokratisches Stadtplanungskonzept, dessen Hauptvertreter Gottfried Feder ist, der aber aufgrund seiner Forderung, eine neue Bodenordnung zu schaffen, 1934 auf eine TH-Professur in Berlin abgeschoben wurde, und ein völkisch-organisches Konzept (u. a. Rosenberg), das vor allem auf den rassebezogenen Thesen von Theodor Fritsch fußt.

Gemeinsam mit den nationalsozialistischen Architekturtheoretikern vertreten die Städteplaner die Ansicht, daß der Städtebau seit der zweiten Hälfte des 19. Jahrhunderts durch »Bodenspekulation« und »Profitgier« als Ergebnis der im Liberalismus herrschenden Baufreiheit (»wilde Konkurrenz«) dem Verfall preisgegeben sei. Die Überwindung der beklagten städtebaulichen Misere wird jedoch nicht durch die Beseitigung der Ursachen, nämlich der kapitalistischen Wirtschaftsordnung, die zur Ausmünzung bzw. Kapitalisierung des Bodens geführt hatte, angestrebt, sondern durch »überlegene Führung«, durch Konzentration des Städtebaus in einer Hand.

Das technokratische Konzept

Feder zählt die Nachteile der Großstadt und des Dorfes auf: Kennzeichen der Großstadt seien ihre Kinderarmut, deren Ursachen er u. a. auf die mangelnde Bodenverbundenheit und die Vergnügungssucht der Städter zurückführt, die fehlende Seßhaftigkeit der Bewohner und die hohe Zahl der Verkehrsopfer. Er sieht es als gefährlich an, wenn Städte über

600 000 Einwohner haben. Die Nachteile des Dorfes bestehen – Feders Ansicht nach – in den fehlenden zivilisatorischen und kulturellen Voraussetzungen (u. a. Elektro- und Wasserversorgung / Theater, Museen) und in der mangelnden Versorgung mit Geschäfts-, Gewerbe-, Verwaltungs- und Bildungseinrichtungen (Schulen). In den neu zu errichtenden kleinen Städten ließen sich nach Feders Konzept die Nachteile der Großstadt und des Dorfes vermeiden und die Vorteile beider Siedlungsformen verbinden: ein ausreichend großer Arbeits- und Absatzmarkt könnte mit den notwendigen, zentral angelegten zivilisatorischen Einrichtungen kombiniert werden. Vom Dorf könne man die Verbundenheit der Bewohner mit der Natur und dem Boden übernehmen und die hier vorhandene wirtschaftliche Selbständigkeit, die ja auch Ziel der Kleinstadt sei, die darüber hinaus auch den großen Vorteil kurzer Einkaufswege und geringer Entfernungen zwischen Arbeitsstätte und Wohnbereich böte. Als Richtzahl für die Größe der Kleinstadt gibt Feder 20 000 Einwohner an. Im Mittelpunkt der Stadt sollten die öffentlichen Verwaltungseinrichtungen, zu denen natürlich auch die der Partei gezählt werden, ihren Standort finden und in ihrem Umkreis die Geschäfts- und Wohnbereiche angeordnet werden. 20–30 Prozent der Bevölkerung sollten in mehrgeschossigen Mietwohnhäusern, der Rest in Eigenheimen wohnen, deren Gärten, um die Geschlossenheit des Ortsbildes zu wahren, nicht größer als 800 m² sein sollten. Feder nimmt eine deutliche Differenzierung zwischen den Wohnhaustypen vor: neben Mehrfamilienhäusern unterscheidet er beim Eigenheim zwischen Reihenhäusern, Doppelwohnhäusern, Einzelwohnhäusern und Landhäusern; sie spiegeln das ständische Gefüge der Gesellschaft wider.

Das Gliederungsprinzip des Stadtorganismus beruht auf den »Zellen« mit jeweils rund 3500 Einwohnern, die sich als Zellenverbände um den Stadtmittelpunkt lagern und ihrerseits jeweils über einen eigenen Mittelpunkt verfügen, der durch die Schule und Geschäfte gebildet wird. Innerhalb der Zellen erfolgt die Gemeinschaftsbildung von unten her: die kleinste Gemeinschaft stellt die Familie dar, mehrere Familien bilden die Hausgemeinschaft. Mehrere Hausgemeinschaften bilden einen Unterkern, mehrere Unterkerne wiederum eine Ortsgruppe, die mit der Zelle identisch ist und vom Ortsgruppenleiter der Partei geführt wird.

Durch umfangreiche empirische Erhebungen in zahlreichen Städten (quantitativer Arbeitsansatz, der frei von ideologischen Einfärbungen war) gelangte Feder zu genauen Angaben über die notwendigen Einrichtungen »höherer Ordnung« (Finanzamt, Gericht), der kommunalen Verwaltung, der Versorgung und des Verkehrs, der Bildung und Kultur sowie des Gesundheitswesens und gab Richtwerte für sie an. Wichtig ist, daß Feder den Organismusbegriff, mit dem er die Wirtschafts- und Gesellschaftsordnung charakterisiert, erläutert. Für ihn stellen die Organismuskerne die Zellen der NSDAP dar: Der Unterkern (Stadtviertel) ist die Zelle der NSDAP, der Kern ist die Ortsgruppe und der Hauptkern der Kreis der Partei.

Vorläufer von Feders Städtebaukonzept finden sich bei konservativen technokratischen Theoretikern der 20er Jahre, die die Innenstadt als City (= geschäftlichen Kernbereich) auswiesen, an die sich gestaffelte Wohnbauten anschließen sollten. An der Peripherie waren Kleingartensiedlungen vorgesehen.[214] Die technokratische Stadtplanung wollte Auswüchse der kapitalistischen Stadtplanung beseitigen und strebte eine gleichmäßige Streuung der Industriestandorte an.

Das völkisch-organische Konzept

Zwar ähnelt das Konzept der völkisch-organischen Theoretiker in vielen Punkten den Städtebauvorstellungen Feders – bei beiden spielt die Rezeption der Gartenstadt eine große Rolle –, doch fehlt ihm die Systematik; außerdem ist die Rassenbezogenheit ausgeprägter. In den Planungen von Fritsch und seinen Nachfolgern in der Weimarer Republik und im Dritten Reich bilden Prachtvillen und Repräsentationsbauten in Grünanlagen das Stadtzentrum. Die organische Anordnung der Stadtviertel richtet sich nicht nach dem hierarchischen Aufbau der Partei, wodurch – zumindest oberflächlich – die Fiktion der nationalsozialistischen Volksgemeinschaft geschaffen worden wäre, sondern nach der Rangfolge der einzelnen Schichten der Gesellschaft, d. h. man hält an der seit dem 19. Jahrhundert bestehenden Klasseneinteilung der Städte fest, was sich deutlich im Aufbau der Stadtregionen und -zonen widerspiegelt: Am Rande der Stadt sollten die Industrie und – nicht weit von ihr entfernt – die Arbeiterschaft angesiedelt und um das Zentrum die Wohn- und Geschäftshäuser der Mittelschichten errichtet werden, wobei jeweils Grünanlagen die verschiedenen Wohnviertel voneinander abgrenzten. Es vollzog sich also im Aufbau der Stadt eine Umkehrung des sozialen Gefälles, indem die Villa, die im 19. Jahrhundert an der Peripherie ihren Platz gehabt hatte, im Zentrum errichtet wurde und die Arbeiterviertel von ihrem Standort in der Stadtmitte an den Stadtrand verlegt wurden. Viel ausgeprägter als bei Feder ist die Zoneneinteilung der Städte, die Segration der Stadt in Produktions-, Zirkulations-, Konsumtions- und Reproduktionsbereiche. Die Etablierung ländlicher Lebens- und Siedlungsformen, denen eine im Grunde großstadtfeindliche Einstellung zugrunde liegt, sollte die »nationale Kraft« und »Gesundheit« (Wehrtüchtigkeit) stärken. Die »eigene Scholle« – Bodenverbundenheit als Wesenszug des nordischen Menschen – war nach Meinung der völkisch-organischen Theoretiker der beste Grenzwall gegen das Vordringen fremden Volkstums.[215] Da die Verbindung des Menschen mit dem Boden verloren gegangen sei, und aufgrund der Zusammenballung der Menschen in Großstädten, seien die Menschen zu Materialisten geworden – die Großstädte hätten die gesunden Volkskräfte zerstört.

Die Orientierung an vergangenen Wohnleitbildern verursachte eine Verklärung ständischer Gesellschaftsverhältnisse, weshalb die ständischen Gesellschaftsvorstellungen des Wilhelminischen Obrigkeitsstaates unangezweifelt bestehen blieben.

Beide Konzepte, die die nationalsozialistischen Städtebaudiskussionen und -planungen (u. a. Stadt-der-Hermann-Göring-Werke) bestimmten, gehen vor allem auf die Überlegungen von E. Howard zurück, die in Deutschland von der Deutschen Gartenstadtgesellschaft von 1902 aufgegriffen wurden,[216] wobei sich jedoch erhebliche Unterschiede zum englischen Konzept ergeben. Zwar ging auch Howard von der Vorstellung des gesunden Landlebens aus und strebte einen Kompromiß zwischen Stadt und Land an, indem er die Vorteile des Land- und Stadtlebens zu vereinigen suchte, Howard wollte aber darüber hinaus den Boden in Gemeineigentum überführen und von einer Gesellschaft für die Einwohnerschaft verwalten lassen. Dieser Vorgang war für ihn die Voraussetzung für die Aufhebung der Gegensätze zwischen Stadt und Land und eine Stadt-Land-Verschmelzung. Entscheidend ist bei Howards Gartenstadtkonzept, daß die kapitalistische Wettbewerbsgesellschaft durch eine kooperative Gesellschaft auf genossenschaftlicher Basis abgelöst werden sollte. Die räumliche Gliederung sah die Einteilung der Stadt in ein Zentrum mit öffentlichen Bauten vor, das ein Wohnring mit Doppelhäusern umschließt. Den Anschluß an den Wohnring bildet die Geschäfts- und Handelszone, während die Produktionsstätten an der Peripherie liegen. Ein landschaftlich genutzter Gürtel offenen Landes umgibt die Gartenstadt.

Die deutsche Rezeption des englischen Gartenstadtkonzeptes übernahm lediglich die »aufgelockerte« Wohnform und z. T. die Zonung der Stadt, während die entscheidenden Punkte, nämlich die ökonomischen, gesellschaftlichen und städtebaulichen Zielsetzungen, fehlen. Das Problem der bestehenden Bodenordnung erkannte nur Feder, der sich die Lösung von einer autoritären und absoluten Planung erhoffte. Im Grunde reduzierten beide deutschen Richtungen das Gartenstadtkonzept auf den Privatbereich Wohnen, indem sie die Gesellschaftlichkeit des Individuums zurückdrängen oder sogar leugnen. In der Art der Umformung des Städtebaukonzeptes in Deutschland durch technokratische und völkisch-organische Theorien offenbart sich die schichtenspezifische Aneignung durch die Mittelschichten (Bürgertum), wie die ständischen Gesellschaftsvorstellungen (natürliche soziale Ungleichheit) und die Biologisierung gesellschaftlicher Tatbestände (Gesundung der Städte – Krankheit der Städte) beweisen. In Deutschland wurden auch nicht – wie in England – selbständige Gartenstädte gebaut, denn München-Perlach oder Hellerau bei Dresden und Berlin-Staaken sind lediglich kleine Vorortsiedlungen, vergleichbar den Werkssiedlungen, die auf das Gartenstadtkonzept zurückgehen (Essen-Margaretenhöhe). Kennzeichen der Siedlungen in Deutschland sind die Durchgrünung, die Anpassung an die Landschaft sowie das Anknüpfen an die Bautradition und an das Handwerk um 1800 (Bauten von Heinrich Tessenow). Das Zauberwort hieß »Entballung«, weil man mit ihrer Hilfe hoffte, das als unausweichlich angesehene Wachstum der Städte mit seinen negativen Folgen verhindern zu können. Als Beispiel für das Weiterwirken des Gartenstadtkonzeptes im Dritten Reich sei die Siedlung Klein-Borstel bei Hamburg (1937–39) genannt, in der 50 Wohnungen in Reihenhäusern errichtet wurden.

Neben dem Gartenstadtkonzept haben noch andere Städtebautheorien Einfluß auf die nationalsozialistische Stadtplanung und insbesondere auf das Siedlungswesen ausgeübt; beispielsweise hatte sich schon C. Sitte für die malerische Gestaltung der Stadt und gegen die schachbrettartige Großstadtbebauung ausgesprochen.[217]

Das angeblich neue Bild der nationalsozialistischen Stadt beruht also auf einem Konglomerat verschiedener Konzepte. Die Stadtmitte spielte schon im Expressionismus der 20er Jahre eine große Rolle (Bruno Taut), die man hervorheben wollte, indem man ihr durch neue architektonische Symbole – das Volkshaus – eine neue Bedeutung für die Gesellschaft geben wollte. Taut setzte große Hoffnungen auf das Glas, von dem er sich eine befreiende und vergeistigende Wirkung versprach. Das Volkshaus war von Kolonnaden umzogen und von »Grün« eingerahmt; im Dritten Reich dagegen wurde der steinerne Aufmarschplatz zum räumlichen Mittelpunkt. Unmittelbare Vorbilder für die Stadtgestaltung des Dritten Reiches sind Städtebauvorhaben des 19. Jahrhunderts und Wettbewerbsentwürfe der 20er Jahre (Umgestaltung von Wien und Paris im 19. Jahrhundert / Wettbewerb für den Grüngürtel in Köln von 1919 – axiale Komposition mit Monumentalbauten von Fritz Schumacher[218]).

Der Organismusbegriff prägt beide Konzepte des Nationalsozialismus – das Organische wird zum Stilprinzip erhoben –, d. h. man erwartet, daß die Stadt unter Vernachlässigung oder Ausklammerung der ökonomischen Analyse durch ästhetische Gliederung und Gestaltung gesundet. Hinter den Begriffen organischer Städtebau und organische Gesellschaft verbirgt sich jedoch die bestehende Gesellschaftsordnung, deren Aufbau auf das Stadtmodell übertragen wird (Einteilung der Zonen), denn es war das Ziel des Nationalsozialismus, über die räumlich-architektonische Organisation die ständisch-hierarchische Gesellschaftsordnung zu verewigen. Die organische Gliederung ergibt sich aus der Klasseneinteilung und Rangabfolge der verschiedenen Schichten der Gesellschaft, wobei die Bauten des Staates bzw. der Partei als Garanten der bestehenden Ordnung im Zentrum – dem Sitz der Befehlsgewalt – stehen. Im Städtebau offenbart sich der rationale Kern des irrationalen nationalsozialistischen Begriffsapparates: die städtebauliche Gliederung und Gesamtgestaltung dienten bewußt der Aufrechterhaltung der ökonomischen und gesellschaftlichen Strukturen. Diese räumliche Aufteilung entsprach darüber hinaus dem militärischen Organisationsbedürfnis des Nationalsozialismus (Auflockerung und Zonung der Stadt nach den Anforderungen des Luftschutzes).

Gemeinsam ist beiden Konzeptionen weiter das Bestreben, die traditionelle Großstadtbebauung durch ländliche Siedlungsformen und Haustypen aufzulockern (niedrige Bebauungsdichte – Ablehnung der Mietskasernen). Während Feder bei der Propagierung der Kleinsiedlung und des Eigenheims in erster Linie die bekannten kleinbürgerlichen Gründe anführt, dominieren bei den völkisch-organischen Theoretikern rassistische und militärische Zielsetzungen: Verwurzelung der Volksgemeinschaft, Steigerung der Wehrtauglichkeit und Wehrhaftigkeit. Beide Konzepte weisen innerhalb der Stadtregion unterschiedliche Nutzungsgebiete aus, grenzen diese voneinander ab und lehnen die Ausweisung der City als reinen Arbeitsdistrikt ab. Während Feder aber ein städtebauliches Gesamtkonzept vorlegt und die Strukturveränderungen der Wirtschaft berücksichtigt, beschränken sich die völkisch-organischen Theoretiker fast ausschließlich auf den Bereich des Wohnens und klammern die Anforderungen der Industrie aus. Das im Privatbereich dominierende »Grün« – der Garten des Kleinhauses – sollte bei beiden Konzepten in der Stadt eine zentrale Rolle spielen, denn in der vom »Grün« beherrschten Stadt sah der Kleinbürger die Erfüllung seines Traumes.

Beide Konzepte glaubten, sich über die ökonomische Grundordnung hinwegsetzen zu können. Feder schlug vor, den Wohnungsbau aus der kapitalistischen Ordnung herauszulösen und für den Hausbau zinslose Darlehen bereitzustellen. Diese »linken Pläne« wurden 1934 mit dem Beginn der verstärkten Aufrüstung begraben, da auch im Nationalsozialismus die Strukturveränderungen der kapitalistischen Wirtschaft die Entwicklung der Gesellschaft und damit auch der Großstadt bestimmten. Die Großindustrie war ein entschiedener Gegner des technokratischen Konzeptes, da sie durch eine Verlagerung von Produktionsstätten an ungünstige Standorte zu Recht Profiteinbußen befürchtete. Es ist typisch für den Nationalsozialismus, daß man auch im Städtebau von Konzepten nur das aufgriff, was für die ideologische Lenkung nützlich war und von der Wirtschaft akzeptiert wurde, beispielsweise die Trennung nach Funktionen, die Errichtung von »Heimstätten« und die Auflockerung und Entballung der Stadt – insgesamt Maßnahmen, die die Möglichkeit boten, die Bevölkerung im Sinne der nationalsozialistischen Weltanschauung zu »politisieren«.

In den ersten Jahren wurde die nationalsozialistische Stadtplanung erheblich von den völkisch-organischen Vorstellungen geprägt, indem man nicht mehr »von der Stadt« her, nach städtisch-industriellen Gesichtspunkten, sondern »vom Land« her, vom »Boden aus«, der den »Lebensquell des Volkes« darstelle, plante. Die Volksgesundung sollte durch die »Vermehrung der Bevölkerung auf dem Land« erfolgen – die übervölkerten Gebiete im Westen und Süden des Reiches wollte man »auflockern«. Man lehnte die »Planwirtschaft« ab, die als intellektuell und undeutsch abqualifiziert wurde, und forderte statt dessen die »organische Planung«, worunter man das »natürliche Schauen« und »intuitive Erfassen« des Stadtorganismus verstand.[219] Um 1935/36 kam es zu einer Aufwertung der Großstadt, weil man erkannte, daß die Industrialisierung von der städtischen Lebensform nicht zu trennen ist, da sie ein wesentliches Element der Stadtentwicklung darstellt und eine »Rückverwandlung« der Bevölkerung in kleine »Schollenbesitzer« nicht möglich sei. Mit der Erkenntnis, daß die »Aussiedlung« der Großstädte unrealistisch sei, setzte eine Periode städtebaulicher Großplanungen ein (Oktober 1937: Gesetz über die Neugestaltung deutscher Städte), die – um der Wohnungsmisere beikommen zu können – Hand in Hand ging mit der verstärkten Förderung des Volkswohnungsbaus (städtische Wohnhaustypen – Stockwerkswohnungen in geschlossener und offener Bauweise). Darüber hinaus intensivierte man die Planungen (u. a. für Berlin, Hamburg, Augsburg, Frankfurt, Weimar, Linz), um den Städten ein nationalsozialistisches städtisches Gepräge zu geben. Zur Akzentuierung der Stadtmitte sollte in den wichtigsten Städten ein Hauptplatz bzw.

ein zentrales Forum angelegt werden, an dem die Bauwerke für »Öffentliche Zwecke« und »Denkmäler der Allgemeinheit« errichtet werden sollten. Die Plätze und die sie rahmenden Gebäude sind axial-symmetrisch ausgerichtet. In der Mittelachse liegt fast immer die Volkshalle, an den Seiten der Plätze befinden sich die »öffentlichen Gebäude« der Partei und des Staates (Bildungseinrichtungen der DAF / Polizei / Post). Gewaltige Obelisken mit dem Hoheitszeichen flankieren die Plätze (Beispiele: Stadt-der-Hermann-Göring-Werke; Weimar: Adolf-Hitler-Platz – Platzgröße: 90 × 162 m, mit Halle der Volksgemeinschaft und Glokkenturm, der zu den Versammlungen läuten sollte, Architekt: Hermann Giesler). Die Bauwerke und Denkmäler sollten das Stadtbild beherrschen und die »Staatsidee« verkörpern. Vorbild für die Parteiforen war der Münchener Königsplatz als Modell der nationalsozialistischen Stadtmitte. *(Abb. 132)*

Sanierung

Da sich zur Demonstration des wirtschaftlichen Aufschwunges und für die ideologische Selbstdarstellung und Lenkung Neubauten sehr viel besser eigneten, spielte im Dritten Reich die Stadtsanierung nur eine Randrolle; nur vereinzelte Stadtkarrees in Braunschweig, Frankfurt/M. und Lübeck wurden saniert. Die Sanierungsdiskussion beweist, daß der Nationalsozialismus selbst mit dem angestrebten verbesserten städtebaulichen und denkmalpflegerischen Instrumentarium, das nach dem Rückgang der Neubautätigkeit Ende der 40er Jahre Anwendung finden sollte, nur begrenzt hätte sanieren können, weil man die bestehenden ökonomischen Strukturen beibehalten wollte, obgleich 1934 ein Gesetz über die Gesundung der Altstädte gefordert und klar ausgesprochen worden war, daß die Grundvoraussetzung einer erfolgreichen Stadtsanierung eine völlige Neufassung des Bodenrechts sei – nicht zuletzt deshalb, weil die Enteignungsmöglichkeiten unzureichend seien.[220] Durch Festhalten am privaten Bodeneigentum wurden die Sanierungspläne weitgehend aufgeschoben und die ästhetische Stadtbildpflege trat in den Vordergrund, über die durch systematische Ausschöpfung der bestehenden juristischen Möglichkeiten (u. a. Bebauungspläne – Ortssatzungen / Gesaltungsvorschriften) bei den Neubauten Einfluß auf die Gestaltung und Stellung des Baukörpers genommen wurde (u. a. Dachform, Aufbauten von Dächern, Materialvorschriften – bei Altbauten Entfernung der Reklame). *(Abb. 133)*

Neben der Bevorzugung von Neubauten und der Beschränkung durch die ausbleibende Bodenreform offenbaren sich aber auch bei der Altstadtsanierung die für den Nationalsozialismus charakteristischen Widersprüche. Während vor allem die Vertreter der völkisch-organischen Theorie der Großstadt und damit auch den Altstädten negativ gegenüberstanden und lediglich an der Erhaltung architektonischer deutscher Meisterwerke interessiert waren, wollten Architekten und Planer wie Fritz Schumacher »deutsches Kulturgut« generell umfassend erhalten, wozu sie auch Wohnbauten zählten. Es dominierte jedoch im Dritten Reich die großstadtfeindliche Einstellung, und man beschränkte sich in dem Bereich der historischen Architektur auf die Erhaltung ästhetischer Meisterwerke aus bestimmten Epochen. Aus diesem Grunde führte die – an sich positiv einzuschätzende – Gesundung und Verbesserung der Lebensverhältnisse der Altstadtbewohner dazu, daß in den Sanierungsgebieten die Karrees »entkernt« wurden, wobei die »Entkernung«, die zur Verbesserung der Wohnverhältnisse wohl unvermeidlich ist, zur Niederlegung historischer Architektur und zu einem Neuaufbau in »feinsinnig« angepaßten Formen führte.[221] Durch Verwendung der gleichen Materialien und der Übernahme der Hausreihungen wurde eine einheitliche Wirkung erzielt.

Obgleich bei der Sanierung ästhetische Fragen im Mittelpunkt zu stehen schienen, wurden primär sozialpolitische Zielsetzungen verfolgt. Bei den durchgeführten Sanierungen wurden vor allem »Slum-Viertel« abgerissen bzw. entkernt, deren Architektur aber nicht unbedingt baufällig war. Absicht war es, die in den Sanierungsgebieten ansässige Bevölkerung (Arbeiterschaft) »umzusetzen« und die sogenannten »linken Viertel« durch Ansiedlung in Stadtrandgebieten – konnten doch infolge der Entkernung und der nach der Sanierung auftretenden Mietsteigerungen nur wenige Bewohner wohnen bleiben – zu befrieden, denn durch das isolierte Wohnen in den Vorortsiedlungen sollte ihr politisches Bewußtsein, das sich in den historisch gewachsenen Vierteln ausgebildet hatte, zerstört werden. Die Beschränkung der Denkmalpflege auf ästhetische Meisterwerke führte später im Krieg dazu, daß zahlreiche historische Gebäude bei den »Aufräumungsarbeiten« abgerissen wurden, obgleich sie gar nicht zerstört waren.

Da an den Eigentumsverhältnissen nicht gerüttelt wurde, bestand die Hauptaufgabe der Stadtbildpflege darin, die »Erneuerung« oder »Erhaltung« der Altstädte mit den wirtschaftlichen Bedürfnissen und Erfordernissen in Einklang zu bringen. Es setzten sich also hinter den von »Verunstaltungen« gereinigten Fassaden die kapitalistischen Marktgesetze durch, indem sich – infolge des Vordringens ökonomisch potenter Wirtschaftsgruppen – die Abwanderung der angestammten Altstadtbewohner weiter vollzog, obwohl immer wieder die Bedeutung der historischen Architektur und der »Schönheit des Stadtbildes« für die Verwurzelung von Heimatgefühl und die Identifikation der Bewohner mit ihrer Stadt herausgestellt wurden.

Man erkannte im Dritten Reich, daß die neuen Monumentalbauten in den historischen Städten kaum errichtet werden konnten, ohne das gesamte Stadtgefüge zu gefährden, genauso wie die Problematik des Verkehrs in den Altstädten diskutiert wurde. Aus diesen Erkenntnissen heraus wollte man z. B. in Lübeck keine Monumentalbauten zulassen und den Verkehr aus dem Stadtkern herausnehmen. Lübeck stellt aber insofern eine Ausnahme dar, als bei der Anlage der neuen Zentren (München, Berlin) die nationalsozialistischen Stadtplaner im allgemeinen wie Feudalherren gewaltsam und rücksichtslos in das historische Stadtgefüge eingriffen.

Für den Neuaufbau nach dem Kriege wurden zwei Konzepte diskutiert: einerseits ging es um einen getreuen Wiederaufbau, andererseits um eine Neugestaltung, die besonders die Verkehrsverhältnisse verbessern sollte, bei der sich aber die Neubauten an die bestehende Bausubstanz anpassen sollten. Beide Konzepte wiesen die Kernstadt als City und Sitz des »schaffenden Kapitals« aus.

Luftschutz

Die ästhetische Stadtgestaltung und städtebauliche Gliederung sind nicht von den militärischen Aspekten zu trennen. So wurden ab 1934 Auflockerung und Durchgrünung der Stadt gefordert, weil sie den besten Schutz bei Luftangriffen böten (Richtlinien über den Luftschutz 1934 / 1937 / 1942) und eine weiträumige Stadtgestaltung zugleich auch einen besseren Abzug der Gase ermögliche. Da die geschlossene Bauweise den Abzug von Gas erschwerte, wurden Modelle für offene Arkadenblöcke entworfen (Laubenganghäuser), bei denen sich das Gas durch den offenen Sockelraum besser verflüchtigen konnte. Wegen der geringeren Gefährdung durch Luftangriffe wurde auch der Zeilenbau unterstützt. Die Luftschutzexperten sprachen sich zwar auch gegen die Zusammenballung von öffentlichen Verwaltungsgebäuden aus, jedoch drängte hier die ideologische Zielsetzung militärische Gesichtspunkte in den Hintergrund: Auf das Parteiforum und auf die Umgestaltung der Stadtmitte durch Monumentalbauten wollte man nicht verzichten. *(Abb. 134)*

Die angestrebte Dezentralisation aller kriegswichtigen Produktionsstätten wurde nur bei einigen neuen Fabrikanlagen der Motoren- und Flugzeugindustrie verwirklicht, genauso wie die Umsiedlung von Fabriken »nach Osten« in der Planungsphase stecken blieb.

Stadtneugründungen

Neben Wolfsburg (Stadt-des-KdF-Wagens) ist Salzgitter (Stadt-der-Hermann-Göring-Werke) ein exemplarisches Beispiel nationalsozialistischer Stadtplanung. Im Zusammenhang mit der Autarkiepolitik sollten im Gebiet um Salzgitter die größten deutschen Eisenerzlager abgebaut werden, nachdem sich die Schwerindustrie des Ruhrgebietes geweigert hatte, das eisenarme Erz abzubauen – der Selbstkostenpreis lag über dem Marktpreis –, und infolgedessen wurden 1937 die Hermann-Göring-Werke im Rahmen des zweiten Vierjahresplanes gegründet und mit 400 Millionen Reichsmark Stammkapital ausgestattet, das vom Staat und von den Banken zur Verfügung gestellt worden war.[222] Das staatliche Unternehmen wurde also auch aufgebaut, um die Gewinne der Großindustrie aufrechtzuerhalten. Infolge der Vergrößerung des Unternehmens (u. a. Aufkauf von Borsig) wurden die Hermann-Göring-Werke 1941 in verschiedene Unternehmen aufgeteilt.

Im Harzer Vorland entstanden im Dritten Reich zahlreiche Hüttenwerke, Bergwerks- und Walzanlagen, weshalb für die Unterbringung der Arbeitskräfte der monostrukturierten Industrie Siedlungen für 10 000 bis 20 000 Einwohner angelegt wurden. Als Mittelpunkt des neuen Industrie- und Siedlungsraumes war die Stadt-der-Hermann-Göring-Werke vorgesehen.

Die Gesamtplanung der Stadt wurde Herbert Rimpl übertragen, einem Berliner Mitarbeiter Speers. Die Standortwahl des Ortes richtete sich nach der Lage der Hütte, während zur Ersparung langer Transportwege die Hütte wiederum möglichst nahe an die Erzlagerstätten herangelegt wurde. »Das Verkehrsgerippe der Stadt wird durch ein Straßenkreuz gebildet. Im Tal der Flothe führt ein dreifacher Straßenzug vom Herzen der Stadt nach Osten. Die mittlere dieser drei Straßen ist als breite Promenade gedacht, für den Fahrverkehr sind zwei begleitende Straßen vorgesehen. Am Ende dieser Hauptstraße liegt inmitten des Ostteils der Stadt ein Verkehrsplatz, von dem aus drei wichtige Verkehrslinien ausgehen: die mittlere nach dem Nordausgang des Werkes und nach Braunschweig, die südliche nach dem Südeingang des Werkes und nach der Reichsautobahn Hamburg–Harz, die nördliche nach der Reichsautobahn Hannover–Berlin. Im Herzen der Stadt wird die Hauptstraße gekreuzt von einer breiten Querstraße, die vom Hauptbahnhof im Norden der Stadt nach den Bergbaugebieten der Lichtenberger Höhen im Süden führt.

Für den Verkehr der Stadt und den Sammelverkehr nach den Arbeitsstätten ist ein Verkehrsring angelegt worden, der als Grünstreifen ausgebildet und an den wichtigsten Kreuzungen niveaufrei geführt wird. Von diesem Ring aus führt ein Straßenzug nach Hildesheim – Hannover. In diesen Grünring ist gleichzeitig eine Straßenbahn gebaut, die den Verkehr nach dem Werk aufnehmen soll. Die Straßenbahn fährt außerhalb der Stadt als Schnellbahn. Die Verkehrsstraßen und die Wohnstraßen sind im gesamten Stadtgebiet weitgehend getrennt, so daß die Wohnviertel vom Verkehrslärm unberührt liegen. *(Abb. 135)*

Der Flächenaufteilungsplan der Stadt sieht vor, daß sich die Verwaltungsbauten um den Hauptplatz gruppieren, der von der Volkshalle beherrscht wird. Die Schulbauten und die kleineren Sportanlagen verteilen sich gleichmäßig über das gesamte Stadtgebiet. Etwa störende Industrieanlagen liegen im Osten der Stadt in der Nähe des Güterbahnhofes und der beiden Autobahnzubringer der Reichsautobahn Berlin – Hannover und Hamburg – Harz.«[223]

Anlage und Form der Stadt zeigen den Einfluß der verschiedenen im Dritten Reich diskutierten Städtebaukonzeptionen, auch wenn die Stadt mit ungefähr 130 000 Einwohnern die Idealgröße von 20 000 Bewohnern erheblich überschritten hätte. Feders Meinung nach ist die runde Stadtform die organischste, weil bei ihr alle Kerne günstig zueinander liegen und sie besonders kurze Wegstrecken ermöglicht. Mit Ausnahme der Rundform finden sich jedoch sonst keine »malerischen« Gestaltungselemente; axiale Achsenkompositionen und rechtwinklige Erschließung der Stadtquartiere dominieren. Im Zentrum der Stadt kreuzen sich die beiden Hauptverkehrsachsen (Vorbild: Berlin), die von den ideologisch wichtigsten Bauten, der Volkshalle und dem Sportstadion, flankiert werden. »Die Nord-ost – Süd-west Achse war nicht als eine Straße ausgebildet, sondern bildete einen Ring um das Stadion und die Promenade und endete im Zentrum der Stadt vor dem Platz an der Volkshalle, im Nordosten gingen von einem Verkehrsplatz drei wichtige Straßen zu den Werken und den Reichsautobahnen ab. Die weitere Erschließung der Stadt erfolgte durch eine äußere Ringstraße, die als Grünring ausgebildet war.«[224] Türme markierten teilweise die Einfahrtsstraßen und Blickachsen.

Neben der Hervorhebung der Stadtmitte als politischem Zentrum gehen weitere Einzelheiten auf Feders Stadtkonzept zurück. Die Stadt ist in streng voneinander abgegrenzte Funktionszonen unterteilt: Verwaltungs- und Geschäftsgebiet, Wohnviertel, Produktionsbereich. Die Bauhöhen der Geschäfts- und Bürobauten um das Zentrum waren auf drei Geschosse begrenzt; eine Staffelung der Bauhöhen sollte von hier bis zum Stadtrand erfolgen: zwei- bis dreigeschossige Wohnhäuser mit Volkswohnungen in geschlossener Bebauung, denen sich in den Außenbezirken – dem Gartenstadtkonzept entsprechend – Einfamilienhäuser in offener bzw. aufgelockerter Bebauung anschlossen.

Nur ein kleiner Teil der Wohnbebauung für ungefähr 5000 Menschen wurde bis 1939 fertiggestellt, da nach dem Bauverbot für alle nicht kriegswichtigen Bauten die Bautätigkeit eingestellt werden mußte.

Stadt-Land-Gegensatz

Aufgrund der Beibehaltung der alten Wirtschafts- und Gesellschaftsordnung verschärften sich die Gegensätze zwischen Stadt und Land weiter, da nur dort Kapital investiert wird, wo gute Produktionsbedingungen gegeben sind und sich aus diesem Grund die Industrie nach wie vor nur in einigen Regionen weiter entfaltete, so daß in den traditionellen Agglomerationsräumen die Verstädterung noch zunahm. Da die Stadt wegen des günstigeren Standortes eine höhere Grundrente aufweist als das Land und eine Bodenreform nach 1933 ausblieb, trieb die Übernachfrage nach wie vor die Bodenpreise in die Höhe, so daß sich der Abstand zum »Land« weiter vergrößerte. Der Versuch, die Disproportionen in der Wirtschaftsentwicklung der Landesgebiete durch gleichmäßige Verteilung der Produktion und der Bevölkerung auszugleichen, scheiterte aufgrund der beibehaltenen kapitalistischen Wirtschaftsordnung und damit die Durchführung der Städtegliederung im Sinne der nationalsozialistischen Volksgemeinschaft. *(Abb. 136)*

Im Dritten Reich wurde, da eine übergeordnete Planung erforderlich war, eine Reichsstelle für Raumordnung eingerichtet, die die Industrieansiedlungen und Industrieverlagerungen sowie den Raumbedarf der öffentlichen Hand (Partei / Wehrmacht) koordinieren und die Reichs-, Landes- und Ortsplanung vereinheitlichen sollte; sie verfügte über Weisungs- und Einspruchsrecht. Sie besaß aber bezeichnenderweise keinen eigenen Planungsstab, sondern richtete statt dessen 13 Landesplanungsgemeinschaften ein. Auch wenn immer wieder betont wurde, daß der Raum des Vaterlandes der Volksgemeinschaft und nicht dem einzelnen zustehe – »Absage an die Baufreiheit« – und der Boden keine Ware sei (§ 17 des Parteiprogramms der NSDAP sah eine Bodenreform vor), erfuhr das Bodenrecht keine Neufassung; die Enteignungsmöglichkeiten beruhten auf Gesetzen, die vor 1933 (erstes Gesetz von 1874) verabschiedet worden waren. Auch andere Gesetzes- und Rechtsverordnungen regelten nur Teilfragen des Bodenrechts und schöpften lediglich die schon bestehenden Möglichkeiten aus (1933 Wohnungssiedlungsgesetz, 1935 Gesetz über die Aufschließung von Wohngebieten, 1936 Verordnung zur Regelung der Bebauung, 1936 Verordnung über die Zulässigkeit befristeter Bausperren). Da das Dritte Reich am Prinzip des privaten Bodeneigentums festhielt, konnten Planungen der Reichsstelle nur nach Kriegsbeginn im Osten durchgeführt werden.

Weil die Unterbringung der »Massen« in der Stadt nicht als Aufgabe der Industrie angesehen wurde und der Staat den Wohnungsbau weitgehend privatisiert hatte, erfolgte eine zunehmende Verdrängung der Bewohner aus den Stadtquartieren, da das Kerngebiet der Stadt von Staat und Partei sowie der Wirtschaft beansprucht wurde.

Kriegswichtige Produktionsstätten, die aus Gründen des Luftschutzes dezentralisiert wurden, sind in keiner Weise als »Umbau des deutschen Lebensraumes« anzusprechen. Einschränkend muß jedoch festgestellt werden, daß bis 1934/35 eine Wiederherstellung des Gleichgewichtes zwischen Stadt und Land durch Stärkung der Landwirtschaft und Fortführung der Siedlungspolitik der Weimarer Republik versucht wurde. Die verstärkte Aufrüstung zog jedoch eine geänderte Beurteilung der Stadt nach sich: jetzt wurden sogar einzelne zentrale Orte verstärkt gefördert.

Die Industrialisierung und Mechanisierung der Landwirtschaft, die den Gegensatz zwischen Stadt und Land hätte mildern können (Erzielung einer überdurchschnittlichen Agrarrente), verlangsamte sich statt dessen sogar im Dritten Reich, und mit der Rüstungskonjunktur trat eine weitere erhebliche Verschiebung zugunsten der Stadt ein. Es wurden auch keine neuen Siedlungs- und Hoftypen entwickelt, auf einen Ausbau schulischer Einrichtungen verzichtet und der Infrastrukturbereich insgesamt vernachlässigt. Aufgrund der geschlechtsspezifischen Rollenverteilung stand hier die Gleichstellung der Frau nicht zur Debatte. Die gleichmäßige Verteilung von Klein-, Mittel- und Großstädten über das Reich blieb Wunschbild, genauso wie sich die kleinbürgerliche Agrar- und Kleinstadtromantik nicht erfüllte, da sich kapitalistische Produktionsverhältnisse nicht auf handwerkliche und kleinbäuerliche Produktionsweisen zurückschrauben lassen. Mit Hilfe der Propagierung kleinbürgerlicher Denkvorstellungen und einheitlicher architektonischer Formung durch die »deutsche Baukultur« versuchte der Nationalsozialismus, die Verschärfung des Gegensatzes zwischen Stadt und Land ideologisch und formal zu kompensieren.

Obgleich die Vertreter der völkisch-organischen Theorie während des Krieges dem »ländlichen Bauen« unverändert eine bevorzugte Rangstellung für den Wiederaufbau einräumten, beweisen die Neu- und Umbaupläne ab 1936/37, die verstärkt im Krieg weiterentwickelt wurden, daß mit der Beendigung der Kampfhandlungen und dem Sieg »der überlegenen nordischen Herrenrasse« die Stadt und die städtischen Bautypen und -formen im Mittelpunkt des Wiederaufbaus gestanden hätten: »Berlin muß in kürzester Zeit durch seine bauliche Neugestaltung den ihm durch die Größe unseres Sieges zukommenden Ausdruck als Hauptstadt eines starken neuen Reiches erhalten. In der Verwirklichung dieser nunmehr wichtigsten Bauaufgabe des Reiches sehe ich den bedeutendsten Beitrag zur endgültigen Sicherstellung unseres Sieges. Ihre Vollendung erwarte ich bis zum Jahre 1950. Das gleiche gilt auch für die Neugestaltung der Städte München, Linz, Hamburg und die Parteitagbauten in Nürnberg. Alle Dienststellen des Reiches, der Länder und der Städte sowie der Partei haben dem Generalbauinspektor jede geforderte Unterstützung zu gewähren.«[225] 1942 wurden Speer die planerischen Vorarbeiten zum Wiederaufbau der bombengeschädigten Städte, die bis dahin das Reichsarbeitsministerium geleitet hatte, übertragen.

Obgleich die »einmaligen historischen architektonischen Zeugnisse deutscher Kultur« immer wieder hervorgehoben wurden, ist aufgrund der bis 1939 herrschenden Baupraxis des Nationalsozialismus davon auszugehen, daß zur Verwirklichung der Neu- und Umbaupläne bedenkenlos historische Bausubstanz vernichtet worden wäre, da man nachdrücklich nicht einen Wiederaufbau, sondern einen Neuaufbau forderte. Nach dem Berliner und Münchener »Modell«, das auch dem Stadtentwurf von Rimpl zugrunde lag, hätten wohl alle größeren Städte ein »monumentales Achsenkreuz« und eine neue »Stadtkrone« in Form eines Parteiforums erhalten; riesige Denkmäler hätten neue Stadtsilhouetten geschaffen.

Interessant sind die um 1942 angestellten städtebaulichen Überlegungen, die Verkehrsflächen der Stadt für den Fußgänger zurückzugewinnen wollten. Man plante, nicht nur das Parteiforum für den Fahrzeugverkehr zu sperren, sondern auch aus den anderen Straßen der City den Wagenverkehr zu entfernen und ihn statt dessen auf einige Hauptstraßen zu konzentrieren. Diese Planungen der 40er Jahre nehmen die Idee der Fußgängerzonen nach 1945 vorweg.[226]

Neben Berlin hat sich Hitler während des Krieges besonders mit dem

Ausbau seiner Heimatstadt Linz beschäftigt – mit einer gewaltigen neuen Gemäldegalerie (Gartenfront: 150 m Länge), in der ein Großteil der geraubten Kunstwerke ausgestellt werden sollte, und weiteren Monumentalbauten wollte er Wien übertreffen. In einer Krypta in Linz wollte Hitler nach seinem Tode auch beigesetzt werden.[227]

Das ganze Reich sollte von nationalsozialistischen Bauten geprägt werden: »So wurde, wie es wiederaufgefundene Pläne ergänzend bestätigen, mitten im Land und an den Grenzen verteilt ganz Deutschland mit Jugend-, ›Ordens‹ und Schulungsburgen, den Partei- und Verwaltungsbauten, den Kunsttempeln, Stadien, Aufmarschplätzen, Kasernen, nationalsozialistischen Denkmälern überzogen. Sie sollten neue ›architektonische Brennpunkte‹ bilden, gebaute Leitbilder von ›Reich‹ und ›Volksgemeinschaft‹ sein.«[228] Alle Bauwerke sollten durch das dichte Autobahnnetz verbunden werden.

Entlang der Grenzen des zukünftigen Europa – worunter der Herrschaftsbereich des nationalsozialistischen Deutschland verstanden wurde – sollten sich gewaltige Denkmäler und Totenburgen erheben. Während die Denkmäler an der Atlantikküste als Verkörperung der »Einigung« Europas und monumentale Orientierungszeichen geplant waren, sollten die Totenburgen im Osten vor allem Symbol der »germanischen Ordnungskräfte« sein und den slawischen Untermenschen die Macht der neuen Herrenrasse veranschaulichen.

Für die west- und mitteleuropäischen Länder war ein Staatenbund vorgesehen, in dem die Länder nach den Wünschen der Großindustrie bzw. der Privatwirtschaft in erster Linie durch Kapitalbeteiligungen und Kapitalverflechtungen wirtschaftlich beherrscht werden sollten, so daß ein west- und mitteleuropäischer Wirtschaftsgroßraum unter Führung des deutschen Reiches entstanden wäre. Während des Krieges übernahmen Flick, Klöckner und Röchling als »Treuhänder« die französische Schwerindustrie, in Südosteuropa (Bulgarien, Rumänien, Ungarn) kontrollierte die IG-Farben den Ölsaatenanbau, während die Erdölgewinnung in Rumänien weitgehend mit Hilfe der Kapitalmittel deutscher Banken erfolgte.[229]

Nach den Planungen, für die vor allem die Reichsstelle für Raumordnung zuständig war, sollte der Westen wirtschaftlich beherrscht werden, der Osten dagegen eine »Germanisierung« erfahren. Die östliche Reichsgrenze sollte der Ural (»von Ladoga bis zum Schwarzen Meer«) bilden, womit die alten Ziele des Ostmarkvereins von 1894 aufgegriffen wurden. Polen wurde in viele Teile und Splitter zergliedert (Reichsplanung in den Ostgebieten vom 8. 10. 1939), wobei man die ehemaligen deutschen Gebiete zu »Reichsgauen«, die übrigen polnischen Gebiete dagegen zum »Reichsnebenland« erklärte. Die politischen Zentren sollten – was auch z. T. geschah – eingeebnet werden; so sollte, Vorschlägen einer Planungsgruppe aus Würzburg vom 6. 2. 1940 zufolge, Warschau nur noch über 100 000 Einwohner und 1/20 seines Umfanges von 1938 verfügen. Vorgesehen war, alle historischen Bauwerke abzureißen (75 % der Bauten – u. a. das Königsschloß) und das »Verkehrskreuz Warschau« zu beseitigen. Das deutsche Generalgouvernement für Polen erstellte einen Generalbebauungsplan, durch den Orte »rein deutschen Ursprungs« zu Mittelpunkten neuer Distrikte ernannt wurden. Mit Hilfe des Generalbebauungsplanes sollten u. a. die »nichtdeutschen Flachdächer« beseitigt werden (Richtlinien zur Pflege und Verbesserung des deutschen Ortsbildes im deutschen Osten von 1940), und zahlreiche Kreishäuser wurden entsprechend der nationalsozialistischen Baugesinnung umgebaut, d. h. es fanden Elemente des Heimatschutzstiles und der offiziellen Baukunst Verwendung. Die Führungsschichten Polens sollten zu großen Teilen liquidiert werden – was auch teilweise geschah – und die Jugend »gesiebt« werden, d. h. »rassisch wertvolle Elemente« wären in nationalsozialistischen Erziehungsanstalten erzogen worden.

Neben Polen war Rußland das Land, das für die »arisch-nordische Rasse« den völkischen Lebensraum bot. Nach den Raumordnungsplänen für Osteuropa wurde Rußland zur »Kolonie« des Reiches und in vier Reichskommissariate eingeteilt. 1941 wurde Alfred Rosenberg zum Minister für die besetzten Ostgebiete ernannt. In der Kolonie sollten 120 000 Baltendeutsche, 126 000 Deutsche aus den sowjetisch besetzten Ostgebieten und 200 000 Deutsche aus Rumänien sowie »freigesetzte« Bauern aus dem Reichsgebiet angesiedelt werden. Bei Verwirklichung der »Germanisierungspläne« wäre die ansässige Bevölkerung – ungefähr 30 Millionen Menschen – aus dem neuen Siedlungsland »vertrieben«, d. h. entweder nach Sibirien umgesiedelt oder liquidiert worden.[230] Die verbleibenden 14 Millionen Menschen sollten als rechtloses »Arbeitsvolk« (Sklaven) der Herrenrasse zur Verfügung stehen und auf einem niedrigen Kulturniveau gehalten werden.

Die Russen sollten keine höhere Schule, sondern lediglich eine vierklassige Volksschule besuchen. Das Erlernen des Lesens wurde als nicht erforderlich angesehen – das Schreiben ihres Namens sollte genügen. In der Schule sollten sie erfahren, daß es ein göttliches Gebot ist, den Deutschen zu gehorchen.[231]

Bis Kriegsende blieb die Entscheidung offen, ob Rußland industrialisiert oder ein reines Agrarland werden sollte. Da aber die Schwerindustrie den Abbau der Bodenschätze fortsetzte, ist anzunehmen, daß die Großindustrie es nicht zugelassen hätte, Rußland lediglich als »Ernährungsbasis« anzusehen.

Für die neuen Ostgebiete wurde eine Bauernsiedlungsgesellschaft gegründet, die einen Wall gegen die »slawische Flut« bilden sollte. Vorgesehen waren in Rußland weitläufige »Wehrbauernsiedlungen«, die sich aus 30–40 Bauernstellen zusammensetzen und sich um einen »Führerhof« gruppieren sollten. Ein Siedlungsstützpunkt sollte ungefähr 2000 qkm umfassen. Die neuen Dörfer und die wenigen deutschen Städte, in denen Gouverneurspaläste Sitz der politischen Macht waren, hätte man mit »deutschem Grün« – mit Dorfeichen und Dorflinden – versehen. Als Verkehrsverbindung zu den östlichen Kolonien waren Autobahn- und Eisenbahnlinien geplant, die durch Polen geführt und Abzweigungen zu den baltischen Staaten und zur Ukraine erhalten hätten. An diesen Linien waren die 36 germanischen Siedlungsstützpunkte vorgesehen. In 30 Jahren sollte die »Eindeutschung« der Ostgebiete abgeschlossen sein.

Die Betonung des Eigengewichtes der nationalsozialistischen Führung bei der Ausbreitung ihrer Herrschaft in west- und südeuropäischen sowie in den östlichen Ländern muß aufgrund der neu entdeckten Quellen sicher eingeschränkt werden, womit nicht gesagt werden soll, daß jede politische Entscheidung direkt aus Profitinteressen der Wirtschaft abgeleitet werden kann und der Nationalsozialismus reines Vollzugsorgan kapitalistischer Interessen gewesen sei. Die großen Wirtschaftsgruppen (Industrieräte) trugen über den Rüstungsrat die Kriegspolitik zwar mit, hatten aber keine einheitlichen Expansionsziele. So war die Schwerindustrie besonders an den Rohstoffquellen im Osten und an billigen Arbeitskräften interessiert, während die Chemie- und Elektroindiustrie vor allem die Ausschaltung der westeuropäischen Konkurrenz (u. a. Exportverbot) anstrebten. Aus diesem Grund setzte sich besonders die IG-Farben für ein »Vereinigtes Europa« unter deutscher Führung ein. Insgesamt läßt sich feststellen, daß die Kriegsziele des 1. Weltkrieges nur wenig modifiziert wurden.[232]

Auch bei den grauenvollsten Einrichtungen des deutschen Faschismus, den Konzentrationslagern, spielten neben rassistischen wirtschaftliche Zielsetzungen eine Rolle. So wurden Konzentrationslager verstärkt während des Krieges eingerichtet und mit der verschärften Kriegslage begründet, da für eine Steigerung der Rüstungsproduktion in den Privat- und Staatsbetrieben eine große Anzahl billiger Arbeitskräfte nötig war und neben Kriegsgefangenen und Zwangsarbeitern auch KZ-Häftlinge beschäftigt wurden. In Auschwitz wurde deshalb ein Industriekombinat unter Beteiligung der IG-Farben gegründet (1941). Ein KZ-Häftling brachte dem »SS-Wirtschaftsverwaltungshauptamt« (WVHA), zu dem die verschiedenen bestehenden Wirtschaftsämter der SS zusammengefaßt worden waren (die SS kontrollierte u. a. einen Großteil der deutschen Getränkeindustrie[233]), 1 631,– RM Gewinn.[234]

Die Untersuchung der KZ-Lager eröffnet eine neue Dimension für die Interpretation der nationalsozialistischen Stadtplanung, weil sich zwischen den Stadtanlagen und dem Grund- und Aufriß der KZ-Lager erschreckende Übereinstimmungen aufzeigen lassen. Eine strenge Zonung zeichnete das Lager aus: Als Zentrum des Lagers, das meist axial-symmetrisch angelegt war, diente der Appellplatz mit dem Haus des Lagerkommandanten und den Verwaltungseinrichtungen (= Parteiforum). Gleichmäßig waren die Baracken – entsprechend den gesellschaftlichen Ordnungsvorstellungen – an den Achsen aufgereiht. Elektrisch geladene Drahtzäune faßten das Lager ein; sie wurden alle 75 m von Wachtürmen mit Maschinengewehrposten und Scheinwerferbatterien unterbrochen (vgl. die Wachtürme des Zeppelinfeldes). Etwas entfernt umgab ein Kranz von Siedlungen mit Ein- und Zweifamilienhäusern und Villen für das Wach- und Führungspersonal das Lager. Hier lebte man in isolierten Privatbereichen auf seiner »Scholle«, gab sich dem Familienleben hin, fuhr jeden Tag zur »Arbeit« und glaubte nach seinen biologisch-organischen und völkisch-rassistischen Gesellschaftsvorstellungen das Richtige zu tun.

Architektur und Städtebau im Dritten Reich: Analyse und Interpretation

Material

Zur Verkörperung der nationalsozialistischen Bedeutungsgehalte bediente sich die Baukunst des Dritten Reiches ganz bestimmter Materialien: »Man kann ... nicht sagen, daß der Nationalsozialismus sich nicht der modernsten Mittel bediene. Aber sie sind nichts als Mittel, und er ist weit entfernt davon, sie, wie es die Verkünder des sogenannten neuen Stils wollten, zum ausschließlichen Ausgangspunkt der Gestaltung zu machen. Daher ist für den Charakter (der nationalsozialistischen Repräsentationsbauten – Anm. d. Verf.) auch nicht die allerneuste Betonkonstruktion bestimmend geworden, sondern der Werkstein. Er erscheint dauernder. Wer so baut wie der Nationalsozialismus, muß sich der Dauer versichern.

Nur was für Jahrhunderte berechnet ist, darf den Anspruch darauf erheben, wahrhaft gebaut zu sein. Aber die Verwendung des Werksteins hat auch eine sehr gegenwärtige Bedeutung. Sie schafft in viel größerem Umfang Arbeit, als es die reine Betonkonstruktion tun würde. Sie ist daher eine sozialistische Tat.«[235] *(Abb. 137, 138)*

Zur Symbolisierung ihres auf Dauer angelegten Herrschafts- und Machtsystems benötigte die nationalsozialistische Staats- und Parteiarchitektur also Massenbauwerke, bei denen jedoch – anders als bei der Architektur des 19. Jahrhunderts und der imperialen Baukunst um 1910 – zur Erzielung des gewünschten architektonischen Ausdrucks das Material und weniger der historische Formenapparat die entscheidende Rolle spielte, denn durch das Material gelangten die verabsolutierten Ordnungs- und Kompositionselemente sehr viel stärker zur Anschauung.

Da der Skelettbau architektonische Auflösung anstrebt und die beabsichtigte Massenwirkung nicht ermöglicht, wird er entweder bei den »höheren = offiziellen« Bauaufgaben durch die Massivbauweise verdrängt – was ab 1936 auch z. T. geschieht, um bestimmte Baumaterialien einzusparen – oder mit einem monumentalen architektonischen Gewand umhüllt.

Die Forderungen nach Bodenständigkeit, Schlichtheit, Dauerhaftigkeit, Größe und Macht und die Verkörperung der »unerschütterlichen Kraft und Wehrhaftigkeit der nationalsozialistischen Weltanschauung« – diese »Tugenden« galten gleichzeitig als Wesensmerkmale der nordischen Rasse – führten, wie auch von Schrade ausgeführt, zur Verwendung ganz bestimmter Baumaterialien, die als kunstwürdig angesehen wurden und zugleich Bedeutungsträger nationalsozialistischer Ideologie waren (»Worte aus Stein«).

Aus der Hierarchie der Bauaufgaben ergibt sich eine Hierarchie der Materialien. Zwar wurde der Marmor, der bei Repräsentationsbauten immer eine überragende Rolle gespielt hatte, besonders häufig in Innenräumen verwandt, jedoch rangierte im Dritten Reich der Werkstein (= Haustein – u. a. »edler Granit« /Muschelkalkplatten / Travertin) an erster Stelle, weil er dauerhafter und widerstandsfähiger als Marmor ist und den ästhetischen Vorstellungen der Machthaber des Dritten Reiches mehr entsprach. Seine handwerkliche Produktionsweise wurde herausgestellt (Bearbeitung und Formung durch Hauer und Steinmetzen), um mit der Hervorhebung der aufwendigen Herstellung seinen »ästhetischen Wert« zu erhöhen. Durch Verwendung von individuellen bzw. »mit der Hand hergestellten Baumaterialien« bei Staats- und Parteibauten wurden diese bewußt von Bauten und Gegenständen, die industriell gefertigte Materialien und Formen der Massenproduktion verwandten, abgesetzt und ihnen gegenüber künstlerisch aufgewertet. Die Bauten wurden infolge der kostspieligen Herstellungsweise, die oft dadurch gesteigert wurde, daß die Oberflächen durch »zusätzliche« Bearbeitung mit dem Steinbeil noch »handwerklicher« gestaltet wurden, »geadelt«. Auch fast alle Ausstattungs- und Einrichtungsgegenstände der Staats- und Parteibauten (schmiedeeiserne Gitter /geschnitzte Konsolen / Möbel) wurden in der handwerklichen Produktionsweise gefertigt, um den »soliden«, »dauerhaften« und »bewährten« Charakter der Gegenstandsformen zu unterstreichen. Die gleiche Absicht verfolgten die verschiedenen handwerklichen Formen im Siedlungs- und Wohnbereich (Dächer). *(Abb. 139, 140, 141)*

In der Materialhierarchie rangieren der Werkstein und verschiedene Natursteinarten (Grauwacke / Bruchstein) ganz oben, gefolgt vom Ziegelstein, der ebenfalls als Produkt individueller und handwerklicher Produktionsformen angesehen wird und der besonders im Siedlungsbereich die Blut- und Bodenideologie verkörpern sollte. Dieser Bedeutung entspricht in Süddeutschland der Putz. Auf der gleichen Rangstufe wie der Ziegelstein steht das heimische Holz, wobei das Holz allgemein und speziell auch bestimmte Holzarten (Eiche) mit deutschen Wesensmerkmalen in Verbindung gebracht werden.

Auch wenn die neuen Materialien in der ästhetischen Bewertung einen unteren Rang einnehmen, werden bei ihrer Weiterentwicklung und Anwendung große Fortschritte gemacht (Stahlbetonschalenbau / Spannbetonbau / Gelenkbogenbinder- und Leichtträgerkonstruktionen). Aber auch für das traditionelle Material Holz entwickelte man neue Konstruktionsweisen (Holzbinderkonstruktionen / Vollwand- und Gitterbinder – zerlegbare Reithallen). Besonders im militärischen Bereich wurde zunehmend mit vorgefertigten Elementen gearbeitet. *(Abb. 142)*

Die Verwendung von Materialien, die auf handwerklichen Produktionsweisen beruhen, läßt sich als handwerklich-ständisches Denken im künstlerischen Bereich bezeichnen. Die Hervorhebung des handwerklichen Charakters der Produktion – der primär nur für die Oberfläche der Bauwerke (»Versteinerung« der Wandflächen) und für bestimmte Bauaufgaben zutrifft, bei denen industriell gefertigte Materialien und Konstruktionen eine untergeordnete Rolle spielen – verschleiert den Charakter und die Spezifika der kapitalistischen Massenproduktion, die durch Arbeitsteilung, Mechanisierung und teilweise durch Automation der Produktion gekennzeichnet ist. Sie spiegelt den Stand der Produktivkräfte wider und findet im Faschismus vorwiegend bei Bauaufgaben im militärischen Bereich Anwendung. Da einige handwerkliche Formen sogar industriell hergestellt wurden, diente die industrielle Produktion dazu, die Fiktion des Handwerks weiter aufrechtzuerhalten.[236] Die ahistorische Kunstproduktion – wird doch die industrielle Produktionsweise negiert und die handwerkliche Produktion als Ausdruck überzeitlicher künstlerischer Gesetze ausgegeben – entspricht den Kunstvorstellungen der Massenbasis des Nationalsozialismus. Sie hat die Funktion, den den Faschismus tragenden Schichten das Gefühl zu vermitteln, daß das nationalsozialistische System ihren Interessen dient, und gibt gleichzeitig im ästhetischen Bereich das faschistische System als »überzeitlich« und »ewig« aus.

Form und Bedeutung

Die Staats- und Parteibauten des Dritten Reiches sollten sowohl zur Darstellung der nationalsozialistischen Weltanschauung dienen als auch gleichzeitig auf sie hinweisen: »So wie der Nationalsozialismus aber über diese Interessengemeinschaften (gemeint ist die bestehende Wirtschaftsordnung – Anm. d. Verf.) die größere Gemeinschaft der Nation, des Volkes stellt, wird er auch den Werken dieser Gemeinschaft den Vorrang in der Repräsentation gegenüber den Privaten geben. Dies ist entscheidend. Je größer die Anforderungen des heutigen Staates an seine Bürger sind, um so gewaltiger muß der Staat auch seinen Bürgern erscheinen.... Die Gegner werden es ahnen, aber vor allem die Anhänger müssen es wissen: zur Stärkung dieser Autorität entstehen unsere Bauten!... Und weil wir an die Ewigkeit dieses Reiches – soweit wir in menschlichen Maßen rechnen können – glauben, sollen auch diese Werke ewige sein, das heißt, sie sollten nicht nur in der Größe ihrer Konzeption, sondern auch in der Klarheit ihrer Grundrisse, in der Harmonie ihrer Verhältnisse ewigen Anforderungen genügen.«[237] Die »letzte Bedeutung«, der »tiefste Sinn« nationalsozialistischer Architektur ist »ein politisches Bekenntnis«: sie ist »steingewordene Weltanschauung«.[238] Hiermit werden Architekturvorstellungen des 19. Jahrhunderts aufgegriffen und umgeformt. Die Zweckmäßigkeit der Raumverteilung, der Konstruktion und des Materials ist Bedingung und Grundprinzip der Architektur. Oberste Gesetze nationalsozialistischer Architektur sind jedoch nicht die Funktionserfüllung und die formale und konstruktive Organisierung realer Bedürfnisse, sondern angestrebtes Ziel ist »die Bildung politischen Sinns« durch das architektonische Kunstwerk, der durch das Bauwerk insgesamt oder durch einzelne Teile vermittelt werden soll. Dies geschieht durch Festlegung des Raumes mit Hilfe einer eigengesetzlichen architektonischen Ordnung, der Betonung der monumentalen isolierten Form und der Verwendung handwerklicher Baumaterialien.

Um den Sinngehalt der ganzen Fassade zu erfassen, ist eine zu große Nähe der formierten Massen zum Bauwerk hinderlich. Da es sich zusätzlich von der alltäglichen Erfahrungswelt abheben soll, wird es zumeist an Plätzen errichtet (Platzarchitektur) oder, falls die städtebauliche Situation dies zuläßt, aus den Straßenfluchten zurückgesetzt, darüber hinaus hebt es sich durch seine eigengesetzliche räumliche und architektonische Gestaltung von der Umgebung ab. Die monumentale Form und Wirkung wird primär durch den Sockel erzielt, der zur Erhöhung des Kunstwerkes auch im 19. Jahrhundert und anderen Kunstepochen ein wichtiges Stil- und Kompositionsmittel gewesen ist, nun aber die gesamte Wandfläche ergreift: Der massive, glatte und geschlossene Sockel von steinerner Schwere umfaßt den Baukörper in seiner Ganzheit und avanciert so zum Hauptausdrucks- und Anschauungselement. *(Abb. 143)*

Die großen mit Natursteinplatten verkleideten Wandflächen, deren aufgereihte und tief eingeschnittene Fenster mit steinernen Fensterkreuzen versehen sind, die die Kompaktheit des Baukörpers steigern, unterstreichen den festungsartigen Charakter der Bauten, zusätzlich heben axiale und symmetrische Verhältnisse, massive Kantenstrukturen (Eckquaderungen) die Geschlossenheit hervor. Die Verabsolutierung der statischen Rahmen- und Bezugssysteme unterdrückt jeden Eindruck von Bewegung, weshalb räumliche Differenzierungen nach Funktionskomplexen vermieden werden und ungeteilte Massen bzw. symmetrische Grundformen dominieren.

Die kastenförmigen Gewände der Türen und Fenster, die Gesimse und der Führerbalkon sind die einzigen plastischen architektonischen Gliederungselemente. Nur strukturschaffende Schmuckformen wie Pfeiler und Pilaster sind, da applizierte Ornamente dem »historischen Wandel« unterliegen, zugelassen. Kannelierte Pfeiler werden bevorzugt, da sich ihr statischer und blockhafter Charakter besser als schlanke Säulen für den beabsichtigten »kraftvollen« und »soldatischen« Ausdruck eignet. Auf den schmucklosen Oberflächen ist nur die Anbringung des Hoheitsadlers erlaubt. Die Details, z. B. die Vergitterungen der Fenster, wiederholen die architektonischen Ordnungselemente: die Stäbe sind wie die Pfeiler parallel aufgereiht. *(Abb. 144)*

Ganz bestimmte Formqualitäten, die sich mit den Prädikaten hart, machtvoll, wuchtig und beherrschend bezeichnen lassen, werden angestrebt, weshalb man auf die Bildhaftigkeit der historisierenden Architektur verzichtet und statt dessen die Vielschichtigkeit des Bedeutungs- und Ausdrucksgehaltes zugunsten einer Aussage reduziert, um ein zeitloses Herrschaftssymbol zu schaffen. Der monumental gestaltete Massenbaukörper avanciert zum Bildträger.

Infolge der eindimensionalen Anschauung der Architektur bedarf sie nur weniger Herrschaftssymbole und Bauglieder mit symbolischer Bedeutung; Architekturikonographie und -ikonologie des Nationalsozialismus sind demzufolge einfach. So weist die Kuppel (Volkshalle in Berlin) auf die imperialen Weltherrschaftsansprüche hin, sind die Motive des Triumphbogens und des Pinienzapfens, des Adlers und des Löwen traditionelle Herrschersymbole, die in den Dienst der nationalsozialistischen Ideologie gestellt werden. Die fortifikatorischen, memorialen und sepulkralen Architekturzitate verfolgen den Zweck, indem sie Assoziationen wecken, den heroischen Charakter der nationalsozialistischen Weltanschauung herauszustellen; die emotionsstarken Zitate werden zur Beeinflussung im Sinne der nationalsozialistischen Ideologie benutzt.

Im Mittelpunkt der architektonischen Bemühungen steht die Visualisierung des Führerprinzips als Zentralmotiv nationalsozialistischer Herrschaft. Aus diesem Grund wird auf Plätzen und bei den Innen- und Außenräumen der Architektur der Platz des Führers hervorgehoben und die »Masse« auf diese Stelle hin ausgerichtet. Auch bei Abwesenheit des Führers repräsentiert der Führerbalkon die höchste Autorität des nationalsozialistischen Staates. Der Führerbalkon ist neben den Hoheitszeichen wichtigstes Motiv zur Veranschaulichung des gesellschaftlichen Prinzips des Faschismus. Formen, Proportionen und Dimensionen der Baukunst dienen dazu, durch architektonische Größe zu beeindrucken und zu imponieren und durch »düstere, steinerne« Atmosphäre die Menschenmassen einzuschüchtern. Die Architektur will die Massen in den Bann schlagen und verlangt vom einzelnen Ein- und Unterordnung.[239] Da sie das Individuum in die Volksgemeinschaft eingliedern soll, stellt die offizielle Baukunst ein wichtiges Mittel gesellschaftlicher Kontrolle und Lenkung dar, weil sie in autoritäre Verhaltensweisen einübt und ihr eine disziplinierende Funktion zukommt; die gleiche Absicht verfolgt die sich formal unterscheidende Architektur des Privatbereiches. Das Bedürfnis des Menschen nach Kontakt und Gemeinschaft wird im Dritten Reich genutzt, um durch die Veranstaltungen der Volksgemeinschaft die Massen mit Hilfe der »übergreifenden hierarchischen« Ordnung zu führen, wobei die Architektur die Veranstaltungen rahmt und den Autoritätsanspruch des »starken« faschistischen Staates verkörpert, in dem eine Entfaltung des Individuums und der Massen nicht vorgesehen ist.

Der Denkmalcharakter der Architektur dient dazu, ihr die Aura des Allgemeingültigen, Überzeitlichen, Unverrückbaren und Unwandelbaren zu verleihen, da die Baukunst angeblich nicht an Zwecke und Ziele gebunden ist (der architektonische Raum gründet im »Absoluten« und in der »Ewigkeit«). Durch die Aura soll die Architektur als Übermacht erfahren werden. Diese Absicht korrespondiert mit den Intentionen des Nationalsozialismus, die gesellschaftlichen Verhältnisse als naturgegeben und unabänderlich auszugeben. Die Vorstellung vom »ewigen Staat« (= 1000jähriges Reich) findet ihre Entsprechung in ewigen Bauten. So wie der Architektur Eigengesetzlichkeit zugebilligt wird, gibt man den Staat und die Partei als autonom aus; genauso wie die Bauten im öffentlichen Raum dem Betrachter entrückt sind und als nicht einsehbar erfahren werden, bestehen für die Gefolgschaft keine individuellen Einwirkungsmöglichkeiten auf den Staat. Die Vorspiegelung der Allgemeingültigkeit dient dazu, das faschistische System zu festigen und gegebene gesellschaftliche Verhältnisse zu verschleiern. Der Versuch, eine allumfassende Kultur erneut in einer Klassengesellschaft zu etablieren, konnte nur mit machtstaatlichen Mitteln durchgesetzt werden.

Stilistische Erscheinungen und Eigenschaften, wie die schmucklosen Oberflächen, die geraden Linien, die parallelen Pfeilerreihungen (»germanische Tektonik«) und die architektonischen Ordnungen werden als direkter »Wesensausdruck« der nationalsozialistischen Weltanschauung und der nationalsozialistischen Gesellschaftsvorstellungen verstanden; d. h., daß primär der »soldatische Charakter« die Architektur zu prägen hatte und zu ihrem Hauptwesensmerkmal wird. Die »unerschütterlichen« Linien und Pfeilerreihungen sollen daher den geradlinigen Zug von Marschierenden oder die Front der Soldaten versinnbildlichen und sind Symbol völkischer Kraft; der hierarchischen architektonischen Komposition entspricht die soldatische Formation in Reih und Glied. Die versteinerte und glatte Wandfläche soll unangreifbar und unüberwindbar wirken und die besten Charaktereigenschaften des germanischen Kämpfers und seiner Rasse verkörpern, genauso wie die herbe, einfache, bescheidene, schlichte und gerade Formensprache die architektonische Umsetzung soldatischer Charaktereigenschaften darstellt, die mit dem Wunschbild von Ordnung und Disziplin korrespondieren, das der Faschismus von seinen Volksgenossen entwarf. Die angestrebten ästhetischen Eigenschaften der Architektur dauerhaft, hart, unzerstörbar entsprechen dem politischen Sprachvokabular des Nationalsozialismus und galten als die höchsten militärischen Tugenden. Die Architektur hatte die »Lebens- und Ordnungsidee« des Faschismus in Grund- und Aufriß sichtbar zu machen, indem die Hierarchie der Bauaufgaben die gesellschaftliche Hierarchie widerspiegelt, avanciert sie zum »Sinnbild des Staatslebens«.

Der öffentliche Raum: Gestaltung und Funktion

Obgleich der städtische und ländliche Raum durch verschiedene Ordnungsformen und Leitbilder im Sinne der nationalsozialistischen Herrschaftsverhältnisse (»Faschismus als geformtes Leben«) festgelegt und damit der soziale Raum der Volksgemeinschaft als unwandelbar ausgegeben wurde, so ist bisher nur am Rande auf das Wesen und die Form der nationalsozialistischen = faschistischen Öffentlichkeit eingegangen worden. Der architektonische Raum und die Bauformen waren nicht nur Symbole nationalsozialistischer Kunst- und Gesellschaftsvorstellungen, sondern zugleich auch wichtige Elemente zur Herstellung eines sinnerfüllten Wirkungsraumes, in dem bei Feiern, Verpflichtungen und Bekundungen jedem Volksgenossen das Gefühl der aktiven Teilhabe am nationalsozialistischen Staatswesen vermittelt und zugleich die Sehnsucht nach gesellschaftlicher Einheit befriedigt werden sollte. Diese scheinbare Erfüllung in öffentlichkeitswirksamen Massenveranstaltungen zu bestimmten Anlässen stellt das wesentliche Element nationalsozialistischer Herrschaft dar. Um die Gefolgschaft zu sichern und die Massenbasis zu instrumentalisieren, war das organisatorische Erfassen einer möglichst großen Zahl von Menschen Ziel der inszenierten »Massenerlebnisse« – sie sollten die Einheit und Stabilität der Volksgemeinschaft gewährleisten. Aus diesem Grund wurde ein fester Zyklus hoher Festtage eingeführt: Tag der Machtergreifung (30. 1.), Gründungstag der Partei (24. 2.), Heldengedenktag im März, Geburtstag Adolf Hitlers (20. 4.); hinzu kamen der Tag der Arbeit, der Muttertag, die Sommersonnenwende, der Reichsparteitag, das Erntedankfest, der Tag des Münchener Putsches und die Wintersonnenwende. Von ihnen und der Art ihrer Gestaltung ging zweifellos eine große Wirkung aus, so daß ohne ihre Einbeziehung durch eine Funktions- und Wirkungsanalyse die nationalsozialistische Architektur und der Städtebau nur unzureichend erfaßt wären.

»Die Massenveranstaltung ist auch schon deshalb notwendig, weil in ihr der einzelne, der sich zunächst als werdender Anhänger einer jungen Bewegung vereinsamt fühlt und leicht der Angst verfällt, allein zu sein, zum erstenmal das Bild einer größeren Gemeinschaft erhält, was bei den meisten Menschen kräftigend und ermutigend wirkt. ... Im Rudel fühlt er sich immer noch etwas geborgen, und wenn auch in der Wirklichkeit tausend Gründe dagegen sprächen.

Die Gemeinsamkeit der großen Kundgebungen aber stärkt nicht nur den einzelnen, sondern sie verbindet auch und hilft mit, Korpsgeist zu erzeugen. ... Das Wollen, die Sehnsucht, aber auch die Kraft von Tausenden akkumuliert sich in jedem einzelnen. Der Mann der zweifelnd und schwankend eine solche Versammlung betritt, verläßt sie innerlich gefestigt: er ist zum Glied einer Gemeinschaft geworden.«[240]

Die Massenveranstaltungen entsprachen zwar dem Grundbedürfnis des einzelnen nach Teilhabe am gesellschaftlichen und nationalen Leben, sie wurden aber darüber hinaus durch verschiedene ideologische und formale Wirkungsfaktoren vom Nationalsozialismus genutzt, um kleinbürgerliche Verhaltens- und Denkweisen – die emotionale Grundhaltung dieser Schicht und ihre unkritische Beugung vor der Autorität – zu verstärken. Der gelenkte Massenaufmarsch stellt die wichtigste antidemokratisch-plebiszitäre Herrschaftstechnik dar, zu der die Volksgemeinschaft »erzogen« werden sollte. Massenbedürfnisse wurden also aufgenommen und zugleich unterdrückt.

Geschickt wurden im Dritten Reich verschiedene Mittel für die einzelnen Schichten und Klassen eingesetzt. So sprach man mit der Kundgebung am 1. Mai 1933 bewußt die Arbeiter an. Die Ausgestaltung der Mai-Kundgebung weist im übrigen ein wesentliches Element des nationalsozialistischen Versammlungsplatzes auf: Albert Speer schuf als weithin sichtbaren Mittelpunkt, auf den die Kolonnen ausgerichtet waren, eine Fahnentribüne, die von einem riesigen Adler überragt wurde.

Aufgrund der Bedeutung der Massenveranstaltung als der wichtigsten nationalsozialistischen Herrschaftstechnik sind der große Aufmarschplatz und die Volkshalle die bedeutendsten Bauaufgaben. Ohne Rücksicht auf historische Bausubstanz wird – wenn nötig – der notwendige Versammlungsraum geschaffen. Man erweckte auf diese Weise den Eindruck, als werde der städtische Raum, der vorher der kapitalistischen Verteilung und Nutzung unterlag, wieder Allgemeinbesitz: Die Stadt schien nicht länger nur Wohn-, Geschäfts- und Arbeitsraum, sondern auch wieder Lebensraum einer Gemeinschaft geworden zu sein.

Die Massenveranstaltungen im Außen- und Innenraum waren bewußte Inszenierungen von Massenaufmärschen – bewußt, weil sowohl der Raum als auch der Handlungsablauf geplant waren –, bei denen die starre und statische Aufstellung von Formationen oder ständige Bewegung Hauptstilmittel nationalsozialistischer Regie waren.

Außenraum
Stärker als im Innenraum werden auf den Plätzen die Aufmarschachsen und Aufmarschfelder markiert. Bevorzugt wird die rechtwinklige Platzanlage, weil sie sich besser als die ovale Stadionform dazu eignet, hierarchische Ordnungsvorstellungen zum Ausdruck zu bringen. Beim Aufmarsch der Kolonnen – u. a. der SA, SS, der Hitlerjugend und der Arbeitsfront – reiht sich Formation an Formation; sie sind in strenger Geometrie und Symmetrie angeordnet und auf den Führer ausgerichtet. Die Mitte des Platzes ist als breite Straße freigelassen. Die aufgestellte oder marschierende Kolonne gibt dem einzelnen in der Masse die Richtung. Die Uniformierung und der Aufmarsch der Fahnenträger erwecken äußerlich das Bild einer geeinten Volksgemeinschaft, wodurch die Identifikation des einzelnen mit dem »mächtigen Ganzen« ermöglicht werden soll. Die das Massenerlebnis einschließende und rahmende Architektur und die architektonischen Gliederungselemente (u. a. Fahnenmasten) unterstreichen diesen Eindruck. Die Menschenmasse wird so zum Attribut der Architektur, deren Maßstab von der menschlichen Formation vorgegeben ist. Höhepunkt der Veranstaltungen und Feiern sind der Einzug des Führers und der Vorbeimarsch der Kolonnen. *(Abb. 145)*

Innenraum
Wie der Außenraum ist auch der Innenraum militärisch hierarchisch aufgebaut, auf die Mitte ausgerichtet und nach vorne zentriert. Die Massenveranstaltungen liefen nach einem festen Schema ab. Während der Reichspropagandaleiter im Rundfunk – fast alle Großveranstaltungen wurden reichsweit übertragen, um jedem Volksgenossen das Gefühl der Teilhabe zu vermitteln – einen »Tatsachen- und Stimmungsbericht« gab, marschierten die zahlreichen Fahnen- und Standartenträger unter Marschmusik in die Halle. Im Hintergrund war ungefähr ein Viertel der Halle für die Orts- und Parteifahnen freigelassen. Beim Fahneneinmarsch wurde stehend die Nationalhymne gesungen; vorher hatten mehrere Kapellen die Teilnehmer unterhalten, während Spruchbänder, Fahnen und das Zeigen von NS-Symbolen für ihre Emotionalisierung sorgten. Fanfarenstöße und Heilrufe kündigten die Ankunft Hitlers an, der mit einer genau berechneten Verspätung eintraf. Unter den Klängen des Badenweiler Marsches – der grundsätzlich beim Einmarsch Hitlers gespielt wurde – schritt er »ganz allein, ernst und gemessen« durch die Massen zum Podium. Seine Rede endete mit Heilrufen.

Die äußere Ordnung des öffentlichen Raumes

Ein ritualisierter Ablauf bestimmte die äußere Ordnung der Massenveranstaltungen, durch den die Gemeinschaft »nach dem Willen des Führers« geformt wird, d. h. daß das antidemokratische Führerprinzip auf die Gesellschaft übertragen wurde, unterstützt von Zeichen und Symbolen des Dritten Reiches, die genauso wie die Architektur der sozialen Kontrolle und Lenkung dienten. Die Nationalsozialisten übernahmen nicht nur Organisationsformen, sondern auch vertraute Symbole der Arbeiterbewegung und versahen sie mit neuem Sinn. Durch die äußerliche Übernahme der Form und von Elementen der sozialistischen Bewegung wirkte die Gestaltung des öffentlichen Raumes modern.

Die Hakenkreuzfahne war Symbol der Befreiung Deutschlands von nationaler Schmach: Rot wurde von der Arbeiterbewegung entlehnt und sollte den sozialen, weiß den nationalsozialistischen Gedanken der Bewegung verkörpern und das Hakenkreuz den Kampf und Sieg der arischen Rasse symbolisieren. Die Hakenkreuzflagge wurde 1935 Nationalflagge, womit die nationalsozialistische Aufrüstung endgültig zur nationalen Aufgabe erklärt wurde.

Die Hakenkreuzfahne und das Hoheitszeichen waren allgegenwärtig: Zu Ehren von Staatsgästen oder sonstigen Anlässen wie den Olympischen Spielen wurden ganze Städte mit nationalsozialistischen Hoheitszeichen und Fahnen ausgeschmückt. Anläßlich des Besuches von Mussolini in Berlin (September 1937) errichtete man zwischen dem Brandenburger Tor und dem Westend eine Triumphallee, die »in üppigen Drapierungen, mit Girlanden und kunstvoll verknoteten Fahnentüchern, mit Liktorenbündeln, Hakenkreuzen und anderen Wahrzeichen, eine imponierende Theaterkulisse bildete. Leuchtend weiße Pylonen zu beiden Seiten der Allee trugen die Symbole der beiden Regime. Unter den Linden waren Hunderte von Säulen, bekrönt mit vergoldeten Reichsadlern, aufgestellt. Für die Nacht hatte die Regie Lichterspiele mit dem Grün-Weiß-Rot Italiens und der Hakenkreuzfahne ersonnen.«[241] Ein Spalier von Büsten römischer Kaiser hatte am Bahnhof Aufstellung gefunden. Insgesamt wurden 83 Adlerwände und 350 Fahnenmasten aufgestellt, die abends durch offene und verdeckte Anstrahlung beleuchtet waren. Die staatliche Prachtentfaltung ähnelte der des Wilhelminischen Deutschland und entsprach den Kunst- und Staatsvorstellungen der kleinbürgerlichen und bürgerlichen Schichten.

Die totale Erfassung des öffentlichen Raumes durch Herrschaftssymbole sollte einerseits die Größe der Nation demonstrieren und den »neuen Staat« durch »Anschaulichkeit« populär machen, andererseits diente sie dazu, die Allmacht, Alleinherrschaft und Übermacht des »neuen Staates« sowie die geeinte Volksgemeinschaft zu dokumentieren.

Neben den allgegenwärtigen Zeichen und Symbolen bestimmten Uniformen den öffentlichen Raum; sie trugen zur äußerlichen Integration der Volksgemeinschaft bei. Die Uniformen sind Ausdruck der Militarisierung des gesamten öffentlichen Lebens – auch im Produktionsbereich – und spiegeln die Absicht des Nationalsozialismus wider, die Gesellschaft nach militärischen Prinzipien zu führen und die Volksgenossen in militärische Verhaltensweisen und Tugenden einzuüben (Gehorsam / Pünktlichkeit). Das Tragen der Uniform entpersönlichte den Träger und »zwang ihn zur Pflicht«.

Die innere Ordnung des öffentlichen Raumes

Wie der »äußeren« Ordnung des öffentlichen Raumes kommt auch der »inneren« eine besondere Bedeutung zu, denn neben der vorher skizzierten, erprobten und abgesprochenen rituellen Aufbereitung der Veranstaltungen, die oft auf Modellen vorher geprobt worden waren, kommen den Mythen und dem Kult als wichtigste Herrschaftstechniken des Nationalsozialismus ein besonderer Rang zu. Die Förderung mystischer Einstellungen ist das massenpsychologische Grundelement der nationalsozialistischen Massenbeeinflussung. Die Flucht in Mythos und Kult ermöglichte es dem Nationalsozialismus, eine Auseinandersetzung mit der Realität zu vermeiden und machte den faschistischen Staat durch die Verleihung »metaphysischer Weihe« unangreifbar.

Nach dem »Mythos der Nation und der Rasse« waren »alle Deutschen gleichen Blutes«[242], weshalb bei der nationalen, rassischen Gemeinschaft soziale und ökonomische Unterschiede eine untergeordnete Rolle spielen. Er macht soziale Beziehungen undurchschaubar und führt zu einer radikalen Subjektivierung der Geschichte (»große Männer machen Geschichte«). Die Eliminierung der geschichtlichen Dimension führt zu ahistorischem Denken und fördert irrationale Denk- und Verhaltensweisen, verleiht den »Führern der Gegenwart« aber das Gefühl von »Übermenschen«, das sich auf die Nation überträgt. Die Vorstellung vom »Übermenschen« rechtfertigt die »Politik der Tat«.

Ziel der Mythenvermittlung ist die Erziehung zur »neuen Weltanschauung«, d. h. der Volksgenosse soll durch den »neuen Glauben« seinen fehlenden Einfluß auf das gesellschaftliche Leben als natürlich empfinden und durch ihn entschädigt werden. Durch den Mythos von Führer und Gefolgschaft sollen die Versammelten zu einer gläubigen, entpolitisierten Gemeinde werden, der Familie, Privateigentum, Autorität, Kampf ums

Dasein und Rassenkampf als naturgegeben erscheinen; das gesellschaftliche Leben wird in die Sphäre der unwandelbaren Natur entrückt. Beim Mythos vom ethischen Staat stellt der Führer die Verkörperung des Staates dar, der dem Volk »seinen Willen« verleiht; von hier wird verständlich, warum dem Staat »als höchster Form der Organisation des gesamten Volkes« eine entscheidende Funktion in allen Lebensbereichen zukam und die nationalsozialistische Staatsidee als »einheitliche Haltung« dem Volk aufgeprägt werden sollte (»organischer Staat« – Monopol der NSDAP im politischen Bereich). Ohne die Identifizierung mit dem Führer war die Gefolgschaft orientierungslos.

Neben der integrativen Funktion dienten die Mythen der Verhaltensnormierung, indem sie die Volksgenossen zur treuen, gläubigen, gehorsamen, pflichterfüllten »Schicksalsgemeinschaft« zusammenschließen sollten, die sich dem Willen des Führers unterwirft; »Hingabe« und »Selbstaufgabe« galten als die höchsten Tugenden der heroischen Lebenseinstellung. Die Erziehung zur neuen Weltanschauung, bei der kleinbürgerliche Forderungen in Ritualhandlungen und Mythen aufgelöst wurden, erleichterte die Leitbarkeit der Massenbasis und erklärt deren Begeisterung und Fanatismus. In den Massenveranstaltungen schienen die gesellschaftlichen Widersprüche beseitigt zu sein, was der Sehnsucht der Massenbasis entsprach.

Innen- und Außenraum wurden für die nationalsozialistischen Massenveranstaltungen in den Rang eines Kultraumes erhoben. Der Sinn der »symbolisch-wehrhaften Formen« der Architektur ist »erst dann vollendet, wenn er eine Gemeinschaft Gedenkender umschließt«. Eine »völkische Gemeinschaft ohne Wehrwillen« ist vom Zerfall bedroht.[243] Wichtigster Kult ist folglich die Totenehrung. Sie hatte den »Sinn des Todes der Gefallenen gegenwärtig« zu machen als eines »Opfertodes um der Volkheit willen«.[244] Höchste Tugenden des heldischen Einzelmenschen sind die Opferbereitschaft, die freiwillige Entsagung und schließlich der Tod fürs Vaterland. »Das Opfer gehört zum Leben. Es ist eine Macht des Lebens und bindendstes Geheimnis der Gemeinschaft«.[245] Diese neue »Sinnbestimmtheit« des Totenkultes wird durch den sepulkralen Charakter der Veranstaltung, die memorialen Motive der Architektur, durch »Ewige Wachen« und bestimmte Licht- und Musikeffekte und durch pseudoreligiöse Parolen, Formeln und Gelöbnisse bewirkt. Hierdurch erhält der Raum »Verpflichtungscharakter«.

Die ideologische Beeinflussung durch die nationalsozialistischen Massenveranstaltungen und ihre mitreißende Wirkung als spezifische Form faschistischer Öffentlichkeit sind, wie aus zahlreichen Berichten hervorgeht, erheblich gewesen, weil tradierte irrationale kleinbürgerliche Denk- und Verhaltensweisen aufgegriffen und kanalisiert wurden. Durch sie wurden die faktische Unfreiheit und die Verschlechterung der ökonomischen Lage der Massenbasis weitgehend ideologisch kompensiert. Weil sie gegen soziale Nivellierung war und Furcht vor der Vermassung hatte, wurde durch das Verlangen nach gesellschaftlicher Bedeutung, das durch eine Vielzahl von Rangstufen erfüllt wurde und ihrem Wunsch nach sozialem Aufstieg entgegenkam – das demokratische Gleichheitsprinzip widersprach ihrer Autoritätsbereitschaft –, eine Identität zwischen sozialen und nationalen Interessen erreicht. Die Vorstellung, daß sich »jeder als kleiner Hitler« fühlte, verdeutlicht sehr gut die psychologische Situation des Kleinbürgertums im Dritten Reich. Von Zwang und Terror im öffentlichen Raum war infolgedessen wenig zu spüren. Für die Bekämpfung von Widerstand standen jedoch 45 000 Angehörige der Gestapo, 65 000 der Sicherheitspolizei und 2,5 Millionen Ordnungspolizisten zur Verfügung.

Der Staat bzw. die Partei als höchster kultureller Hoheitsträger kontrollierte die Massenveranstaltungen und die Kunst. Es war höchstes Ideal der nationalsozialistischen Führung, den gesamten sozialen Raum ästhetisch zu organisieren. Die nationalsozialistischen Politiker fühlten sich als Künstler – Politik war die umfassendste Kunst. Angestrebt wurde, die Gesellschaft zu einem »Gesamtkunstwerk« zu erhöhen.

In Wirklichkeit jedoch bestimmt der Anteil der Klassen und Schichten an der Produktion und am Konsum den gesellschaftlichen Reichtum und ihre politischen und kulturellen Möglichkeiten. Im Gegensatz zu früheren linken Massenbewegungen und Massenveranstaltungen jedoch waren die des Faschismus antiemanzipatorisch und antidemokratisch, da die Politisierung im Sinne des Nationalsozialismus »kollektives Gehorchen« bedeutet, sollte doch der »Volkswille« lediglich Anordnungen nachvollziehen, denn »Führen heißt: Massen bewegen können«.[246]

Die gemeinsamen Interessen waren vorgegeben, um die faschistische Gesellschaftsordnung als geänderte Form der kapitalistischen Klassengesellschaft zu etablieren.

Ableitung und Abgrenzung

Auch wenn die Übernahme historischer Stilformen zumeist der Festigung und Legitimierung gesellschaftlicher Herrschaft dient, so ist sie nicht von vornherein zu verurteilen, da z. B. die Aneignung von formalen Symbolen der Vergangenheit durch Volksbewegungen zur Emanzipation des politischen Bewußtseins eines Volkes beitragen kann, indem es Geschichte als veränderbar erfährt. Kennzeichen der nationalsozialistischen Baukunst ist es, daß bei ihr von einer systematischen Aneignung historischer Architektur in keiner Weise gesprochen werden kann. Die Baukunst des Dritten Reiches, die im Dienst der nationalsozialistischen Ideologie steht, greift bei der Suche nach formalen Vorbildern, die sich zur Selbstdarstellung sowie zur sozialen Kontrolle und Lenkung ihres Systems anbieten, auf alle die Formen zurück, die sich für ihre »Weltanschauung« eignen und die sie als »Vorfahren« beanspruchen kann. Da im wesentlichen stilistische und nicht thematische Rückgriffe erfolgen und von einer inhaltlichen Rezeption keine Rede sein kann, läßt sich die Art der Aneignung historischer Formen als ahistorisch bezeichnen. Die verwandelten Formen und Bautypen werden von überall genommen und sind auswechselbar, da das nationalsozialistische System lediglich anstrebt, über die Architektur und die einzelnen Bauformen Assoziationen zu wecken. Dem Nationalsozialismus kam es allein darauf an, Formen zu finden, die sich mit der Idee des Staates verknüpfen und verbinden ließen. Grundsätzlich betrafen die formalen Anleihen alle Epochen, aber es ist natürlich, daß bestimmte Formen und Epochen bevorzugt wurden, weil sie als besonders geeignet erschienen. Da zur Verkörperung der heroischen Lebenseinstellung der arischen Rasse zahlreiche Formen der »heroischen Vergangenheit« vereinnahmt wurden, ist eine ausführliche stilistische Ableitung nicht angebracht.

Die offizielle nationalsozialistische Baukunst orientierte sich also nicht so sehr an bestimmten Perioden der Geschichte, sondern griff auf verschiedene Stil-, Form- und Ordnungselemente zurück, die in ein monumentales Rahmen- und Bezugssystem eingespannt wurden; Auswahlkriterium war die Eignung für die angestrebte Aura der Dauer und Überzeitlichkeit. Im Mittelpunkt der nationalsozialistischen Baukunst stand, da Gesetz und Ordnung im Sinne des Dritten Reiches »Wesensmerkmal« der Gesellschaft zu sein hatten und sie durch die Architektur sichtbar gemacht werden sollten, das Aufgreifen absolutistisch-feudaler Architekturtypen, Architekturordnungen und Architekturelemente (Schloß / Palastbauten – Axialität – Loge / Balkon über Portal, über mehrere Etagen reichender Festsaal), genauso wie die Stilmerkmale der sogenannten französischen Revolutionsarchitektur – sie war 1929 durch die Forschungen von Emil Kaufmann bekannt geworden – und des deutschen Klassizismus dem nationalsozialistischen Ausdrucksbedürfnis entgegenkamen. Die stereometrischen Grundformen und strengen Gliederungen des »Preußischen Klassizismus« entsprachen den Vorstellungen vom »soldatischen

Charakter« der Baukunst. Mittelbar spielte auch die antike Architektur eine große Rolle, deren »strenge Formen« sich für die imperiale Staatsauffassung besonders eigneten, genauso wie Formen des antiken Kaiserkultes aufgegriffen wurden. Die tempelartige Volkshalle wurde mit dem antiken Tempel verglichen, unter dessen Dach alle – d. h. die »Herrenrasse der Dorer« – sich zusammenfanden; diese Deutung des antiken Tempels als Volkstempel ist insofern falsch, als der griechische Tempel lediglich von den Priestern betreten werden durfte. Um im nationalsozialistischen Kultraum bestimmte Wirkungsabsichten zu erzielen – memorialer Habitus und sepulkraler und fortifikatorischer Charakter der Baukunst –, griff der Nationalsozialismus bevorzugt auf verschiedene Formen und Typen der mittelalterlichen Architektur zurück (Architekturzitate). *(Abb. 146)*

Wesentlich enger ist die formale und thematische Verbindung zwischen der Architektur des Wilhelminischen Deutschland und der offiziellen Baukunst des Dritten Reiches, weshalb die monumentale Architektur als »organische Weiterführung der vorhandenen echten Ansätze«[247] – der imperialen Baukunst um 1910 – bezeichnet werden kann. Aufgrund der verschiedenen ökonomischen und gesellschaftlichen Rahmenbedingungen kann zwar nicht von einer formalen und inhaltlichen Identität gesprochen werden, doch lassen sich z. T. verblüffende stilistische Übereinstimmungen feststellen. Auch im Wilhelminischen Deutschland dienten die Bauten als Anschauungsmittel imperialer staatlicher Repräsentation (Imponierarchitektur) und der äußeren Glanz- und Machtentfaltung (Siegesallee) und verstellten die architektonischen Kulissen und zeremoniellen Zurschaustellungen (öffentliche Feiern, Paraden) den Blick auf die gesellschaftliche Wirklichkeit. Der Unterschied zwischen der imperialen und nationalsozialistischen Architektur besteht jedoch darin, daß die Baukunst um 1910 stärker in der Geschichte verankert ist und die Aneignung der historischen Formen eine größere Rolle spielte.

Die imperiale Baukunst um 1910 und die konservative Baukunst der 20er Jahre bilden die stilistischen Hauptvoraussetzungen der Architektur des Dritten Reiches; hinzu kommen Architekturvorstellungen des 19. Jahrhunderts – Placierung öffentlicher Gebäude in der City – und der modernen Baukunst der 20er Jahre (Stadtkrone – Volkshaus).

Aufgrund der formalen Ableitung läßt sich konstatieren, daß, wie in der Gesellschaft (Vorstellung des »starken Staates« /über den Klassen stehende Staatsgewalt / absolute Zentralgewalt / persönliche Machtausübung), auch in der Architektur die feudale Tradition in Deutschland nie abgerissen ist und verschiedene Formen und Typen der feudalen ständischen Gesellschaft für das Dritte Reich zum Hauptvorbild avancierten und der Nationalsozialismus mit der monumentalen Baukunst überkommene Mittel architektonischer Beeindruckung benutzte und modernste Mittel hinzuzog. Auch der Privatbereich wurde erheblich von neufeudalen Lebensvorstellungen geprägt: Zahlreiche Parteiführer bewohnten Landhäuser und benutzten Schlösser als Dienstsitz (Palais Prinz Albert in Berlin, 1737–39 – Amtssitz von R. Heydrich). Nahezu identisch sind die übrigen Wohnbautypen im Privatbereich mit der Wilhelminischen Epoche.

Architektur im Ausland: Italien und Rußland

Der italienische Faschismus hatte zuerst ein radikales sozialistisches Programm verfolgt, das u. a. die Gewinnbeteiligung der Arbeiter und die Auflösung der Aktiengesellschaften vorsah, später erfolgte mit dem verstärkten Zustrom kleinbürgerlicher und bäuerlicher Schichten einerseits und von Großindustriellen und Gutsbesitzern andererseits eine Wandlung in eine antisozialistische bzw. antikommunistische Terrororganisation [248], die durch Terror und Überfälle eine Atmosphäre der Unsicherheit und Gesetzlosigkeit schuf, um so die faschistische Machtergreifung durch einen »starken Mann«, der die »Ordnung« wiederherstellte, vorzubereiten.

In der ersten Phase des italienischen Faschismus wurden die Erfordernisse der Produktion mit den politischen und sozialen Strukturen in Einklang gebracht und eine unternehmerfreundliche Finanzpolitik betrieben, die zu hohen Profit- und Akkumulationsraten führte, sowie ein Lohnabbau und eine Erhöhung der indirekten Steuern auf Salz, Zucker, Kaffee und Importwaren durchgeführt; darüber hinaus wurden Staatsbetriebe privatisiert und die Bodenreform abgesetzt. In der zweiten Phase (ab 1935) gewannen die Interessen der Schwerindustrie und die des bürokratischen Apparates das Übergewicht, so daß das sich zunehmend autoritär und totalitär entwickelnde Regime zur imperialistischen Politik überging.

Generell muß jedoch der italienische Faschismus gegenüber dem deutschen als in jeder Hinsicht »schwächer« bezeichnet werden, da in Italien die Durchdringung der Gesellschaft mit einem System von Massenorganisationen zwecks Kontrolle und ideologischer Lenkung der Gesellschaft nicht in dem gleichen Umfang wie im Dritten Reich geschah und die alten Machtgruppen ein höheres Maß an politischer Eigenständigkeit behielten. Obgleich nur eine Partei zugelassen war, erfolgte ab 1925 eine äußerliche Wiederherstellung der Machtbefugnisse der staatlichen Instanzen gegenüber der faschistischen Partei. Ideologisch unterschied sich der italienische Faschismus vom deutschen vor allem dadurch, daß der Rassismus bei weitem nicht so ausgeprägt war.

Da der italienische Futurismus frühfaschistische Züge enthielt (Futurismus ab 1909 – Verherrlichung des Krieges / Auffassung des Künstlers »als Mystikers der Aktion« / Vorbereitung des Irrationalismus) und die moderne Architektur nicht wie in Deutschland aus rassistischen Gründen als »bolschewistisch« und »jüdisch« abqualifiziert worden war, konnte sich die »moderne Staatsform« in Italien wesentlich stärker des Formenvokabulars und der Stilmittel der Moderne bedienen; das »neue Bauen« wurde durchaus – besonders in den 20er Jahren – als die dem modernen = autoritären Staat gemäße Kunstform angesehen. So fand z. B. 1928 eine große Ausstellung mit »rationalistischer Architektur« statt. Die unterschiedlichen Charakterzüge der faschistischen Bewegungen führten also dazu, daß in Italien die moderne Architektur ein größeres Gewicht im Rahmen der offiziellen Baukunst besaß, obgleich die monumentale Architektur auch in Italien das Übergewicht hatte (Akademie der Luftwaffe in Florenz, 1937/38 – Umgestaltung von Brescia 1929/32), die zwar der offiziellen Baukunst des Dritten Reiches ähnelte, aber wesentlich stärker der heimischen klassischen Tradition verhaftet war. Auf sie trifft die Bezeichnung Neoklassizismus eher zu. Im Zuge der militärischen Planungen sparte man auch in Italien zunehmend Stahl- und Stahlbeton ein, und in den Planungen und Richtlinien für die Weltausstellung in Rom (ab 1937) wurden diese Materialien sogar verboten.

Die Gleichsetzung der äußeren Formen – Führungsrolle einer Partei, machtorientierte gesellschaftliche Ordnung, die Mittel der gesellschaftlichen Herrschaft und ihre Techniken (Massenbewegung, Massenmobilisierung = Massenaufmärsche) sowie die gleichen Zwangsmittel –, die von der unterschiedlichen gesellschaftlichen Bedingtheit und Funktion und damit von den gesellschaftlichen sozialen Inhalten abstrahiert, hat nach der Totalitarismustheorie dazu geführt, Faschismus und Kommunismus für wesensgleich zu halten und deshalb gleichzusetzen. Da man die Form für das Wesen der Sache hielt und den Inhalt ausklammerte, setzte man natürlich auch die Kunst der beiden Systeme gleich. Während jedoch der Kommunismus eine klassenlose Gesellschaft anstrebt und aus diesem Grund das Privateigentum abschafft, dient gerade die Etablierung des Faschismus der Sicherung des Privateigentums. (Hiermit sollen natürlich nicht die Gewalttaten der Stalinära beschönigt werden, sondern lediglich vor einer vorschnellen Gleichsetzung der faschistischen mit der kommunistischen [sowjetischen] Gesellschaft und Architektur gewarnt werden.)

Die traditionelle Baukunst in Rußland hatte schon in den 20er Jahren

– wie an anderer Stelle ausgeführt – eine bedeutende Rolle gespielt, da man in der Aneignung des historischen Erbes ein Mittel der Bewußtseinsbildung der Massen sah und politische und gesellschaftliche Zielsetzungen formulierte, die die monumentale Architektur verdeutlichen sollten; über die monumentale Form wollte man sozialistisches Bewußtsein bilden (Denkmalspropaganda). Diese politische und architektonische Auffassung führte zu einer monumentalen Architektur (Palast der Arbeit), die, anders als im Faschismus, in den 30er Jahren verstärkt auch im Wohnungsbau Anwendung fand (Wohnpalast). Über die Form – Aneignung des historischen Erbes – wollte man eine nationale Integration und Identifikation erzielen und damit den sozialistischen Wirtschaftsaufbau durch eine neue »sowjetische Klassik« absichern und legitimieren. Auch wenn bei einigen Bauwerken (Lenin-Mausoleum von A. W. Schtussew, Moskau 1930, und bei dem Pavillon auf der Pariser Weltausstellung von 1937, der von den Nationalsozialisten geringschätzig als »klotzige Monumentalität« abqualifiziert wurde) stilistische Ähnlichkeiten mit der offiziellen Dritte-Reich-Architektur bestehen, so unterscheidet sich die formale Erscheinung doch in wesentlichen Punkten: Form und Ornamentik – die ja im Dritten Reich verpönt war – orientieren sich deutlich an russischen und westlichen Vorbildern, so daß auch hier die Bezeichnung Neoklassizismus angebracht ist. *(Abb. 147)*

Problematisch ist jedoch, daß neue Funktionsanforderungen in historische Formen gehüllt werden. Die Entscheidung für die Entwicklung der Produktivkräfte (Industrialisierung) führte dazu, daß die ökonomischen Zielsetzungen auch gegenüber ästhetischen bestimmend wurden. Infolgedessen wurden die Interpretation der Wirklichkeit und die Artikulation und Umsetzung neuer räumlicher Erfahrungen und Erkenntnisse zurückgedrängt und auf einen einfachen Abbildrealismus reduziert, bei dem neue Formen gering geschätzt werden.

Die allgemeine Legitimationskrise des Kapitalismus Ende der 20er Jahre führte in verschiedenen europäischen Ländern (u. a. Finnland, Portugal, Großbritannien, Österreich, Ungarn) zu antidemokratischen und antiparlamentarischen Bewegungen. Es wäre jedoch falsch, die sich erneut ausbreitende konservative Architektur, die auch dort anzutreffen ist, wo sich kein autoritäres Regime oder keine faschistische Bewegung etablierte, als faschistische Architektur zu bezeichnen. Entsprechend den historischen Differenzierungen sollte die Bezeichnung auf die Baukunst der Länder beschränkt bleiben, in denen der Faschismus an die Macht kam.

Architektur und Städtebau
in der Bundesrepublik nach 1945

Gesellschaftliche Grundlagen

Auch wenn man nach der Niederlage des Nationalsozialismus wesentliche Ursachen für die Entstehung und Entwicklung des Faschismus erkannte – wie den Zusammenhang zwischen »Großindustrie und Faschismus«, die »Mitschuld des Bürgertums« und den Antikommunismus als ideologische Waffe des Faschismus[249] – und das Potsdamer Abkommen (u. a. Entfernung aller Nationalsozialisten aus öffentlichen und halböffentlichen Ämtern) und das sogenannte »Reeducation«-Programm der westlichen Besatzungsmächte durchaus von antifaschistischem und demokratischem Geist erfüllt und vom Bestreben einer gesellschaftlichen Neuordnung geprägt waren, so erfolgte aufgrund der bald einsetzenden Wiederherstellung der kapitalistischen Wirtschafts- und Gesellschaftsordnung lediglich eine Demokratisierung der politischen Herrschaftsordnung. Wie nach 1918/19 nahmen die alten Führungsschichten in Wirtschaft, Politik, Justiz, Verwaltung und Kultur (Ausbildungsbereich) ihre Positionen wieder ein (Argument: für den Aufbau seien Fachkräfte notwendig; noch Anfang der 60er Jahre waren über 50 % der höheren Beamten ehemalige Nationalsozialisten). Das Jahr 1945 stellte insofern keinen entscheidenden Einschnitt dar, als die Unterwerfung der gesellschaftlichen Produktion und Reproduktion unter die Interessen des Privatkapitals auch im Dritten Reich nicht angetastet worden war. Die Währungsreform bevorzugte eindeutig die Sachwertbesitzer, denn, während die Sparer zwischen 93,5 und 95 % ihres Vermögens verloren, büßten die Aktionäre nur 16 % ein. Die Entflechtung der Großindustrie wurde nur teilweise durchgeführt und das Kartellverbot bald gelockert.

Sowohl das faschistische als auch das sozialstaatliche Modell »öffentlicher Herrschaft«[250] besitzen kapitalistische Produktionsverhältnisse. Die veränderten politischen Rahmenbedingungen verbieten jedoch eine Gleichsetzung und einfache Analogisierung der beiden Systeme.

In den zwischen 1945 und 1947 entstandenen Parteiprogrammen und Landesverfassungen wurde das Modell für eine Gesellschaft entwickelt, die in allen Bereichen demokratisiert werden sollte. Doch scheiterten die anfänglich von allen Parteien geforderte Bodenreform und die vorgesehene Verstaatlichung der Schlüsselindustrien in Hessen und Nordrhein-Westfalen am Einspruch der Besatzungsmächte, da die ökonomische, soziale und politische Struktur der Länder von den Siegermächten abhing. Somit stellt die »Entscheidung für den Kapitalismus« in den westlichen Besatzungszonen nicht das Ergebnis eines demokratischen Willensbildungsprozesses dar.[251]

Infolgedessen vollzog sich das »Wirtschaftswunder« der 50er Jahre in den gleichen ökonomischen Rahmenbedingungen, die auch vom Nationalsozialismus für den faschistischen Wiederaufbau vorgesehen waren: Der Nationalsozialismus hatte mit einer »freien Wirtschaft«, bei der die Unverletzlichkeit des privaten Eigentums an den Betrieben garantiert und grundsätzlich eine Verstaatlichung der Industrie abgelehnt wurde, den Wiederaufbau des Dritten Reiches durchführen wollen.[252]

Das nach der Gründung der Bundesrepublik durch amerikanische Kapitalinvestitionen (u. a. Marshallplan – der Marshallplan war mit der Auflage verbunden, keine Verstaatlichung durchzuführen), durch günstige Verwertungsbedingungen (u. a. günstige Arbeitsmarktlage – niedrige Löhne) und durch äußere Ursachen (Wirtschaftsboom infolge des Korea-Krieges) einsetzende Wirtschaftswunder festigte entscheidend die formale bürgerliche Demokratie. Das sozialistische Modell »öffentlicher Herrschaft« – die Veränderung der ökonomischen und gesellschaftlichen Grundstrukturen in der DDR – konnte aufgrund der zahlreichen Anfangsschwierigkeiten, die nicht näher erläutert werden sollen, und wegen der Anwendung machtstaatlicher Mittel für die Bevölkerung der Bundesrepublik keine Alternative darstellen. Darüber hinaus konnte man in der Bundesrepublik während des »kalten Krieges« mit großem Erfolg an die antikommunistische Propaganda des Faschismus (Furcht vor der Invasion der Sowjetunion) anknüpfen, der besonders das Kleinbürgertum erneut erlag.

Infolge des äußerlich glänzenden Wirtschaftsverlaufes, der, wenn auch in unterschiedlichem Umfang, allen Schichten einen bisher kaum gekannten materiellen Wohlstand bescherte, und der »günstigen« Ausgangssituation nach der Niederlage des Nationalsozialismus (u. a. Zerschlagung der Arbeiterbewegung während des Dritten Reiches, Emigration oder Vernichtung linker Intellektueller) konnte auf den äußeren Zwang fast ganz verzichtet werden. So konnte man, ohne auf großen Widerstand zu stoßen, die KPD verbieten. Da während der 50er Jahre die ideologische Beeinflussung darauf ausgerichtet war, daß ein im Interesse aller Schichten ablaufender Gesellschaftsprozeß lediglich auf der Grundlage des Privateigentums und vollkommener individueller Freiheitsrechte möglich sei (Stichworte: soziale Marktwirtschaft / nivellierte Mittelstandsgesellschaft / formierte Gesellschaft – Sozialpartnerschaft), wurde die »freiheitlich-demokratische Grundordnung« immer mehr mit dem Prinzip des Privateigentums an Produktionsmitteln und an Grund und Boden identifiziert. Wer die parlamentarische Demokratie bzw. den gesellschaftlichen status quo für unzureichend hielt, galt infolgedessen als Feind der

Demokratie: allein Besitz und Privatheit wurden als Freiheit begriffen, gesellschaftliche Planung dagegen als unfrei deklariert. Hierbei gibt das Höchstmaß individueller Freiheits- und Selbstbestimmungsrechte außerhalb des Bereiches der materiellen Produktion – öffentlicher Bereich – den einzelnen Gesellschaftsmitgliedern die Fiktion einer universellen Gleichheit im Bereich des Politischen. Die politische Gleichberechtigung ist aber in vielen Bereichen der Gesellschaft – beispielsweise der Wirtschaft – nicht oder unzureichend verwirklicht. Die Folge ist, daß für die entpolitisierte Bevölkerung gemäß den Gesetzen der warenproduzierenden Gesellschaft Erwerb bzw. Konsum zum Hauptlebensinhalt wird. Diese Einstellung fand insbesondere beim Kleinbürgertum Anklang und wurde aufgrund seiner negativen Erfahrungen mit dem Faschismus von ihm begünstigt und gefördert.

Die Restaurationsepoche schloß 1958/59 ab, als das Arbeitskräftepotential erschöpft und die Erweiterung der Produktion nur noch beschränkt möglich war sowie der technische Vorsprung der USA immer größer wurde. Eine Steigerung der Produktion und die Sicherung günstiger Verwertungsbedingungen waren nur noch durch Entwicklung und Anwendung neuer Verfahren und Technologien (Rationalisierung) und – als Voraussetzung hierfür – durch die verstärkte Einbeziehung der Wissenschaft möglich (Wissenschaft als Produktivkraft). Aus diesem Grund erfolgte eine Reorganisierung des Forschungs- und Ausbildungssektors; gleichzeitig setzte sich ein neuer Führungsstil durch (Teamwork). Da für die Umstrukturierung der Wirtschaft erhebliche Kapitalmittel nötig waren, setzten in den 60er Jahren verstärkt Konzentrationsprozesse ein.

Ende der 50er Jahre veränderte sich auch die Rolle des Staates. Wurde nach dem Krieg die staatliche Planung aufgrund der Erfahrungen mit dem Nationalsozialismus weitgehend zurückgedrängt – das föderative System der Bundesrepublik schränkte Planungen ein –, so setzte sich Ende der 50er Jahre die Vorstellung von der Industriegesellschaft durch (wissenschaftlich-technischer Fortschritt bestimmt die Gesellschaft), die dem Staat wiederum eine größere Rolle zubilligte und durch eine bessere Steuerung ökonomischer Prozesse und eine aktive staatliche Konjunkturpolitik gekennzeichnet ist.

Architektur und Städtebau der 50er Jahre
Ideologische Voraussetzungen

Wurden unmittelbar nach 1945 noch die sozialökonomischen Ursachen für die Herkunft des Faschismus erkannt, so setzte sich im Laufe der 50er Jahre die Totalitarismusideologie durch, die Faschismus und Kommunismus gleichsetzte. Diese Gleichsetzung erlaubte es, den Zusammenhang zwischen Kapitalismus und Faschismus zu verdrängen. Die Subjektivierung bzw. Individualisierung der Politik und die Beschränkung der Analyse auf die formalen Erscheinungen des Nationalsozialismus fanden ihre Entsprechung in der Architekturszene, wo in den ersten Jahren lediglich eine formale Auseinandersetzung mit der Baukunst des Dritten Reiches stattfand. So wurde das häufige Fehlen von Architraven in der offiziellen Baukunst des Dritten Reiches als künstlerischer Mangel empfunden und die Verwechslung von Maßlosigkeit und Monumentalität beklagt.[253] Die Wiederherstellung der alten Wirtschafts- und Gesellschaftsstrukturen und der mit dem »kalten Krieg« einsetzende Antikommunismus (»Bildung eines christlich-abendländischen Kulturwalls gegen den Osten«) führten zu einer Verdrängung des Dritten Reiches. Durch Sprengung und Abtragung architektonischer Zeugnisse der offiziellen Baukunst (u. a. Ehrentempel des Königsplatzes in München) und Entferung der Herrschersymbolik wollte man das Dritte Reich in der Architektur bewältigen. Die formale Auseinandersetzung beschränkte sich auf die offizielle Baukunst, während die Architektur des Privatbereiches, die Wohn-, Siedlungs- und Städtebauleitbilder, bzw. die Frage nach der Tradition und Kontinuität der Architektur vor und nach 1933 ausgeklammert wurde. Mit Beginn der Restaurationsepoche setzten sich infolge des unpolitischen »Rufes nach geistiger Wandlung« und »seelischer Erneuerung« alte und nur wenig modifizierte Vorstellungen im ideologischen Überbau durch, die schon das konservative Baugeschehen in den 20er Jahren bestimmt hatten und sozialökonomisch bedingt waren. Fünf zentrale ideologische Motive beherrschen die Architekturszene der 50er Jahre:

1. Ideologie der Heilung durch den Geist.

Nur das unabhängige Individuum (Wert der geistigen Persönlichkeit) könne die materielle Welt »besiegen« – allein die »Intuition erfaßt die Ganzheit«[254]. Die idealistische »Heilung-durch-den-Geist-Ideologie« dokumentiert eine unpolitische Denkweise, weil sie die kapitalistische Wirtschafts- und Gesellschaftsordnung nicht zur Änderung verpflichtet. Da seelische Erneuerung und Vergeistigung die Ziele sind, strebt man nicht eine Veränderung, sondern eine Veredelung der Welt an und entrückt die politischen Bereiche und die gesamtgesellschaftlichen Zusammenhänge der individuellen Erfahrung. Da bei dieser Ideologie die »Persönlichkeit als Schöpfer großer Ideen« und die Elite eine große Rolle spielen, glaubt man im demokratischen Prinzip kein »Allheilmittel« zu sehen.[255] Die »Heilung-durch-den-Geist-Ideologie« führte zum übersteigerten Individualismus.

2. Die Antirationalismusideologie.

Der Rationalismus »verarme« den Menschen.[256] Der »Ideologie-der-Heilung-durch-den-Geist« folgend, wird das Geistige vom Materiellen getrennt: die technische Architektur bzw. die materielle Welt empfindet man »als nicht vom Geist geprägt«[257], weshalb sie mit individuellen Kunstformen verklärt und veredelt werden muß. Mit Hilfe vertraut wirkender und mit Vorstellungen gesicherter harmonischer Existenz verbundener Ausdrücke mit starkem Gefühlsgehalt (Heimat, Familie, Boden) wird der Rationalismus diffamiert und dem Irrationalismus – Geist, Seele, Gemüt – erneut der Boden bereitet, weshalb sich nach 1945 die Pläne nicht durchsetzten, die vorsahen, die Umwelt mit den verfügbaren technischen und konstruktiven Mitteln und Methoden (u. a. Massenwohnungsbau mit vorfabrizierten Elementen) rational zu gestalten. Statt dessen stehen erneut individualisierende Geschichts- und Gesellschaftsauffassungen und individuelle Gestaltungsweisen im Mittelpunkt.

3. Naturideologie.

Die Stadt wird als Brutstätte des Lasters angesehen, in der der Mensch infolge der Zusammenballung entfremdet lebt. In der Natur dagegen vermeint man sich in Freiheit. Aus diesem Grund erhält das »Grün« (Garten – Zeilenbauweise) eine neue Bedeutung: es ist Zeichen der Befreiung von der Großstadt. Dieser Ideologie liegt die Unterscheidung zwischen innerer – Illusion eines frei denkenden und fühlenden Individuums – und äußerer Freiheit zugrunde, die wiederum vom Staat und der Wirtschaft wahrgenommen und repräsentiert wird.

4. Ideologie der organischen Stadtbaukunst.

Da man sich nicht rational mit der Wirklichkeit auseinandersetzt und die Methoden zur Erfassung der ökonomischen und gesellschaftlichen Prozesse nicht ausreichen, will man allein mit Intuition (Ästhetisierung), die ihre Kraft aus den »lebensbefruchtenden Kräften« zieht[258], Städtebau betreiben. Ökonomische und gesellschaftliche Vorgänge erklärt man erneut mit biologischen bzw. medizinischen Konzeptionen, womit der städtische Raum als unveränderbar aufgefaßt wird; unter dem Begriff »Stadtlandschaft« verbirgt sich dabei die alte ständische Gliederung der Gesellschaft.

5. Eigentumsideologie (Grund und Boden als gleiche Wurzeln für alle).

Durch eine möglichst breite Streuung des Eigentums (Bindung der Freiheit der Einzelperson an das Privateigentum, individuelles Naturrecht des Menschen auf Privateigentum – »Eigentum macht frei«) und die Bindung der Individuen an eigenen Grund und Boden und ihre »Verwurzelung« – womit bewußt und unbewußt und in abgewandelter Form Ideologeme des nationalsozialistischen Blut- und Bodenmythos auftauchen, hoffte man, die Klassengesellschaft überwinden zu können.

Den ideologischen Vorstellungen entsprach eine weitgehend mittelständisch-handwerklich orientierte Bauwirtschaft (geringes technologisches Niveau – billige Arbeitskräfte), die bewußt nach dem Krieg gefördert wurde.

Da eine kritische Aufarbeitung und Auseinandersetzung mit dem Nationalsozialismus infolge der Wiederherstellung der alten ökonomischen gesellschaftlichen Strukturen und unter dem Eindruck des einsetzenden »kalten Krieges« unterblieb und auch im Bereich der Baubürokratie und der Hochschule kaum Angestellte und Beamte entlassen wurden, bestimmten die genannten konservativen Leitmotive den Wiederaufbau der 50er Jahre. Mit der Fortführung der ökonomischen und gesellschaftlichen Strukturen »überlebten« also die alten ideologischen Leitbilder und Mentalitäten. Nahezu alle Architekten, die im Dritten Reich gebaut haben, führen ihre Arbeit in den 50er Jahren weiter, genauso wie Paragraphen und Richtlinien im Städtebau und in der Architektur entweder direkt aus dem Dritten Reich übernommen werden oder sich an diesen orientieren. Die ökonomische, gesellschaftliche und ideologische Kontinuität nach 1945 in allen Bereichen schloß ein Anknüpfen an progressive Ansätze der 20er Jahre (Bauhaus) aus. Verschiedene Versuche, bedeutende Bauhausarchitekten – wie Walter Gropius – auf Lehrstühle zu berufen, scheiterten am erbitterten Widerstand der konservativen Hochschullehrerschaft.[259] Auch die Architektur des Auslandes wurde als »Amerikanismus« abgelehnt[260], da man an die konservative handwerkliche deutsche Tradition der 20er Jahre anknüpfen wollte.

Architektur und Städtebau der 50er Jahre

Da die Vermassung in der Großstadt – die Zusammenballung großer Menschenmassen auf engstem Raum – und die materialistische Weltanschauung Ende der 40er Jahre als Hauptursachen für das Entstehen des Nationalsozialismus angesehen wurden und eine »geistige, sittliche und physische« Erneuerung der Grundlagen des Volkes erfolgen sollte, sah man in der »stärkeren Verwurzelung der Bevölkerung mit dem Grund und Boden« – Gewinnung des »inneren Haltes« –[261] die Lösung, um den Faschismus endgültig zu verbannen. Das Aufgreifen und die Fortführung konservativer Architekturideologien, der ruinöse Zustand der Städte und der mit dem »kalten Krieg« einsetzende Antikommunismus führten zu einer Flucht aufs Land und zum Einfamilienhaus als formalem Leitbild sowie zur Kleinstadtsiedlung als dominierender städtebaulicher Erschließungsform, war man doch der Überzeugung, daß der kleinräumige Bereich und der Privatbesitz Schutz vor der Vermassung bieten würden. Da man aufgrund der Erfahrungen mit dem Faschismus gegen Planungen der öffentlichen Hand war, konnte das Privatkapital von der Stadt Besitz nehmen.

Indem man die offizielle Baukunst des Dritten Reiches weitgehend aufgab, glaubte man, den Nationalsozialismus bewältigt zu haben, setzte jedoch den Siedlungsbau und die Wohnungsbaupolitik fort und hielt an den architektonischen und städtebaulichen Leitbildern des Faschismus fest: Wie bei der konservativen Architektur der 20er Jahre steht die Gestaltung der Fassade im Vordergrund und die Klärung eines wirkungsvollen Raumgefüges im Zusammenhang mit funktionellen und konstruktiven Überlegungen ist nur von sekundärer Bedeutung, denn man strebt vielmehr ein geschlossenes, anschauliches Frontbild an. *(Abb. 148/149)*

In den 50er Jahren – »restaurative Wiederaufbauphase« – dominierte erneut der Heimatschutzstil. Infolge der ideologischen Leitmotive steht das Einfamilienhaus im Mittelpunkt: das Leitbild des isolierten landschaftsgebundenen Eigenheims wurde auf alle Bauaufgaben übertragen. Ein äußeres individuelles architektonisches Gewand mit statischen Rahmen- und Bezugssystemen wird über die inneren Funktionen gestülpt. Bei den vorherrschenden Flächenbauwerken überwiegt die glatte Wand, bei den Skelettbauten werden die Pfeilervorlagen zwischen seitlichen massiven Wandflächen vertikal aufgereiht und ornamental umgedeutet (Rasterfassade). Aufgrund der genannten ideologischen Implikationen sind die mit Ziegelstein oder Putz (verputzte Wand = bodenständig = deutsch) verkleideten Wandflächen und die Dachform (Häuser ohne Steildach werden als materialistisch bezeichnet) Hauptausdruckselemente. Nur wenige Bauten des Dienstleistungsgewerbes und der Großindustrie übernehmen die Formensprache der offiziellen Baukunst des Dritten Reiches. Städtebauliches Leitbild ist nach wie vor die »aufgelockerte« bzw. »entballte« Stadt. Die Unterschiede zwischen Stadt und Land werden formal scheinbar durch den rustikalen bzw. ländlichen Vorortcharakter der Städte aufgehoben. *(Abb. 150, 151)*

Formale und konstruktive Alternativen, wie das MAN-Stahlhaus von 1946, das in großen Serien hergestellt werden sollte, oder das Kasseler Staatstheater von Hans Scharoun (1952), das in der Tradition der modernen organischen Baukunst der 20er Jahre steht, werden bekämpft. Das Stahlhaus wird als Massenprodukt von allen Menschen mit »Kulturwillen« abgelehnt, Scharoun wird kurz nach der Grundsteinlegung aus »statischen Gründen« der Auftrag entzogen.[262]

Wohnungsbaupolitik

Das 1. Wohnungsbaugesetz vom 17. 4. 1950 unterschied zwischen dem öffentlich geförderten sozialen Wohnungsbau, dem steuerbegünstigten und dem frei finanzierten Wohnungsbau. Aufgrund der nach dem Kriege herrschenden Wohnungsnot wurde die Wohnungsfürsorge als Pflichtaufgabe des Staates angesehen, weshalb eine Wohnraumbewirtschaftung und die Förderung des sozialen Wohnungsbaus mit öffentlichen Geldern er-

Berlin Charlottenburg-Nord

5 von hundert Wohnungen	1 1/2 Zimmer	43 m²
50 von hundert Wohnungen	2 Zimmer	51 m²
30 von hundert Wohnungen	2 1/2 Zimmer	58 m²
15 von hundert Wohnungen	3 Zimmer	66 m²
Wohnungsdurchschnittsgröße		55 m²

Vergleich von 2 1/2-Zimmer-Wohnungen

	Berlin Charlottenburg-Nord 1937 geplant	Köln Sozialer Wohnungsbau 1953
Gesamt	58 m²	58 m²
WZ und Balkon	18 m²	16 m² ohne Balkon
SZ	13 m²	15 m²
KZ	9,5 m²	11 m²
Küche	7,7 m²	6 m²
Bad	4 m²	5 m²
Flur und Abstellraum	4,8 m²	5 m²

WZ: Wohnzimmer
SZ: Schlafzimmer
KZ: Kinderzimmer

folgte. Die Wohnungspolitik der Bundesrepublik stellt eine direkte Fortsetzung der Wohnungsbaupolitik des Nationalsozialismus dar, sowohl was die Finanzierung (Subventionierung der Mieten durch Darlehen und Steuervergünstigungen), als auch was die formalen und informalen Leitbilder betrifft. Von Anfang an wurden – wie auch im Dritten Reich – eine Zurücknahme der staatlichen Finanzierung und eine Privatisierung des Wohnungsbaus bzw. die Wiederherstellung des freien Wohnungsmarktes angestrebt. Ein Vergleich der Wohnungsgrößen im sozialen Wohnungsbau zwischen dem Dritten Reich und den 50er Jahren zeigt, daß die Maße der Wohnungen identisch sind und nur einige Raumgrößen variieren.

Obgleich das Eigenheim als Leitbild bevorzugt wurde, dominierte in der ersten Wohnungsbauphase bis 1956 das mehrgeschossige Mietshaus. Den Widerspruch löste man, indem man das Mietshaus formal dem Einfamilienhaus anglich und durch den Zeilenbau isolierte Baukörper schuf. Der soziale Wohnungsbau erreichte 1955 mit 320000 Wohnungen seinen Höhepunkt und nahm seitdem mit der zunehmenden Privatisierung des Wohnungsbaus ab.

Auch wenn der Wohnungsbau nach 1945 die Realisierung der Wiederaufbaupläne des Nationalsozialismus darstellt, so besteht doch ein wesentlicher Unterschied: Das Dritte Reich hätte ganz sicher – und hierin besteht der Unterschied zu den 50er Jahren – den Wiederaufbau mit den modernsten Bautechnologien und großen privaten Baufirmen durchgeführt.

Mit dem 2. Wohnungsbaugesetz von 1956 rückte erneut die Förderung des »Familienheims« (Einfamilienhaus) in den Mittelpunkt; der Anteil des Ein- und Zweifamilienhauses am gesamten Wohnungsbauvolumen erreichte bis zu den 70er Jahren einen Anteil von über zwei Dritteln. Der gleichzeitige Abbau der Wohnungszwangsbewirtschaftung (1960: Gesetz über den Abbau der Wohnungszwangsbewirtschaftung) führte dazu, daß die Mieten schneller als die Lebenshaltungskosten stiegen; 1963 wurde die Wohnraumbewirtschaftung endgültig abgeschafft (Einführung der weißen Kreise – Aufhebung der Grundrenteneinschränkung – Abschaffung der Mietpreisbindung).

Man behauptete zwar schon in den 50er Jahren, daß die Wohnungsnot primär durch Beschränkung der Wohnungspolitik hervorgerufen worden sei, in Wahrheit führten aber die Privatisierung des Wohnungsbaus und die Abnahme des sozialen Wohnungsbaus zu einer erheblichen Verschlechterung der Wohnraumversorgung der Unterschichten, da sie für den Haus- und Grundbesitzer und für die Wohnungsbauunternehmen einen unattraktiven Markt darstellten. Da andererseits die einkommensstarken

Schichten im Laufe der Jahre ihre Wohnbedürfnisse befriedigten, wandten sich die Kapitalgesellschaften in den 60er Jahren oft lieber den gewerblichen Projekten zu. Um eine Verschärfung der Wohnsituation zu vermeiden, wurde einerseits das »soziale Mietrecht« verstärkt, andererseits die Individual- statt Objektförderung eingeführt (1965: Einführung des Wohngeldes).

Da der private Wohnungsbau von der Stadtplanung isoliert ist und sie in den 50er Jahren eine zweitrangige Rolle spielte, bestimmten zunächst die Haus- und Grundbesitzer, in den 60er Jahren dann die Kapitalgesellschaften den Städtebau. Zwar werden durch das Städtebauförderungsgesetz von 1971 die Grundstücke leichter verfügbar und wäre Städtebau nach gesellschaftspolitischen Zielsetzungen also möglich, doch profitieren von diesem Gesetz in erster Linie die großen Kapitalgesellschaften, die den Stadtumbau in ihrem Sinne beschleunigen.

Architektur und Städtebau der 60er Jahre

Mit dem Dreischeibenhochhaus in Düsseldorf (1957/60, Architekten Helmut Hentrich und Hubert Petschnigg), der Internationalen Bauausstellung in Berlin 1957 und den Bauten für die Brüsseler Weltausstellung 1958 (Architekt Egon Eiermann) schließt in der Bundesrepublik die Restaurationsperiode ab, indem man von nationalen Vorbildern abrückt und sich der westlichen Architekturszene zuwendet. Die Gründe hierfür sind in der ökonomischen und ideologischen Umstrukturierung zu suchen. Die Anpassung der Architektur an westliche Vorbilder bedeutete, daß die Formen, die nicht mehr produktionsrelevant und ideologisch notwendig waren, aufgegeben wurden. Im Mittelpunkt steht nun eine Architektur, die sich den veränderten Produktionsbedingungen (Industrialisierung des Bauwesens – Vorfertigung bei bestimmten Bauaufgaben und bei einzelnen Bauteilen) anpaßt. Bei dieser multiplikablen Architektur stehen Fragen der Quantität (technische Überlegungen, Bodenausnutzung) und nicht der architektonischen Qualität im Vordergrund. Es wird in der Regel nicht länger die Demonstration von Herrschaft und Macht angestrebt – sie tritt unverklärt auf. Bei Repräsentationsbauten, bei denen immer schneller wechselnde Architekturmoden das Erscheinungsbild bestimmen, dient die Form der Erscheinungskonkurrenz und dem Prestigebedürfnis der Großfirmen, wogegen im privaten Wohnungsbau der alte Formenapparat beibehalten wird. Er ist Spiegel der noch geringen Industrialisierung der Bauwirtschaft.

Erst in den 60er Jahren wirkt sich die Fortführung der alten Architektur- und Städtebauleitbilder verhängnisvoll für die Städte aus (Stichwort: »Unwirtlichkeit« der Städte). Hatten in den 50er Jahren weitgehend die Haus- und Grundbesitzer das Baugeschehen bestimmt, so greifen seit Ende der 50er Jahre aufgrund der Umstrukturierung im ökonomischen Bereich die großen Kapitalgesellschaften zunehmend in die Stadtentwicklung ein. Sie drängen aufgrund der Bodenpreisentwicklung – eine Bodenreform fand nach 1945 nicht statt – die Wohnbevölkerung und das kleine Kapital zurück, wodurch sich die kapitalorientierte Hierarchie verstärkt: vom Zentrum, das im Dritten Reich durch Errichtung öffentlicher Gebäude als kommerzieller Mittelpunkt an Bedeutung verloren hatte und das nun von den großen Kapitalgesellschaften in Besitz genommen wird, bis zu den nach Schichten gegliederten Wohnvororten und Trabantenstädten. Die Auflockerung und Entflechtung der Städte hatte die Dominanz der Verkehrsplanung (Vorstellung der autogerechten Stadt) zur Folge. Die Errichtung teurer Infrastrukturen in den Außenbezirken und der Bau von Verkehrseinrichtungen (Tiefgaragen) führten zu einer hohen Verschuldung der Kommunen, die dadurch noch gesteigert wird, daß einkommensstarke Schichten häufig außerhalb der Stadtgrenzen wohnen und als Steuerzahler für die Kommunen entfallen. Infolge der hohen Verschuldung ist die Umstellung vom Pkw auf andere Verkehrsarten kaum durchführbar.

Als die negativen Symptome im Städtebau unübersehbar wurden, forderte man eine aktive Steuerung des Städtebaus (Motto des Deutschen Städtetages 1971: »Rettet unsere Städte jetzt«). Der Schutz von citynahen Wohnvierteln (Bonn, Wiesbaden) und eine geänderte Sanierungspraxis (Objekt- anstelle von Flächensanierung) sind erste Zeichen eines Umdenkungsprozesses. Entscheidend wird es jedoch sein, inwieweit die Gesetze des kapitalistischen Marktes in der Stadt durch politische Zielsetzungen nach gesellschaftlichen Bedürfnissen zurückgedrängt werden können.

Exkurs 1:
Die Bauten des Deutschen Herold in Bonn

Die Kontinuität von Formen der offiziellen Baukunst des Dritten Reiches soll anhand der Bauten der Versicherungsgesellschaft Deutscher Herold in Bonn nachgewiesen werden.[263]

Im Gegensatz zu dem stark zerstörten Citykernbereich Bonn blieb das an die Altstadt angrenzende gründerzeitliche Wohnviertel der Südstadt von Kriegseinwirkungen verschont. Anders als in der übrigen Südstadt, wo Reiheneinfamilienhäuser das architektonische Bild des Viertels prägen, bestand das städtebauliche Ensemble an der barocken Schloßachse, die im 18. Jahrhundert angelegt worden war und die beiden kurfürstlichen Schlösser verband und die bedeutendste Kern- und Orientierungszone Bonns darstellt, vorwiegend aus klassizistischen Villen, die zum großen Teil der ersten Hälfte des 19. Jahrhunderts entstammen. Der Grund für den von der Südstadtarchitektur abweichenden Typ ist soziologischer Natur: Hier – an der vornehmsten Wohnallee Bonns – wohnten ursprünglich Angehörige der feudalen Schichten. Das 1910 eingeweihte Gesellschaftshaus des Bonner Bürgervereins in Jugendstilformen war formal hervorgehobener Blickpunkt der Achse.

1947 verlegt der Versicherungskonzern Deutscher Herold seinen Hauptverwaltungssitz von Berlin nach Bonn. 1948/49 erwirbt er zwei Grundstücke an der Schloßachse und errichtet, nachdem die beiden auf den erworbenen Grundstücken stehenden Villen abgerissen worden sind, sein neues Verwaltungsgebäude. Die Baugenehmigung wird erteilt, weil die Kommune im industriearmen Bonn an einem potenten Arbeitgeber interessiert ist. Zusätzlich ist die Entscheidung der Stadt im Rahmen der herrschenden traditionellen Städtebauleitbilder zu sehen. Da die 50er Jahre als Folge des Dritten Reiches planungsfeindlich waren – Planungen im ökonomischen und städtebaulichen Bereich hielt man für ein Hauptkennzeichen totalitärer Systeme –, werden mit der Fortführung konservativer Städtebauleitbilder die Grundlagen für den Stadtumbau der 60er und 70er Jahre gelegt. Die Innenstadt wird als City ausgewiesen, womit die Stadtentwicklungsplanung unverändert bleibt (Zonung der Städte). Die städtebaulichen Konsequenzen des Standortes für das Wohnquartier bei einer Expansion der Versicherung werden nicht gesehen: in dem Moment, wo die großen Wirtschaftsgruppen expandieren und die Bodenpreise steigen, ist die Verdrängung der angestammten Bewohner die logische Folge.

Das Verwaltungsgebäude von 1950 (Architekt Josef Kofferath) ist ein Stahlbetonbau, der durch ein monumentales architektonisches Gewand in einen Massenbau umgedeutet wird: die Formensprache ist der offiziellen Baukunst des Dritten Reiches wörtlich entlehnt (vgl. Luftfahrtministerium von E. Sagebiel aus dem Dritten Reich). *(Abb. 152)*

Nur wenige Einzelbauten der Industrie und des Dienstleistungsgewerbes führten in den 50er Jahren den offiziellen Architekturstil des Dritten Reiches fort – sie bevorzugten in der Mehrzahl den ideologisch scheinbar unverfänglichen Heimatschutzstil. Die architektonische Selbstdarstellung der Versicherung an der Schloßachse verdeutlicht exemplarisch, wer in der Bundesrepublik die ökonomische und politische Führung beansprucht und in der Öffentlichkeit repräsentiert.

Aufgrund der Expansion der großen Wirtschaftsgruppen Ende der 50er Jahre war klar, daß das Verwaltungsgebäude von 1950 auf die Dauer dem Raumbedarf nicht genügen würde und die Versicherung versuchen würde, ihn in der unmittelbaren Umgebung durch Neubauten oder den Umbau von Wohnhäusern zu decken. Infolge unveränderter Flächennutzungs- und Bebauungspläne – das Karree an der Schloßachse ist für eine Mischnutzung ausgewiesen –, konnte die Versicherung bis Ende der 60er Jahre fast alle Häuser an diesem Teil der Schloßachse und an dem angrenzenden Karree aufkaufen: 1968 ging auch der im städtischen Besitz befindliche Bürgerverein in das Eigentum der Versicherung über.

Während der 50er Jahre wurde die Südstadt aufgrund ihrer zentralen Lage – an sie grenzen sowohl die City als auch das Regierungsviertel – zum bevorzugten Standort von Verwaltungseinrichtungen und Dienstleistungsbetrieben. Die Bodenspekulation und Abwanderungsrate der Wohnbevölkerung übertreffen die des Frankfurter Westends.

Anstelle des Bürgervereins errichtete die Versicherung 1972 einen Spekulationsbau (Hotel). Er zeigt die gleiche traditionelle Bauauffassung, auch wenn Elemente der modernen Architektur verwendet werden. Die von überall genommenen Architekturmotive werden in ein statisches Bezugs- und Rahmensystem eingespannt. Festlichkeit wird durch teure Materialien appliziert. Das Gebäude erfüllt die Voraussetzungen einer Platzarchitektur, da sich der Baukörper von seiner Umgebung abgrenzt, sie negiert und seine eigengesetzliche architektonische Ordnung keine Rücksicht auf städtebauliche Erfordernisse nimmt. Kommunikative Bereiche um das Gebäude sind ausgegrenzt, da der Betrachter beeindruckt werden soll. *(Abb. 153)*

Mit dem Ziel, die gesamte Front des Karrees an der Schloßachse zu bebauen, kaufte der Deutsche Herold 1972/73 die restlichen Häuser, wobei er, um die Abrißgenehmigung zu erhalten, 1974 seine Baupläne durch ein »Bürgervotum« in Form eines Preisausschreibens absegnen lassen wollte. In dem sechsseitigen Sonderblatt mit 6 Modellen, das allen regionalen Zeitungen beigelegt wurde, verschwieg er jedoch, daß nur ein Modell laut geltendem Bebauungsplan von 1972 legal war. Infolge massiver Bürgerproteste gegen die Aufkaufpolitik und den Stadtumbau durch die Versicherung war nämlich das Haus, das den Neubauplänen des Konzerns 1974 im Wege stand, 1971 unter Denkmalschutz gestellt worden. Hiermit standen erstmalig legale Hindernisse einer weiteren Expansion des Deutschen Herold im Wege. In dem Begleittext zu der Scheinbefragung (im Rahmen eines Preisausschreibens sollte von 6 Modellen auf Postkarten eines eingeschickt werden) wurde der Bevölkerung mitgeteilt, daß das Volk heute souverän sei und so entscheide wie früher der Feudalherr. Mit dem Votum sollte die Stadt unter Druck gesetzt werden und die Neubaupläne genehmigen. Indem aber keine Alternativen vorgelegt wurden und der Leser lediglich Fassadenentscheidungen treffen konnte, gab sich der Deutsche Herold selbst als neuer Feudalherr aus.

Wie die Modelle zeigen, hat sich an der Bauauffassung der Versicherung bis 1974 nichts geändert, was schon in der Wahl der beauftragten Architekten deutlich wird, denn drei Modelle stammen von Arno Breker und eines von Hanns Dustmann, dem Chefarchitekten für die NS-Jugendherbergen. *(Abb. 154)*

Die Architektur der Versicherung und die Architekten geben Aufschluß über zwei Tatbestände der Nachkriegsarchitektur der Bundesrepublik: Einmal soll die ökonomische und politische Macht des Bauherrn vor Augen geführt werden, wozu der offizielle Baustil des Dritten Reiches benutzt wird, zum anderen beweisen die Architekten, daß die personelle Kontinuität nach 1945 gewahrt blieb. Aufgrund ihrer technokratischen Bauauffassung wichen sie entweder auf den Heimatschutzstil aus oder erfüllten vereinzelt die Wünsche von Bauherrn nach monumentalen Bauten; vergleichbar schnell gelang ihnen Ende der 50er Jahre die »Westorientierung«.

Das architektonische Selbstverständnis, mit dem die Versicherung ein historisches Stadtviertel umstrukturiert, ist mit den Bauvorstellungen der Machthaber des Dritten Reiches vergleichbar. In der Pressemappe von 1974 vertritt die Versicherungsgesellschaft die Meinung, daß die historische Architektur einem »großzügigen und geschlossenen Städtebau im Wege steht. ... Wir verändern ein Stückchen Bonn und setzen neue architektonische Maßstäbe«.[264] Hiermit wird gesagt, daß die eigengesetzliche architektonische Ordnung, die von dem Wirtschaftsunternehmen bestimmt wird, keine Rücksicht auf soziale und städtebauliche Erfordernisse zu nehmen braucht.

Abschließend muß jedoch einschränkend hinzugefügt werden, daß die Architektur des Deutschen Herold für die 70er Jahre einen Einzelfall darstellt, denn seit den 60er Jahren wird die Darstellung bzw. Demonstration von Macht und gesellschaftlicher Herrschaft auch von großen Wirtschaftsgruppen im allgemeinen nicht mehr angestrebt.

Als zweites Beispiel für die Fortführung der monumentalen Baukunst des Dritten Reiches seien die Bauten des Gerling-Konzerns in Köln angeführt, deren leitender Architekt wiederum Arno Breker war (1958 bis 1965 f.). Auch hier wurde die monumentale Selbstdarstellung des Unternehmens angestrebt.[265] Die Hauptgebäude gestalten die zwischen ihnen liegende Straße durch einfassende Propyläen und den rückspringenden Mitteltrakt zur pompösen Platzanlage um. Auch die baulichen Details, die Einfahrt mit der beiderseits vor die flankierenden Seitenflügel gelegten Portikusarchitektur, die schematische Aufreihung der Wandpfeiler (»Wesensausdruck der Ordnung«), die nur von der betonten, auf Pfeilern ruhenden Eingangshalle unterbrochen wird, und die bauplastischen Accessoirs zeigen den bewußten Rückgriff auf die nationalsozialistische Architektur. Grund- und Aufriß der Bauten sind streng symmetrisch-axialen Gesetzen unterworfen. Anstelle des Werksteins wird allerdings weitgehend Marmor verwandt, weil anstatt des wehrhaften der festliche Charakter der Architektur hervorgerufen werden soll. Auch in Köln sprengen die isolierten Anlagen der Versicherung das städtebauliche Gefüge eines ganzen historisch gewachsenen Stadtviertels.

Exkurs 2: Die Bauten der bundesdeutschen Parteien in Bonn

Der zweite Exkurs beschäftigt sich mit der Architektur der bundesdeutschen Parteien nach 1945. Bei der Analyse der Architektur soll eine ideologiekritische Betrachtung der formalen Erscheinung der Architektur, bei der ökonomische, funktionale und bautechnische Aspekte zweitrangig sind, vorgenommen und dabei untersucht werden, inwieweit politische Programme und Vorstellungen der Parteien in der Architektur ihren Ausdruck finden oder sich mit ihnen verknüpfen lassen.

Mit Ausnahme des Dritten Reiches traten die deutschen Parteien bis zu den Neubauten in den 70er Jahren dieses Jahrhunderts als Auftraggeber für Parteizentralen nicht in Erscheinung, da die nebenamtliche Tätigkeit bürgerlicher Honoratioren die Parteien prägte und staatliche und private Einrichtungen für die Parteienarbeit zur Verfügung standen. Anders stellte sich die Situation für die deutschen Arbeiterparteien und die Gewerkschaften dar, die aufgrund ihrer oppositionellen Stellung auf einen kontinuierlich arbeitenden Parteienapparat angewiesen waren (Funktionäre). Als Auftraggeber traten sie aber erst in den 20er Jahren in Erscheinung (Gewerkschaftshaus von Bruno Taut, Berlin 1927).

Der Neubau der CDU von 1972 ist konkreter Ausdruck des Wandlungsprozesses auch der bürgerlichen Partei zu einer zentralisierten Organisation mit hauptamtlichen Kräften, der Mitte der 50er Jahre einsetzte.

Der Neubau wurde aber insofern notwendig, als die CDU 1969 aus der Regierungsverantwortung ausschied und ihr die staatlichen Einrichtungen nicht länger zur Verfügung standen.

Bundeszentrale der FDP

Da die FDP im Gegensatz zu den beiden großen Parteien ihre Bundesgeschäftsstelle nach wie vor provisorisch in einer spätklassizistischen Villa untergebracht hat, soll ihre Architektur nur gestreift werden.[266] Der Typ des Gebäudes läßt sich mit dem Selbstverständnis der Partei und den Wohnvorstellungen ihrer bürgerlich-liberalen Wählerschichten verknüpfen. Die historischen Formen dienen zwar nicht mehr so sehr der Eigentums- und Bildungsrepräsentation, wie das zu ihrer Entstehungszeit der Fall gewesen ist, fungieren aber durchaus noch als Statussymbol.

Standort der Parteigebäude von SPD und CDU – Charakterisierung des Gebietes

Die Bundesgeschäftsstellen der beiden großen Parteien liegen nicht weit voneinander entfernt an der Friedrich-Ebert-Allee (»Diplomatenrennbahn«), der Hauptverbindungsstraße zwischen Bonn und Bad Godesberg. Bevor Bonn Bundeshauptstadt wurde, war das Areal zwischen den beiden Orten kaum bebaut. Als Gebiet mit Mischnutzung ausgewiesen, befanden sich hier vereinzelt Wohnhäuser, Handwerksbetriebe und kleine Fabrikationsstätten. Nachdem Bonn Bundeshauptstadt geworden war, war voraussehbar, daß hier, unmittelbar an das klassische Regierungsviertel anschließend, sowohl die öffentliche Hand als auch der private Dienstleistungssektor ihren enormen Flächenbedarf decken würden. Da jedoch infolge der Planungsfeindlichkeit der 50er Jahre weder neue Flächennutzungs- und Bebauungspläne verabschiedet, noch raumplanerische und städtebauliche Konzepte entwickelt wurden, führte die Ende der 50er Jahre einsetzende Bodenspekulation dazu, daß hier fast ausschließlich kapitalstarke Gruppen ab Mitte der 60er Jahre Verwaltungsbauten errichteten. Die fast totale Vereinnahmung dieses Gebietes durch Spekulationsbauten führte zur Monostruktur, d. h. der Architekt und Stadtplaner besitzt kaum noch Möglichkeiten aktiver Planung, denn die Rolle des Architekten ist darauf reduziert, akzeptable Entwürfe zu liefern, wobei aber der Bodenpreis die Form und Zweckbestimmung der Bauten von vornherein festlegt: er gestaltet höchstens Äußerlichkeiten. Beziehungslos aneinandergereiht stehen an den Verkehrsbändern Großbauten neben kleinteiliger Wohnarchitektur.

Das CDU-Parteigebäude

Anfang der 60er Jahre tauchten erste Überlegungen in der CDU auf, die 27 in Bonn und Umgebung verstreuten Büros der Partei in einem Neubau unterzubringen. Zu diesem Zweck wurde 1963 ein Grundstück an der Friedrich-Ebert-Allee erworben. In einem engeren Wettbewerb entschied man sich 1965 für den Entwurf der Architekten Meid und Romeick, Frankfurt. Der Bauantrag wurde 1965 gestellt, die Baugenehmigung 1967 erteilt. Die Ausführung scheiterte vorläufig einmal an der Finanzierung und einem Anliegereinspruch, zum anderen war durch die Benutzung staatlicher Einrichtungen die Dringlichkeit für einen Neubau nicht gegeben. »Weil wir als Partei die Regierungsgewalt innehatten, war der Parteiapparat auf vielen Gebieten der Aufgabe enthoben, eigene funktionsfähige Einrichtungen zu unterhalten.« [267] Erst mit der für die CDU unerwarteten Wahlniederlage änderte sich 1969 die Situation. Auf dem Bundesparteitag vom 17.–18. November 1969 in Mainz wurde eine Baukommission gebildet, die 1970 zusammentrat. Der 1971 begonnene Bau wurde 1972 fertiggestellt.

Finanziert wurde der Bau durch eine Baustein-Aktion (3 Mill. DM), durch Kommanditeinlagen (Vermögensanlage – 18 Mill. DM) und durch Hypothekendarlehen von gut vier Millionen DM. Für die Aufbringung der Kommanditeinlagen wurde die »Konrad-Adenauer-Haus GmbH und Co. Kommanditgesellschaft« gegründet, die eine 100prozentige Tochtergesellschaft der »Union-Betriebsgesellschaft m. b. H.« darstellt, in der die wirtschaftlichen Interessen der CDU zusammengefaßt sind.

Aus den Finanzierungsangaben wird deutlich, daß das Hauptkriterium für die Wahl des verwendeten Typs die Erwirtschaftung einer möglichst hohen Rendite war (fünf der zwölf Geschosse sind nicht an die eigene Partei vermietet). Hinzu kam der Wunsch der Partei, an diesem Standort durch eine geeignete architektonische Form zu repräsentieren. »Letztlich darf – bei aller gebotenen Bescheidenheit – noch gesagt werden: eine Partei, die das neue Deutschland aufgebaut hat und noch immer die meisten Wählerstimmen auf sich vereinigt, kann auch einmal mit Selbstbewußtsein das Wort Repräsentation aussprechen.« [268]

Infolge der Dominanz ökonomischer Interessen wird der Typ des Verwaltungshochhauses über quergestelltem Eingangstrakt gewählt, der in dieser Ausprägung erstmalig beim Lever-Hochhaus in New York (SOM – 1950) zu finden ist und Vorläufer in den Hochhausscheiben der 20er und 30er Jahre hat (u. a. Mies van der Rohe, Le Corbusier). Eine Stahlbetonkonstruktion bildet das tragende Gerüst des Gebäudes. Der Eingangstrakt, der neben Büros ein Kasino, Säle und Konferenzräume beherbergt

– wobei der große Saal als kreuzweise gespannte Leichstahlkonstruktion ausgeführt ist –, liegt parallel zur Straße. Er ruht teilweise auf Pfeilerstellungen, die so einen offenen Durchblick und Durchgang ermöglichen. Darüber erhebt sich der zwölfgeschossige Bürotrakt, dessen Schmalseite zur Straße ausgerichtet ist; durch Hervorziehung umgreift er gleichzeitig den quergelagerten Eingangstrakt. Hierdurch wird der Haupteingang akzentuiert und zugleich eine überdachte Vorfahrtsmöglichkeit geschaffen.

Auch wenn durch bewußte Lagerung des Bauwerkes auf Stelzen und Schaffung zweier Atriumhöfe im Eingangstrakt Transparenz angestrebt wird, um durch die »offene Bauweise« eine junge, moderne CDU »zu dokumentieren«, und von »der festungsartigen Parteizentrale anderer Prägung« [269] abzusetzen, so läßt sich aus Gründen repräsentativer Selbstdarstellung auch hier die Umwandlung des Skelettbaus in einen Massenbau feststellen. Um ein geschlossenes repräsentatives Fassadenbild zu erhalten, werden die Hauptpfeiler des Bürotraktes, die gesamten Wandflächen und Brüstungsbänder mit Natursteinplatten verkleidet. Lediglich die um die Ecken herumgeführten Fensterbänder mildern diesen Eindruck. Das Motiv der entmaterialisierten Kanten ist ein Motiv der 20er-Jahre-Architektur. Auffallend ist auch die gewollte Schlichtheit der Architektur (klarer Umriß, ungeteilte Baumassen – keine gestalterische Auflockerung etc. . . .). *(Abb. 155)*

Neben der ökonomischen Determiniertheit der Geschoßanzahl (Renditeobjekt) kommt an diesem Standort dem verwendeten Bautyp des Büro-Hochhauses ebenfalls Bedeutung zu. Das Einzelobjekt grenzt sich durch seine Höhe von der Umgebung ab und negiert städtebauliche Erfordernisse, da nur vereinzelte flache Wohn- und Bürohäuser im unmittelbaren räumlichen Umkreis stehen. Aus diesem Grund dient die Höhe des Gebäudes gleichzeitig als Prestigeelement; durch sie will man nämlich mit Hilfe visueller Suggestion Eindruck schaffen. Das Parteigebäude ordnet sich nicht in die bauliche Umgebung ein, sondern konkurriert mit ihr.

Die analysierte Formensprache der Architektur und ihre ideologische Bedeutung lassen sich mit der Programmatik der Partei in Verbindung bringen. Man bekennt sich zu den Hauptprinzipien der bestehenden Wirtschafts- und Gesellschaftsordnung, nämlich dem Rendite- bzw. Profit- und Konkurrenzprinzip. Aus diesem Grund verstand man die Bauaufgabe ausschließlich als Verwaltungs- bzw. Bürogebäude, d. h. man weist sich lediglich durch die Leuchtbuchstaben »CDU« auf dem Dach als Parteigebäude aus. Auch wenn die Partei eine progressive Selbstdarstellung anstrebt, so bringt die gereinigte und monumentale Formensprache der Architektur, auf die der Betrachter ausgerichtet wird und mit der er sich identifizieren soll, Architekturvorstellungen zum Ausdruck, die konservative Denkvorstellungen und autoritäre Verhaltensweisen vermitteln. Die architektonische Aura des Unwandelbaren und Überzeitlichen läßt sich mit Gesellschaftsvorstellungen einzelner Parteigruppen verknüpfen, die den status quo des gesamtgesellschaftlichen Ordnungsgefüges bzw. die tradierten Herrschaftspositionen zementieren wollen. Damit reiht sich die formale Erscheinung der Architektur in eine Bauauffassung ein, die sich seit ungefähr 1910 in der Architektur feststellen und mit konservativen Gesellschaftsvorstellungen verknüpfen läßt.[270]

An dieser Interpretation kann auch die vereinzelte Verwendung moderner Formen nichts ändern. Entscheidend ist das übergeordnete statische Formen- und Ordnungsgefüge der Architektur. Die kommunikativen Bereiche im und um das Gebäude sind zu reinen Verkehrsbändern reduziert, da man dem Betrachter nicht kommunikative Entfaltungsmöglichkeiten liefern, sondern ihn lediglich beeindrucken möchte. Aus diesem Grund ist die Symbolsprache im oben aufgezeigten Sinne festgelegt. Versammlungsmöglichkeiten auf Plätzen, die zur Aufgabenstellung »Parteigebäude« gehören könnten, tauchen gar nicht erst auf und in den Sälen kann man höchstens konsumieren. Obwohl sich die Partei als Volkspartei versteht, ist ihre Architektur massenfeindlich. Ihre Ideale sind der passive und autoritär gelenkte Staatsbürger, seine soziale Kontrolle und die konfliktlose Gesellschaft. Die Architektur verkörpert zwei wichtige Seiten der konservativen Volkspartei: Durch die Wahl des Bautyps bekennt man sich zwar zu dieser Wirtschaftsordnung, wehrt sich aber gleichzeitig gegen die gesellschaftspolitischen Folgen dieser Ordnung.

Das SPD-Parteigebäude

Erst 1949, nach der Wahl Bonns zur vorläufigen Bundeshauptstadt, siedelte die Bundesgeschäftsstelle der SPD nach Bonn über. Bis dahin hatte das Büro Kurt Schumachers in Hannover, das in einer Wilhelminischen Villa untergebracht gewesen war, als Parteizentrale gedient. An der Friedrich-Ebert-Allee, schräg gegenüber dem späteren CDU-Hochhaus, bezog sie 1951 die von Max Taut entworfene Baracke und damit als erste Partei ein eigenes Parteigebäude. Letzteres wurde im Laufe der Jahre dreimal erweitert und symbolisierte anschaulich das »Provisorium Bonn«. Am 23. 6. 1973 beschloß der Parteivorstand einen Neubau. Den engeren Wettbewerb des Bauträgers, der »Neuen Heimat Städtebau Gesellschaft«, gewann das Architekturbüro Novotny / Mähner Offenbach; der entscheidenden Kommission gehörten auch Vertreter der Stadt Bonn an. Von März 1974 bis Oktober 1975 wurde der Bau errichtet. Wie bei dem CDU-

Gebäude sind hier über 200 Mitarbeiter in der Parteizentrale tätig, hier wie dort gibt es eine Tiefgarage. Die Baukosten betrugen ungefähr 17 Millionen DM. Ganz anders jedoch ist die formale Erscheinung der Architektur. Da bei der SPD-Parteizentrale nicht ausschließlich ökonomische Überlegungen Zweck und Form bestimmten und das Gebäude allein als Geschäftsstelle der Partei dient, konnten historische, räumlich-funktionale, konstruktive und architektonisch-formale Überlegungen Ausgangspunkt der Gestaltung sein. Entscheidend ist das Bekenntnis zur architektonischen Vergangenheit der Partei, das sich im gewählten Typ, Grund- und Aufriß ausdrückt: Die weite eingeschossige Eingangs- und Empfangshalle, die, von außen kaum sichtbar, räumlich unterteilt ist und u. a. Konferenzräume, Cafeteria und Kantine beherbergt, und die vier von ihr rechtwinklig abgesetzten zweigeschossigen Büroflügel, die einen kammähnlichen Grundriß ergeben, greifen Gliederung und Erscheinung der alten SPD-Baracke auf. *(Abb. 156)*

Darüber hinaus finden klassische architektonische Ordnungselemente und Formmotive Verwendung: Der Eingangstrakt mit Sockel-, Wand- und Dachgeschoß zeigt die klassische Dreiteilung der Wandgliederung und wiederholt mit modernen Formen und Materialien das alte Stütze-Last-Motiv. Beton- und Keramikplatten, die die nur am Eingang unterbrochene umlaufende Terrasse einfassen, bilden das Sockelgeschoß. Die Wandzone ist in Glasflächen aufgelöst, und ein weit vorkragendes Dach, dessen plastische Ausbildung durch Abschrägung der Oberkante noch gesteigert wird und den Eingangstrakt wie eine Pilzhaube schützend umfängt, bildet die Abschlußzone. Den Übergang zu den vier Bürotrakten markieren geschlossene kubische Türme aus Sichtbeton, die den Umriß auflockern und optisch Gelenkfunktion übernehmen. Bei den Büroflügeln ist das tragende Gerüst aus vorgefertigten Betonelementen nach außen genommen, die so gleichzeitig die Oberfläche plastisch gliedern.

Weitere Spannungsmomente entstehen durch die Verwendung von Materialien mit unterschiedlichen Gestaltungs- und Wirkungsweisen (Beton, Glas, Aluminium), wobei die im ersten Moment transparent wirkende Glasfläche des Eingangstraktes aber aus der Nähe durch ihre filigranhaften Fassungen ein optisch geschlossenes Raumgitter bildet. Um die Monotonie der horizontalen, langen, nicht gegliederten Dachzone zu vermeiden, lockern vertikale Linearelemente (ein Pulk von sechs Fahnenstangen aus Metall) und die plastischen Sichtbetontürme die Hauptfront auf. Der linke der mittleren Türme überragt die anderen Dachaufsätze erheblich: auf ihm ist das Parteizeichen angebracht. Um ein weiteres

Spannungsmoment zu schaffen, versetzte man den Haupteingang aus der Mittelachse nach links.

Das Bauwerk knüpft formal an Bauten der plastischen und rationalistischen Baukunst der 50er und 60er Jahre an und gelangt zu einer überzeugenden architektonischen Synthese (Beispiele: Verwaltungsgebäude der Ford-Foundation, Kevin Roche, John Dinkeloo, New York 1966/67 – Crown-Hall, Illinois Institute of Technology, Mies van der Rohe, Chicago 1952–56).

Die Verwendung eines reichen architektonischen Vokabulars aus klassischen Ordnungselementen, Motiven und auch Proportionen verursacht die Bildhaftigkeit und verleiht dem Gebäude den Charakter von »Bescheidenheit und Würde«.[271] Weniger die Architekturzitate, als der verwendete Typus der Eingangshalle weisen auf den kritischen Punkt dieser Architektur hin. Der Typus geht auf das bürgerliche Bildungsmuseum des 19. Jahrhunderts zurück, das auch im Dritten Reich Vorbild war (Haus der deutschen Kunst in München) und wurde zuletzt in moderner Form von Mies van der Rohe angewendet (Berliner National-Galerie); von ihm wurde auch der Einheitsraum für die Eingangshalle übernommen. Primär der Sockel und die Säulengliederungen heben den Kunsttempel des 19. Jahrhunderts von der Umgebung ab, um anschaulich zu dokumentieren, daß man in ihm in pseudosakraler Atmosphäre und »schweigender Demut« die Kunstwerke auf sich wirken lassen soll. Auch wenn dem Dach des Parteigebäudes eine stärker bergende Funktion zukommt, so ermöglicht es doch nur beschränkt eine Versammlung vor dem Gebäude. Als Platzarchitektur ausgebildet, fehlt ihm gerade dieser Raum, um politische Aufgaben übernehmen zu können. Hierin kommt die Wandlung einer Partei zum Ausdruck, die sich nicht mehr allein als Partei einer sozialen Bewegung, sondern auch als Regierungspartei versteht. Es muß aber angemerkt werden, daß der Bau auf umgebende Plätze hin orientiert ist, die aber aufgrund der jetzigen städtebaulichen Situation nicht geschaffen werden können, da Straßen das Gebäude einfassen.[272] Die Anlage von Plätzen könnte die bisher vorherrschenden traditionellen Verhaltensweisen und die Rollenverteilung des Betrachters in eine stärkere Zwiesprache umwandeln; in Massenversammlungen könnten gesellschaftliche Erfahrungen organisiert werden. Auch wenn die Verwendung klassischer Ordnungs- und Formelemente und das Aufgreifen des Barackentypus diese Architektur in eine historische Dimension rücken, könnte sie durch ihre aktive Rezeption emanzipatorische Kommunikations- und Bewußtseinsstrukturen ausbilden, würde dann das Dach zum sinnvollen Zeichen für Heimat.

Zusammenfassung

Die ideologiekritische Analyse der formalen Erscheinung der Neubauten der beiden großen bundesdeutschen Parteien in Bonn zeigt, daß in den Gebäuden unterschiedliche Architektur- und Gesellschaftsvorstellungen zum Ausdruck kommen. Kleinbürgerliche Kunst- und autoritäre Staatsvorstellungen, d. h. die protzige Prachtentfaltung (Marmor) und ein hierarchisches Gesellschaftsbild, bestimmen die Fassade des CDU-Gebäudes, die dem Renditeobjekt vorgeblendet ist. Es läßt sich als Akklamationsarchitektur bezeichnen. Im SPD-Gebäude dagegen greift man historische Formen und Vorbilder auf, gelangt aber, da sie nicht auf die Vergangenheit gerichtet sind, zu einer neuen Formensprache, wobei aus der kritischen Aufarbeitung von Geschichte humane Kriterien für die Gestaltung der Zukunft gewonnen werden können. Einschränkend muß aber bemerkt werden, daß der ästhetische Rang der Architektur nur mittelbar etwas über die politische Qualität einer Partei aussagt.

Schlußbemerkung

Herleitung, Entwicklung und Nachfolge der Architektur und des Städtebaus des Dritten Reiches haben gezeigt, daß die Aufarbeitung und kritische Auseinandersetzung mit den ideologischen architektonischen und städtebaulichen Konzeptionen und Leitbildern des Nationalsozialismus und ihre Verknüpfung mit den ökonomischen, sozialen und politischen Strukturen dazu beitragen können, auch die Architektur- und Städtebaupraxis der Gegenwart kritisch zu beleuchten. So stellt der vielzitierte Kampf um die »politische und gesellschaftliche Mitte« nichts anderes als den Kampf um den Kleinbürger dar, dessen Denk- und Wertnormen zum allgemeingültigen Maßstab erhoben werden.

Auch wenn sich z. T. verblüffende Übereinstimmungen zwischen einzelnen Ideologemen des Dritten Reiches und der Bundesrepublik feststellen lassen – u. a. die Verabsolutierung der individuellen Natur des Menschen und die Betonung seiner biologischen und außergesellschaftlichen Natur, die angebliche Bedrohung des Landes durch Radikale, der Ruf nach dem starken Staat, die angebliche Unvereinbarkeit von Planung und Freiheit, das Ausgeben der bestehenden Gesellschaft als die natürliche Ordnung – und anzeigen, daß autoritäre und faschistische Tendenzen noch vorhanden sind, so ist eine Gleichsetzung des Dritten Reiches mit der Bundesrepublik falsch und versperrt den Blick auf Phänomene der Gegenwart; nicht jede Repression läßt sich als faschistisch bezeichnen.

Der Zunahme konservativen Denkens und rechtsradikaler Vorstellungen kann nur durch eine langfristige Demokratisierung aller Gesellschaftsbereiche begegnet werden: Nur die Verwirklichung der Demokratie kann die Lehre aus dem Nationalsozialismus sein.

Bildteil

1 Düsseldorf: Mannesmann-Verwaltungsgebäude.
Architekt Peter Behrens. 1911/12.

Linke Seite
2 Ludwig Mies van der Rohe: Entwurf für ein Verwaltungsgebäude aus Stahlbeton. 1922.
3 Berlin: Dienstgebäude der obersten Marinebehörde (Reichsmarine-Amt). Architekten Reinhardt und Süßenguth. 1911–1914. (Aufn. 1976).
4 Leningrad: Petersburger Botschaft. Hauptfassade. Architekt Peter Behrens. 1911/12.

Oben
5 Ludwig Mies van der Rohe: Entwurf für ein Bismarckdenkmal bei Bingen. 1910
6 Emil Fahrenkamp: Ausschnitt aus dem Entwurf für eine Hochschulstadt in Berlin. ca. 1939.

Linke Seite
7 Köln-Marienburg.
Haus Feinhals. Architekt
Joseph Maria Olbrich. 1908.
8 Darmstadt: Arbeiterhaus
Opel für die Hessische
Landesausstellung 1908.
Architekt Joseph Maria
Olbrich. 1907.

Unten
9 Wien: Haus Dr. Scheu.
Architekt Adolf Loos. 1912.

10 Berlin: Turbinenhalle der AEG. Architekt Peter Behrens. 1909.
11 Alfeld a. d. Leine: Faguswerke. Architekt Walter Gropius (zus. mit Adolf Meyer). 1911–1914.
12 Potsdam: Einsteinturm. Architekt Erich Mendelsohn. 1920/21.

13 Stuttgart: Hauptbahnhof. Architekt Paul Bonatz. 1913–1927 (rechts).
14 Stuttgart: Weißenhofsiedlung. 1927. Durchführung: Deutscher Werkbund. Oberleitung: Ludwig Mies van der Rohe. (Im Hintergrund das Mehrfamilienhaus von Mies van der Rohe) (oben).

15 Bonn: Reihen-
einfamilienhäuser aus der
Bonner Südstadt. Beispiele
für konservative Architektur-
auffassung der 20er Jahre.

Obere Reihe
16 Bonn: Pädagogische Hochschule (heutiges Bundestagsgebäude). Architekt Hans Schwippert. 1930–1933.
17 Bonn: Stadthaus. Architekt German Bestelmeyer. 1923–1925.
Untere Reihe
18 Berlin: Shell-Haus. Architekt Emil Fahrenkamp. 1930/31 (Aufnahme von 1976).
19 Berlin: Verwaltungsgebäude des Deutschen Versicherungskonzerns. Architekt Emil Fahrenkamp. 1930 (–1935 Erweiterung).

Linke Seite
20 Basel: Kunstmuseum. Architekten Paul Bonatz und R. Christ. 1931–1936 (unten).
21 München: Umgestaltung des Königsplatzes zum Parteiforum. Architekt Paul Ludwig Troost. 1933–1935. Am hinteren Platzende links der »Führerbau«, rechts der Verwaltungsbau, dazwischen die Ehrentempel (oben).

22 München: Königsplatz. Ehrentempel. Architekt Paul Ludwig Troost. 1933–1935.

25 München: Reichszeugmeisterei der NSDAP. Architekten Paul Hofer, Karl Johann Fischer. 1934–1936.

26 München: Kanzleigebäude des Braunen Hauses. Haupteingang. Architekt Leonhardt Gall. Bauarbeiten während des Krieges eingestellt.

Linke Seite
23 München: Führerbau. Architekt Paul Ludwig Troost (Leitung der Bauarbeiten nach 1934: Leonhardt Gall). 1933–1937. (Aufnahme von 1976; es fehlen die Hoheitszeichen.)
24 München: Führerbau. Große Galerie.

27 Nürnberg. Reichsparteitagsgelände. Gesamtmodell. Architekt Albert Speer. 1934. Vorn der Luitpoldhain mit Eingangsportal, links die Kongreßhalle, ihr gegenüber die Kulturhalle; dahinter links das Zeppelinfeld, rechts das Deutsche Stadion; die große Straße führt zum Märzfeld. Im Hintergrund das Zeltlager.

Rechte Seite

28 Nürnberg. Parteitagsgelände. Zeppelinfeld. Tribünenanlage. Architekt Albert Speer. 1934.

29 Nürnberg: Parteitagsgelände. Zeppelinfeld. Tribünenanlage. Zustand 1976.

Rechte Seite
31 Nürnberg: Parteitagsgelände. Zeppelinfeld. Äußerer Ring von Bastionen um den Aufmarschplatz. Zustand 1976.
32 Nürnberg: Parteitagsgelände. Deutsches Stadion. Architekt Albert Speer. Nicht ausgeführt.
33 Nürnberg: Parteitagsgelände. Deutsches Stadion. Modell.

Unten
30 Nürnberg: Parteitagsgelände. Zeppelinfeld. Tribünenanlage, seitl. Abschlußteil. Zustand 1976.

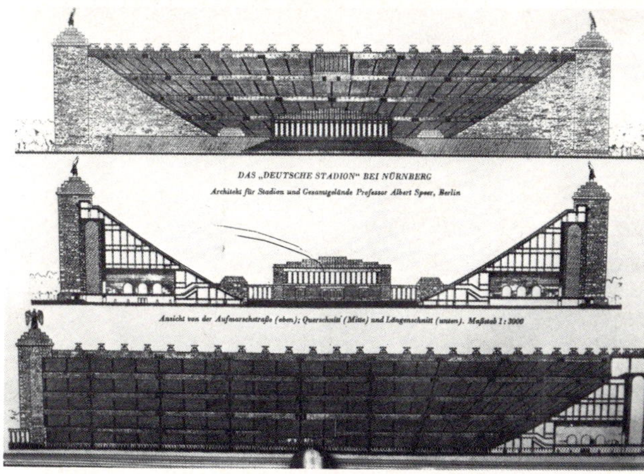
DAS „DEUTSCHE STADION" BEI NÜRNBERG
Architekt für Stadien und Gesamtgelände Professor Albert Speer, Berlin
Ansicht von der Aufmarschstraße (oben); Querschnitt (Mitte) und Längenschnitt (unten). Maßstab 1:3000

35 Nürnberg: Parteitagsgelände. Kongreßhalle. Architekten Ludwig und Franz Ruff. 1935 Baubeginn; sie wurde nicht fertiggestellt. Zustand 1976.

36 Nürnberg: Parteitagsgelände. Kongreßhalle. Innenraumaufnahme während des Baus mit Modell der geplanten Pfeilerordnung.

Linke Seite
34 Nürnberg: Reichsparteitagsgelände. Deutsches Stadion. Außenansicht des Modells.
37 Nürnberg: Parteitagsgelände. Kongreßhalle. Außenansicht. Zustand 1976.

Linke Seite
38 Berlin: Reichsluftfahrtministerium. Modell. Architekt Ernst Sagebiel. 1935–1936.
39 Berlin: Reichsluftfahrtministerium. Ansicht Wilhelmstraße/Ecke Leipziger Straße.
41 Berlin: Reichsluftfahrtministerium. Betonbalkenkonstruktion der Tiefgarage

40 Berlin: Reichsluftfahrtministerium. Haupteingang Leipziger Straße. Zustand 1976.

42 Berlin: Verwaltungsgebäude der Nordstern-Versicherung. Architekt Otto Firle. 1935/1936. Zustand 1976.

Brandenburger Tor

Rechte Seite
45 Berlin: Führerpalast. Grundriß. Architekt Albert Speer. Nicht ausgeführt.
46 Berlin: Führerpalast, Modell. Haupteingang.

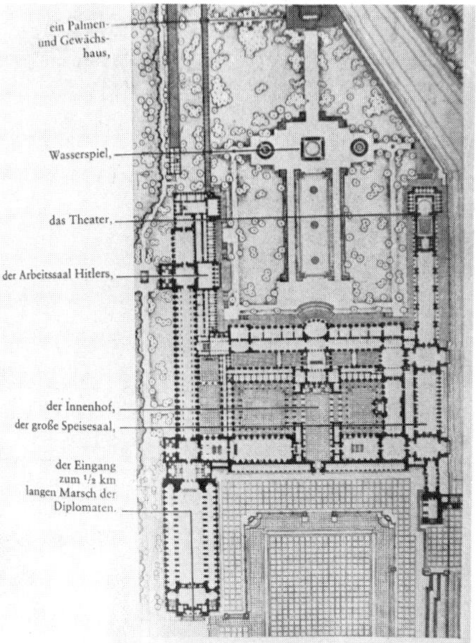

Linke Seite
43 Berlin: Wachthäuschen am Großen Stern. Architekt Generalbauinspektor für die Neugestaltung der Reichshauptstadt (A. Speer). 1937/38.
44 Berlin: Nord-Süd-Achse. Modell. Architekt Generalbauinspektor für die Neugestaltung der Reichshauptstadt (A. Speer). Abfolge von unten nach oben: Nordbahnhof, Volkshalle, Runder Platz und Oberkommando des Heeres, Triumphbogen.

Linke Seite
47 Berlin: Italienische Botschaft. Architekt Friedrich Hetzelt. 1938–1941. Zustand 1976.
48 Berlin: Japanische Botschaft. Architekt Ludwig Moshamer. 1938–1942. Zustand 1976.
49 Berlin: Verwaltungsgebäude der Deutschen Arbeitsfront. Architekt: Baubüro der DAF, Leitung: Remmelmann. 1941–1943. Zustand 1976.

Oben
51 Berlin: Neue Reichskanzlei. Ansicht von der Voßstraße. Architekt Albert Speer. 1938/39.

50 Berlin: Verwaltungsgebäude der Margarine-Union. Architekt C. Brodführer. Zustand 1976.
Rechte Seite
52 Berlin: Neue Reichskanzlei. Gartenfront.
53 Berlin: Neue Reichskanzlei. Ehrenhof. Plastiken von Arno Breker.

55 Berlin: Neue Reichskanzlei. Runder Saal.

Rechte Seite
54 Berlin: Neue Reichskanzlei. Mosaiksaal.
56 Berlin: Neue Reichskanzlei. Marmorgalerie.
57 Berlin: Neue Reichskanzlei. Arbeitszimmer des Führers.

58 Berlin: Der Runde Platz. Modell. Architekt Albert Speer (Gesamtentwurf). Ausgeführt wurde nur das Haus des Fremdenverkehrs in der Mitte.

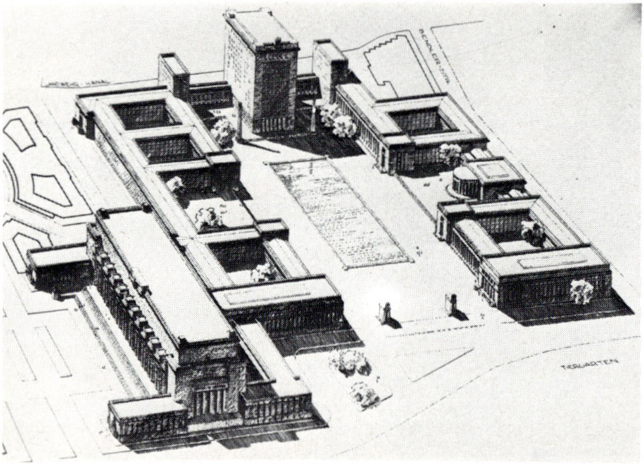

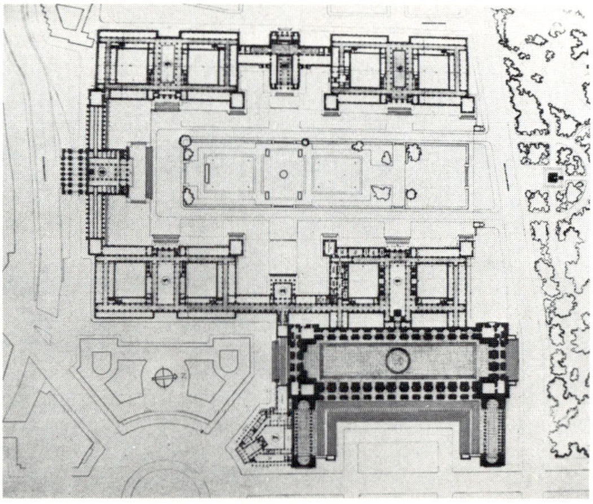

59 Berlin: Oberkommando des Heeres. Modell. Architekt Wilhelm Kreis. 1938. Nicht ausgeführt.
60 Berlin: Oberkommando des Heeres. Grundriß der Gesamtanlage.

61 Berlin: Oberkommando des Heeres. Inneres der Soldatenhalle. Standbild von Arno Breker (unten).
62 Oberkommando des Heeres. Soldatenhalle. Krypta (oben).

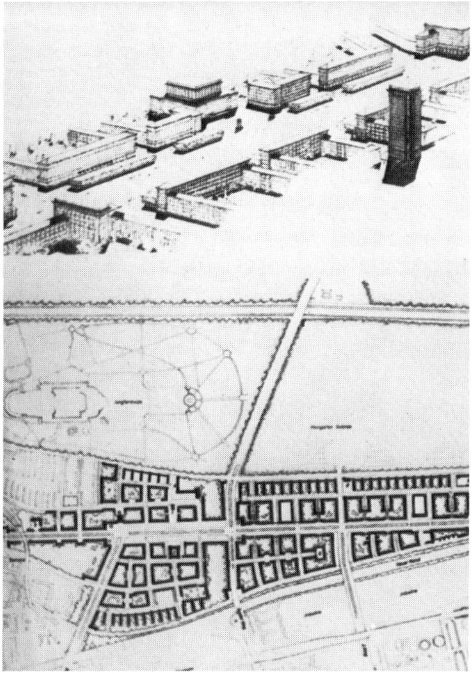

Linke Seite
64 Berlin: Dietrich-Eckardt-Bühne. Architekt Werner March. 1934–1936.
65 Dessau: Stadttheater. Architekten Friedrich Lipp und Werry Roth. 1935–1938.
Diese Seite
63 Berlin: Projekt Wohnsiedlung Charlottenburg-Nord. Architekt Wolfgang Binder. 1939. Nicht ausgeführt.
66 Dessau: Stadttheater. Grundriß.

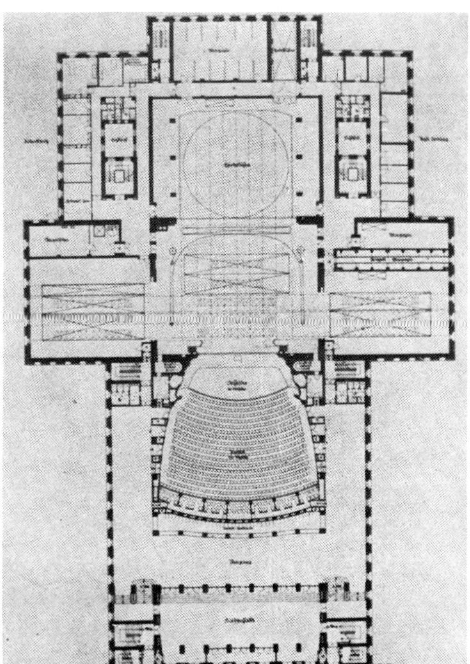

Nächste Seite
67 Berlin: Volksbühne. Architekt Oskar Kaufmann. 1911–1914.
68 Saarbrücken: Grenzlandtheater. Architekt Paul Baumgarten. 1936–1938.
Übernächste Seite
69 München: Große Oper. Modell. Architekt Woldemar Klein. 1938. Nicht ausgeführt.
70 München: Haus der Deutschen Kunst. Architekt Paul Ludwig Troost. 1933–1937. Zustand 1976.

DEM VOLKE

71 Kleinmarchow bei Berlin: Schule im Heimatschutzstil. Architekt F. Blume. 1936/1937.

Rechte Seite
72 Bergen bei Moosburg: Schule im Heimatschutzstil. Architekt G. Holzbauer. 1936.
73 Melle: HJ-Heim. Architekt Hanns Dustmann. 1936/1937.

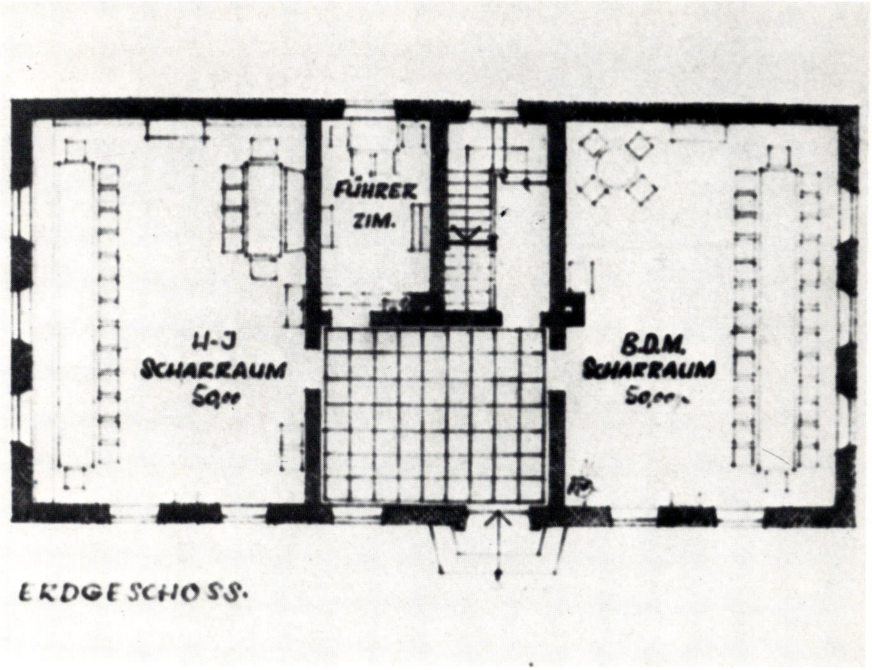

Oben
74 Grundriß eines HJ-Heimes. Aus einem Bauhandbuch.
Linke Seite
75 Halle bzw. Feierraum in einem HJ-Heim. Ort, Architekt und Datum unbekannt.
76 Köln: Universität. Seminargebäude. Architekt Adolf Abel. 1929–1935.

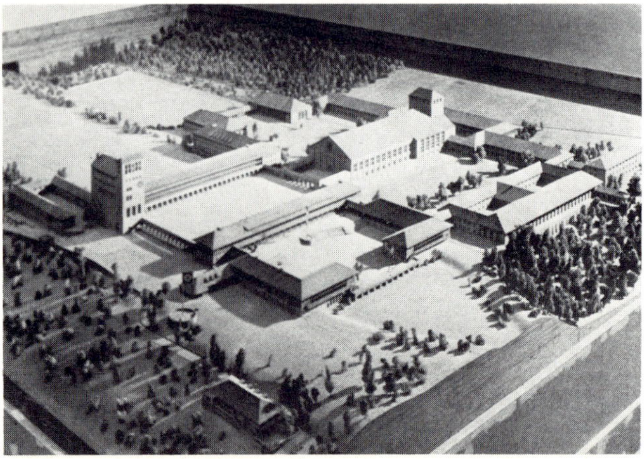

Linke Seite
77 Ordensburg Vogelsang. Architekt Clemens Klotz. 1936–1938.
78 Ordensburg Vogelsang: Kameradschaftshäuser.
80 Ordensburg Sonthofen. Modell der Gesamtanlage. Mittelpunkt der Anlage: die Gefolgschaftshalle.

79 Ordensburg Sonthofen: Palas. Architekt Hermann Giesler. 1936/1937.

Rechte Seite
82 Danzig: Modell der geplanten Kriegsschule. Architekt Hans Hermann Klaje. Nicht ausgeführt.
83 Berlin: Modell des Wehrtechnischen Institutes der TH. Architekt Hans Malwitz. Nicht ausgeführt.
Unten
81 Ordensburg Sonthofen: Innenraum der Gefolgschaftshalle.

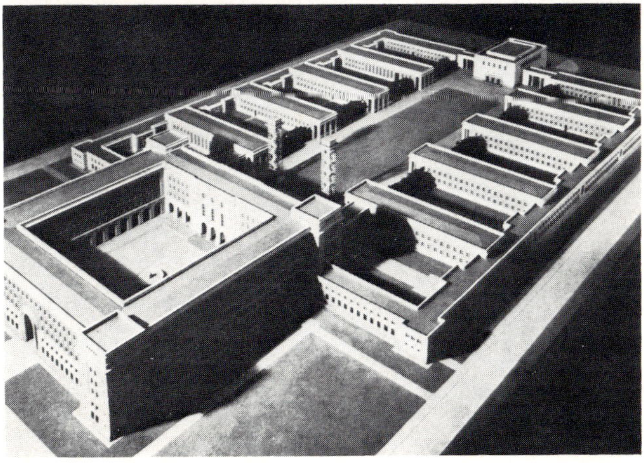

Linke Seite
84 Hohe Schule der NSDAP am Chiemsee. Architekt Hermann Giesler. 1938. Nicht ausgeführt.
85 Berlin: Reichssportfeld. Architekt Werner March. 1934–1936.

Diese Seite
86 Berlin: Reichssportfeld. Pfeilerreihung am Stadion.
87 Berlin: Reichssportfeld. Unverkleideter Stahlbetonunterbau des Stadions.

AEG

Linke Seite
88 Dresden: Luftgaukommando. Hauptgebäude. Architekt Wilhelm Kreis. 1935–1937.
89 Kasernenanlagen in Süddeutschland. Architekt Baubehörde des Luftfahrtministeriums (Leiter: Gallwitz). Ort und Entstehungszeit unbekannt (ca. 1938).
90 Berlin: Dienstgebäude des Wehrkreiskommando III. Architekt: Heeresbauverwaltung. 1936/1937. Zustand 1976.

Oben
91 Bunker in Süddeutschland. Architekt K. Meitinger (ca. 1938/1939).

Rechte Seite
92 Bunker des Atlantikwalls.
93 Wilhelm Kreis: Projekt eines Ehrenmals für Rußland (1943).
Oben
94 Wilhelm Kreis: Projekt eines Panzerehrenmals für Afrika (1943).
95 Projekt eines Denkmals des Großdeutschen Reiches auf dem Kahlenberg bei Wien (1941).

Oben
98 Autobahnbrücke. Typ 3. Architekt: Oberste Bauleitung.
Linke Seite
96 Reichsautobahn. Aufnahme von 1936.
97 Autobahnbrücke. Typ 1. Architekt: Oberste Bauleitung.

99 Autobahnbrücke. Typ 4. Architekt: Oberste Bauleitung.
100 Hamburg: Projekt der Elbebrücke. Architekt Wilhelm Haerter. Nicht ausgeführt.

101 Friedrich Tamms: Brückenköpfe einer Weichselbrücke. Nicht ausgeführt.
102 Albert Speer: Modell der Autobahneinfahrt bei Salzburg. Nicht ausgeführt.

Linke Seite
103 Autobahntankstelle. Architekt Friedrich Tamms. (ca. 1935).
104 Eisenach: Straßenmeisterei. Architekt K. Dübbers (ca. 1935).
105 Flugzeughalle aus Stahlbetonfachwerkbindern. Ort, Architekt und Datum unbekannt (Aufnahme von 1938).

Oben
106 Schwarzheide in Brandenburg: Heimstättensiedlung. Typ und Form sind mit den Werksiedlungen identisch (ca. 1934/1935).
107 Zarnglaff (Pommern): Haus der Gefolgschaft (Wilhelm-Jaeckel-Haus). Architekt W. Köngeter. Ca. 1935 (publiziert 1936).

Oben und rechts
108 Freizeitprojekt der KdF für Rügen. Architekt Clemens Klotz (1936/1937). Nicht ausgeführt.
109 Saal der großen Festhalle des KdF-Bades auf Rügen. Architekt G. Holzbauer (1936/1937).

Nächste Seite
110 Hausham, Oberbayern: Schachtanlage, Architekten Fritz Schupp und Martin Kremmer (ca. 1930). Typ I.
111 Bremen: Hansa-Lloyd-Goliath-Werke. Architekt R. Lodders. 1935–1936.
Übernächste Seite
112 Essen-Katernberg: Schachtanlage. Zollverein. Architekten Fritz Schupp und Martin Kremmer. 1928–1932.
113 Oranienburg: Heinkelwerke. Architekt Herbert Rimpl. 1936–1938.

Oben
114 Hamburg: Bürohaus. Architekten E. Elingius und G. Schramm. 1936/37.
Rechte Seite
115 Berlin: Modell eines Verwaltungsgebäudes an der Nord-Süd-Achse. Architekt Peter Behrens. 1938. Nicht ausgeführt.
116 Berlin-Falkensee: Stadtrandsiedlung. Architekt J. Bischof. 1932.
117 Düsseldorf: Schlageterstadt – Ausstellung »Schaffendes Volk«. Oberleitung: Hans Bökels. 1937.

Oben
119 Wohn- und Eßzimmer. Architekt F. Jaud. 1935.
Linke Seite
118 Bonn: Mehrfamilienwohnhaus. 1934.
120 Bochum: Villa. Architekt Emil Fahrenkamp. 1939.
121 Obersalzberg: Wohnhaus Hitlers. Architekt Adolf Hitler. 1935.

Nächste Seite
122 Jagdhaus Karinhalle von Hermann Göring. Architekt Friedrich Hetzelt. 1935.
123 Erbhof im Adolf-Hitler-Koog (Schleswig-Holstein). ca. 1935.
Übernächste Seite
124 Bergkramerhof bei Gauting: Neuer Gutshof. Architekt W. Fischer. ca. 1935/36.
125 Berlin-Frohnau: Evangelische Kirche. Architekten Walter und Johannes Krüger. Heimatschutzstil der 20er Jahre.

127 Projekt eines Ausstellungsgebäudes am Funkturm.
Architekt R. Ermisch.
Ausgeführt 1935/1936.

129 Düsseldorf: Stahlbauhalle
auf der Ausstellung »Schaffendes Volk«.
Architekt Hünnebeck. 1937.

Linke Seite
126 Berlin: Gustav-Adolf-Kirche.
Architekt Otto Bartning. 1933/1934.
128 Bayreuth: Haus der Deutschen
Erziehung. Denkmal der Deutschen
Familie. Architekt Hans Reissinger.
1937.

Oben
130 Paris: Ausstellungshalle für die Weltausstellung. Architekt Albert Speer. 1937.
Rechte Seite
131 Beispiel für den Heimatschutzstil der 20er Jahre bei öffentlichen Verwaltungsbauten, der im Dritten Reich fortgeführt wird. Postamt Oberpleis. Architekt: Oberpostdirektion Köln. 1927/28.
132 Weimar: Modell des Adolf-Hitler-Platzes. Architekt Hermann Giesler. Weitgehend ausgeführt.
133 Frankfurt: Auskernung am Kirschgarten und Bengergasse. 1937/1938.

Postamt

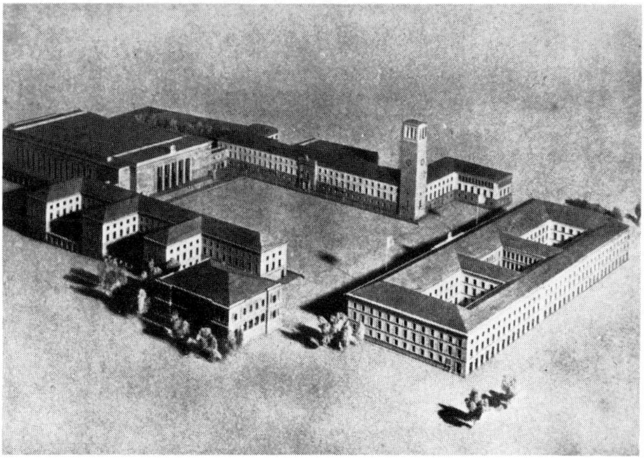

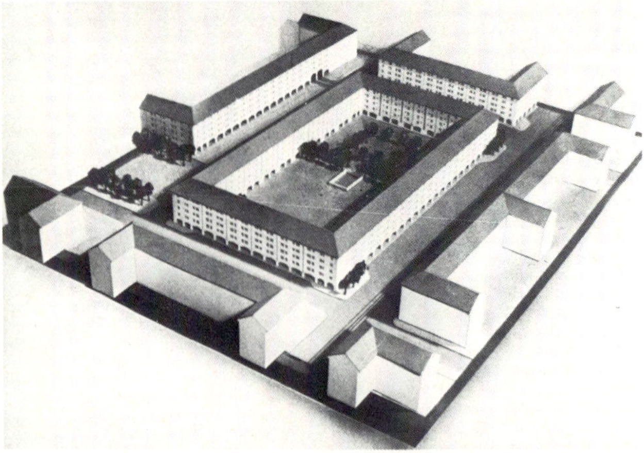

Linke Seite
134 Modell eines offenen Arkadenblockes, um besseren »Gasabzug« im Kriegsfall zu gewährleisten. Architekt W. Harting.
136 Modell einer Volkssiedlung. Siegesmodell im Reichsleistungskampf. 1935.
137 Verkleidung der Bauwerke mit Werkstein (Nürnberg, Kongreßhalle). Zustand 1976.

Oben
135 Modell der Stadt-der-Hermann-Göring-Werke. Architekt Herbert Rimpl. Nur wenige Wohnbauten wurden ausgeführt.

Linke Seite
138 Verkleidung mit Werkstein (Einfassungsmauer des Königsplatzes in München). Zustand 1976.
139 »Bauen mit Werkstein« – Formenblätter der Zeitschrift »Bauwelt«.
140 Berlin. Kandelaber an der Ost-West-Achse. Architekt Albert Speer. 1938/39. Zustand 1976.
Oben
141 Nürnberg: Zeppelinfeld. Tribünenanlage. Haupteingang. Handwerklich produzierte Türen. Zustand 1976.

Linke Seite
142 Zerlegbare Reithalle (Holzbinderkonstruktion). Architekt Otto Appel. Berlin. 1933/34.
143 München. Haus der Kunst. Architekt Paul Ludwig Troost. 1933–1937. Zustand 1976.

Oben
144 Berlin: Reichsluftfahrtministerium. Architekt Ernst Sagebiel. 1935–1936. Zustand 1976.
145 Aufmarsch anläßlich des Reichsparteitages.

Linke Seite
146 Berlin. Flughafen Tempelhof. Architekt Ernst Sagebiel. 1936–1939.
148 und 149 Heimatschutzstil der 50er Jahre. Zeilenbauweise und unstädtischer Charakter der Straßen (Beispiele aus Lübeck).

Oben
147 Moskau. Wohnhaus. I. W. Sholtowski. 1934.

Linke Seite
150 Verwaltungsgebäude im Heimatschutzstil. Bürohaus der Aral in Berlin. Architekt E. Karweik. 1939.
Zustand 1976.
151 Bonn: Verwaltungsgebäude der Evangelischen Kirchengemeinde. Architekt Hans Thon. 1950/1956.
152 Bonn: Verwaltungsgebäude des Deutschen Herold. Architekt Jos. Kofferath. 1949/50.

Nächste Seite
154 Bonn: Modell für ein Verwaltungsgebäude des Deutschen Herold. Architekt Arno Breker. 1974. Nicht ausgeführt.
155 Bonn: Verwaltungsgebäude der CDU. Architekten Meid und Romeik. 1971/72.
156 Bonn: Verwaltungsgebäude der SPD. Architekten Novotny und Mähner. 1974/75.

Unten
153 Bonn: Hotel Bristol des Deutschen Herold. Architekt Ernst van Dorp. 1971/72.

CDU

SPD

Anmerkungen

[1] H. Brenner: Die Kunstpolitik des Nationalsozialismus. Reinbek b. Hamburg 1963. S. 118.

[2] H. Brenner: a.a.O. (Anm. 1).

[3] J. Wulf: Die Bildenden Künste im Dritten Reich. Gütersloh 1963 (Taschenbuchausgabe 1966).
A. Teut: Architektur im Dritten Reich 1933–1945. Frankfurt–Berlin 1967.

[4] Vgl. die im Literaturverzeichnis aufgeführte Literatur (Architektur des Dritten Reiches – Literatur nach 1945).

[5] J. Joedicke: Geschichte der modernen Architektur. Stuttgart 1958. Vgl. auch: J. Joedicke: Moderne Architektur Strömungen und Tendenzen. Stuttgart–Bern 1969

[6] U. Conrads: Programme und Manifeste zur Architektur des 20. Jahrhunderts. Berlin, Frankfurt/M., Wien 1964. S. 8.

[7] B. Miller Lane: Architecture and Politics in Germany 1918–1945. Cambridge, Mass. 1968.
R. R. Taylor: The Word In Stone. The Role of Architecture in the National Socialist Ideology. Berkeley, Los Angeles, London 1974.

[8] N. Pevsner: Europäische Architektur. München 1963. S. 466.

[9] Vgl.: J. Petsch: Anmerkungen zur bundesdeutschen Architektur und Architekturgeschichtsforschung nach 1945. In: J. Petsch (Hrsg.): Architektur und Städtebau im 20. Jahrhundert. Bd. 1. Berlin 1974. S. 9 f.

[10] Arndt, K. (mit H. Döhl): „Das Wort aus Stein". Filmdokumente zur Geschichte. Institut für den wissenschaftlichen Film Göttingen. Göttingen 1965.
Arndt, K.: Baustelle Reichsparteitagsgelände 1938/39. Filmdokumente zur Zeitgeschichte G 142/1973. Göttingen 1973.

[11] Zitat abgedruckt bei: Anna Teut: Architektur im Dritten Reich 1933–1945. Berlin, Frankfurt/M., Wien 1967. S. 104.

[12] Vgl. die Besprechung des Buches von B. Hinz über die Malerei des deutschen Faschismus von 1974 durch K. Arndt. In: Kunstchronik. 28. Jg. H. 10. 1975. S. 362 f.

[13] Vgl.: W. Rittich: Architektur und Bauplastik der Gegenwart. 2. Aufl. Berlin 1938.
A. Rosenberg: Der Mythos des 20. Jahrhunderts. 53./54. Aufl. München 1935.
P. Schultze-Naumburg: Kunst und Rasse. München 1928.
P. Schultze-Naumburg: Kampf um die Kunst. München 1932.
G. Troost (Hrsg.): Das Bauen im neuen Reich. Bayreuth 1938.

[14] Vgl. H. Bobek, E. Lichtenberger: Wien, bauliche Gestalt und Entwicklung seit der Mitte des 19. Jahrhunderts. Köln/Graz 1967.

[15] Der Text orientiert sich an: H.-U. Wehler: Das Deutsche Kaiserreich 1871 bis 1918. 2. Aufl. Göttingen 1975.

[16] Vgl. H. Mottek, W. Becker, A. Schröter: Wirtschaftsgeschichte Deutschlands. Ein Grundriß. Bd. III. Von der Zeit der Bismarckschen Reichsgründung 1871 bis zur Niederlage des faschistischen deutschen Imperialismus 1945. Berlin 1974. S. 92 f.

[17] Vgl. E. Nolte: Der Nationalsozialismus. Frankfurt/M.–Berlin–Wien 1970. S. 141 f.
H.-U. Wehler: a.a.O. (Anm. 15). S. 150 f.

[18] R. Kühnl: Formen bürgerlicher Herrschaft. Liberalismus–Faschismus. Reinbek bei Hamburg 1971. S. 93 f.

[19] E. Nolte: a.a.O. (Anm. 17). S. 150.

[20] H. Mottek, W. Becker, A. Schröter: a.aO. (Anm. 16). S. 32.

[21] Vgl. O. Wagner: Moderne Architektur. Wien 1895.

[22] H. Bobek, E. Lichtenberger: a.a.O. (Anm. 14).
W. Hegemann: Das steinerne Berlin. Geschichte der größten Mietskasernenstadt der Welt. Berlin, Frankfurt/M., Wien 1963.

[23] Vgl. J. Petsch: Architektur und Gesellschaft. Zur Geschichte der deutschen Architektur im 19. und 20. Jahrhundert. Köln 1973. S. 195 f.
T. Buddensieg: Messel und Taut. In: archithese. H. 12. 1974. S. 23 f.

[24] A. Lichtwark: Eine Auswahl aus seinen Schriften. Besorgt von W. Mannhardt. 2 Bde. Berlin 1957.
P. Schmitthenner: Baugestaltung. I. Das deutsche Wohnhaus. Stuttgart 1932.
P. Schultze-Naumburg: Das Gesicht des deutschen Hauses. München 1929.
F. Schumacher: Strömungen in Deutscher Baukunst seit 1800. 2. Aufl. Köln 1955. S. 145 f.

[25] Vgl. R. Pfister: Das Programm und die neue Ideologie (1928). In: A. Teut: a.a.O. (Anm. 11). S. 23.
P. Schmitthenner: Tradition und Neues Bauen. In: A. Teut: a.a.O. (Anm. 11). S. 121 f. (S. 123).

[26] P. Bonatz: Leben und Bauen. Stuttgart 1950. S. 141.

[27] Vgl. die vorher aufgeführte Literatur von Bonatz, Schmitthenner, Schultze-Naumburg und Schumacher.

[28] Vgl. J. Petsch: Georg Grosz: „Im Schatten“ (1921) – Wassily Kandinsky: „Kleine Welten“ (1922). Anmerkungen zur „abstrakt-konkreten“ und zur „sozialen“ Kunst. In: Kleine und Grosze Welten. Hrsg. von W. Kemp und J. Petsch. Bonn 1972. S. 27 f.

[29] K. Sontheimer: Antidemokratisches Denken in der Weimarer Republik. München 1962.

[30] P. Bonatz: a.a.O. (Anm. 26). S. 89.

[31] Vgl. Theodor Fischer in der Bauwelt. H. 34. 1932. S. 847. („die Lüge von der bolschewistischen Natur des neuen Bauens“) – vgl. auch: Theodor Fischers „Vermächtnis an die Jugend“. In: A. Teut: a.a.O. (Anm. 11). S. 153 f.

[32] B. Miller Lane: a.a.O. (Anm. 7). S. 125.

[33] J. Joedicke und Chr. Plath: Die Weißenhofsiedlung. Stuttgarter Beiträge 4. Stuttgart 1968.

[34] R. Pfister: a.a.O. (Anm. 25).
Die Weißenhofsiedlung. Ein Bericht zum fünfjährigen Bestehen. In: A. Teut: a.a.O. (Anm. 11). S. 56 f.
J. Joedicke und Chr. Plath: a.a.O. (Anm. 33). Neues Bauen im Spiegel der Kritik. S. 49 f.
[35] R. Pfister: a.a.O. (Anm. 25). S. 28.
[36] P. Schultze-Naumburg: a.a.O. (Anm. 24).
[37] Zitat des „Bundes für Heimatschutz". Abgedruckt bei: J. Joedicke und Chr. Plath: a.a.O. (Anm. 33). S. 49.
[38] J. Joedicke und Chr. Plath: a.a.O. (Anm. 33). S. 50.
[39] P. Schmitthenner: Tradition und Neues Bauen (1933). In: A. Teut: a.a.O. (Anm. 11). S. 121 f. (S. 123).
[40] P. Schmitthenner: a.a.O. (Anm. 39). S. 124.
[41] General-Anzeiger Nr. 13828 v. 17. 9. 1930.
Vgl. zur Südstadt: W. Petsch-Bahr: Die Bonner Südstadt – Zur Verwertung eines bürgerlichen Wohnviertels. In: J. Petsch (Hrsg.): Architektur und Städtebau im 20. Jahrhundert. Bd. 1. Berlin 1974. S. 101 f.
[42] General-Anzeiger Nr. 14749 v. 3. 10. 1933 (OB Rickert).
[43] General-Anzeiger: a.a.O. (Anm. 42).
[44] Bonner Zeitung v. 18. 3. 1922 („Bureauhausneubau") und Bonner Zeitung v. 5. 12. 1925 („Das neue Bonner Stadthaus").
[45] Kuczynski, J.: Darstellung der Lage der Arbeiter in Deutschland von 1917/18 bis 1932/33. Die Geschichte der Lage der Arbeiter unter dem Kapitalismus. Bd. 5. Berlin 1966.
[46] Abgedruckt in: A. Teut: a.a.O. (Anm. 11). S. 29.
[47] A. Teut: a.a.O. (Anm. 11). S. 8.
[48] Hjalmar Schacht: Vom Ende der Reparationen (1931). In: A. Teut: a.a.O. (Anm. 11). S. 30 f.
[49] Vgl. E. Nolte (Hrsg.): Theorien über den Faschismus. 3. Aufl. Köln 1972.
H. G. Schumann (Hrsg.): Konservatismus. Köln 1974.
[50] Vgl. J. Petsch: Melnikows Pariser Ausstellungspavillon. Zur Geschichte der avantgardistischen sowjetischen Architektur der Zwanziger Jahre. In: archithese. Nr. 7. 1973. S. 25 f.
[51] Vgl. die im Literaturverzeichnis unter „Faschismus – Allgemeine Literatur" und unter „Wirtschaft und Gesellschaft" aufgeführten Bücher. Besonders intensiv wurden die Bücher von Bettelheim, Kühnl und Nolte herangezogen.
[52] Vgl. A. Leppert-Fögen: Die deklassierte Klasse. Studien zur Geschichte und Ideologie des Kleinbürgertums. Frankfurt/M. 1974.
[53] Vgl. u. a. E. Czichon: Wer verhalf Hitler zur Macht? Zum Anteil der deutschen Industrie an der Zerstörung der Weimarer Republik. Köln 1967.
[54] Vgl. Ch. Bettelheim: Die deutsche Wirtschaft unter dem Nationalsozialismus. München 1974.
[55] A. Teut: a.a.O. (Anm. 11). S. 17.
[56] Vgl. J. Kuczynski: a.a.O. (Anm. 45).

und: J. Kuczynski: Die Bewegung der deutschen Wirtschaft von 1800 bis 1945. Berlin/Leizpig o. J. S. 130.

57 § 16 des Parteiprogramms der NSDAP sah die Abschaffung der Warenhäuser vor. – G. Feder, der für eine Bodenreform eintrat, wurde 1934 als Professor an die TH-Berlin abgeschoben.

58 Vgl. D. Petzina: Autarkiepolitik im Dritten Reich. Der nationalsozialistische Vierjahresplan. Stuttgart 1968.

59 Ch. Bettelheim: a.a.O. (Anm. 54). S. 130 – Zwischen 1936 und 1938 wurden 104 000 Handwerker zu Lohnarbeitern.
J. Kuczynski: Die Bewegung der deutschen Wirtschaft. a.a.O. (Anm. 56). S. 159.

60 R. Grunberger: Das zwölfjährige Reich. Der Deutsche Alltag unter Hitler. Wien–München–Zürich 1971.

61 Vgl. W. Reich: Die Massenpsychologie des Faschismus. Frankfurt/M. 1974. (Erstausgabe 1933).
E. Bloch: Der Faschismus als Erscheinungsform der Ungleichzeitigkeit. In: Erbschaft dieser Zeit. Frankfurt/M. 1962. S. 104 f.

62 Das Kapitel orientiert sich an: H. Brenner: Die Kunstpolitik des Nationalsozialismus. Reinbek bei Hamburg 1963.

63 Zitiert nach H. Brenner: a.a.O. (Anm. 62). S. 8.

64 Zitiert nach H. Brenner: a.a.O. (Anm. 62). S. 21.

65 H. Brenner: a.a.O. (Anm. 62). S. 14.

66 Vgl. u. a.: P. Schultze-Naumburg: Kulturarbeiten. 9 Bde. München 1908 bis 1927.
P. Schultze-Naumburg: Kunst und Rasse. München 1928.

67 Vgl. H. F. K. Günther: Rasse und Stil. München 1926.
P. Schultze-Naumburg: Kampf um die Kunst. München 1932.

68 P. Schultze-Naumburg: Kunst und Rasse. a.a.O. (Anm. 66).

69 Ziele und Aufgaben des Kampfbundes Deutscher Architekten und Ingenieure (1933). In: A. Teut: a.a.O. (Anm. 11). S. 85.

70 A. Teut: a.a.O. (Anm. 11). II. Gleichschaltung. S. 66 f.

71 Der Bund Deutscher Architekten BDA zum nationalen Aufbauprogramm (1933). In: A. Teut: a.a.O. (Anm. 11). S. 81.

72 Der Bund Deutscher Architekten BDA zum nationalen Aufbauprogramm (1933). In: A. Teut: a.a.O. (Anm. 11). S. 81.

73 Vgl. A. Teut: Gleichschaltung. In: A. Teut: a.a.O. (Anm. 11). S. 66 f.

74 Germania v. 16. 11. 1933. Abgedruckt bei: J. Wulf: Die Bildenden Künste im Dritten Reich. Eine Dokumentation. Reinbek bei Hamburg 1966. S. 103 f. (Zitat S. 104).

75 Rede Adolf Hitlers, gehalten auf der Kulturtagung des Parteitages der NSDAP in Nürnberg 1933. Abgedruckt bei J. Wulf: a.a.O. (Anm. 74). S. 64 f. (Zitat S. 66).

76 Vgl. H. Brenner: a.a.O. (Anm. 62). S. 82 f. (Die Entscheidung).

77 Vgl. A. Teut: Gleichschaltung. In: A. Teut: a.a.O. (Anm. 11). S. 66 f.

78 Vgl. A. Teut: a.a.O. (Anm. 11). Einleitung S. 7f. – „In Wahrheit verfügte der junge Hitler über keinerlei Fähigkeiten, einen Bau zu konzipieren und treuhänderisch auszuführen." (Zitat S. 12).

79 Vgl. J. Fest: Hitler. Eine Biographie. Frankfurt/M.–Berlin–Wien. 1973. S. 52.

80 Anständige Baugesinnung (1936). In: A. Teut: a.a.O. (Anm. 11). S. 105.

81 Vgl. die Verordnung über die baupolizeiliche Behandlung öffentlicher Bauten. In: Die Kunst im Deutschen Reich. 3. Jg. Folge 12. Dez. 1939. S. 496.

82 Aus der Rede Hitlers auf dem Reichsparteitag 1937. Abgedruckt bei: J. Fest: a.a.O. (Anm. 79). S. 722/723.

83 „Daß wir hier bauen, verdanken wir dem Führer" (1936). Abgedruckt bei: A. Teut: a.a.O. (Anm. 11). S. 104 f.

84 Vgl. W. Hagspiel und C.-W. Schümann: Architektur zwischen den Kriegen. In: Vom Dadamax zum Grüngürtel. Köln in den zwanziger Jahren. Katalog Kölner Kunstverein – Köln. 1975. S. 215 f.

85 Vgl. Ch. Bettelheim: a.a.O. (Anm. 54). S. 218 f.

86 Vgl. Ch. Bettelheim: a.a.O. (Anm. 54). S. 219.

87 Die Tabellen sind abgedruckt bei: G. Kraut, R. Mattausch, B. Wiederspahn: Architektur und Plastik im deutschen Faschismus. In: Kunst im 3. Reich. Dokumente der Unterwerfung. Frankfurt 1974. S. 47.

88 Vgl. P. Schmitthenner: Tradition und Neues Bauen. In: A. Teut: a.a.O. (Anm. 11). S. 121 f.

89 H. Mottek, W. Becker, A. Schröter: a.a.O. (Anm. 16). S. 32.

90 Daneben finden sich in den Monatsheften für Baukunst und Städtebau Tafelreihen mit dem Titel „Bauen mit Werkstein".

91 H. Höhne: Der Orden unter dem Totenkopf. Die Geschichte der SS. Essen o. J. S. 210 f.

92 A. Hitler: Mein Kampf. 2 Bde. in einem Band. 780–784. Aufl. München 1942. S. 778.

93 A. Hitler: Die Bauten des Dritten Reiches (1937). In: A. Teut: a.a.O. (Anm. 11). S. 188 f. (Zitat: S. 188).

94 Vgl. Aufträge an bildende Künstler und Kunsthandwerker bei Bauaufgaben der Staatshochbauverwaltung (1934). In: A. Teut: a.a.O. (Anm. 11). S. 289 f.

95 K. Arndt, H. Döhl: „Das Wort aus Stein". Filmdokumente zur Zeitgeschichte. Institut für den wissenschaftlichen Film. Begleitheft G 47/1959. Göttingen 1965. S. 12. – Der Text orientiert sich weitgehend an dieser Schrift.

96 In der Literatur finden sich zwei Daten: 1929 und 1930.

97 Vgl. K. Arndt, H. Döhl: a.a.O. (Anm. 95). S. 15.

98 W. Rittich: Architektur und Bauplastik der Gegenwart. 2. Aufl. 1938. S. 32.

99 Zitat von J. Goebbels, abgedruckt bei: K. Arndt: Filmdokumente des Nationalsozialismus als Quellen für architekturgeschichtliche Forschungen. In: G. Moltmann, F. Reimers (Hrsg.): Zeitgeschichte im Film- und Tondoku-

ment – 17 historische, pädagogische und sozialwissenschaftliche Beiträge. Göttingen 1970. S. 41 f. (Zitat S. 59).

100 Vgl. H. Schrade: Bauten des Dritten Reiches. Leipzig 1937. S. 12/13.

101 H. Kiener: Germanische Teutonik (1937). In: A. Teut: a.a.O. (Anm. 11). S. 183 f.

102 Auf einigen Modellen finden sich auch Löwenplastiken, die als Zeichen alter Herrschersymbolik eigentlich besser zum Königsplatz passen.

103 Vgl. H. Schrade: a.a.O. (Anm. 100). S. 19.

104 W. Rittich: a.a.O. (Anm. 98). S. 36.

105 Vgl. K. Arndt, H. Döhl: a.a.O. (Anm. 95). S. 16 f.

106 W. Lotz: Das Reichsparteitagsgelände in Nürnberg. In: Die Kunst im Dritten Reich. 2. Jg. Folge 9. Sept. 1938. S. 264 f. (Zitat S. 264).

107 H. Schrade: Schicksal und Notwendigkeit der Kunst. Leipzig 1936. S. 162.

108 Vgl. K. Arndt: Baustelle Reichsparteitagsgelände 1938/39. Filmdokumente zur Zeitgeschichte. Institut für den wissenschaftlichen Film Göttingen. Begleitheft G 142/1973. Göttingen 1973. S. 17/18. – Der Text orientiert sich an diesem Heft.

109 W. Rittich: a.a.O. (Anm. 98). S. 44.

110 W. Rittich: a.a.O. (Anm. 98). S. 44.

111 K. Arndt: a.a.O. (Anm. 108). S. 17.

112 A. Speer: Erinnerungen. Berlin 1969. S. 80.

113 Vgl. Die größte Baustelle der Welt. Zum Reichsparteitag 1937. In: Monatshefte für Baukunst und Städtebau. XXI. Jg. H. 9. 1937. S. 313 f.

114 A. Speer: a.a.O. (Anm. 112). S. 68.

115 H. Kiener: Die erste deutsche Architektur-Ausstellung im Haus der Deutschen Kunst in München 1938. In: Die Kunst im Dritten Reich. 2. Jg. Folge 2. Feb. 1938. S. 36. (Zitat S. 40).

116 R. Kießling, G. Kraut, U. Wanitzek. In: Kunst im 3. Reich. a.a.O. (Anm. 87). S. 56.

117 A. M. Vogt: Revolutions-Architektur und Nazi-Klassizismus. In: Katalog Revolutionsarchitektur Boullee, Ledoux, Lequeu. Baden-Baden 1970. S. 19.

118 R. Kießling, G. Kraut, U. Wanitzek: a.a.O. (Anm. 116). S. 58.

119 A. Speer: a.a.O. (Anm. 112). S. 81.

120 Vgl. K. Arndt: a.a.O. (Anm. 108). S. 27.

121 W. Lotz: Das Reichsparteitagsgelände in Nürnberg. In: A. Teut: a.a.O. (Anm. 11). S. 190 f. (Zitat S. 192).

122 W. Rittich: a.a.O. (Anm. 98). S. 50.

123 W. Lotz: a.a.O. (Anm. 121). S. 192.

124 Aus einer Rede Adolf Hitlers bei der Grundsteinlegung zum Gebäude der Wehrtechnischen Fakultät der TH Berlin 1937. zitiert bei: K. Arndt, H. Döhl: „Das Wort aus Stein“. a.a.O. (Anm. 95). S. 30.

125 Vgl. A. Speer: a.a.O. (Anm. 112). S. 88.

126 Vgl. die entsprechenden Stellen in Hitlers „Mein Kampf“.

127 Vgl. L. O. Larsson: Die Neugestaltung Berlins im Dritten Reich. In: Ord-

nung in Stein. Architektur des Nationalsozialismus. Katalog der TH-Darmstadt. Fachbereich Architektur. Darmstadt 1975.

[128] Vgl. Berlin und seine Bauten. Teil III. Bauwerke für Regierung und Verwaltung. Betreut von R. Riedel. Berlin–München 1966. S. 24.

[129] Vom Bau des Reichsluftfahrtministeriums (Ll). In: Monatshefte für Baukunst und Städtebau. XX. Jg. 1936. H. 3. S. 81 f.

[130] Vgl. Vom Bau des Reichsluftfahrtministeriums. a.a.O. (Anm. 129).

[131] Vom Bau des Reichsluftfahrtministeriums. In: a.a.O. (Anm. 129). S. 82.

[132] Vgl. verschiedene Stellen bei H. Schrade: Bauten des Dritten Reiches. a.a.O. (Anm. 100).

[133] Zitiert nach K. Arndt, H. Döhl: a.a.O. (Anm. 95). S. 30.

[134] Vgl. L. O. Larsson: a.a.O. (Anm. 127). S. 7.

[135] Vgl. W. Maser: Hitlers Briefe und Notizen. Düsseldorf–Wien 1973. S. 130 f.

[136] Vgl. K. Herding, H.-E. Mittig: kunst und alltag im ns-system. albert speers berliner strassenlaternen. Gießen 1975. S. 17 f.

[137] Vgl. A. Speer: a.a.O. (Anm. 112). S. 148 f.

[138] Referiert nach A. Speer: a.a.O. (Anm. 112). S. 149 f.

[139] Text orientiert an: K. Arndt, H. Döhl: a.a.O. (Anm. 95). S. 38 f.

[140] Text orientiert an: K. Arndt, H. Döhl: a.a.O. (Anm. 95). S. 32 f.

[141] K. Arndt, H. Döhl: a.a.O. (Anm. 95). S. 36.

[142] H. Stephan: Wilhelm Kreis. Oldenburg 1943. S. 70.

[143] Zitiert nach: M. Lurz: Die Heidelberger Thingstätte. Die Thingbewegung im Dritten Reich: Kunst als Mittel politischer Propoganda. Heidelberg 1975. S. 13.

[144] H. Brenner: a.a.O. (Anm. 62). S. 95.

[145] H. Brenner: a.a.O. (Anm. 62). S. 96.

[146] R. Schlösser zitiert nach H. Brenner: a.a.O. (Anm. 62). S. 96.

[147] C. Meißner zitiert nach M. Lurz: a.a.O. (Anm. 143). S. 36.

[148] Vgl. M. Lurz: a.a.O. (Anm. 143). S. 48 f.

[149] Vgl. M. Lurz: a.a.O. (Anm. 143). S. 73 f.

[150] H. Brenner: a.a.O. (Anm. 62). S. 100.

[151] Durchgeführt von M. Lurz im SS 1973 im Rahmen eines Seminars über NS-Architektur am Heidelberger Kunsthistorischen Institut.

[152] H. Brenner: a.a.O. (Anm. 62). S. 102.

[153] Vgl. das Kapitel „Propaganda und Organisation“ aus Hitlers: Mein Kampf. a.a.O. (Anm. 92).

[154] Zitiert nach M. Lurz: a.a.O. (Anm. 143). S. 10.

[155] Vgl. M. Lurz: a.a.O. (Anm. 143). S. 40.

[156] Vgl. G. Storck: Probleme Des Modernen Bauens – Und Die Theaterarchitektur Des 20. Jahrhunderts In Deutschland. Diss. Bonn 1971. S. 218 f. – Der Text orientiert sich an dieser Arbeit.

[157] G. Storck: a.a.O. (Anm. 156). S. 234.

[158] Vgl. K. Arndt, H. Döhl: a.a.O. (Anm. 95). S. 21 f.

[159] F. Hofmann: Der Markstein (1933). In: A. Teut: a.a.O. (Anm. 11). S. 182.

160 Zuviele Jugendliche wurden wegen des harten Drills von ihren Eltern wieder von den Schulen heruntergeholt; außerdem erlitt ein großer Teil der Jugendlichen durch den Drill schwere Herzschäden.

161 H. Hartmann: Werkhefte für den Heimbau der Hitler-Jugend. 2 Bde. Leipzig 1937.

162 H. Hartmann: a.a.O. (Anm. 161). Bd. II. Die Gestaltung des Innenraumes. Leipzig 1937. S. 239.

163 H. Hartmann: a.a.O. (Anm. 162). S. 198.

164 R. Pfister: Die Neubauten der Universität Heidelberg. In: Monatshefte für Baukunst und Städtebau. XVII. Jg. H. 2. 1933. S. 73 f. (Zitat S. 75).

165 W. Rittich: a.a.O. (Anm. 98). S. 64 f.

166 E. Bender: Die Ordensburgen Vogelsang und Crössinsee (1936). In: A. Teut: a.a.O. (Anm. 11). S. 210 f. (Zitat S. 212).

167 Aus Hitlers Tischgesprächen. Zitiert bei: E. Nolte: a.a.O. (Anm. 17). S. 159.

168 Vgl. K. Arndt, H. Döhl: a.a.O. (Anm. 95). S. 45. – Der Text orientiert sich an diesem Heft.

169 W. Rittich: a.a.O. (Anm. 98). S. 67.

170 W. Rittich: a.a.O. (Anm. 98). S. 67.

171 Ausführungen von W. March, zitiert bei W. Rittich: a.a.O. (Anm. 98). S. 67/68.

172 Vgl. Vom Bau des Reichsluftfahrtministeriums. In: Monatshefte für Baukunst und Städtebau. a.a.O. (Anm. 129). S. 81.

173 W. Rittich: a.a.O. (Anm. 98). S. 67.

174 Ch. Bettelheim: a.a.O. (Anm. 54). S. 220 f.

175 Die Typologie wurde aus einer Examensarbeit an der FH-Dortmund (1974) übernommen (G. Hoppens, A. Schulte, B. Heidbred).

176 A. Speer: a.a.O. (Anm. 112). S. 363.

177 Vgl. B. Hinz: Das Denkmal und sein „Prinzip". In: Kunst im 3. Reich. a.a.O. (Anm. 87). S. 104 f.

178 W. Kreis: Kriegermale des Ruhmes und der Ehre im Altertum und in unserer Zeit (1943). In: A. Teut: a.a.O. (Anm. 11). S. 222 f. (Zitat S. 222).

179 W. Kreis: a.a.O. (Anm. 178). S. 225/226.

180 Vgl. Chr. Uslular-Thiele: In: Kunst im 3. Reich. a.a.O. (Anm. 87). – Der Text orientiert sich an diesem Beitrag.

181 E. Schönleben: Fritz Todt. Der Mensch, der Ingenieur, der Nationalsozialist. Oldenburg 1943. S. 40.

182 Zitat von G. Brand. Zitiert nach Chr. Uslular–Thiele: a.a.O. (Anm. 180). S. 72.

183 K. Walter: Aufstieg in der Natursteinindustrie. In: Straße. 3. Jg. Nr. 7. 1. Aprilheft 1936. S. 216.

184 Zitat von G. Brand. Zitiert nach Chr. Uslular–Thiele: a.a.O. (Anm. 180). S. 72.

185 Zitate von Fritz Todt. Zitiert nach Chr. Uslular–Thiele: a.a.O. (Anm. 180). S. 74.

[186] E. Schönleben: a.a.O. (Anm. 181). S. 13.

[187] Die Unterscheidung stammt von F. Todt. Vgl. P. Bonatz: Dr. Todt und seine Reichsautobahn (1942). In: A. Teut: a.a.O. (Anm. 11). S. 301 f.

[188] Vgl. R. Kühnl: Formen bürgerlicher Herrschaft. Liberalismus – Faschismus. Reinbek bei Hamburg 1971. S. 117 f.

[189] Auszug aus dem Reichsarbeitsdienstgesetz. Abgedruckt bei: R. Kühnl: Der deutsche Faschismus in Quellen und Dokumenten. Köln 1975. S. 255 (Dok. Nr. 143).

[190] Auszug aus der Erklärung von R. Höß, Kommandant des KZ Auschwitz. Abgedruckt bei: R. Kühnl: a.a.O. (Anm. 189). S. 377 (Dok. Nr. 264).

[191] Vgl. Deutschlands Rüstung im Zweiten Weltkrieg. Hitlers Konferenzen mit Albert Speer 1942–1945. Hrsg. und eingeleitet von W. A. Boelcke. Frankfurt/M. 1969. S. 8.

[192] G. Adelmann: Quellensammlung zur Geschichte der sozialen Betriebsverfassung. Ruhrindustrie unter besonderer Berücksichtigung des Industrie- und Handelskammerbezirks Essen. 2. Bd. Soziale Betriebsverfassung einzelner Unternehmen der Ruhrindustrie. Bonn 1965. S. 268 (Niederschrift von A. Krupp).

[193] A. Krupp zum Arbeitsverhältnis. Abgedruckt bei G. Adelmann: a.a.O. (Anm. 192). S. 295 f.

[194] P. Schmitthenner: Tradition und Neues Bauen. In: A. Teut: a.a.O. (Anm. 11). S. 121 f.

[195] H. Schrade: a.a.O. (Anm. 100). S. 33/34.

[196] Vgl. Kriegsgemäßer Industriebau (1943). In: A. Teut: a.a.O. (Anm. 11). S. 245.

[197] Vgl. H. Bobek, E. Lichtenberger: a.a.O. (Anm. 14).

[198] Zitat von H. Bechly, Vorsitzender des Wohnungsausschusses der Angestelltenverbände. Abgedruckt bei: H. Ehlers, S. Ehlers-Schammer, E. Tannenbaum: Grundlagen und Bedingungen der Planung im öffentlich geförderten Wohnungsbau der BRD und ihr Einfluß auf Bebauungsweise, Bauform, Grundrißbildung. Berlin 1973. S. 81 – Der Text des Kapitels orientiert sich weitgehend an dieser Publikation.

[199] Zitat des Unternehmers H. Freese. Abgedruckt bei: H. Ehlers, S. Ehlers-Schammer, E. Tannenbaum: a.a.O. (Anm. 198). S. 82.

[200] Zitate des Unternehmers H. Freese: Abgedruckt bei H. Ehlers, S. Ehlers-Schammer, E. Tannenbaum: a.a.O. (Anm. 198). S. 82.

[201] F. Seldte: Sozialpolitik im Dritten Reich 1933–1938. Abgedruckt in: H. Ehlers, S. Ehlers-Schammer, E. Tannenbaum: a.a.O. (Anm. 198). S. 151.

[202] F. Seldte: a.a.O. (Anm. 201). S. 152.

[203] R. Pfeifer: Heimattreue Schöpfung. In: Die völkische Kunst. Abgedruckt in J. Wulf: a.a.O. (Anm. 3). S. 258/259.

[204] Vgl. H. Höhne: a.a.O. (Anm. 91). S. 142.

[205] Vgl. A. Speer: a.a.O. (Anm. 112). S. 100.

[206] Vgl. W. Treue: Gesellschaft, Wirtschaft und Technik Deutschlands im 19.

Jahrhundert. (Gebhardt Handbuch der deutschen Geschichte Bd. 17). München 1970. S. 56.

207 Vgl. Ch. Bettelheim: a.a.O. (Anm. 54). S. 235 f.
A. Sohn-Rethel: Die Veränderung der Weltmarktstrategie und die Rolle der Agrarpolitik. In: A. Sohn-Rethel: Ökonomie und Klassenstruktur des deutschen Faschismus. Hrsg. und eingeleitet von J. Agnoli, B. Blanke und N. Kadritzke. Frankfurt 1973. S. 78 f.

208 Vgl. Runderlaß des Reichs- und Preußischen Ministers für Ernährung und Landwirtschaft vom 9. 4. 1935. In: A. Teut: a.a.O. (Anm. 11). S. 273 f.

209 Vgl. A. Teut: a.a.O. (Anm. 11). S. 272.

210 H. Schrade: a.a.O. (Anm. 100). S. 8.

211 Vgl. A. Speer: a.a.O. (Anm. 112). S. 31.

212 A. Speer: a.a.O. (Anm. 112). S. 63.
P. Bonatz: a.a.O. (Anm. 26). S. 181.

213 Vgl. G. Feder: Die neue Stadt. Berlin 1939.

214 Vgl. F. Schumacher: Probleme der Großstadt. Leipzig 1940.

215 Bericht über die Regierungserklärung Schleichers vom 15. 12. 1932 (Auszüge). Abgedruckt in: R. Kühnl: Der deutsche Faschismus in Quellen und Dokumenten. a.a.O. (Anm. 189). S. 167 f.

216 E. Howard: Gartenstädte von morgen. Das Buch und seine Geschichte. Hrsg. von J. Posener. Berlin–Frankfurt/M.–Wien 1968.

217 C. Sitte: Der Städtebau nach seinen künstlerischen Grundsätzen. 6. Aufl. Wien 1965. (Der Städte-Bau nach seinen künstlerischen Grundsätzen. Wien 1889).

218 E. Blanck: Architektur und Stadtplanung der 20er Jahre in Köln. In: Vom Dadamax bis zum Grüngürtel. Köln in den zwanziger Jahren. a.a.O. (Anm. 84). S. 214.

219 A. Leitl: Deutsche Baukunst. Rückblick und Ausblick zur Jahreswende 1933/34. In: Monatshefte für Baukunst und Städtebau. XVIII. Jg. H. 1. 1934. S. 33 f.

220 Vgl. R. Niemeyer: Wo bleibt das Gesetz über die Gesundung der Altstädte? In: Wasmuths Montshefte. 1934. S. 89 f.

221 Vgl. F. Schumacher: Probleme der Großstadt vor und nach dem Kriege. Leipzig 1940. S. 117 f.

222 Vgl. Ch. Bettelheim: a.a.O. (Anm. 54). S. 158 f.

223 H. Ehlers, S. Ehlers-Schammer, E. Tannenbaum: a.a.O. (Anm. 198). S. 181 f.

224 H. Ehlers, S. Ehlers-Schammer, E. Tannenbaum: a.a.O. (Anm. 198). S. 183.

225 Führerbefehl vom 25. Juni 1940. Abgedruckt in: W. Maser: Hitlers Briefe und Notizen. a.a.O. (Anm. 135). S. 136 f.

226 Vgl. die Planungen für Berlin –
Vgl. auch: H. B. Reichow: Grundsätzliches zum Städtebau im Altreich und im neuen deutschen Osten (1941). In: A. Teut: a.a.O. (Anm. 11). S. 323 f.

227 Vgl. A. Speer: a.a.O. (Anm. 112). S. 113.

228 H. Brenner: a.a.O. (Anm. 62) S. 127/128.

229 A. Sohn-Rethel: Die Veränderung der Weltmarktstrategie und die Rolle der Agrarpolitik. a.a.O. (Anm. 207). S. 78 f.
Verschiedene Dokumente bei R. Kühnl: a.a.O. (Anm. 189). Kriegsziele S. 317 f.

230 Vgl. H. Höhne: a.a.O. (Anm. 91). S. 290 f.

231 Zitat aus der Denkschrift Himmlers über die Behandlung der Fremdvölkischen im Osten. Zitiert bei E. Nolte: a.a.O. (Anm. 17). S. 91.

232 F. Fischer: Griff nach der Weltmacht. 3. Aufl. Düsseldorf 1964.

233 H. Höhne: a.a.O. (Anm. 91). S. 369 f.

234 Vgl. Peter M. Kaiser: Monopolprofit und Massenmord im Faschismus. Zur ökonomischen Funktion der Konzentrations- und Vernichtungslager im faschistischen Deutschland. In: Blätter für deutsche und internationale Politik. Nr. 5. 1975. S. 552 f.

235 H. Schrade: a.a.O. (Anm. 100). S. 20 f.

236 Vgl. K. Herding, H.-E. Mittig: a.a.O. (Anm. 136). S. 34 f.

237 A. Hitler: Die Bauten des Dritten Reiches. Aus der Kulturrede des Führers auf dem Reichsparteitag 1937. Abgedruckt bei A. Teut: a.a.O. (Anm. 11). S. 188 f. (Zitate S. 188 und 189).

238 R. Badenhausen: Betrachtungen zum Bauwillen des Dritten Reiches. Abgedruckt bei J. Wulf: a.a.O. (Anm. 3). S. 250/251.

239 Vgl. H.-J. Kunst: Architektur und Macht. Überlegungen zur NS-Architektur. In: Mitteilungen, Kommentare, Berichte der Philipps-Universität Marburg. Jg. 3. H. 9. Mai 1971. S. 51 f.

240 A. Hitler: Mein Kampf a.a.O. (Anm. 92). S. 535 f. –
Vgl. den Artikel: Zum Stil nationalsozialistischer Massenveranstaltungen. In: Publikationen zu wissenschaftlichen Filmen. Institut für den wissenschaftlichen Film. Göttingen. Bd. II. H. 2. 1971. S. 237.

241 J. Fest: a.a.O. (Anm. 79). S. 688.

242 Vgl. K. Saller: Die Rassenlehre des Nationalsozialismus in Wissenschaft und Propaganda. Darmstadt 1961.

243 H. Schrade: a.a.O. (Anm. 100). S. 10.

244 H. Schrade: Der Sinn der künstlerischen Aufgabe und politischer Architektur. In: Nationalsozialistische Monatshefte. 5. Jg. Juni 1934. S. 508 f.

245 H. Schrade: a.a.O. (Anm. 100). S. 13.

246 A. Hitler: a.a.O. (Anm. 92). S. 650.

247 A. Leitl: Deutsche Baukunst. a.a.O. (Anm. 219). S. 34.

248 Vgl. K. Priester: Der italienische Faschismus. Ökonomische und ideologische Grundlagen. Köln 1972.

249 Vgl. Fr. Meinecke: Die deutsche Katastrophe. Betrachtungen und Erinnerungen. Wiesbaden 1946. –
Der Text orientiert sich an einem Aufsatz des Verfassers: Anmerkungen zur bundesdeutschen Architektur und Architekturgeschichtsforschung nach 1945. In: J. Petsch (Hrsg.): Architektur und Städtebau im 20. Jahrhundert. Berlin 1974. S. 9 f.

250 Vgl. Modelle öffentlicher Herrschaft. In: Einführung in die politische Wissenschaft. Hrsg. von W. Abendroth und K. Lenk. Bern und München 1968. S. 55 f.

251 Vgl. U. Jaeggi: Kapital und Arbeit in der Bundesrepublik. Elemente einer gesamtgesellschaftlichen Analyse. Frankfurt/M. 1973.

252 Vgl. A. Speer: a.a.O. (Anm. 112). S. 369.

253 Vgl. R. Pfister: Hitlers Baukunst. In: Baumeister. H. 2. 1946. S. 25 f. (am Münchener Ehrentempel fehlt der Architrav).

254 Hauptsprachrohr der konservativen Architekten in den 50er Jahren ist die Zeitschrift „Baumeister". (Stichworte: bodenständige deutsche Baukunst, Auflockerung der Städte, Einfamilienhaus als Leitbild, Ablehnung der Großstädte). –
Vgl. R. Pfister: Zum Jahresschluß. Architektur und Bauherr. In: Baumeister 49 Jg. H. 12. 1952. („Wir glauben an den heilen Menschen, an den im Denken und Tun, an Geist und Seele ganzen Menschen") – Einfache handwerkliche Formen stehen im Mittelpunkt des architektonischen Interesses – vgl. R. Pfister: Unsere Aufgabe. In: Baumeister 43. Jg. H. 1. 1946.

255 Vgl. Baumeister. 45. Jg. H. 4. 1947. S. 101 („gegen demokratische Methoden als Allheilmittel").

256 Vgl. die H.-Tessenow-Rezeption im Baumeister der 50er Jahre. R. Pfister: Heinrich Tessenow ist gestorben – Heinrich Tessenow ist nicht tot. In: Baumeister. 47. Jg. H. 12. 1950. – Die „seelische Erlebnisfähigkeit" will man mit handwerklichen Formen erreichen – industriellen Formen wird diese Eigenschaft abgesprochen; bloße Konstruktionen („entblößte Skelettbauten") seien „geheimnislos" und unarchitektonisch (Wenger). (Vgl. A. Seifert, R. Pfister, P. W. Wenger im 46. Jg. H. 2. 1949. / 50. Jg. H. 7. 1953 / 51. Jg. H. 10. 1954 – alle im Baumeister).
Vgl. weiter: F. Schumacher: Zum Wiederaufbau Hamburgs. In: Strömungen in deutscher Baukunst seit 1800. 2. Aufl. Köln 1955. S. 193 f.

257 Vgl. P. Schmitthenner: Baugestaltung, I. Das deutsche Wohnhaus. Stuttgart 1932 und Die Baukunst im neuen Reich. München 1934. –
Wie die konservativen Architekten der 20er Jahre lehnen die Autoren des Baumeisters der 50er Jahre die Großstadt ab („Großstadt als bösartige Wucherung" – vgl. K. Scheffler: Phantom Großstadt. In: Baumeister. 44. Jg. H. 2/3. 1947). – Die „Zusammenballungen" in der Großstadt führen die „Kultur" abwärts (H. Edler im Baumeister 45. Jg. H. 2/3. 1948). Folglich wird die Zurückführung aufs Land angestrebt.

258 Vgl. die zahlreichen Textstellen bei F. Schumacher, die der Blut- und Bodenideologie verwandt sind. F. Schumacher: Strömungen in deutscher Baukunst seit 1800. a.a.O. (Anm. 256). S. 139, 151, 154, 177, 192.

259 Die Information erhielt ich von einem ehemaligen Architekturstudenten der TH-Darmstadt, der jetzt als Hochschullehrer im Ruhrgebiet tätig ist.

260 Vgl. Baumeister. 50. Jg. H. 5. 1953. S. 377 (Internationales und Regionales Bauen) – „Amerikanismus" und „Modeströmungen" werden abge-

lehnt und stattdessen eine „bodenständige Bauweise" gefordert.

261 Auszug aus der Rede Konrad Adenauers in der Aula der Kölner Universität 1946. Abgedruckt in: Huster, Kraiker, Scherer, Schlotmann, Welteke: Determinanten der westdeutschen Restauration 1945–1949. Frankfurt/M. 1972. S. 394 f. (Zitate S. 409) und Düsseldorfer Leitsätze der CDU/CSU vom 15. Juli 1949. S. 429 f. – Wohnungsbauprogramm der CDU S. 448 f.

262 Das MAN-Haus stellt nach Meinung des Baumeisters eine „Stahlschachtel" dar, bei der „keine Häßlichkeit versäumt" sei. – Vgl. Baumeister. H. 2/3. 1947. S. 91. –
Vgl. J. Petsch: Restaurative Tendenzen in der Nachkriegsarchitektur der Bundesrepublik. In: archithese. H. 2. 1972. S. 12 f.

263 Vgl. Wir verändern ein Stückchen Bonn ... Dokumentation über Neubaupläne einer Versicherungsgesellschaft in der Bonner Südstadt. Arbeitsheft 14 des Landeskonservators Rheinland. Köln 1975. – Das Heft enthält verschiedene Beiträge über die Architektur und die Bonner Südstadt allgemein.

264 Pressemappe des Deutschen Herold, Oktober 1974. S. 1.

265 Vgl. den Artikel „Wertfreie Architektur" von Studenten des Bonner Kunsthistorischen Institutes. In: Frankfurter Rundschau. Nr. 83. 10. 4. 1970.

266 Da die FDP das Haus nicht – wie beabsichtigt – kaufen konnte, wird sie voraussichtlich zum Frühjahr 1976 in das Regierungsviertel umziehen. Vgl. General-Anzeiger für Bonn und Umgebung v. 15. 2. 75.

267 Bericht der Baukommission anläßlich des 18. Bundesparteitages der Christlich Demokratischen Union Deutschlands vom 25.–27. Januar 1971 in Düsseldorf. S. 1. – Bedanken möchte ich mich bei der CDU, die mir – im völligen Gegensatz zur SPD – bereitwillig Auskunft gab.

268 Bericht der Baukommission. a.a.O. (Anm. 267). S. 4.

269 Bericht der Baukommission. a.a.O. (Anm. 267). S. 7.

270 Zum Begriff des Konservatismus vgl.: H. G. Schumann (Hrsg): Konservatismus. Köln 1974.

271 Aus der Eröffnungsrede des Bonner Oberbürgermeisters Dr. Hans Daniels. Vgl. General-Anzeiger für Bonn und Umgebung v. 11. 10. 75.

272 In der langfristigen Planung der Stadt sind um das Gebäude Plätze vorgesehen.

Literaturverzeichnis

Das Literaturverzeichnis strebt keine Vollständigkeit an sondern stellt eine exemplarische Auswahl dar. Als Primärquellen dienten dem Verfasser Architekturzeitschriften.

Wilhelminisches Deutschland

Dahrendorf, R.: Gesellschaft und Demokratie in Deutschland. München 1961.

Fischer, F.: Griff nach der Weltmacht. Die Kriegszielpolitik des Kaiserlichen Deutschland 1914–1918. Düsseldorf 1961.

Hallgarten, G. W.: Imperialismus vor 1914. 2 Bde. 2. Aufl. München 1963.

Schumann, H.-G.: (Hrsg.): Konservatismus. Köln 1974.

Wehler, H.-U.: Imperialismus. Köln, Berlin 1970.

Wehler, H.-U.: Das deutsche Kaiserreich. Göttingen 1975.

Architektur

Müller, S.: Kunst und Industrie. Ideologie und Organisation des Funktionalismus in der Architektur. München 1974.

Weimarer Republik

Bracher, K. D.: Die Auflösung der Weimarer Republik. 3. Aufl. Villingen 1960.

Eyck, E.: Geschichte der Weimarer Republik. Bd. II. Erlenbach–Zürich und Stuttgart 1956.

Ruge, W.: Weimar. Republik auf Zeit. Berlin 1969.

Sontheimer, K.: Antidemokratisches Denken in der Weimarer Republik. München 1968.

Winkler, H.-A.: Mittelstand, Demokratie und Nationalsozialismus. Die politische Entwicklung von Handwerk und Kleinhandel in der Weimarer Republik. Köln 1972.

Konservative Architektur der Weimarer Republik.

Bonatz, P.: Leben und Bauen. Stuttgart 1950.

Hitler, A.: Mein Kampf. 2 Bde. München 1925/1927.

Rosenberg, A.: Der Mythos des 20. Jahrhunderts. 53/54. Aufl. München 1935.

Schultze-Naumburg, P.: Kulturarbeiten. 9 Bde. München 1908 f.

ders.: Kunst und Rasse, München 1928.

ders.: Das Gesicht des deutschen Hauses. München 1929.

Moderne Architektur der Weimarer Republik

Huse, N.: ‚Neues Bauen' 1918–1933. Moderne Architektur in der Weimarer Republik. München 1975.

Pehnt, W.: Die Architektur des Expressionismus. Stuttgart 1973.

Petsch, J.: Architektur und Gesellschaft. Zur Geschichte der deutschen Architektur im 19. und 20. Jahrhundert. Köln 1973.

Schwab, A.: ‚Das Buch vom Bauen'. 1930 – Wohnungsnot, Neue Technik, Neue Baukunst, Städtebau aus sozialistischer Sicht. Düsseldorf 1973 (zuerst: 1930).

Faschismus – allgemeine Literatur

Bauer, O., Marcuse, H., Rosenberg, A.: Faschismus und Kapitalismus. Theorien über die sozialen Ursprünge und die Funktionen des Faschismus. Hrsg. von W. Abendroth. Frankfurt, Wien 1967.

Beckenbach, R.: Der Staat im Faschismus. Berlin 1974.

Bloch, E.: Erbschaft dieser Zeit. Frankfurt 1962.

Broszat, M.: Der Staat Hitlers. Grundlegung und Entwicklung seiner inneren Verfassung. München 1969.

Clemenz, M.: Gesellschaftliche Ursprünge des Faschismus. Frankfurt 1972.

Fest, J. C.: Hitler. Eine Biographie. Berlin 1973.

Haug, W. F.: Der hilflose Antifaschismus. Frankfurt 1967.

Kühnl, R.: Formen bürgerlicher Herrschaft. Liberalismus – Faschismus. Reinbek b. Hamburg 1971.

ders.: Texte zur Faschismusdiskussion. Positionen und Kontroversen. Reinbek b. Hamburg 1974.

ders.: Der deutsche Faschismus in Quellen und Dokumenten. Köln 1975.

Maser, W.: Adolf Hitler. Legende, Mythos, Wirklichkeit. München und Esslingen 1972.

Nolte, E.: Der Faschismus in seiner Epoche. München 1963.

ders.: Die faschistischen Bewegungen. München 1966.

ders.: Theorien über den Faschismus. Köln, Berlin 1967.

ders.: Der Nationalsozialismus. Berlin 1970.

Wirtschaft und Gesellschaft des Dritten Reiches

Bettelheim, Ch.: Die deutsche Wirtschaft unter dem Nationalsozialismus. München 1974.

Czichon, E.: Wer verhalf Hitler zur Macht? Zum Anteil der deutschen Industrie an der Zerstörung der Weimarer Republik. Köln 1967.

Hallgarten, G. W. F., Radkau, J.: Deutsche Industrie und Politik von Bismarck bis heute. Köln 1974.

Henning, E.: Thesen zur deutschen Sozial- und Wirtschaftsgeschichte 1933–1938. Frankfurt 1973.

Kuczynski, J.: Die Bewegung der Deutschen Wirtschaft von 1800 bis 1946. Berlin/Leipzig o. J. (1948).

ders.: Studien zur Geschichte des staatsmonopolistischen Kapitalismus in Deutschland (1818–1945). Berlin 1946.

ders.: Darstellung der Lage der Arbeiter in Deutschland von 1917/18 bis 1932/33. Die Geschichte der Lage der Arbeiter unter dem Kapitalismus. Bd. 5. Berlin 1966. – ders.: Darstellung der Lage der Arbeiter in Deutschland von 1933 bis 1945. Die Geschichte der Lage der Arbeiter unter dem Kapitalismus. Bd. 6. Berlin 1964.

Mottek, H., Becker, W., Schröter, A.: Wirtschaftsgeschichte Deutschlands. Ein Grundriß. Bd. III. Von der Zeit der Bismarckschen Reichsgründung 1871 bis zur Niederlage des faschistischen deutschen Imperialismus 1945. Berlin 1974.

Petzina, D.: Autarkiepolitik im Dritten Reich. Der nationalsozialistische Vierjahresplan. Stuttgart 1968.

Schweitzer, A.: Big Business in the Third Reich. Bloomington 1964.

ders.: Die Nazifizierung des Mittelstandes. Stuttgart 1970.

Sohn-Rethel, A.: Ökonomie und Klassenstruktur des deutschen Faschismus. Frankfurt 1973.

Kunst- und Kulturpolitik des Dritten Reiches.

Alff, W.: Die Angst vor der Dekadenz. Zur Kunstpolitik des deutschen Faschismus. In: Alff, W.: Der Begriff Faschismus und andere Aufsätze zur Zeitgeschichte. Frankfurt 1971. S. 124 f.

Brenner, H.: Die Kunstpolitik des Nationalsozialismus. Reinbek bei Hamburg 1963.

Liška, P.: Nationalsozialistische Kunstpolitik. Berlin o. J.

Rave, P. O.: Die Kunstdiktatur im Dritten Reich. Hamburg 1949.

Rassenlehre

Günther, H. F. K.: Rasse und Stil. München 1926.

Saller, K.: Die Rassenlehre des Nationalsozialismus in Wissenschaft und Propaganda. Darmstadt 1961.

Kleinbürgertum/Alltag des Dritten Reiches

Grunberger, R.: Das zwölfjährige Reich. Der deutsche Alltag unter Hitler. Wien, München, Zürich 1972.

Leppert–Fögen, A.: Die deklassierte Klasse. Studien zur Geschichte und Ideologie des Kleinbürgertums. Frankfurt 1974.

Reich, W.: Massenpsychologie des Faschismus. Hamburg 1974 (zuerst 1933).

Widerstand im Dritten Reich

Weisenborn, G.: Der lautlose Aufstand. Bericht über die Widerstandsbewegung des deutschen Volkes 1933–1945. Hamburg 1962.

Architektur im Dritten Reich

Zeitschriften:

Baumeister

Die Kunst im Dritten Reich (ab 1940: Die Kunst im Deutschen Reich) 1937 f. (Anhang ab 1938: Die Baukunst).

Bauwelt/Monatshefte für Baukunst und Städtebau.

Wasmuths Monatshefte

Zentralblatt der Bauverwaltung vereinigt mit Zeitschrift für Bauwesen.

Bücher:
(ausführliches Literaturverzeichnis bei Taylor – siehe: Architektur des Dritten Reiches/Literatur nach 1945).
Bauen im nationalsozialistischen Deutschland: ein Schriftenverzeichnis. München 1940.
Hoffmann, H.: Deutschland baut. Stuttgart 1938.
Rittich, W.: Architektur und Bauplastik der Gegenwart. 2. Aufl. Berlin 1938.
Schmitthenner, P.: Die Bauten im neuen Reich. München 1934.
Schrade, H.: Bauten des Dritten Reiches. Leipzig 1937.
Speer, A. (Hrsg.): Die Kunst im Deutschen Reich. München 1937.
ders. (Hrsg.): Neue Deutsche Baukunst. Prag 1943.
Tamms, F.: Das Große in der Baukunst. In: Kunst im Deutschen Reich. Nr. 8/1944/S. 52 f.
Troost, G. (Hrsg.): Das Bauen im Neuen Reich I. Bayreuth 1938.
Wolters, R.: Neue deutsche Baukunst. Berlin 1941.
ders.: Albert Speer. Oldenburg 1943.

Architektur des Dritten Reiches – Literatur nach 1945
Arndt, K.: Neoklassizismus als Problem. In: Kunstchronik. Jg. 23. 1970. S. 288 f.
ders. (mit Döhl, H.): „Das Wort aus Stein". Filmdokumente zur Geschichte. Institut für den wissenschaftlichen Film Göttingen. Göttingen 1965.
Ausstellungskatalog. Kunst im 3. Reich. Dokumente der Unterwerfung. Frankfurt 1974.
Hellack, G.: Architektur und bildende Kunst als Mittel nationalsozialistischer Propaganda. In: Publizistik – Zeitschrift für die Wissenschaft, Presse, Rundfunk, Film, Rhetorik, Werbung und Meinungsbildung. Nr. 5. 1960. S. 77 f.
Hinz, B.: Die Malerei im deutschen Faschismus. Kunst und Konterrevolution. München 1974.
Kunst, H.-J.: Architektur und Macht. Überlegungen zur NS-Architektur. In: Mitteilungen, Kommentare, Berichte der Philipps-Universität Marburg Jg. 3. H. 9. Mai 1971. S. 51 f.
Lehmann-Haupt, H.: Art under a Dictorship. New York 1954.
Miller Lane, B.: Architecture and Politics in Germany, 1918–1945. Cambridge, Mass. 1968.
Pfister, R.: Hitlers Baukunst. In: Baumeister. 43. Jg. H. 2. 1946. S. 25 f.
Speer, A.: Erinnerungen. Berlin 1969.
Taylor, R. R.: The Word In Stone. The Role of Architecture in the National Socialist Ideology. Berkeley and Los Angeles, London 1974.
Teut, A.: Architektur im Dritten Reich 1933–1945. Berlin, Frankfurt, Wien 1967.
Vogt, A. M.: Revolutionsarchitektur und Nazi-Klassizismus. In: Argo Festschrift für Kurt Badt. Köln 1970.
Wulf, J.: Die Bildenden Künste im Dritten Reich. Gütersloh 1963.

München
Arndt, K. (mit Döhl, H.): „Das Wort aus Stein". siehe unter Architektur des Dritten Reiches – Literatur nach 1945.

Nürnberg
Arndt, K.: Baustelle Reichsparteitagsgelände 1938/39. Filmdokumente zur Zeitgeschichte G 142/1973. Göttingen 1973.
Bauten in der Stadt der Reichsparteitage Nürnberg. Nürnberg 1942.

Berlin
Berlin und seine Bauten. Berlin, München, Düsseldorf. 1966 f.
Larsson, L. O.: Die Neugestaltung Berlins im Dritten Reich. In: Ordnung in Stein. Architektur des Nationalsozialismus. Ausstellungskatalog – Fachbereich Architektur. Darmstadt 1975.
Herding, K., Mittig, H.-E.: kunst im alltag im ns-system. albert speers berliner strassen-laternen. Giessen 1975.
Stephan, H.: Die Baukunst im Dritten Reich, insbesondere die Umgestaltung der Reichshauptstadt. Berlin 1939.

Bauten der Bildung und Kultur
Lurz, M.: Die Heidelberger Thingstätte. Die Thingbewegung im Dritten Reich: Kunst als Mittel politischer Propaganda. Heidelberg 1975.
Storck, G.: Probleme des modernen Bauens – und die Theaterarchitektur des 20. Jahrhunderts in Deutschland. Diss. Bonn 1971.

Bauten im Ausbildungsbereich
Brandenburg, H.-Chr.: Die Geschichte der HJ. Köln 1968.
Hartmann, H.: Werkhefte für den Heimbau der Hitler-Jugend. Bd. I. und II. Leipzig 1937.
March, W.: Bauwerk Reichssportfeld. Berlin 1936.
Scholtz, H.: NS-Ausleseschulen. Göttingen 1973.

Bauten der Wehrmacht
Boelcke, W. A. (Hrsg.): Deutschlands Rüstung im Zweiten Weltkrieg. Hitlers Konferenzen mit Albert Speer 1942–1945. Frankfurt 1969.

Bauten des Verkehrs
Bonatz, P., Wehner, B.: Reichsautobahn – Straßenmeistereien. Berlin, Prag, Wien 1942.
Fritz, G.: Straßen und Bauten Adolf Hitlers. Berlin 1939.
Todt, F. (Hrsg.): Die Straßen Adolf Hitlers. Berlin 1938.

Wohnungsbaupolitik
Ehlers, H., Ehlers-Schammer, S., Tannenbaum, E.: Grundlagen und Bedingun-

gen der Planung im öffentlich geförderten Wohnungsbau der BRD und ihr Einfluß auf Bebauungsweise, Bauform und Grundrißbildung. Berlin 1973.
Nörnberg, H.-J., Schubert, D.: Massenwohnungsbau in Hamburg. Berlin 1975.

Baugeschehen auf dem Lande

Sohn-Rethel, A.: Die Veränderung der Weltmarktstrategie und die Rolle der Agrarpolitik. In: Sohn-Rethel, A.: Ökonomie und Klassenstruktur des deutschen Faschismus. Frankfurt 1973.

Bautechnik

Rosenbrock, R.: Bauproduktion. In: Brake, K.: Kapitalverwertung. Veränderungstendenzen in Beruf und Ausbildung von Architekten in der BRD. Frankfurt 1973. S. 85 f.

Stadtplanung im Dritten Reich

Albers, G.: Entwicklungslinien im Städtebau. Ideen, Thesen, Aussagen 1875–1945. Texte und Interpretation. Düsseldorf 1975.
Berndt, H.: Das Gesellschaftsbild bei Stadtplanern. Stuttgart 1968.
Feder, G.: Die neue Stadt. Berlin 1939.
Fritsch, T.: Die Stadt der Zukunft. Leipzig 1896.
Schumacher, F.: Probleme der Großstadt. Hamburg 1940.

Der öffentliche Raum: Gestaltung und Funktion

Gamm, H.-J.: Der braune Kult. Hamburg 1962.
Vondung, K.: Magie und Manipulation. Ideologischer Kult und politische Religion des Nationalsozialismus. Göttingen 1971.

SS/KZ

Höhne, H.: Der Orden unter dem Totenkopf. Die Geschichte der SS. Essen o. J.
Kogon, E.: Der SS-Staat. München 1974.

Faschismus in Italien

Priester, K.: Der italienische Faschismus. Ökonomische und ideologische Grundlagen. Köln 1972.

Kunst des Faschismus in Italien

Silva, U.: Kunst und Ideologie des Faschismus. Frankfurt 1975.

Russische Architektur

Dreißig Jahre sowjetische Architektur in der RSFSR. Leipzig 1950.
Petsch, J.: Melnikows Pariser Ausstellungspavillon. Zur Geschichte der avantgardistischen sowjetischen Architektur der Zwanziger Jahre. In: archithese. Nr. 7. 1973. S. 25 f.
Vogt, A. M.: Russische und Französische Revolutionsarchitektur 1917 1789. Köln 1974.

Wirtschaft und Gesellschaft der Bundesrepublik
Grebing, H.: Linksradikalismus gleich Rechtsradikalismus. Eine falsche Gleichung. Stuttgart 1971.
ders.: Konservative gegen die Demokratie. Frankfurt 1971.
Huster, Kraiker, Scherer, Schlotmann, Welteke: Determinanten der westdeutschen Restauration 1945–1949. Frankfurt 1972.
Jaeggi, U.: Kapital und Arbeit in der Bundesrepublik. Frankfurt 1973.
Lenk, H. (Hrsg.): Technokratie als Ideologie. Stuttgart 1973.
Schmidt, E.: Die verhinderte Neuordnung 1945–1952. 2. Aufl. Frankfurt 1971.

Architektur und Städtebau der Bundesrepublik nach 1945
Helms, H. G., Janssen, J.: Kapitalistischer Städtebau. Neuwied und Berlin 1970.
Petsch, J.: Anmerkungen zur bundesdeutschen Architektur und Architekturgeschichtsforschung nach 1945. In: Petsch, J. (Hrsg.): Architektur und Städtebau im 20. Jahrhundert. Bd. I. Berlin 1974. S. 9 f.

Bildnachweis. Aufgrund der begrenzten Anzahl von Abbildungen mußte auf die Wiedergabe von Grund- und Aufrissen und weiterer Vergleichsbeispiele verzichtet werden.
Die Abbildungen wurden nach Vorlagen der Kunsthistorischen Institute Bochum und Bonn angefertigt. Aus diesem Grund ist es möglich, daß das Copyright in einigen Fällen umgangen wurde. In diesem Fall sollte man sich mit dem Verlag in Verbindung setzen.
Reproduktionen und Originale wurden von Wiltrud Petsch-Bahr angefertigt.

Personenregister

Ortsregister